Elmar Klinger

Ekklesiologie der Neuzeit

Elmar Klinger

Ekklesiologie der Neuzeit

Grundlegung bei Melchior Cano
und Entwicklung bis zum
Zweiten Vatikanischen Konzil

Herder Freiburg · Basel · Wien

Non oportet canes tacere,
ubi pastores dormiunt.

Antwort Canos
auf einen Zwischenruf
in einer Sitzung
des Tridentinischen Konzils

Als Habilitationsschrift auf Empfehlung des Fachbereichs
Katholische Theologie der Universität Münster gedruckt
mit Unterstützung der Deutschen Forschungsgemeinschaft

Alle Rechte vorbehalten – Printed in Germany
Imprimatur. – Würzburg, den 9. März 1978
Der Generalvikar: J. Wittig
© Verlag Herder Freiburg im Breisgau 1978
Herstellung: Freiburger Graphische Betriebe 1978
ISBN 3-451-17435-9

*Den Eltern,
Lehrern und Freunden*

Inhalt

Einleitung und Thema 11

Erster Hauptteil
System und Geschichte: Geschichtstheoretische Grundlagen der
dogmatischen Theologie 19

I. Melchior Cano, „De locis theologicis": Die Kunst des Denkens der Geschichte – der Ursprung dogmatischer Theologie 19
  1. Das Problem der Geschichte in der Theologie 23
    1.1. Theologie und Autorität 24
    1.2. Die Theologie – ein Ort der Vernunft in der Geschichte 35
    1.3. Ort und Prinzip der Theologie: das Zeugnis der Autorität 41

Exkurs (1)
Die Kontroversen über das Verhältnis von Geschichte und Theologie in den
„Loci theologici" zwischen A. Lang und A. Gardeil 50

  2. Die Theologie der Kirche 54
    2.1. Die Autorität der Kirche 55
    2.2. Die Gewalt der Kirche 61
    2.3. Das Amt der Kirche: ihre Lehr- und Hirtenkompetenz 65

Exkurs (2)
Die Frage der Unfehlbarkeit bei Cano und in der gegenwärtigen Theologie 73

  3. Die Ekklesiologie der Neuzeit – eine Geschichtstheologie des Glaubens 75
    3.1. Die Feststellung des Glaubens – Ort der Theologie 76
    3.2. Die Glaubenskonsequenz – Prinzip der Theologie 81
    3.3. Die Qualifikation des Glaubens – Richtschnur der Theologie 88

Exkurs (3)
Theologie und Wissenschaft: Aristoteles – Thomas – Cano – Hegel 93

II. Der Wandel dogmatischen Denkens im Wandel des Begriffs der dogmatischen Theologie 100

1. Die Tradition der dogmatischen Theologie 100
2. Die Tradition der Aufklärung in der dogmatischen Theologie 108

Zweiter Hauptteil
Orte der dogmatischen Theologie zu Beginn des 19. Jahrhunderts in Deutschland: ihre Ekklesiologie 117

I. Reich-Gottes-Idee und Kirche 118

1. Die Kirche und die Idee der Kirche in der Theologie 119
   1.1. Praktische und theoretische Religion – Ort und Prinzip der Theologie 120
   1.2. Theologie und Anthropologie – Orte der Dogmatik 124
   1.3. Die Kirche – ein Ort der Erziehung des Menschen im Geiste der Religion 128
2. Die Kirche in der Reich-Gottes-Theologie 140
   2.1. Das Reich Gottes – eine Idee der Religion 141
      2.1.1. Die Architektonik dieser Idee 143
      2.1.2. Ihr praktischer Charakter 146
      2.1.3. Ihr historischer Bezug 148
   2.2. Die Ableitung der Idee vom Reich Gottes 152
      2.2.1. Ihr Ursprung und ihre Quelle 153
      2.2.2. Ihre praktische Notwendigkeit 155
      2.2.3. Ihr eschatologischer Bezug 157
   2.3. Die Kirche – ein Ort der Idee vom Reiche Gottes 159
      2.3.1. Ihre strukturellen Grundgegebenheiten 160
      2.3.2. Ihre Zweckmäßigkeit 165
      2.3.3. Ihr Verhältnis zur Religion 167
3. Kirchenproblematik und Reich-Gottes-Problematik: Das Reich Gottes – eine Idee und ein Ideal der Theologie 170
   3.1. Dogmatik als kritische Instanz der Theologie 171
      3.1.1. Ihr Vorstellungscharakter 171
      3.1.2. Ihr pragmatischer Charakter 175
      3.1.3. Ihr säkularer Charakter 177
   3.2. Das Prinzip der Subjektivität 179
      3.2.1. Glaubensbewußtsein und Reich-Gottes-Ideal 179
      3.2.2. Die Sittlichkeit der Reich-Gottes-Idee 183
      3.2.3. Ihr geschichtlicher Charakter 187
   3.3. Die Kirchenverfassung und ihre Prinzipien 190
      3.3.1. Das katholische Prinzip 190
      3.3.2. Das katholische Prinzip und die neuzeitliche Entwicklung der katholischen Idee 195
      3.3.3. Die Kirche und der moderne Staat 198

II. Philosophie und Theologie der Kirche auf dem Boden und im Horizont des Aufbruchs zur Romantik 202
1. Die Kirche in den Entwürfen zur Theorie einer wahren Religion 203
2. Die Kirche der allgemeinen Dogmatik 213
3. Die Kirche der speziellen theoretischen Dogmatik 218
   3.1. Allgemeine und spezielle Dogmatik 219
   3.2. Spezielle theoretische Dogmatik der Kirche 221
      3.2.1. Ihr Zweck 221
      3.2.2. Ihre Idee 223
      3.2.3. Ihre Funktion 225
4. Die Kirche in den Entwürfen zur Religionsphilosophie 227
   4.1. Reale und ideale Theologie 227
   4.2. Unterschiede und Verbindungen zwischen Staat und Kirche . . . 230
   4.3. Die Theologie der Kirche – eine Philosophie der Geschichte 235

Dritter Hauptteil

Die Ekklesiologie nach dem Zweiten Vatikanum: ihr Ort und seine Prinzipien 241

  I. Geschichte und Theologie: die Frage des Orts 242

  II. Geschichtstheologie und Kirche: die Frage des Prinzips 247

  III. Vom Sinn dogmatischen Denkens in Kirche und Theologie:
     Ergebnisse und Widerlegungen 252

Zu den Abkürzungen 255

Literaturverzeichnis 256

Einleitung und Thema

Die vorliegende Arbeit betritt weithin unerforschtes Land. Denn so zentral das Thema Kirche für die Theologie der Neuzeit ist, die Kirche der Neuzeit wurde für sie selber nie zum Thema. Deshalb kennt man auch weder ihren historischen Ursprung noch ihren systematischen Grund.

Dieser Umstand prägt die Situation der Kirche in der Gegenwart. Denn man lebt in ihr und setzt sich mit ihr auseinander, aber weiß man, woher sie kommt und wer sie ist?

Das Feld beherrschen materiale Probleme: die Stellung des Papstes, sein Verhältnis zum Bischofskollegium, Rechte und Pflichten der Laien, die Aufgabe der Priester. Aber haben Papst, Bischöfe, Laien und Priester von sich selber als der Kirche einen Begriff? Haben sie von den Feststellungen, die sie treffen, den Entscheidungen, die sie fällen, und den Konsequenzen, die sie ziehen, einen Begriff? Haben sie von den Veränderungen, denen sie selbst als Kirche unterworfen sind, einen Begriff?

H. Küng hat das Verdienst, auf das komplexe Verhältnis von Kirche und Begriff der Kirche aufmerksam gemacht zu haben[1]. Jedoch kann seine These von der Unfehlbarkeit die Lücke nicht schließen, die historisch und systematisch gegenwärtig im Begriff der Kriche klafft. Zwar ist ihm zuzustimmen, wenn er Unfehlbarkeit als einen maßgeblichen Begriff neuzeitlicher Ekklesiologie behandelt. Jedoch ist ihm – historisch gesehen – die thomistische Tradition dieses Begriffs entgangen. Denn hätte er sie gekannt, dann hätte er nicht behauptet, daß man „infallibilitas" und „indefectibilitas" als synonym behandeln dürfe[2].

---

[1] H. Küng, Unfehlbar? (Zürich 1970).
[2] Vgl. ebd. 148: „Wir möchten deshalb gegenüber einer ‚Infallibilität' dem Begriff ‚Indefektibilität oder Perennität in der Wahrheit' den Vorzug geben."

Mit diesem historischen Mangel hängt jedoch ein systematischer zusammen. Denn Unfehlbarkeit ist kein soziologischer, sondern ein theologischer Begriff[3]. Er ist ein Begriff der Methodologie und nicht der Ideologie des Glaubens. Denn er besitzt eine plurale Struktur – es gibt viele Orte der Unfehlbarkeit des Glaubens. Er bezieht sich auf den Glauben selbst, dessen Einmaligkeit und singuläre Qualität er bezeichnet[4]. Er besitzt folglich qualifikatorische und nicht gegenständliche (mit Wissenschaft konkurrierende) Funktion. Er zeigt Wege, die die Kirche gehen kann, nicht um in der Wahrheit zu bleiben, sondern um in der Wahrheit zu sein.

Meine Arbeit versucht eine historische Lücke zu schließen. Denn sie untersucht Grundlagen, Wandlungen und Probleme neuzeitlicher Ekklesiologie. Sie beschreibt zu diesem Zweck Grundpositionen der Theologie wichtiger Autoren und erörtert ihren Begriff der Kirche.

Im ersten Abschnitt wird von ihr Melchior Cano behandelt. Denn in seinem Werk „Über die Orte der Theologie" entwickelt er die grundlegenden Bestimmungen des neuzeitlichen Begriffs der Kirche, nämlich ihre Macht und ihre Autorität[5].

---

[3] Es ist wichtig, die theologische Tradition der Unfehlbarkeitsformel des Ersten Vatikanischen Konzils zu kennen, die Tradition des hl. Thomas nämlich. Bei ihren Vertretern wird „Indefektibilität" und „Infallibilität" unterschieden. Mit der einen bezeichnet man das „in der Wahrheit bleiben" und mit der andern das „in der Wahrheit sein." – Diese hat folglich mit einem Postulat der klaren Sätze nichts zu tun.
Es gibt eine thomistische Tradition der Ekklesiologie. Aus ihr läßt sich entnehmen, daß der Traktat über die Kirche eine Erweiterung des Traktats über den Glauben ist. Man vergleiche etwa den Traktat „de fide" des Spaniers Gregor von Valencia, der schon die wesentlichen Bestimmungen des Traktats „de ecclesia" enthält. – Diese für die Ekklesiologie maßgebliche Tradition der Schule des hl. Thomas wird von Küng weder in dem schon zitierten Buch noch in der Erwiderung auf die Einwände zu diesem Buch auch nur mit einer Silbe erwähnt. Vgl. H. Küng, Fehlbar? (Zürich 1973).

[4] Er wird heute noch im Traktat über den Glauben als dessen Eigenschaft bezeichnet. Vgl. I. A. de Aldama, de fide: Sacrae theologiae summa, hrsg. v. J. Solano u. a. III (Madrid, ³1956) 749: „Thesis 6: Actus fidei est assensus essentialiter obscurus, sed certus certitudine adhaesionis et infallibilitatis."

[5] Die Anfänge der Ekklesiologie sind in der Literatur umstritten. H. Bacht nennt in seinem Artikel „Ekklesiologie": LThK 3 (1959) 781–784, allein vier Urheber eines entsprechenden Traktats, nämlich Cyprian, J. von Viterbo, J. de Turrecremata und Savonarola.
Y. Congar verweist im Handbuch der Dogmengeschichte, Bd. III/3d: Die Lehre von der Kirche. Vom Abendländischen Schisma bis zur Gegenwart (Freiburg i. Br. 1971) 6 ebenfalls auf Turrecremata: „Der Traktat ‚De Ecclesia' ist nun nach all diesen Schriften" (gemeint sind jene von Wyclif und Hus), „das kann man mit Recht sagen, geboren. Er wird sich in der Folge im Rahmen des Konziliarismus und des Antikonziliarismus entfalten: Wir werden bald Johannes von Ragusa und Johannes de Turrecremata begegnen, deren Bemühen um eine Synthese die im Zusammenhang mit Hus erfolgten Arbeiten voraussetzt." Wichtig in dieser Feststellung ist die Geschichtsbezogenheit, die er dem Traktat bescheinigt. Eigenartigerweise findet sich nirgendwo

Cano war Dominikaner und steht in der thomistischen Tradition. Er ist außerdem ein wichtiger Vertreter des Neoaristotelismus in Spanien. Seine Wirkung auf die katholische Theologie der Neuzeit ist unübersehbar. Denn er hat die Methodologie für sie geschrieben.

Die Kirche ist bei Cano Ort und Prinzip des Glaubens, Ort des Glaubens als Gemeinde und Prinzip als Autorität. Die Grundlegung der Ekklesiologie geschieht im Begriff der Autorität.

Er wird durch ihn zu einem Grundbegriff neuzeitlicher Theologie der Kirche überhaupt. Diese ist eine dogmatische Instanz.

Ein grundlegender Wandel im Begriff der Kirche zeichnet sich zu Beginn des 19. Jahrhunderts in Deutschland ab, wovon der zweite Abschnitt handelt. Die Theologie, die hier zum Durchbruch kommt, steht im Zeichen von Aufklärung und Romantik. Ihre wichtigsten Vertreter sind für uns heute unbekannte Theologen: Oberthür, Gengler, aber auch Zimmer. Sie sind Vertreter der Reich-Gottes-Theologie oder, wie Zimmer, Theologen der Romantik.

Ort und Prinzip ihrer Theologie ist die Religion als Idee des Lebens überhaupt. Sie ist sowohl ihr praktisches wie auch ihr theoretisches Fundament[6]. Dadurch ändert sich der Begriff der Kirche. Man begreift sie zu Beginn des 19. Jahrhunderts als Ort der Erziehung des Menschen im Geist der Religion, als Trägerin der Idee universaler Verbundenheit von Mensch und Gott, als Prinzip des Heils im Reich Gottes, als Dienst an der Erneuerung menschlichen Lebens überhaupt. Denn sie öffnet es für Gott.

Diese Ekklesiologie, die von der Aufklärung herkommt und sich im Horizont der Romantik weiterentwickelt, nimmt Einsichten der Kirche des Zweiten Vatikanischen Konzils vorweg. Man kann das Konzil als eine Veranstaltung gegenwärtiger Religion begreifen. Es ist in dieser Perspektive Prinzip der Sorge für den Menschen, Ort der Erneuerung kirchlichen Lebens, Organ der Heilsgeschichte, Institution universalen Dialogs von Mensch und Gott.

---

bei ihm ein Hinweis auf M. Cano, nicht einmal in dem Kapitel über die spanische Scholastik (ebd. 58–59), obwohl R. Bellarmin in seinem Werk „Disputationes de controversiis christianae fidei" (Ingolstadt 1586–1593) Teil 2, Buch 1, Kapitel 2 Cano als Vorgänger bezeichnet. Cano selbst wendet sich in L. th. XII, 5, 328 gegen Turrecremata und seine juristische Denkungsart. Er will die Kirche als einen Ort der Theologie begreifen.

Der Ausdruck „ecclesiologia" findet sich erst später: nach K. Werner, Geschichte der katholischen Theologie (München 1889) 33–35, zum ersten Male bei J. Scheffler (= Angelus Silesius) in dem Buch „Ecclesiologia" (Breslau 1677, Kempten ²1735).

[6] Bei K. Feiereis wird von einer verwandelnden Funktion des Begriffs der Religion in der Philosophie gesprochen. Vgl. ders., Die Umprägung der natürlichen Theologie in Religionsphilosophie (Leipzig 1965).
Seine Auswirkung auf die dogmatische Theologie wird bei ihm jedoch nicht erörtert.

Das Problem der Kirche nach dem Konzil ist die Frage des Orts und die Frage des Prinzips. Denn sie muß den Ort kennen, auf dem sie steht, und das Prinzip, nach dem sie handelt. Kann man von der Pastoral her, zu der sie sich verpflichtet hat, dogmatische Inhalte als dogmatisch bestimmen? Oder gilt für die dogmatische Theologie der Neoaristotelismus weiter? Als was begreift sich die Kirche des Zweiten Vatikanum selbst? Es ist eine Ironie der Geschichte, daß man die Aufklärung braucht, um sie als Ort und Prinzip des Glaubens heute zu verstehen. Davon muß der dritte Abschnitt handeln. Das Modell für die methodische Ausrichtung dieser Arbeit waren Schriften zur Literatur und Philosophie der Gegenwart.

Zum Verständnis der geistigen Situation im Zeitalter der Grundlegung neuzeitlicher Ekklesiologie sind die Arbeiten von W. Benjamin wichtig. Denn Canos Theologie ist eine Kunst des Denkens der Geschichte. Sie kann sich aus ihrer Verbindung zu Kunst und Geschichte selbst begreiflich machen. Sie ist eine „ars inveniendi", eine Kunst des Denkens gegenwärtiger Geschichte. W. Benjamin hat in seinem Buch über den „Ursprung des deutschen Trauerspiels" den Zusammenhang von Kunst und Geschichte exemplarisch aufgedeckt und eindrucksvoll beschrieben: „Wie die Benennung ‚tragisch' heutzutage so – und mit mehr Recht – galt das Wort ‚Trauerspiel' im siebzehnten Jahrhundert vom Drama und historischen Geschehen gleichermaßen. Sogar der Stil bezeugt, wie nahe sich im zeitgenössischen Bewußtsein beide standen."[7] Bestimmte Vorfälle sind „nicht so sehr Stoff als Kern der Kunst im Trauerspiele. … Das geschichtliche Leben, wie es jener Epoche sich darstellte, ist sein Gehalt, sein wahrer Gegenstand."[8] – Darum kann sich das Anliegen dogmatischer Theologie nicht ohne den Begriff der Kunst begreiflich machen[9]. Er ist der Schlüssel zum Verständnis ihres Wesens[10].

---

[7] W. Benjamin, Ursprung des deutschen Trauerspiels (Frankfurt a. M. 1969) 53.
[8] Ebd. 51.
[9] Vgl. auch folgende Feststellungen W. Benjamins a. a. O.: „Auf primitive Weise kommt der Anteil am aktuellen welthistorischen Verlauf in der Poetik allenthalben zu Worte" (S. 52). „Der Souverän als erster Exponent ist nahe daran für ihre Verkörperung zu gelten" (51). „Der Souverän repräsentiert die Geschichte" (54). „Hier wie in anderen Lebenssphären des Barock ist die Umsetzung der ursprünglich zeitlichen Daten in eine räumliche Uneigentlichkeit und Simultaneität bestimmend" (74). „Der Versuch, dem Königtum im Schöpfungsstande seinen Ursprung anzuweisen, begegnet selbst in der juristischen Theorie" (80). „Denn nicht die Antithese von Geschichte und Natur, sondern restlose Säkularisierung des Historischen im Schöpfungsstande hat in der Weltflucht des Barock das letzte Wort" (89). „Die Macht, der Gegenwart in deren Medium zu erscheinen, war dem Barock gegeben" (100). „Die Vorstellung von dem genialen Menschen, dem Meister artis inveniendi, ist die eines Mannes gewesen, der souverän

Um ihn aufzugreifen und darzustellen, mußte für meine Arbeit ein methodologischer Gesichtspunkt von Bedeutung sein, dem man in der heutigen philosophischen Literatur einige Aufmerksamkeit schenkt. Denn man kann geschichtliche Tatbestände als historische Gegebenheit und als gedanklichen Komplex betrachten. Dieser Unterschied in der Betrachtungsweise, der in den philosophischen Arbeiten der Gegenwart oft begegnet, ist auch für die Theologie von methodischer Relevanz. Denn sie kann sich dadurch als Denken der Geschichte selbst zur Sprache bringen.

Über die methodologische Funktion des Unterschieds von archivarischer und philosophischer Betrachtungsweise schreibt D. Henrich in seiner Schrift über „Hegel im Kontext" folgendes: „Die philosophische Entwicklungsgeschichte hat im Unterschied zur archivarischen die Absicht, für eine historisch gewordene Philosophie eigentümliche Evidenzen und Kriterien der Kritik zu liefern: Sie will die Überlegung und die Motive rekonstruieren, die einen Philosophen veranlaßt haben, seine Theorie zu entwickeln. Auf diese Weise will sie uns fähig machen, sein Denken nicht nur wie ein fertig vorliegendes System von Aussagen zu sehen, das der Analyse bedarf, sondern als eine Antwort auf bestimmte Fragestellungen in einer meist sehr komplexen Konstellation von Problemen... Erfolgreich kann dieses Verfahren nur sein, wenn es gelingt, Grundbegriffe und Grundpositionen eines Autors nicht als gegeben hinzunehmen, sondern mit ihm selbst als Entdeckungen nachzuvollziehen. Die meisten entwicklungsgeschichtlichen Arbeiten, zum Beispiel zu Kant, verfehlen ihr Ziel, weil sie von dem, was sie verständlich machen wollen, implizit ausgehen und sich somit in Zirkeln und in Tautologien bewegen. Schwerer, als es scheint, läßt sich dieser Fehler vermeiden. Ist es doch ein allgemeines Gesetz der Erinnerung, das Vergangene nur noch im Zusammenhang mit den Folgen vorstellen zu können, die es gehabt hat. Davon muß sich die Entwicklungsgeschichte gerade in den Fällen befreien, in denen die Folgen die bedeutendsten gewesen sind."[11]

---

mit Mustern schalten konnte" (198). „So ist, wenn man will, die Natur auch den Dichtern dieser Periode die große Lehrmeisterin geblieben" (199).
[10] In der Dogmatik wird die Geschichte des Glaubens als gegenwärtig gedacht. Sie gibt Handreichungen zum Denken seiner Gegenwärtigkeit. Indes behauptet J. Nolte folgendes: „Von seiten der Theologie selbst ist somit kaum mit einer methodischen Handreichung zu rechnen. Die Theologie gibt wohl Wege an die Hand, theologisch zu denken – nicht aber solche, die Theologie als ganze in der angestrebten Zielsetzung zu bedenken." Vgl. J. Nolte, Dogma in Geschichte (Freiburg i.Br. 1971) 16. Diese Behauptung ist sowohl historisch als auch systematisch falsch.
[11] D. Henrich, Hegel im Kontext (Frankfurt a. M. 1971) 41–42.

Auf dem Boden der Neuzeit haben sich Kirche und Theologie im Horizont der Verschiedenheit von Geschichte und Begriff der Geschichte angesiedelt. Ihre eigentümliche Modernität wird auch der Sache nach von diesem Unterschied bestimmt. Denn Geschichtliches ist gegenwärtig durch seinen Begriff. Er besitzt in der Umprägung, die ihm durch bestimmte Verhältnisse der Gegenwart widerfährt, seine eigentümliche Gegenwart in diesen Verhältnissen. Die Umprägung ist ein grundlegender Vorgang auf dem Boden der modernen Zeit. Sie wurde in dem Sammelband von H. Ebeling „Subjektivität und Selbsterhaltung. Beiträge zur Diagnose der Moderne" als etwas die Modernität überhaupt erst Konstituierendes herausgestellt[12]. Sie ist auch für die Begründung der Kirche als einer gegenwärtigen der zentrale Sachverhalt. Der Begriff, den sie von sich selbst besitzt und mit dem sie sich als Ort, Prinzip und Konsequenz erfaßt, begründet ihre Gegenwärtigkeit.

Die neuzeitliche Theologie ist ein Tatbestand, der sich feststellen läßt. Das Wesen dieser Theologie, gewissermaßen ihre Modernität, ist ein Sachverhalt, den man erst zu entdecken und selber nachzuvollziehen hat. Er führt zur Frage, ob sich die Theologie nicht als gegenwärtige nach dem Vorbild der Neuzeit heute noch ganz neu konstituieren muß. Man kann feststellen, wie sie sich in der Geschichte selbst begriffen hat. Man kann aber auch feststellen, wie sie sich in der Gegenwart als gegenwärtige erst noch begreifen muß. Beides festzustellen ist Aufgabe der heutigen Theologie.

Meine Arbeit möchte hierzu bestimmte historische Tatbestände klären und zugleich den prinzipiellen Charakter dieser Tatbestände unterstreichen. Wer den systematischen Anspruch, den sie geltend machen will, nicht akzeptieren kann, möge sie dabei an den Feststellungen messen, die sie historisch trifft. Denn Kirche und Theologie der Neuzeit sind bis heute noch so gut wie unerforscht. Dieser Umstand macht zwar den Reiz, besonders aber die Schwierigkeit vorliegender Untersuchung aus. Denn Literatur war nicht in wünschenswertem Maß vorhanden. Die wenigen Monographien[13], die es gibt, verfolgen meist ein historiographisches Interesse und bemühen sich um theologische Probleme nicht. Es gibt keine Arbeit über Herkunft und Grundlagen dogmatischer Theologie. Man weiß lediglich um ihren Bruch mit der Moral: „Es wird zwar häufig auf den Bruch von Dogma und Moral verwiesen, der in der nachtridentinischen Theologie zu konstatieren ist. Es ist aber nicht

---

[12] H. Ebeling (Hrsg.), Subjektivität und Selbsterhaltung. Beiträge zur Diagnose der Moderne (Frankfurt a.M. 1976).
[13] Vgl. dazu im Literaturverzeichnis angeführten Arbeiten von Förch, Gardeil, Lang, Sanz y Sanz, Schäfer und Tellechea.

leicht zu sagen, wann und wie er sich ereignet hat ... Welche Gründe haben dazu geführt? Ohne die notwendigen Detailstudien ist es schwer, darüber etwas zu sagen", schreibt Y. Congar[14].

Das Fehlen solcher Studien wiegt auch für meine Arbeit schwer. Denn sie konnte zwar die zentralen Probleme behandeln, das Problem der Macht und der Autorität, der amtlichen Feststellung des Glaubens, der Bestimmung des Glaubens, der Bestimmung des Glaubens als eines pastoralen und zugleich dogmatischen Prinzips. Biographien, geistesgeschichtliche Gegebenheiten, die mit Begriffen wie Neoaristotelismus[15], Aufklärung[16], Neuzeit[17] angesprochen sind, oder auch gegenwärtige Diskussionen wie die um die Unfehlbarkeit[18] konnte sie nicht im einzelnen erörtern. Aber auch ohne diese spezielle Weiterführung möchte sie ihre These von den Ursprüngen, Grundlagen und Wandlungen dogmatischer Theologie als einer Kunst des Denkens der Geschichte halten.

Sie hätte nicht ohne die Hilfe entstehen können, die ihr von Lehrern und Freunden zuteil geworden ist. Ich möchte vor allem Karl Rahner danken, der sie als Habilitation empfohlen hat, und Herbert Vorgrimler für seine gutachterliche Tätigkeit. Am Fachbereich Katholische Theologie der Universität Münster, an dem ich Assistent gewesen bin, wurde sie freundlicherweise als Habilitation angenommen, und die Deutsche Forschungsgemeinschaft hat sie durch ihr Habilitationsstipendium und ihren Zuschuß zur Drucklegung unterstützt.

Ich möchte mich für die Hilfe, die mir von all diesen Seiten widerfahren ist, ausdrücklich bedanken.

---

[14] Y. Congar, Théologie: DThC 15/1 (Paris 1946) 424–425.
[15] Seine wichtigsten Vertreter, zu denen Cano zählt, werden bei *J. Splett* im Artikel „Aristotelismus": Sacramentum Mundi 1 (1967) 341 genannt.
[16] Der Begriff Aufklärung im Text hat historisch-systematische Bedeutung. Die Theologie des beginnenden 19. Jahrhunderts steht gedanklich und geschichtlich im Rahmen ihrer Tradition.
[17] Vgl. besonders H. Blumenberg, Die Legitimität der Neuzeit (Frankfurt a. M. 1966).
[18] Zu dieser Diskussion vgl. K. Rahner (Hrsg.), Zum Problem der Unfehlbarkeit (Freiburg i.Br. 1971) und H. Küng (Hrsg.), Fehlbar? (Zürich 1973).

Erster Hauptteil

System und Geschichte: Geschichtstheoretische Grundlagen der dogmatischen Theologie

I. Melchior Cano, „De locis theologicis": Die Kunst des Denkens der Geschichte – der Ursprung dogmatischer Theologie

Dogmatische Theologie hat die Aufgabe, jenseits von Glaubensauffassungen und Schulkontroversen die Kirchenlehre festzustellen. „Ihr Wesen kann zunächst schlicht dahin bestimmt werden, daß sie die theologische Wissenschaft des Dogmas ist."[1]

Theologie, die sich als theologia dogmatica begreift, muß daher um die Kirche wissen. Sie steht vor dem Problem, wie und infolge welcher Beschaffenheit die Kirche überhaupt fähig ist, ein Ort der Theologie zu sein. Der Zusammenhang von Kirche und Theologie im Begriff einer Theologie, die um ihren eigenen Ursprung in der Kirche weiß, ist das zentrale Thema des Begriffs dogmatischer Theologie. Es wurde erstmals von Melchior Cano (1509–1560) in seinem Buch[2] „Über die Orte der Theologie" behandelt. Es konzipiert den Glauben der Kirche als einen Ort in der Geschichte, auf den

---

[1] K. Rahner, Dogmatik: LThK 3 (Freiburg i. Br. 1959) 446.
[2] Das Buch wird von mir nach der Ausgabe v. H. Serry, Melchioris Cani Episcopi Canariensis ex ordine Praedicatorum Opera (Padua 1962; ¹1714), zitiert. Es kam nach Canos Tod (1560) in Salamanca 1563 erstmals in den Druck. Zu seiner Entstehungsgeschichte vgl. bes. A. Lang, Die Loci theologici des Melchior Cano und die Methode des dogmatischen Beweises (München 1925) 18. Dazu ist auf der Grundlage des handschriftlichen Befundes vom Standpunkt der Problemgeschichte her noch folgendes zu ergänzen: Cano hat einen Kommentar zur Secunda Secundae der Summa theologica des hl. Thomas „De fide" und zur Prima pars des gleichen Werks „Utrum theologia est scientia" verfaßt. Vgl. die Hss. Codex Ottobonianus latinus 286: Prima pars Sancti Thomae, und 4647: Annotationes in 2ᵃᵐ 2 D. Th² der Bibliotheca Vaticana, sowie die Hs. 58: Adnotationes in primam partem S. Thomae der Universitätsbibliothek in Salamanca. – Vgl. auch C. Pozo, La teoría del progreso dogmático en los teólogos de la escuela de Salamanca (Madrid

sich die Theologie von ihrem eigenen Selbstverständnis als Reflexion des Glaubens her – geschichtlich – beziehen muß. Der Begriff des Geschichtlichen, der ihm zugrunde liegt, und das Verständnis der Theologie, das er fordert, entspringen indes jener Auffassung von Geschichte und Theologie, die für den spanischen Neoaristotelismus des 16. Jahrhunderts, zu dessen bedeutendsten Vertretern man Cano rechnen muß, bezeichnend war: Theologie als Glaubensreflexion und Geschichte als Zeugnis der Autorität und ihrer geschichtlichen Macht.

Die Kirche ist von dieser Geschichtskonzeption des Glaubens her eine Glaubensautorität im Zeichen ihrer Ordnungsfunktion. Durch sie wird sie zum Bezugspunkt einer Theologie, die auf Geschichte reflektiert. Sie denkt den Logos der Kirche. Canos Buch darf man daher zu Recht als die Grundlage neuzeitlicher Ekklesiologie begreifen.

Das Verhältnis von Autorität und Theologie war auch für die Scholastik ein Problem. Denn Theologie ist Wissenschaft, Grundlage ist aber die Autorität. Wie kann Autorität Grundlage von Wissenschaft sein?

Diese Frage wuchs sich jedoch im 16. Jahrhundert endgültig zu einer Grundsatzfrage aus. Denn was ist angesichts der literarischen Entdeckungen des Humanismus überhaupt das Verhältnis von Geschichte und Theologie? Wodurch ist die Geschichte eine Autorität in der Theologie?

Das Problem selber war auch von Aristoteles her bekannt. Denn in der Topik geht er einen Weg, „auf dem man zu Schlußfolgerungen über jede vorgelegte Frage auf Grund *anerkannter* Sätze wird gelangen können und sich nicht in Widersprüche verwickelt, wenn man selbst das Wort führt"[3]. Denn es gibt zwei Arten von Überzeugung, eine, deren Grundlage gesi-

---

1959) 118–135, und ders., Fuentes para la historia del método teológico en la escuela de Salamanca (Granada 1962) 1; 8–18; 219–277. Ein Vergleich der Handschriften mit den „Loci" läßt erkennen, daß Cano sowohl das Problem der Theologie als Wissenschaft wie auch das Problem des Glaubens als einer Voraussetzung der Theologie in seinem Werk „De locis" aufgegriffen hat. Die Übereinstimmung zwischen „De locis" und dem Glaubenstraktat betrifft besonders das Problem der Infallibilität. – Vgl. Hs. Vaticanus latinus 4647: p. 18 „an concilium possit errare?" p. 21 „an concilium sine papa possit errare?" p. 22 „an Summus pontifex possit errare?" p. 24 „an papa possit errare?" Zum Glauben als einer Quelle der Theologie vgl. die Handschrift Vaticanus latinus 286, 185–229: „de libris canocicis" (204–223) und „utrum sacra doctrina sit scientia?" (192) Vgl. auch Pozo, Fuentes 228–259. – Cano verbindet in seinem Buch „De locis" die Frage der Theologie mit der Frage des Glaubens: Die Quellen der Theologie sind eine Autorität des Glaubens und die Quellen des Glaubens eine Autorität der Theologie. Auf dem Boden dieser Konzeption leistet er auch eine Grundlegung des Begriffs der Kirche. Denn sie ist die Gemeinschaft der Gläubigen. Sie legt Zeugnis ab vom Glauben. Sie besitzt Autorität und ist folglich eine Quelle der Theologie.
[3] Aristoteles, Topik, hrsg. v. P. Gohlke (Paderborn 1952) 23; I, 100a, 18.

chertes Wissen, und eine andere, deren Grundlage eine anerkannte Meinung ist. „Wahr und ursprünglich im Sinn von Wissenschaft", sagt er, „ist alles, was seine Überzeugungskraft nicht durch anderes hat, sondern durch sich selbst. Bei den Grundsätzen des Wissens darf man nämlich nicht mehr weiterfragen, warum dies so sei, sondern jeder dieser Sätze muß durch sich selbst gewiß sein. *Anerkannt* dagegen ist, was entweder alle meinen oder die meisten oder die Weisen, und von diesen wieder entweder alle oder die meisten oder die anerkannten."[4] Die Topik, in der es um anerkannte Meinung geht, kann folglich nicht jene Gewißheit verbürgen, die wissenschaftlicher Erkenntnis eigentümlich ist. Sie hat mit ihr jedoch insofern zu tun, als sie deren Grundsätze erörtert. Denn sie dient „zur Erörterung der Grundsätze einer jeden Wissenschaft", schreibt Aristoteles, „da hierüber aus den einer vorliegenden Wissenschaft eigentümlichen Quellen heraus nichts gesagt werden kann, weil doch Grundsätze überall das erste sind. Aber man kann über sie reden mit Hilfe dessen, was über jeden solchen Satz *anerkannt* ist. Dies ist die besondere und eigenartigste Aufgabe des Lehrgesprächs: als Prüfmittel hat es einen Zugang zu den Grundsätzen aller Verfahren."[5]

Die Frage des Zusammenhangs von anerkannter Meinung und festem Wissen, die mit Aristoteles und seinem Wissenschaftsbegriff offenbar gegeben ist, wird im 16. Jahrhundert dadurch zu einem besonderen Problem, daß Theologie einen Ort in der Geschichte hat, Geschichte jedoch im Rahmen der Topik und ihrer Tradition mögliche Grundlage einer Meinung, nicht aber von Wissen ist. Es wächst sich in der Frage nach der Möglichkeit von Theologie als Wissenschaft auf dem Boden von Geschichte nun zur Grundsatzfrage aus. Cano steht einerseits in der Tradition des Aristoteles[6], er zitiert aber auch Cicero, Melanchthon und R. Agricola, aus dessen Buch „De inventione dialectica" er ganze Passagen übernimmt[7]. Er ist Schüler (1527–1531) des F. de Vitoria, des Initiators der Thomasrenaissance, eines der

---

[4] Ebd. 23–24; I, 100a, 30–100b, 18.
[5] Ebd. 25–26; I, 101a–101b
[6] Vgl. dazu L. Oeing-Hanhoff, Dialektik: Historisches Wörterbuch der Philosophie 2 (Darmstadt 1972) 164–184, sowie O. Pöggeler, Dialektik und Topik: Hermeneutik und Dialektik, hrsg. v. H. Bubner u. a. 2 (Tübingen 1970) 273–310; Th. Viehweg, Topik und Jurisprudenz (München ⁵1974); L. Bornscheuer, Topik. Zur Struktur der gesellschaftlichen Einbildungskraft (Frankfurt a. M. 1976).
[7] Vgl. A. Lang, a. a. O. 68–69. Das Buch von Agricola, 1548 in Köln erschienen, handelt von den Örtern, jedoch nicht von den Prinzipien des Dialogs. Die „ars inveniendi", die es lehren will, führt den Leser zur Kenntnis der „ars deducendi" weiter, die man jedoch kennen muß, um die Autorität der Örter und somit auch die eigene Position im Dialog zu definieren. Cano leistet eine solche Weiterführung. Denn er denkt die Quellen des Glaubens als Prinzipien der

Exponenten des Neoaristotelismus in Spanien[8]. Er ist Berater Philipps II. und des Tridentinischen Konzils (1552), dazu Lehrer der Theologie in Salamanca (seit 1546) und Bischof der Kanarischen Inseln (1552). Er besitzt nicht bloß große Erfahrung mit der Geschichte, er hat auch eine bedeutende Stellung in der Theologie, er ist ein Theologe, der Geschichte zu denken weiß.

Geschichte und Theologie verbinden sich bei ihm zu einer Theologie, die selber Autorität in der Geschichte hat. Darin ereignet sich auf epochemachende Weise die Grundlegung der Theologie als einer Theologie der Kirche.

Theologie. Die „ars inveniendi" muß die „ars deducendi" mit umfassen. Kraft dieser prinzipientheoretischen Erweiterung wird die humanistische Tradition der Topik zu einem Ort der Auseinandersetzung mit Fragen des Glaubens und der Theologie. Sie ist der Ursprung dogmatischer Theologie. – Zur späteren Ablösung des aristotelischen Deduktionsbegriffs in der neuzeitlichen Wissenschaftsphilosophie überhaupt vgl. J. Ortega y Gasset, Der Prinzipienbegriff bei Leibniz und die Entwicklung der Deduktionstheorie (München 1966); M. Riedel, Über einige Theorien in der praktischen Philosophie des Aristoteles: Rehabilitierung der praktischen Philosophie, hrsg. v. M. Riedel 1 (Freiburg i.Br. 1972) 79–97. In der Theologie selber hat man bislang weder die historische und prinzipientheoretische Leistung des Aristotelismus diskutiert noch seine Ablösung historisch und prinzipientheoretisch bedacht.

[8] Zu der bedeutenden Rolle, die Vitoria und Cano bei der Erneuerung katholischer Theologie im 16. Jahrhundert spielen, vgl. Th. Tshibangu, Melchior Cano et la théologie positive: ETL 40 (1964) 300–339.

Cano ist auch einer der einflußreichsten Theologen seiner Zeit. Er ist an wichtigsten staatlichen und kirchlichen Entscheidungen beteiligt und gibt streitbare Stellungnahmen zu bedeutenden Begebenheiten der damaligen Zeit ab. Er war Mitglied der von Karl V. eingesetzten Kommission zur Überprüfung der spanischen Kolonialpolitik, in die er 1550 berufen wurde, und sprach sich dabei für Las Casas aus. Auf dem Konzil von Trient, an dessen 13. und 14. Sitzungsperiode 1551–1552 er selber teilgenommen und zu Fragen der Sakramentenlehre (Buße und Eucharistie) Stellung bezogen hat, war er eine gefeierte Person. Er vertrat auch die Meinung, daß es die natürliche, nicht-sakramentale Ehe unter Christen geben könne, eine Meinung, die vom Konzil nicht aufgegriffen wurde, die es aber auch nicht verwarf, und die man auf dem Konzil zu einem späteren Zeitpunkt in Abwesenheit Canos immerhin vertrat. Seine Rolle bei der Verurteilung von B. Carranza ist umstritten. Man darf sie aber auch nicht überschätzen, trotz seines Gutachtens über dessen christlichen Katechismus, da Cano bereits 1560 starb, die römische Verurteilung jedoch erst 1576 – auch infolge politischen Drucks aus Spanien – erfolgte. Die Jesuiten lehnte er schon wegen ihres Namens ab, den er für die Kirche insgesamt in Anspruch nehmen wollte. Seine bekanntesten Schüler kamen in der Folgezeit gleichwohl aus diesem Orden, u. a. Gregor von Valencia und Petavius. Cano argumentiert mit Polemik und Ironie. Er war ein begeisterter Lehrer und wurde in der Ablehnung, die man ihm später trotz unbestreitbar gewaltiger Leistungen entgegenbrachte, Opfer seines eigenen kämpferischen Talents. – Serry beginnt die Gesamtausgabe seines Werks mit den berühmt gewordenen „Vindicationes", einem Katalog von Beleidigungen und falschen Einschätzungen Canos, die richtigstellend interpretiert, teilweise aber auch zugegeben sind. Vgl. etwa Serry, Opera, Vindicationes, IX, 28: „Melchior Canus Divo Stephano nequaquam iniurius ostenditur." – Zur Lebensgeschichte vgl. F. Caballero, Vida del illmo Melchor Cano (Madrid 1871) – eine im Fall Carranza gegen Cano eingestellte Schrift; J. Sanz y Sanz, Melchor Cano, Cuestiones fundamentales de crítica histórica sobre su vida y sus escritos (Madrid 1959) – eine Schrift, die ihn verteidigt; J. I. Tellechea, El Arzobispo Carranza y su tiempo, 2 Bde. (Madrid 1968), bes. II, 91–173 – eine Schrift, die ihn wiederum

Von seinem Buch „Über die Orte der Theologie", das 1563 posthum erschienen ist und dreißig Auflagen bis 1890, die letzte bisher, erlebte, behauptet A. Lang, es bedeute „den ersten systematischen Versuch und zugleich einen für Jahrhunderte unüberbotenen Höhepunkt theologischer Erkenntnislehre und Methodologie"⁹. Es hat eine große Wirkungsgeschichte. In ihm wird aus der Perspektive des Neoaristotelismus Geschichte selbst epochemachend gedacht. Es enthält die Grundlagen dogmatischer Theologie.

1. Das Problem der Geschichte in der Theologie

Das literarische Gebilde, das man Dogmatik nennt, erwächst der Theologie des Mittelalters. Sowohl die Sprache, in der es vorzufinden ist, wie auch die Probleme, deren Erörterung es betreibt, und die Thomastradition, in der es steht, zeugen von dieser Tradition. Thomas erscheint daher bis heute in

---

belastet. In dieser mehr innerspanischen Auseinandersetzung hat sich vorliegende Arbeit nicht zu äußern. Die einzelnen biographisch-psychologischen, aber auch kirchengeschichtlich-territorialen Gegebenheiten bleiben in ihr aus arbeitsökonomischen und methodischen Gründen außer Betracht. – Zur Lebensgeschichte vgl. auch A. Lang a.a.O. Über die Schule von Salamanca vgl. die Arbeiten von Beltran de Heredia, bes. Melchor Cano en la Universidad de Salamanca: CienTom 48 (1933) 179–208, und ders., El Convento Salamantino de San Esteban en Trento, ebd. 75 (1948) 5–54.

⁹ A. Lang, Cano: LThK 2 (1958) 918. – Die überragende Stellung Canos in der modernen katholischen Theologie ist unbestritten. Man findet sowohl bei Sanz y Sanz als auch bei Caballero Zeugnisse von Theologen der späteren Jahrhunderte gesammelt, die ihm dies bescheinigen. Vgl. Caballero, a.a.O. 462f.: „el primero después de Santo Tomás" (Natalis Alexander); „el Quintiliano de los teólogos" (Muratori); „el Cicerón de España" (allgemeine Meinung bei den Theologen); „admiración del Concilio de Trento" (Antonio Genense); „el mayor teólogo que ha logrado España" (A. Filocano); „el oráculo de Filipe Segundo" (L. Cabrera); „extendió el horizonte de sus contemporáneos, y descubrió nuevas comarcas en los dominios de la Teología" (Carlos Daniel). – Die Loci nannte man ein „Werk aus Gold" (A. Pereira). Es „zählt so viele Bewunderer, wie es Leser hat" (Miguel de San José). Papst Julius III. soll Cano als „praestantissimum theologum" bezeichnet haben, als „den größten Theologen, den es jemals in der Kirche gab". „Ce sont ses paroles dans le registre du Vatican (Cal. Septembre 1552)", vgl. P. Richard, Diccionario universal I, 835, bei Caballero, a. a. O. 257.

In der Historia del convento de San Esteban von Salamanca aus dem Anfang des 17. Jahrhunderts Buch II, Kap. 17, S. 255 heißt es: „Maestro Cano fué el primero que comenzó en Salamanca a extornar y enriquecer las resoluciones teológicas con testimonios selectos de la Divina Escritura, de los sagrados concilios, de los Santos doctores y Padres de la Iglesia. Tuvo muy especial gracia en presidir los actos públicos, tanto, que causaba gran admiración a quantos le oían, y afirmaban no haber persona en el mundo, que en erudición y explendor se pudiese comparar con él; porque a todos hacía conocidas ventajas." – Vgl. Sanz y Sanz, a.a.O. 345–382, und E. Marcotte, La nature de la théologie d'après Melchior Cano (Ottawa 1949), Introduction.

maßgebenden Veröffentlichungen als der große Meister dogmatischen Denkens in der Theologie[10].

Gleichwohl sind Summa theologica und theologia dogmatica voneinander getrennt in ihrem Wesen und durch eine Welt. Jener Frage, der Thomas nur einen einzigen Artikel widmet[11], nämlich der Frage nach der Zeugenschaft geschichtlicher Autorität als einen Ort der Theologie, widmet Cano ein ganzes Buch. Darin begreift er den Abstand zu den Jahrhunderten der Scholastik und den noch größeren Abstand zu den Jahrhunderten der Väter als ein fundamentales Problem: Wie kann das Zeugnis der Geschichte eine Grundlage sein, auf der man steht, wenn das eigene Verhältnis zu ihm selber nur geschichtlich ist?

Aristoteles schickt sich an, einen ganz neuen, freilich bis heute letzten Triumph zu feiern; er wird zum Prinzip der Bewältigung von Geschichtsproblemen der Theologie.

1.1. Theologie und Autorität

Cano ist vom epochemachenden Charakter seiner Schrift „Über die Orte der Theologie" überzeugt. Sie verändert in der Frage des Zusammenhangs von Überlieferung und Reflexion der Überlieferung die Fragestellung der Theologie.

Cano schreibt darüber mit unverblümter Offenheit. „Oft habe ich mir gedacht, bester Leser", heißt es in der Einleitung, „jemand, der eine große Menge von Erkenntnissen einführt in die Wissenschaft, leistet für die Menschen nicht mehr an Gutem als ein anderer, der sich über sie Rechenschaft gibt und Wege zeigt, darauf sie leichter und mehr geordnet weiterzugeben sind. Daß wir den großen Entdeckern vieles schulden, wird niemand leugnen wollen, aber wir schulden sicher auch denen viel, die mit Vernunft und Geschick die Entdeckungen zum allgemeinen Gebrauch bereiten ... von den einen gleichsam das Material, von den anderen gleichsam die Form des Argumentierens, wird man fähig, in der gesunden Lehre zu unterrichten und jene zurechtzuweisen, die ihr widersprechen. Das aber ist, wie der Apostel Paulus an Titus schreibt, des christlichen Lehrers hauptsächliche Pflicht. Der

---

[10] Vgl. z. b. den Artikel von E. Dublanchy, Dogmatique: DThC IV/2 (Paris 1924) 1522–1574. – Die „Loci" sind ein Buch zur Grundlegung dogmatischer Theologie. Als solches wurden sie bisher jedoch kaum irgendwo beachtet. Man weiß, daß Cano der Theologie eine methodische Grundlage im allgemeinen, man weiß aber nicht, daß er ihr die Grundlage als einer dogmatischen gegeben hat.
[11] S. Th. I, qu 1 a.8: Utrum haec doctrina sit argumentativa.

Wunsch, mich zu erklären über sie, hat mich überhupt dazu bewogen, eine Erörterung anzustellen über die Orte der Theologie, eine Erörterung, die gelehrten Männern vermutlich nicht ungelegen, weniger gelehrten aber auf jeden Fall notwendig ist. Ich habe mich dieser Aufgabe jedoch um so lieber unterzogen, als kein Theologe bisher, meines Wissens, die Art der Argumentation zu erörtern auf sich genommen hat: da neben der gewöhnlichen Art der Auseinandersetzung, die wir von den Dialektikern übernommen haben, der Theologe noch eine andere nötig hat, und ebenso andere Quellen der Disputation, aus denen er nicht nur quasi allgemeine und fremde, sondern ihm selber gleichsam eigentümliche Argumente schöpft, um seine Lehräußerungen zu bekräftigen und gegnerische Lehrauffassungen zu widerlegen."[12]

Denn so umfangreich die literarischen Entdeckungen im Renaissancezeitalter waren, sie besitzen wegen ihrer Vielgestaltigkeit durchaus problematisches Gewicht. Wie kann die Theologie ein Material bewältigen, das für sie metaphysisch grundlegend, aber auch etwas geschichtlich Relatives ist? Wodurch ist es für sie ein Ort der Wissenschaft?

Die Frage nach dem Ort der Theologie stellt Cano transzendental. Dies unterscheidet ihn von allen anderen Autoren, die bis dahin Verfasser einer Topik waren. Denn sowohl Aristoteles als auch Cicero behandelten sie als eine Sache der Rhetorik. Die Frage nach ihrer Bedeutung für die Theologie wurde von ihnen nicht gestellt. Auch Thomas, dem sich Cano besonders verpflichtet wußte und den er den „theologus diligentissimus et absolutissimus" nennt, ist ihr ausgewichen. „Der heilige Thomas", schreibt Cano, „war mir Autorität und Lehrer beim Abfassen dieser Schrift. Die Natur der Quellen jedoch erörtert er nur knapp und kurz und auf seine Weise. Er legt keine Argumente vor, sondern beschränkt sich auf stichpunktartige Exposition. Aber den eigentlichen Grund, warum die Quellenfrage zu erörtern ist, versucht weder der heilige Thomas noch irgendein anderer zu nennen, den ich kenne. Was nämlich Aristoteles über die Quellen der Dialektik geschrieben hat, faßt zwar die Quellen selber verschiedenartig und umständlich zusammen, zeigt aber nicht, wie man Sachverhalte aus ihnen entnehmen und Nutzen von ihnen haben kann. Aristoteles ist zwar in dieser Frage unbestritten der große Meister: aber welchen Vorteil bringt der Wissenschaft das Auffinden bloß wahrscheinlich und ganz unverbindlich geltender Argumente, von Argumenten, die auch der Gebildete ignorieren kann und die zu ignorieren kein Mangel an Bildung ist?"[13]

---

[12] L. th., Prooemium.
[13] Ebd. XII, 2, 311.

Die Topik, in der Aristoteles allgemeine Richtlinien erarbeiten wollte, um Fragen des praktischen Lebens aufgrund anerkannter Sätze zu entscheiden, deren theoretischen Wert er aber bestritt, wird bei Cano zu einem transzendentalen Problem. Denn Theologie besitzt kraft ihrer Natur historische Quellen, und solche Quellen sind kraft ihrer Natur eine Grundlage der Theologie. Angesichts herrschender Diskrepanz von Metaphysik und Geschichte im 16. Jahrhundert macht er Quellen namhaft, die selbst von metaphysischer Bedeutung sind, und nennt er Theologie eine Wissenschaft, die sich diesen Quellen verpflichtet weiß. Er grenzt sich deshalb von Aristoteles, dessen Topik er eine mehr ehrgeizige als wirkliche Leistung nennt[14], ebenso wie von Thomas ab, der sich zu Fragen des Zusammenhangs von Geschichte und Theologie in der Geschichte überhaupt nicht äußert, wie auch von seinen Zeitgenossen, die sich zu dieser Frage äußern, aber nicht in der Lage sind, sie als Grundsatzfrage zu behandeln.

„Was zuerst von Platon, dann von Aristoteles und Cicero empfohlen wird, daß nämlich jede Belehrung, die man über irgendeine Sache aufnimmt, mit der Definition beginnen müsse, damit zu erkennen ist, was jenes denn sei, worüber gesprochen wird, darf meine Erörterung über die Quellen der Theologie nicht übersehen; daher muß vor allem anderen darüber gesprochen werden, was denn überhaupt eine Quelle der Theologie ist; außer man wäre sich darüber so im klaren, daß gar keine Erläuterung mehr nötig ist. Denn in diesem Werk sprechen wir nicht über Quellen im allgemeinen, die jeden beliebigen Sachverhalt behandeln, und auch nicht über einzelne Themenbereiche und ihre besonderen Kapitel, die man heute allgemeine Quellen nennt, z. B. Rechtfertigung, Gnade, Sünde, Glaube und anderes dieser Art (wie viele Zeitgenossen, unter den Lutheranern hat nicht bloß Philipp ‚Melanchthon', sondern auch Calvin so getan, Leute mit nicht wenig Beredsamkeit, aber dennoch pflichtvergessen, wie Luthers Schüler nun einmal sind); denn wie Aristoteles in der Topik auf loci communes verweist, gleichsam als Sitz und Bezeichnung von Argumenten, die man bei allen Auseinandersetzungen zugrunde legen kann, so verweisen wir auf die loci peculiares der Theologie, gleichsam als die Behausung aller Argumente der Theologie, die die Theologen bei ihren Auseinandersetzungen, sei es zur Bestätigung oder Widerlegung, zugrunde legen können."[15]

Cano steht in der Aristotelestradition. Er greift Probleme auf, die mit ihr gegeben sind. Thomas, dem er sich verpflichtet weiß, hatte zur Frage nach

---
[14] Ebd. 312.
[15] Ebd. I, 3, 2.

den Quellen der Theologie nur gesagt, daß ein Beweis aufgrund von Zeugnissen menschlicher Autorität zu den schwächsten, ein solcher jedoch aufgrund von Zeugnissen göttlicher Autorität zu den stärksten Beweisen zählt. Wie aber verhalten sich diese Arten von Autorität in der Geschichte selber zueinander? Cano ist daher gezwungen, die Aristotelestradition – auch jene von Thomas her kommende – in ihrer Fragestellung zu erweitern. Alle Quellen der Theologie sind geschichtlicher Natur. Aber nicht alle Quellen geschichtlicher Natur sind Quellen der Theologie. Wie unterscheiden sich also geschichtliche Quellen im Sinne des Unterschieds von Gott und Mensch in der Geschichte selber voneinander?

„Was also ist geschehen?" schreibt Cano. „Ob der heilige Thomas die Frage nach dem Gebrauchswert und der Verwendbarkeit der Quellen mit Schweigen überging, um sie später zu behandeln, wenn nicht irgendein Zufall oder eine andere Beschäftigung seinem Plan zuvorgekommen wäre, oder ob er ihn absichtlich nicht mehr durchführen wollte; sicher ist, daß wir nicht alle alles leisten können. Es hat der göttlichen Vorsehung gefallen, daß Ältere den Jüngeren etwas überlassen müssen, an dem sie auch selbst arbeiten und nützlicherweise nicht bloß ihr Gedächtnis, sondern auch ihre eigene Begabung üben können. Diese also übriggelassene Aufgabe führen wir aus ohne Hilfe von irgend jemand, sondern, wie man sagt, auf eigene Gefahr. Nichts wurde nämlich über die Quellen der Theologie nach dem heiligen Thomas dargelegt, das in meine Hände kam und mir ausreichend erschienen wäre."[16]

Cano ist sich der Bedeutung seines Buches bewußt. Die Unbedingtheit, mit der er sich behauptet, scheint ihm bisweilen moralisch bedenklich zu sein, um so nachdrücklicher hält er jedoch am Anspruch auf den entscheidenden Charakter seiner Leistung fest. Cano bekennt sich zum Fortschritt in der Theologie. „Wenn ich zu verwegen bin und deshalb Schuld auf mich ziehe", schreibt er zu einer Ermahnung, die ihm sein Lehrer de Vitoria einmal diesbezüglich gab, „dann kann ich sie nicht einfach durch Entschuldigung überdecken und verdunkeln, da ich weiß, daß ein großer Geist nur wenig gelten kann, wenn er nicht vom Zaum kluger Intelligenz und von entschiedener Mäßigung des Herzens regiert und geleitet wird. Dennoch pflege ich das Verhalten jener nicht zu billigen, die es, gleichsam wie durch einen Schwur gebunden oder wie durch eine Lästerung gehalten, um Worte des Fabius zu gebrauchen, als Unrecht betrachten, eine Meinung aufzugeben, die man einmal vertreten hat. Ein Theologe darf nicht auf solche Gesetze schwören. Denn größer und bedeutsamer, als immer den Fußstapfen des

---

[16] Ebd. XII, 2, 312/313.

Lehrers zu folgen, ist im Falle, daß man in der Theologie willkommen sein will, das eigene Werk. Ich erinnere mich, von meinem Lehrer gehört zu haben, als er uns die Secunda Secundae zu erklären begonnen hatte, die Lehre des heiligen Thomas so zu schätzen, daß uns die Autorität dieses gelehrten und heiligen Mannes genüge, wenn eine andere und bessere Lehre nicht vorhanden sei.

... auch ‚Franz de Vitoria' war von Natur aus ein gemäßigter Mann: aber mit dem heiligen Thomas stimmte bisweilen auch er nicht überein, und größeres Lob verdient er nach meiner Überzeugung für das, was ihn von ihm trennt, als für anderes, was ihn mit ihm verbindet: denn so groß war die Achtung vor ihm bei aller Meinungsverschiedenheit... wir ‚hinwiederum' verwenden alle Sorgfalt und Mühe, dieses Werk zu schreiben. Denn obwohl die ganze Theologie fruchtbar und ertragreich und kein Teil von ihr unbearbeitet und vernachlässigt ist, so ist in ihr doch keine Quelle fruchtbringender und ergiebiger als jene über den Nutzen und die Argumente der Quellen selbst, die man den Quellen der Theologie entnimmt."[17]

Die Reflexion der Theologie und der Quellen des Denkens der Theologie ist eine transzendentale Reflexion. Canos Buch, das Theologie auf solche Weise reflektiert, verkörpert folglich einen transzendentalen Fortschritt im Denken des Begriffs der Theologie. Es reflektiert jedoch nicht die Quelle des Denkens selber – im Denken selber bleibt es Aristoteles verpflichtet –, sondern die Quelle des Denkens der Geschichte. Die Frage nach Qualität und Aussagekraft von Zeugnissen und das Problem der Bindung von Gedanken setzt es dadurch zueinander in Beziehung, daß es Theologie als Zeugnis und Zeugnisse als Prinzip der Theologie begreift. Diese ist folglich eine dialektische Gegebenheit.

Cano, der sich als erster so bestimmt, steht folglich in seiner Schrift „De locis theologicis" vor einem geschichtlich-theoretischen Problem. Sie behandelt den argumentativen Wert von Zeugnissen – „unde argumenta certa, unde vero probabilia solum eruantur"[18] – und zugleich den Zeugniswert von Argumenten: „In duodecimo et tertiodecimo disseretur, quem usum ejusmodi loci habeant, tum in scholastica pugna tum in sacrarum Literarum expositione", heißt es von Büchern, die gar nicht geschrieben sind. „Postremus denique liber ... sigillatim ostendet, quibusnam argumentis proprie adversum haereticos, quibus peculiariter adversum et Judaeos, et Saracenos, quibus vero tandem adversum Paganos transigenda Theologo disputatio sit, si quando sit cum his pro fide catholica decertandum."[19]

---

[17] Ebd. XII, Prooemium 307/308. [18] Ebd. I,1. [19] Ebd.

Den argumentativen Wert der Geschichte und den geschichtlichen Wert der Argumente setzt Cano gedanklich zueinander in Beziehung. Er nennt die Fertigkeit, die sich aus dieser Art Zusammenhang entwickelt, eine Kunst: „Ich hatte nämlich", schreibt er, „die Meinung und bin auch jetzt noch davon überzeugt, daß unsere Unterweisung über die Quellen sehr vieles enthält, um in der Gegenwart von keiner Diskussion ausgeschlossen zu sein, wohin immer man sich auch gewendet haben mag. Denn ob man ein schlagendes Argument findet, um Lehrmeinungen zu belegen, oder eine zutreffende Erklärung der Heiligen Schrift, so ist das entweder eine Kunst, oder es braucht zu solcher Anstrengung überhaupt keine Fertigkeit. Zu behaupten, daß Beschäftigung mit den größten Dingen nicht der Kunst bedarf, wo die Beschäftigung mit den geringsten ohne sie nicht gelingt, ist Sache von Menschen, die mit zuwenig Überlegung sprechen und sich in den größten Dingen irren."[20]

Die Kunst, Geschichtliches und Argumentatives, Überliefertes und Gedankliches, Positives und Spekulatives miteinander wirksam zu verbinden, hat für ihn strategisches Gewicht; denn wie „es bei militärischen Angelegenheiten zu sein pflegt, wo der Führer nicht zufrieden ist, den Soldaten Waffen zu geben, sondern sie lehrt, wie man sie gebraucht, ihre Hände an den Umgang mit Waffen gewöhnt, Richtlinien erläßt, wann sie den Gegner fliehen müssen, wann sie ihn verfolgen, wann sie ihren Kräften vertrauen, wann sie eine List gebrauchen, wann sie ihn fürchten, wann seinen Stößen ausweichen müssen: und sie endlich in die Schlacht führt, eine Ordnung vorschreibt, den Ort bezeichnet, von dem sie auf seinen Befehl nicht weichen dürfen: so, scheint mir, tue ich, wenn ich meine Schüler nach dem Bild einer gewissermaßen vollendeten Gelehrsamkeit bilden und unterrichten will. Und nicht nur durch Worte habe ich zu befinden, sondern ziehe mit der Waffe in der Hand als Beispiel für die Späteren zum Kampf in das Manöver. Wenn es nicht im Ernst, sondern nur zum äußeren Eindruck zu geschehen scheint, so hat es dennoch seinen Wert. Was immer nämlich in diesen Dingen zur Anschauung dient, wird nützlich beim wirklichen Kampf, wenn er irgendwann mit dem Gegner ausgefochten wird. Wenn jemand, was der Kunst bedarf, ohne Kunst betreiben will, so erlaube er mir und meinesgleichen, ich beschwöre ihn, daß wir uns der Kunst und ihrer Regeln bedienen. Es gibt Wiesen mit viel natürlichem Wasser. Aber es gibt auch solche, die man von außen her bewässern muß … Wie ein Acker fruchtbar ist, aber dennoch fruchtbarer wird, wenn ihn der Bauer mit Fleiß und Sorgfalt bestellt, so haben

---

[20] Ebd. XII, 2, 312.

viele in der Theologie, wenn sie mit großer Begabung ausgestattet waren, ohne Kunst eine Menge erreicht; dennoch führt die Kunst, wie Tullius sagte, sicherer als die Natur."[21]

Die Theologie als Kunst theoretischer Auseinandersetzung in der Geschichte unterliegt geschichtlichen und theoretischen Bedingungen. Denn sie ist Wissenschaft, hat selbst jedoch im Unterschied zu allen anderen Wissenschaften in der Geschichte ein Fundament. Zwei Arten von Argumentationen nämlich, sagt Cano, sind denkbar, die Argumentation aus der Geschichte und die Argumentation aus der Vernunft. „Während aber in allen anderen Disziplinen die Vernunft die erste Stelle hält, die Autorität jedoch die letzte, ist die Theologie dennoch eine solche Disziplin, in der nicht so sehr das Moment der Vernunft wie jenes der Autorität als Grundlage im Gespräch zu suchen ist. Denn sie betrachtet die Autorität so sehr als den ihr eigentümlichen Ort des Denkens, daß Gründe der Vernunft ihr entweder fremd und äußerlich sind oder in ihrer Obhut stehen als etwas, das man schon lange kennt und oft wiederholt. Denn sie stützt sich nur auf den Glauben: der, wenn er nicht von der Autorität getragen ist, nicht nur als Glaube nicht erkannt werden kann, sondern auch kein Glaube ist."[22]

Theologie ist Argumentation aus der Geschichte. Dennoch ist die Geschichte Quelle von Argumentation. „Wer immer daher in der christlichen Schule ein Lehrer sein möchte, ist an das Wort des Glaubens gebunden; wenn er jedoch nicht die Gründe des Glaubens zu nennen weiß, dann kann er wohl Glaubender, aber nicht Lehrer der Gläubigen sein. Denn auch Menschen, die eine Erfahrung machen, was der heilige Thomas richtig den Schriften des Aristoteles entnimmt, sind nicht in der Lage, mit ihren Gegnern über diese Erfahrung zu disputieren, wenn nicht der Sinn für die Kunst des Argumentierens hinzugetreten ist. Beides also ist dem Theologen unerläßlich, Autorität und Vernunft."[23]

Obwohl Cano die Priorität des Geschichtlichen an jeder nur möglichen Stelle betont, ist die Frage nach der Möglichkeit theoretischer Bewältigung dessen, was in der Geschichte gegeben ist, das für ihn entscheidende Problem: Wie kann Theologie eine Wissenschaft sein, wenn doch Wissenschaften der Vernunft, Theologie indes Geschichtlichem und seiner Autorität verpflichtet ist? Und wie ist die Kunst der Argumentation in dieser Disziplin zu denken, wenn Argumentation gesichertes Wissen verlangt, das Wissen der Theologie jedoch dem Wandel geschichtlicher Entwicklungen und historischer Zufäl-

---

[21] Ebd. XII, 2, 313.   [22] Ebd. I, 1.   [23] Ebd.

ligkeiten ausgeliefert ist? Sind Autorität und Geschichte überhaupt eine denkbare Grundlage wirklicher Erkenntnis in der Theologie?

Die Frage des Zusammenhangs von Vernunft und Geschichte in der Geschichte und ihrer Vernunft wird daher bei Cano zu einem Problem, dessen Bewältigung über die Möglichkeit von Theologie entscheidet. Die Loci theologici enthalten nicht bloß ein Programm der Verwiesenheit ihrer Orte, sondern zudem eine Konzeption des Ortes selber, an welchem sich die Theologie als Theologie geschichtlich konstituieren kann: die Natur der Autorität. Denn Geschichte wird gedacht im Begriff der Autorität als der natürlichen Vernunft einer geschichtlichen Macht. Er ist grundlegend für die Geschichtsauffassung im Neoaristotelismus und sein spezifischer Beitrag zur Grundlegung der Theologie. Die Autorität besitzt Macht, und die Macht ist durch ihre Autorität Vernunftinstanz in der Geschichte. Ihre Theorie wird jedoch mit Hilfe jenes Begriffs von Wissen und Wissenschaft entfaltet, der sich bei Aristoteles findet und nun als Geschichtsbegriff erstmals Wirkung zeigt, Wissenschaft im Sinne sicherer und unwandelbarer Erkenntnis, von Erkenntnis also, die in der Autorität als dem „habitus principiorum" ihr natürliches Fundament und in der Richtigkeit von Schlußfolgerungen – „scientia conclusionum" – selber die Qualität absoluter Sicherheit besitzt.

„Der Ausdruck Wissenschaft", schreibt Cano, „verlangt festes und unveränderliches Wissen... Zu Recht also nennen wir die Theologie eine Wissenschaft, da sie unbewegliche Sicherheit, konstante Festigkeit und sozusagen Unfehlbarkeit der Erkenntnis ist... Solange uns keine bessere Bezeichnung zur Verfügung steht, nennen wir daher die Theologie eine Wissenschaft. Denn sie ist das feste und stabile Wahrnehmen von Gegebenheiten, welche, durch sichere und konstante Prinzipien verknüpft, in offenkundiger Verbindung zueinander stehen. Es darf nicht behauptet werden, die Folgerungen der Theologie seien dunkel und nur wahrscheinlich, nicht aber evident und fest. Man liefert für diese These keinen scharfen, sondern einen stumpfen Beweis, da, wäre er sicher und eine klare Schlußfolgerung, die Schlüsse sich nicht mehr auf die Theologie, sondern auf den Glauben erstreckten. Dieser Einwand ist aber lächerlich: daher wird er auch zu Recht von den meisten Theologen zurückgewiesen. Der Unterschied von Glaube und Theologie ist nämlich offenkundig und sehr leicht einzusehen: während nämlich der Glaube sozusagen sich *auf die Autorität* direkt und unmittelbar gründet, gründet sich die Theologie direkt und unmittelbar auf die Vernunft. Denn Glaube und Vernunft verhalten sich zueinander wie habitus principiorum und scientia conclusionum. Und wie das Licht der Vernunft ohne Schlußfolgerungen die Kenntnis natürlicher Prinzipien erwirkt, so das Licht des Glaubens ohne Argumentation jene Überzeugung, durch die wir dem Glauben Zustimmung gewähren, nur auf die göttliche Autorität gestützt. Evidenz und Folgerichtigkeit werden also durch Theologie nicht beseitigt, sondern grundgelegt; nicht aufgehoben, sondern herbeigeführt."[24]

Grundlage der Theologie sind die Glaubenszeugnisse geschichtlicher Autorität. Will sie sich im Sinne des aristotelischen Wissenschaftsbegriffs behaupten können, dann hat sie den Nachweis zu führen, daß geschichtliche Autorität in ihrer Eigenschaft als Erkenntnisquelle jene Qualität besitzt, die von Wissenschaft im Sinne des benannten Wissenschaftsbegriffs gefordert ist, Unbeweglichkeit, Unveränderlichkeit, unfehlbare Sicherheit.

Um diesen Nachweis ist Cano bemüht. Deshalb setzt er in Beziehung, was aufeinander zu beziehen vor ihm in der Tat noch keinem anderen in den Sinn gekommen ist, Topik und Metaphysik des Aristoteles im Begriff der Theologie. Die Loci theologici sind loci der Theologie kraft ihrer Stellung als Autorität. Denn Autorität ist die Konstanz und die Sicherheit der Geschichte. Sie begründet Wissenschaft.

„Da nämlich, was zu Glaube und Theologie gehört, unter dem Gesichtspunkt, unter dem es ihnen zugehört, sicher und unveränderlich ist, kann auch darin der Theologe, ‚sofern er auf die Natur seiner Prinzipien achtet', *nicht irren*, nicht schwanken, nicht getäuscht werden, woraus folgt, daß auch die Theologie, ohne völlig durchsichtig zu sein, für sich im eigentlichen Sinn die Bezeichnung Wissenschaft in Anspruch nimmt."[25]

Die Kontingenz des Geschichtlichen, der sich die Theologie verdankt, und die Wissenschaftlichkeit, die sie behauptet, sind im Zeugnis der Autorität einander zugeordnet. Denn auch von Gott wird gesagt, heißt es bei Cano, „daß ihm eine doppelte Art von Wissen eigentümlich sei, das Wissen davon, was notwendig geschieht, und das Wissen von dem, was zufällig sich ereignet"[26].

Kraft der Natur ihrer Quelle ist die Theologie der Ort gesicherten Erkennens. Sie ist sich im Horizont von Autorität ihrer geschichtlichen Voraussetzungen ebenso wie ihrer Bedeutung als Wissenschaft bewußt. „Da nämlich", heißt es daher weiter, „jede Wissenschaft bestimmte Quellen hat, die man die Prinzipien dieser Wissenschaft nennt, und da es Ziel der Wissenschaft ist, aufgrund der Prinzipien Folgerungen zu ziehen, die man Schlüsse nennt, muß der Theologe, damit er die Prinzipien richtig gebraucht, vor allem

---

[24] Ebd. XII, 1, 311.
[25] Ebd.
[26] Ebd.

wissen, von welcher *Qualität* diese Prinzipien sind und welche *Art* von Folgerungen sie gestatten. Diese Prinzipien selbst muß man aber zuerst kennen: denn hat man sie erkannt, so folgt das weitere um so leichter... Nicht anders nämlich, wie ich schon immer sagte und immer und immer wieder sagen werde, nicht anders, sagte ich, bezieht sich das Wissen um die Folgerungen auf den Glauben, als das Wissen der natürlichen Wissenschaft sich auf die Quelle ihrer Prinzipien bezieht."[27]

Die Autorität als Ort der Geschichte ist Prinzip der Theologie. Die besondere Qualität dieses Prinzips und die jeweilige Qualität der Schlüsse, die man auf seiner Grundlage zieht, gibt ihr selbst geschichtliche Bedeutung. Cano überwindet auf dem Boden seiner Theologie jenen gewaltigen Bruch, der im 16. Jahrhundert die Tradition und die Theologie, die nun erstmals in Erscheinung tretende historisch-positive[28] Theologie und die seit langem orientierungslos gewordene spekulative Theologie unwiderruflich voneinander trennt.

Denn Theologie hat ihren Ort in der Geschichte, und die Geschichte ist Ort der Theologie. Cano ist der erste Theologe, der mit voller Klarheit in der Geschichte selbst das Grundprinzip der Theologie erkennt und sie in ihrem Stellenwert von der formalen Beschaffenheit dieses Prinzips her definiert.

„Was? (und auch das wird jemand sagen)", wendet er der eigenen Sache gegenüber ein. „Haben nicht auch vor diesem unserem Werk, wenn dieses nur ein Werk mit besonderen Kunstfertigkeiten ist, Theologen Argumente gefunden und die Sache der Theologie, indem sie eines an das andere knüpften, mit Vernunft und Methode behandelt? Hätte etwa der heilige Thomas, der perfekte und vollkommene Theologe, diesen Teil der Theologie, würde er ihn als notwendig betrachtet haben, völlig unberührt gelassen und vergessen! Es ist doch unwahrscheinlich, anzunehmen, daß von ihm der

---

[27] Ebd. 312.
[28] Der Ausdruck „positive Theologie" findet sich erstmals bei einem Pariser Theologen. Vgl. R. G. Valloslada, Un teólogo olvidado: Juan Mair: Estudios eclesiásticos 15 (1936) 97ff., sowie den bereits zitierten Aufsatz von Tshibangu a. a. O. Es ist an dieser Stelle wichtig, darauf hinzuweisen, daß Cano die sog. „positive Theologie" – ein Ausdruck, den er selber nirgendwo verwendet – als mögliche Quelle sogenannter „spekulativer Theologie" begründet. Die „positive" ist folglich keine Selbstverständlichkeit, sondern ein Problem. Denn sie muß als Quelle der „spekulativen" überhaupt erst gefunden – inventio dialectica – und in ihrem Wert als Grundlage – de auctoritate locorum – beurteilt werden. Vgl. L. th. XII, 10, 356 ff: „Quemadmodum argumenta Theologiae invenienda, atque e locis ducenda sint."
Cano ist folglich Kritiker eines positivistischen Gebrauchs der positiven Theologie. Er ist der Vertreter einer sich selbst begründenden, aber zugleich in ihr begründeten Theologie.

letzte Akt gleichsam wie bei einem faulen Dichter nicht geschrieben wurde, wo er doch die anderen Teile der Theologie so gut geschrieben hat. Was also muß man sich anstrengen und unsere Sorgfalt und Aufmerksamkeit darauf richten, wenn man bei Darlegungen zum Gebrauch der Quellen nichts vorweisen und nichts folgern kann, was den Theologen in hohem Grad nützlich und notwendig ist. Solche Überlegungen jedoch konnten mich nicht abbringen von meinem Vorhaben."[29]

Auf der Grundlage jenes Begriffs der Geschichte, den Cano im Begriff der Autorität entwickelt, erfolgt im Rahmen aristotelischer Tradition ein wirklicher Durchbruch zu geschichtlichem Denken. Cano verbindet, was zu verbinden Aristoteles selber niemals in den Sinn gekommen wäre: Dialektik und Metaphysik. Damit bewältigt er die im 16. Jahrhundert vordringliche Frage nach der Geschichte als einem Ort der Theologie. Denn im Begriff der Autorität denkt Cano die Vernunft der Geschichte. Dieser ist in den Loci theologici das neue, transzendentale Prinzip der Organisation überlieferter Wissenschaft.

Die Meister der Schule, schreibt Cano, „haben viel gesündigt gegen Vernunft und Ordnung, da sie dem Magister folgten, in dessen vier Sentenzenbüchern zwar sehr viel lectio sanctorum und eine für jene Zeit nicht mittelmäßige Gelehrsamkeit enthalten ist. Aber außer den Unterscheidungen der vier Bücher wird man fast nichts unterschieden und in der rechten Ordnung aufgegliedert finden.

... Deshalb ist in der Scholastik, die seinen Spuren folgte, fast alles konfus und durcheinander... Nicht möchte ich das Lob für die Scholastik mindern, das in so vielen Jahrhunderten bekräftigt wurde. Aber frei sage ich heraus, was ihr fehlt und was jene an Begabung und Lehre so hervorragenden Männer hätten leisten können, wenn sie nicht die Kunst des Argumentierens vernachlässigt hätten. Denn was die Methode des Auffindens der Argumente betrifft, so haben sie manche Quellen überhaupt nicht gekannt. Denn wer von ihnen argumentiert aus der Tradition Christi und der Apostel? Und aus den Konzilen selten, aus der Heiligen Schrift nicht zu häufig, aus der Geschichte kaum einmal. Aber nach meinem Urteil ist kein Theologe zu loben, der nicht sowohl um diese Orte alle weiß als auch aus ihnen schnell und ohne Schwierigkeiten Nutzen zieht für die Argumentation. Denn über Natur und Kraft dieser Quellen wurde von mir oben Hinreichendes gesagt."[30]

Jene Art von Theologie, deren Geschichte mit der Schrift des Melchior Cano eröffnet ist, besitzt im Begriff der Autorität folglich ihr natürliches

---

[29] L.th. XII, 2, 312.   [30] Ebd. 313/314.

Fundament. Wenngleich sie über Jahrhunderte hinweg damit auch jener Geschichtsauffassung verhaftet bleibt, der sie sich verdankt, der Geschichtsauffassung des lateinischen Neoaristotelismus, so kann doch eine künftige Theologie die Grundlegung nicht übergehen, die sie leistet.

1.2. Die Theologie – ein Ort der Vernunft in der Geschichte

Theologie wird sich bei Cano der Notwendigkeit bewußt, Geschichte zu begreifen. Geschichte wird in den „loci theologici" jedoch als Natur gedacht. Denn Autorität ist Autorität kraft ihrer Natur als Vernunft der Geschichte. Sie verkörpert einen Habitus von Prinzipien, der sie – von den wissenschaftsphilosophischen Voraussetzungen des Aristotelismus her gesehen – in der Geschichte zum Ort der Erkenntnis unvergänglicher Wahrheit macht. Cano entwickelt eine Theologie, deren Argumentationsgrundlage wohl die Autorität und ihr Zeugnis, deren Aussagekriterium aber nicht Freiheit, Eigenverantwortlichkeit und Verstand der einzelnen Wesen, sondern ihre individuelle Natur als Formprinzip ihres geschichtlichen Daseins ist. Ihm liegt an der Autorität, weil ihre Äußerungen die natürliche Basis von Schlußfolgerungen im Vollzug von Geschichte sind. Man wird sich dieser Theologie daher auch nicht als Geschichte, sondern als einer Gegebenheit der Natur bewußt.

Denn Theologie, sagt Cano, „existiert nicht ohne die Vernunft jeweiliger Natur. Da nämlich der Mensch ein rationales Wesen ist, ist ihm die vernünftige Überlegung angeboren, ob er für sich allein oder mit anderen handelt, ob er Menschliches oder Göttliches erkennen will. Sobald daher die Menschen überlegen, dürfen und können sie die Tätigkeit der natürlichen Vernunft nicht unterdrücken, ohne aufzuhören, Mensch zu sein. Die Vernunft nämlich umfaßt alle Dinge, sie ist, wohin du dich auch wendest, gegenwärtig, sie ist ausgeschlossen aus keiner Disputation. Wer daher die natürliche Vernunft aus dem Vollzug der Theologie entfernen will, nimmt der Theologie die Möglichkeit der Auseinandersetzungen, ohne die gleichwohl weder unterschieden noch begriffen werden kann, was irgendwann die Wahrheit ist. Deshalb steht fest und bin ich der Meinung, daß den Theologen im Gespräch unter sich die Vernunft unerläßlich ist. Sie ist die in der Natur gelegene Quelle der Auseinandersetzungen ... Nimm ihr daher die Vernunft, die Theologie wird sowohl ihre Sache wie ihren Namen verlieren.

Denn sie ist vom Namen her nichts anderes als Wort und Wissenschaft von Gott. Fragt man aber nach der Sache selbst, ist sie, nimmt man die Definition der alten Theologen, Wissenschaft der göttlichen Dinge, Wissenschaft entspringt jedoch, wie Aristoteles bewies, der Frage nach dem Syllogismus."³¹ Obwohl Cano sich mit allem Nachdruck gegen jene Theologen der Scholastik wendet, deren Argumente so sehr auf die Vernunft bezogen sind, daß man den Eindruck hat, sie hätten Schrift und Väter nicht einmal gelesen, so mißbilligt er dennoch mit gleichem Nachdruck die Einstellung jener, die allein aus Schrift und Vätern schöpfen wollen und sich zu Argumenten der Natur so verhalten, als wären sie der Theologie schädlich und fremd. Denn „wie aus dem Kieselstein durch Eisen Feuer, so wird aus dem Konflikt und der Auseinandersetzung gelehrter Menschen Wahrheit herausgeschlagen"³². Die Vernunft ist kraft ihrer Natur Argumentationsgrundlage der Theologie. Denn wer behauptet, „daß alle Dinge grenzenlos fraglich sind und Wahrheit an keinem Ort bleibend feststeht und existiert, versündigt sich ebenso gegen die Natur selbst wie gegen Gott ... Die Kunst des Handwerkers und deshalb alles menschliche Tun ist auf Gott als die Quelle und das Grundprinzip ihrer Weisheit zu beziehen. Daraus und aus vielem anderen muß man die Folgerung ziehen, daß jene, die die Philosophie einen trügerischen und eitlen Irrtum nennen, nicht nur offensichtlich einer Torheit erliegen, sondern auch mangelnder Frömmigkeit anzuklagen sind. Denn Gott ist Wahrheit, und von ihm kommt kein Irrtum, woraus leicht geschlossen werden kann, wenn die Gründe der Philosophie der göttlichen Wahrheit entnommen sind, daß jene, die sie zurückweisen, mit der Wahrheit Gottes, der sie unterstehen, Schiffbruch leiden. Nichts, was auf einer solchen Grundlage steht, kann krank sein und schwach. Deshalb versuchen eitle Menschen vergebens, die Gründe der Natur und der Philosophie umzustoßen. Denn beides, das Licht der Natur und das Licht des Glaubens, wodurch wir Natürliches auf der einen und Übernatürliches auf der anderen Seite erkennen sollen, ist von Gott ... So würden wir von Gott im Licht der Natur weniger getäuscht, als wenn wir irrten durch das Licht des Glaubens."³³

Die Natur des Menschen ist Grundlage der Vernunft und Quelle der Erkenntnis. Sie ist Grundlage der Vernunft in der Erkenntnis und Quelle der Erkenntnis als Vernunft. Wenn Cano die Vernunft selber eine Quelle der Erkenntnis nennt, so spricht er von ihr als einer Gegebenheit der Natur. Die Autorität ist folglich kraft ihrer Natur als Vernunft der Geschichte auch eine Quelle der Erkenntnis.

„Was in anderen Bereichen vernünftiger Betätigung Gültigkeit besitzt, daß nämlich bewährte Autoren nur bei jenen, die selber Kunstgeschick besitzen, eine Autorität verkörpern, von der nur der Verwegene sich zu distanzieren pflegt, das gilt in der Philosophie um so mehr, damit die Schüler im Erkennen

---

³¹ Ebd. IX, 4, 231.   ³² Ebd. IX, 5, 232.   ³³ Ebd. IX, 8, 236.

der natürlichen Dinge nicht verschiedenstem Irrtum erliegen und nichts haben, dem sie jemals folgen können ... Wenn Maler, Bildhauer und auch wahre Dichter, jeder Künstler sein Werk von der Öffentlichkeit beurteilt sehen möchte, damit er verbessern kann, was viele kritisieren, um wieviel mehr hat dann ein Theologe wegen eines klugen, nicht gewöhnlichen Urteils von allerdings weisen Philosophen in Dingen natürlicher Erkenntnis seine Meinung zu ändern und zu verbessern, wenn jenes ihm wahr erscheint? ... Wenn überhaupt etwas wahrscheinlich ist, dann nichts mehr als der Umstand, daß für das Geschlecht der Sterblichen der Urheber der Natur Lehrer natürlicher Wissenschaften vorgesehen hat. Was nämlich wäre so töricht, als eine Schule einzurichten ohne Lehrer? Sicher, in Judäa ist Gott als jemand bekannt, der ein Gymnasium für Unterricht in göttlichen Wissenschaften eingerichtet hat und die Rabbiner zu Lehrern bestellte."[34]

Die Theologie besitzt im Zeugnis der Schule Autorität. Es ist notwendig, daß man ihm Glauben schenkt, wenn man als Mensch das Leben nicht wie ein Tier verbringen will. „Ohne von jemandem belehrt zu werden, macht uns nämlich schon die tägliche Erfahrung aufmerksam, daß Glaube der Erkenntnis und dem Begreifen der Gegenstände vorausgeht, das Wissen um die Wahrheit aber dem Glauben folgt. Der Urheber der Natur, so läßt sich daher schließen, hat dem Geist des Menschen eine natürliche Neigung zum Glauben eingegeben; dieser ist dem Leben des Menschen und seiner Wissenschaft nicht weniger notwendig wie dem Feuer die Luft und der Masse das Gewicht. Dadurch aber gibt die Natur ‚dem Menschen' die Sehnsucht und das Verlangen nach Zielen und notwendiger Vollkommenheit. Wer daher versucht, den menschlichen Glauben aus der Natur des Menschen zu reißen, ist nicht nur töricht, sondern kämpft nach Art der Giganten mit den Göttern, d. h., er kämpft mit der Natur. Oder kann etwas so kindlich und töricht sein, als wenn wir leugnen, daß etwas ist, was andere sehen, nur weil wir es nicht selber sehen? Glaube ist daher notwendig, wenn wir nicht törichter sein wollen als die Kinder."[35]

Er gehört in unsere Natur und ist daher sowohl eine Grundlage als auch eine Quelle der Erkenntnis, eine Grundlage, sofern er zur Natur gehört, und eine Quelle, sofern er den Menschen kraft seiner Natur auf Erkenntnisse jenseits der Natur verweist. Cano greift den Unterschied zwischen dem Glauben als einem Ort der Theologie und der Vernunft des Glaubens als ihrer Quelle sehr grundsätzlich auf. Denn kraft seiner Natur ist er ein Ort

---

[34] Ebd. X, 4, 245/246.
[35] Ebd. XI, 4, 260.

und kraft seiner Vernunft eine Autorität[35a]. Cano ist ein Theologe, der Glauben als Quelle der Glaubenserkenntnis und in der Glaubenserkenntnis den Ort der Vernunft des Glaubens reflektiert.

Die Einheit von Zeitlich-Zufälligem und Geschichtlich-Notwendigem, von Tradition und Argumentation, die Cano im Begriff seiner Theologie als einer Kunst zu denken weiß, besitzt ihr unabdingbares geschichtliches Fundament im Begriff einer Autorität, die kraft ihrer Natur eine Quelle des Erkennens ist. Er gibt der Theologie die Möglichkeit, vom unfehlbaren Zeugnis christlicher Überlieferung zu sprechen.

Denn Autorität verkörpert kraft ihrer Natur Vernunft in der Geschichte. Sie ist von der Natur her ein Ort und von der Geschichte her eine Quelle der Theologie. Die Einheit von Geschichte und Natur in der Geschichte wird

---

[35a] Die Einheit von Ort und Prinzip ist ein Grundproblem thomistischer Theologie. Es wird bei Cano im Begriff der Autorität entschieden. Denn Autorität meint eine Sache, auf die man sich stellen und von der man zugleich wissen kann. Es ist aber die Aufgabe der Theologie, zu wissen, worauf sie steht und sich auf das zu stellen, wovon sie weiß. – Der handschriftliche Befund, aber auch neuere Studien zum Begriff der Autorität gestatten es, die Rolle dieses Begriffs in den „Loci" neu zu definieren. Denn aus den Handschriften läßt sich belegen, was Cano an Problemen vorgefunden hat und welche Lösungen er sieht. Vgl. Codex Vaticanus Ottobonianus latinus 286 Nr. 28, bei Pozo, Fuentes 246: „perfecta doctrina duas habet partes: alteram, in qua constituit principia et facit fundamenta, super quae aedificat; et alteram, qua probat et concludit... Sic etiam in theologia." Pozo schreibt dazu kommentierend folgendes: „Vitoria reconocía la existencia de dos tipos de Teología: una Teología cual la realizaron los Santos Padres, más positiva y más dedicada a explicar el sentido de las verdades reveladas (inteligencia de la fe) y otra la escolástica (sería más propio decir tomista), que es esencialmente Teología de conclusiones (ciencia de la fe). Ante estos dos tipos de Teología, Vitoria resolvió el problema *postulando la integración de ambos...* – A nuestro juicio, *Cano da un paso más.* Al igual que Soto, *parte* de la noción tomista de Teología, *pero para insistir* en seguida en *que* en esa noción hay *dos funciones fundamentales: poner* los principios y *deducir* las conclusiones de ellos. Ambas se relacionan como lo imperfecto a lo perfecto" (ebd. 222/223). – Der Übergang vom einen zum anderen wird von Cano im Begriff der Autorität vollzogen. Denn er besitzt ebenfalls eine doppelte Funktion, eine geschichtstheoretische, sofern er einen Sachverhalt bezeichnet, auf den man sich in der Geschichte stellen kann, und eine erkenntnistheoretische, sofern der Sachverhalt, den er bezeichnet, sich als etwas in sich selbst Begründetes erweist. – Daher bezeichnet Cano die Autorität der Schrift als einen Sachverhalt, der in den kanonischen Büchern enthalten ist und durch den sich die Theologie begründet: „Primus igitur locus est auctoritas sacrae scripturae, quae libris canonicis continetur" (L. th. I, 2,2). Er spricht von einer Autorität der Konzilien, in welchen die Autorität der Kirche als einer katholischen residiert: „Quartus auctoritas conciliorum praesertim generalium, in quibus Ecclesiae catholicae auctoritas residet" (ebd.), oder auch von der Autorität der katholischen Kirche selbst, die der dritte Ort enthält: „de ecclesiae catholicae auctoritate, quae tertio loco continetur" (ebd. IV, 97). Zur neueren Literatur über die Bedeutungsbreite des Begriffs der Autorität, besonders über seine geschichtstheoretisch-politische und erkenntnistheoretische Bedeutung vgl. W. Veit, H. Rabe, K. Röttgers, Autorität: Historisches Wörterbuch der Philosophie, hrsg. von J. Ritter 1 (Darmstadt 1971) 724–733, A. Baruzzi, Autorität, Handbuch philosophischer Grundbegriffe, hrsg. v. H. Krings u. a. 1 (München 1973) 171–179. – Es ist frappierend festzustellen, wie konsequent und kontinuierlich

von Cano jedoch als Irrtumslosigkeit gedacht. Denn irrtumslos ist eine Autorität, die nicht nur Quelle, sondern auch Ort der Wahrheit ist. Daß Gott solche Autorität besitzt und sich daher weder selbst noch andere zum Irrtum verführen kann, diesen Gedanken macht er zum geschichtstheoretischen Fundamentalgedanken seiner ganzen Theologie. Denn Gott, so schreibt Cano, „ist die Falschheit so fremd wie die Schlechtigkeit: und wie er weder durch sich noch durch einen anderen Schlechtigkeit verüben kann, so kann er auch niemanden täuschen. Würde also jemand von Gott getäuscht, so käme die Lüge aus dem Quell der Wahrheit. Aber nicht nur das Evangelium, sondern auch die Natur läßt uns erkennen, daß Lüge niemals aus der Wahrheit ist. In der Tat (um nun wieder auf das zurückzukommen, wovon die Rede ihren Ausgang genommen hat), beides, das Schlechte tun und das Falsche sagen, widerspricht einer Natur, die *fest* und *unbeweglich* ist. Denn Lüge ist Zeichen der Wankelmütigkeit der Natur. Dazu kommt, daß Gott, wenn er die Menschen durch einen anderen täuschen könnte, das nämliche zu wirken auch durch sich selber in der Lage wäre. Denn auch Strafe verhängt er durch seine Diener und ohne ihre Hilfe auch selbst. Um ein für allemal Klarheit darüber zu verschaffen, wenn Gott lügen könnte, hätten wir in der Tat Grund, zu fürchten, ob er uns nicht irgendwann schon einmal belogen hat. Es gibt daher keinen Grund zu einer solchen Befürchtung, wenn erwiesen ist, daß Gott ex potentia ordinata in der Geschichte überhaupt nicht lügen kann. Gut, was ist aber, wenn ausschließlich durch Offenbarung festzustellen wäre, ob man wissen kann, daß Gott jene Offenbarung selbst ex potentia absoluta mißbräuchlich verwendet hat? Denn wie, das fragt schon

---

man die Interpretation dieses Begriffs in der katholischen Theologie gerade in der Cano-Interpretation umgeht. Vgl. C. Pozo, Fuentes 219: „La importancia de Melchor Cano, dentro de Salamanca, en orden a la renovación del método teológico, es exceptional. Por su obra clásica De locis theologicis, es el autor de la primera gran metodología teológica, inigualada, sin duda, en cuanto a influjo posterior. Las ideas metodológicas de Cano en esa obra suya han sido ya suficientemente estudiadas." – Dieser Feststellung ist zu widersprechen. Denn in den vorliegenden Canobüchern von Gardeil, Lang, Tshibangu, Marcotte ist die Autorität als positiv Gegebenes und nicht als in ihrer Positivität sich selbst Konstituierendes erfaßt. Positive und spekulative Theologie beherrschen in ihrer Gegensätzlichkeit das Feld. Historisch betrachtet, verwechseln diese Bücher die Position Canos mit jener von Vitoria. Keines von ihnen hat in der Tat den handschriftlichen Befund oder auch die neuere Literatur zum Thema Autorität beachtet. Sachlich erfassen sie nicht Canos spezielle Leistung, die Integration von positiver und spekulativer Theologie im Begriff der Autorität. Vgl. dazu besonders E. Marcotte, La nature de la Théologie d'après Melchior Cano (Ottawa 1949) 197–211: „La physionomie du parfait théologien." Denn ein vollkommener Theologe ist bei Cano ein Theologe mit Autorität. Er weiß um die Sachverhalte, auf die man sich als Theologe stellen und in denen man als Theologe sich begründen kann.

Augustinus, kann man jemandem glauben, der in Verdacht steht, irgendwann einmal zu lügen? Denn vielleicht lügt er gerade dann, wenn er befiehlt, daß man ihm glaubt. Verloren geht also, wenn es so ist, die ganze Sicherheit der Heiligen Schrift. Abgesehen also davon, der Gedanke, daß Gott nicht lügen kann, ist bei den Philosophen so evident wie die Aussage, daß er das beste und umsichtigste Wesen ist und deshalb sich nicht täuscht und auch sich nicht täuschen läßt: gleichgültig, ob durch sich oder ob durch seine Diener. Denn weder kann jemand die reinste Wahrheit sein, dem irgendwie Trug und Falschheit eigen ist, noch die höchste Intelligenz, wenn man eine größere denken kann. Wahrhaftiger aber wäre jemand, der weder durch sich noch durch einen anderen täuschen könnte, als jemand, der es durch einen anderen kann. Nachdem also so die göttliche Wahrheit sichergestellt ist und die Sicherheit der Gründe und Zeugnisse bekräftigt wurde, bleibt nur noch übrig, daß wir die Argumente der Gegner widerlegen."[36]

Der Gedanke, daß Gott sich selber denkt und als „noesis noeseos" kraft seiner Vernunft besitzt, weist auf Aristoteles zurück. Seine Erweiterung jedoch im Gedanken der Irrtumslosigkeit als Autorität und dadurch seine Auswertung für die Erkenntnislehre als ein Prinzip in der Geschichte ist eine Leistung des Neoaristotelismus im 16. Jahrhundert. Die Theologie, von der Cano schreibt, sie existiere nicht ohne die Vernunft jeweiliger Natur, ist selber Ort und Prinzip der Geschichte.

Beides in seiner gegenseitigen Verbundenheit wird im Begriff der Autorität von ihr gedacht. Das Zeugnis der Autorität als Grundlage der Beziehung des Menschen zu Gott verbürgt unfehlbar Sicherheit und unveränderliche Dauer. Es ist Ort und Quelle der Theologie.

Die loci, die Cano zu nennen weiß, deren grundlegenden Charakter er betont und deren unterschiedliche Qualität er unterstreicht, stehen zueinander in einem fundamentalen Zusammenhang und sind in ihren einzelnen Aussagen Prinzip einer Theologie, die sich argumentativ entfaltet und in ihrer dauernden Besinnung auf die Geschichte selbst einen sehr verschiedenartigen Anspruch geltend machen kann. Schrift und Tradition jedoch als „principia theologiae propria et legitima" ebenso wie Vernunft und Geschichte als „principia aliena et externa" sind konstitutives Moment jener fünf loci intermedii, Papst, Bischof, Kirche, Theologie und Väter der Theologie, deren Aufgabe es ist, neben Explikation und Interpretation Schlußfolgerungen zu liefern, die für Kirche und Theologie selbst von Bedeutung sind. Cano weiß um die Geschichtlichkeit des Denkens ebenso wie um den gedanklichen

---

[36] L. th. II, 3, 7/8.

Charakter der Geschichte. Wenn er die „auctoritas philosophorum naturalem lucem sequentium" und die „auctoritas historiae humanae" dennoch als Basis wahrscheinlich geltender Schlußfolgerungen in Erwägung zieht, so verweist diese Qualifizierung auf das entscheidende Motiv, das aller Theologie bei ihm zugrunde liegen muß: Theologie hat einen Ort in der Geschichte, und die Geschichte ist selbst eine Quelle der Theologie. Der geschichtstheoretische Sinn solcher Art theologischen Denkens liegt auf der Hand. Die Methodologie, die es entwickelt, ist der Versuch, Geschichte und Theologie im Begriff einer Theologie zu denken, die selber unterschiedliche Autorität besitzt und daher nicht nur ihrer Grundlage sich vergewissern – im jeweiligen Ort des Denkens –, sondern dem geschichtlichen Sinn entsprechend sie als Quelle der Erkenntnis auch verwenden kann. Sie verfügt in den Grenzen der Möglichkeit aristotelischer Dialektik über ein theoretisches Programm zur Orientierung in der geschichtlichen Welt.

1.3. Ort und Prinzip der Theologie: das Zeugnis der Autorität

Die Kunst des Argumentierens, der Canos Schrift „De locis theologicis" gewidmet ist, will der Theologie die Fertigkeit geben, zu vermitteln, was im 16. Jahrhundert auseinandergebrochen war, Geschichte und Theologie. Denn Theologie, sagt Cano, hat kraft ihrer eigenen Vernunft Autorität in der Geschichte. Sie muß folglich den Beweis der Autorität ihrer Vernunft und der Vernunft ihrer Autorität erbringen. „Da es nämlich, wie ich oben sagte", schreibt Cano, „zwei Arten des Argumentierens gibt, eine durch Autorität und die andere durch Vernunft, und da jene dem Theologen, diese jedoch dem Philosophen eigentümlich ist, darf der Theologe zu dieser nur Zuflucht nehmen, wenn ihm jene zu gebrauchen nicht gestattet ist. Dennoch ist es bisweilen erlaubt, beide Arten des Argumentierens gleichzeitig zu verwenden, wie von uns an seinem Ort später bewiesen wird."[36a]

Geschichte und Vernunft sind folglich im Begriff der Autorität als einer vernünftigen und im Begriff der Theologie als einer geschichtlichen verbunden. Das Zeugnis der Autorität ist ein Prinzip der Theologie. Die Theologie hat selber Autorität. Sie versteht sich als eine Disziplin, für die Gott eine Autorität in der Geschichte ist. Die Geschichte ist bei Cano folglich eine metaphysische Gegebenheit. „Was ‚nämlich' von der gleichen Ursache her wie diese Disziplin hinsichtlich ihrer kontingenten, in ihrer Natur keineswegs notwendigen Aussagen sich ergibt, wird ohne Beeinträchtigung ihres

---

[36a] Ebd. I, 2, 2.

Namens selbst erörtert. Notwendigkeit nämlich verlangt Aristoteles von einer Lehre, weil ohne sie die unveränderliche Festigkeit weder der Dinge noch der Erkenntnis zum Tragen kommt. Aber Ursachen, vielleicht auch zufälliger Art, und ihre von Natur aus wenig sicheren und konstanten Wirkungen sind, wie sie unter Theologie und Glaube fallen, nichts Veränderliches, das man bisweilen hierhin und dorthin wendet, sondern bleiben sicher unveränderlich und deshalb ewig."[37] Die Zufälligkeit der Geschichte und die Notwendigkeit der Theologie sind von Cano im Begriff des Glaubens als ein innerer Zusammenhang gedacht. Denn der Glaube ist beides zugleich, Geschichte und Vernunft. Er ist als Vernunft der Geschichte Autorität und als Autorität in der Geschichte ein Prinzip der Vernunft.

Diese Art von Geschichtskonzeption des Glaubens verändert den Begriff der Theologie. Denn im Glaubenszeugnis der Autorität steht sie auf einem unfehlbaren Fundament. Sie besitzt darin eine Grundlage, die ihr sowohl absolute Sicherheit als auch unveränderliche Dauer garantiert. Die Theologie, die sich a priori als Glaubenserkenntnis begreift, steht mit dem Glaubenszeugnis der Autorität in einem glaubensmäßigen Zusammenhang. Die Autorität, auf die sie verweist, ist eine Glaubensautorität. Sie kann der Theologie Sicherheit als Theologie verbürgen. Denn sie ist der Ort des Glaubens in der Geschichte.

Die Theorie der Argumentation, die Cano in seinen „loci" konzipiert, hat im Begriff des Glaubens und seiner Autorität ihren geschichtstranszendentalen Grund. Nur von der Tatsache her, daß Glaube Autorität in der Geschichte hat, ist sie konsistent. Wie auf der einen Seite Vernunft und Autorität sich in ihr verbinden, so verbindet sie auf der anderen Seite Autorität und Theologie. Diese wird nun zu jener großen Disziplin, die man später Dogmatik nennt. Ihre Grundprinzipien findet man bei Cano erstmals vollständig entwickelt. Sie ist die Wissenschaft von Äußerungen kirchlicher Autorität. Die Kirche ist selber der Ort und die Grundlage geschichtlicher Auseinandersetzung in der Theologie.

Positive Theologie wird folglich bei Cano sowohl als Zeugnis wie als Resultat gedacht. Sie ist Wissenschaft im Horizont des Begriffs der Autorität. „Was bedeutet es, daß Musik und Astronomie von den meisten als eine Wissenschaft betrachtet werden und es dennoch kaum den einen oder den anderen gibt, der die Umdrehungen der Himmel und der wandernden Gestirne, auf die sich jene Disziplinen beziehen, nur mit eigenen Hilfsmitteln oder aus der eigenen Erfahrung heraus erforschen würde, ohne daß die jüngeren

---

[37] Ebd. XII, 1, 311.

Astronomen Experimente der älteren als Meinung, die sicher ist, aufgreifen, sie erörtern, beurteilen und übernehmen? Auch die Theologie wird deshalb mit Recht Wissenschaft genannt, gerade weil an den Prinzipien ihrer Lehre von uns vieles nur ungenau zu erkennen ist. Wenn dieses uns nämlich heller und durchsichtiger wäre, würde diese Disziplin um nichts anderes ihren Namen und ihren Anspruch behaupten können. Und in der Tat, wenn Aristoteles noch lebte, könnte er für die Theologie keinen Namen finden, der geeigneter und besser wäre ... Und wie die Physik nicht von allen Schlußfolgerungen sicher weiß, mag sie auch mit der Natur noch so sehr übereinstimmen, sondern manches nur als Wahrscheinlichkeit nahelegt, so spricht auch der Theologe das meiste zwar fest, sicher und überzeugend aus, dennoch meint er in manchem mit sich noch verhandeln zu müssen, wenn er etwas gefunden hat, was nur wahrscheinlich ist. Er soll nicht meinen, zu wissen, was er nicht weiß: oder sich deshalb vor der Kritik fürchten, nichts bestreiten, weil alle Dogmen der Theologie sicher wären: sondern er ist auf der Hut, damit er nicht übereilt allem seine *Zustimmung* gibt und zuviel behauptet, die *Autorität* für all die Dinge, die noch sicherer und bedeutender sind, hingegen verliert."[38]

Autorität und Wissenschaft sind im Begriff der neuen Wissenschaft, die nun entsteht, eine dialektisch aufeinander bezogene Gegebenheit. Zwischen den Prinzipien des Glaubens und den Folgerungen, die man aus ihnen zieht, besteht ein logisches Verhältnis, das geschichtliche Entscheidung impliziert. Dem Glauben nämlich stimmt man unmittelbar zu, „ohne eine besondere Überlegung oder eine Schlußfolgerung dazwischenzuschalten, diesen aber, ‚den Schlußfolgerungen', unter der Vermittlung von beiden. Dieser Unterschied, sagten wir, trennt Theologie und Glaube nicht bloß durch Worte und in Gedanken, sondern grundsätzlich und im ganzen, obwohl ihnen der formale Horizont gemeinsam ist. Sicher glaubt der heilige Thomas, wie es scheint, an vielen Stellen, der Begriff des Glaubens verbreite sich weit und beziehe sich auf alles, was von Gott gesagt und geoffenbart wurde, sei es bei den heiligen und kanonischen Autoren, sei es bei anderen, wofern sie der göttliche Geist bewegt. Wenn das zutrifft, öffnet sich der Glaube unter formalem Gesichtspunkt lang und auch weit, so daß er nicht nur die Offenbarungen der Propheten und Apostel umfaßt, sondern auch sonstige, die anderen Heiligen der Kirche Gottes widerfahren: ja sogar jene auch, die bisweilen böse Menschen von Gott erhielten, wie Balaam und Kaiphas, deren Voraussagen ohne Zweifel zum Glauben gehören. Sie ist also derselben

---

[38] Ebd. 311/312.

Ursache zugeordnet, so daß auch alles, was anderen irgendwann von Gott geoffenbart worden ist, formal auf den Glauben bezogen werden muß. Jedoch ... lehrt er ‚an anderer Stelle' deutlich, daß unser Glaube sich auf keine anderen Offenbarungen stütze als auf jene der Apostel und Propheten, der Autoren also der heiligen Bücher. Das bekräftigt der heilige Paulus, wo er sagt, die Gläubigen seien auf das Fundament der Apostel und Propheten gebaut und der Schlußstein sei Christus. Keine andere Lehre als jene der Apostel, Christi und der Propheten also begründet den Glauben der Kirche, es gibt keine anderen Prinzipien der Theologie. Sie nämlich sind die Prinzipien und Fundamente dieser Disziplin. Dazu kommt, daß der Glaube eine theologische Tugend ist, mit kirchlichem Dienst vor Gott verbunden. Nicht alles, was von Gott geoffenbart ist, gehört zur Tugend des Glaubens, sondern nur das, was auch zur Gottesverehrung der Kirche gehört. Weil es für die Kirche unbedeutend ist, zu glauben oder nicht zu glauben, was der Brigitta und Katharina von Siena geoffenbart wurde, gehört solche Offenbarung auch nicht zum Gegenstand des Glaubens. Nimm auch hinzu, daß Glaube, von dem hier die Rede ist, keine private, sondern eine allgemeine Tugend ist. Darin nämlich ist er katholisch, d. h. universal."[39]

Einer Glaubensauffassung gegenüber, die allen Zeugnissen von Glaube und Offenbarung die gleiche Verbindlichkeit bescheinigt, macht Cano dogmatische Bedenken geltend. Denn Ort des Glaubens in der Kirche ist die Autorität der Kirche. Sie ist ein Prinzip der Theologie. Dogmatische Theologie nimmt folglich auf solche Glaubensüberlieferung Bezug, die kraft kirchlicher Verlautbarung Glaubensanspruch in der Kirche geltend machen kann und so die unentbehrliche Grundlage für den geschichtlichen Fortschritt der Glaubenserkenntnis ist. Sie ist eine Wissenschaft, die nicht nur um ihre geschichtlichen Voraussetzungen weiß, sondern Forschung selbst als unersetzliches Moment am Fortschritt im Glaubensverständnis der Kirche begreifen kann.

Die Schlußfolgerungen nämlich, die man aus dem Glaubenszeugnis und seinen Dokumenten zieht, sind ein Ergebnis der Theologie. Cano rechnet sich zu jenen Theologen, die zwischen Glaubensprinzipien und Theologie eine scharfe Unterscheidung treffen. Um so aufschlußreicher ist daher die Art, wie er die Verbindung zwischen beiden denkt. Niemand soll darüber erstaunt sein, schreibt er, „warum von mir, obwohl unter fast allen Theologen Übereinstimmung besteht und von mir selbst ebenfalls oft bekräftigt wurde, daß Schlußfolgerungen, die aus dem Glauben konsequenterweise ab-

---
[39] Ebd. XII, 2, 316.

geleitet werden, ein Produkt der Theologie und nicht des Glaubens seien, nun mit dem Glauben von mir so zusammengebracht würden, als wären Glaube und Theologie die gleiche Tugend. Wenn Irrtum in den theologischen Schlußfolgerungen, wie es ja zutrifft, ein Irrtum des Glaubens ist, wenn es eine Häresie ist, sie zu leugnen, dann folgt, daß Glaube und Theologie zur selben Tugend gehören, wenn sonst Irrtümer gegen beide gleiche Schuld bedeuten. Wer das oben Gesagte jedoch liest, wird unschwer diesen Vorwurf widerlegen. Denn wir haben ja gesagt, daß Glaube, wenn auch nicht unmittelbar, um jene Schlußfolgerungen dennoch kreist, die aus den Glaubensartikeln evident und folgerichtig abgeleitet werden. Daher muß notwendigerweise der Unglaube mittelbar auch zu den Schlußfolgerungen der Theologie in Widerspruch geraten. Sofern jedoch aus solch widrigen Irrtümern nicht nur eine Krankheit, sondern auch der Tod des Glaubens folgt, ist festzustellen, daß zwischen dem Glauben und seinen Folgerungen ein zwar indirekter und mittelbar gegebener, aber wahrer und natürlicher Zusammenhang besteht. Deshalb bezichtigt die Kirche, auch wenn sie erkennt, daß Schlüsse dieser Art nicht nur vom Glauben allein, sondern auch von Prinzipien der Natur getragen sind, weil sie dennoch nicht glaubt, daß ein vernünftiger Mensch leugnet, was der Vernunft durchsichtig und offensichtlich ist, jemanden, der von solchen Irrtümern befallen wurde, der Häresie. Denn sie nimmt an und nimmt mit besten Gründen an, daß ein solcher nicht wegen der Natur und ihrer Gründe, die ja offensichtlich sind, sondern wegen des Glaubens auf schwachen Füßen steht. Aber wenn jemand einen sonst offensichtlichen Zusammenhang oder auch ein natürliches Prinzip, das, mit einem Glaubensartikel verbunden, zu einer theologischen Schlußfolgerung führen soll, ignorieren wollte, so wäre er sicher nicht häretisch: wie z. B., wenn ein ungebildeter Mensch den Satz als falsch bestreiten wollte, jeder Mensch kann lachen, und deshalb, obwohl er glaubt, daß Christus ein Mensch sei, nicht glauben könnte, daß er fähig sei, zu lachen, dieser verstieße in der Tat nicht eigentlich gegen den Glauben, sondern gegen die Vernunft, da er nicht zum übernatürlichen, sondern zum natürlichen Licht sich in Widerspruch befände. Da jedoch seine Torheit, obwohl sie per accidens und indirekt, dennoch in ihrer Logik die Glaubensaussage verdirbt, wird sie zu Recht von der Kirche nicht als Torheit, sondern als Verstoß geahndet. Und jene Anleitungen scheinen mir das Höchste und Beste zu sein, in denen die katholischen Wahrheiten und ihr häretisches Gegenteil deutlich bezeichnet werden."[40]

Die Zuordnung von Theologie und Autorität, Wahrheit und Geschichte,

---

[40] Ebd. XII, 5, 333.

Glaube und Vernunft denkt Cano sowohl im Begriff der Autorität wie im Begriff der Theologie. Denn die Autorität ist ein Ort der Vernunft, und die Theologie ist Wissenschaft vom Zeugnis der Geschichte. Die Folgerungen, die sie aus dem Glauben zieht, entspringen der Vernunft und sind ein Ort in der Geschichte. Denn wo immer Theologie Aussagen über den Glauben macht, ist sie Autorität. Wo immer die Autorität Zeugnis vom Glauben gibt, ist sie Ort der Theologie.

Es ist unmöglich, schreibt Cano, daß die Theologie sich auf bestimmte Aussagen über Gott beschränkt. Denn Gott ist Gott auf doppelte Weise. Er ist es an sich, kraft seiner Natur und ihrer Eigenschaften. Er ist es aber auch für den Menschen kraft seines Handelns in der Welt als Schöpfer. Die Einheit beider Aspekte wird von Cano im Begriff der Autorität gedacht. Sie ist der ursprüngliche Ort für die Einheit des Begriffs der Theologie. „Der Theologe nämlich darf dennoch nicht Höchstes und Niedrigstes, Göttliches und Menschliches vermischen, sondern ist aufgefordert, dieses mit jenem und jenes mit diesem so artikuliert, klar und kunstvoll zu verbinden, daß keines von beiden jeweils auf das andere nicht nur keinen Schatten wirft, sondern es beleuchtet. Was also hat diese Art Verbindung zu tun? Wie es nämlich unmöglich ist, in die Sonne zu schauen, und unser Antlitz von ihrem Strahl geblendet wird, so werden auch die Augen unseres Geistes beim Anblick des göttlichen Lichts verdunkelt. Sie fallen in Halluzination. Daher ist es notwendig, daß wir den in seiner Natur unsichtbaren Gott in seinen Wirkungen oder in seinem Schatten, im Spiegel, im Bild, in Zeichen und Spuren sehen ... Da jedoch von allem, was wir mit unserem Auge sehen, die vernünftige Kreatur Gott am meisten ähnlich ist – nach dem Bilde Gottes nämlich ist der Mensch geschaffen –, so wird man wahrlich nichts finden, wo die göttliche Güte, Macht und Weisheit mehr zum Leuchten kommt. So wird das System der Theologie, obwohl es über Gott vor allem Ausführungen zu machen hat, dennoch meistens vom Menschen und von den menschlichen Angelegenheiten sprechen: im Menschen und in dem, was Gott dem Menschen getan und für ihn geschaffen hat, sucht sie Erkenntnis der göttlichen Natur."[41]

Theologie wird sich bei Cano ihrer Autorität bewußt. Denn sie ist kraft ihrer Tätigkeit Zeuge für Gott. Sie umfaßt Gott und Mensch in gleicher Weise. Denn der Mensch ist kraft seiner Natur ein Zeuge der Schöpfung und Gott selber kraft seines Handelns in der Schöpfung ein Zeuge der Theologie. Die Geschichtskonzeption, die sich hinter dieser Zeugenschaft ver-

---

[41] Ebd. XII, 1, 308.

birgt, ist eine Konzeption der Tätigkeit von Mensch und Gott im Horizont des Begriffs der Autorität.

Er signalisiert den grundlegenden Wandel von Thomas zu Cano in Aufbau und Anlage ihrer Theologie. Denn sie wird bei Thomas von Gott her gedacht als Grund und Ziel des Lebens. Bei Cano indes wird sie von der Schöpfung als dem Inbegriff der Tätigkeit Gottes her gedacht. Das Handeln Gottes ist grundlegend für den Gottesbegriff und ist folglich auch der zentrale Inhalt spekulativer Theologie. Cano macht die Offenbarung selbst zu ihrem eigentlichen Thema. „Wenn sich der Theologe die Aufgabe stellt, Macht, Güte und Vorsehung Gottes aufzunehmen und öffentlich darzustellen, dann liegt es nicht außerhalb seines Vorhabens, über das Ziel, als das Gott nichts anderes, sondern sich selbst den Menschen in Aussicht gestellt hat, und über die notwendigen Mittel zu diesem Ziel, über die Tugenden, die Gesetze, über Gnade und Inkarnation, über die Sakramente, auch wenn es darüber die langwierigsten Disputationen gibt, Ausführungen zu machen; aber nicht bloß deshalb, wie der heilige Thomas geltend macht, damit die Theologie, die eine praktische, nicht bloß spekulative Wissenschaft ist, ohne diesen Teil nicht lückenhaft und unvollständig bliebe: sondern weil vielmehr dieser Stoff die Redlichkeit, Gerechtigkeit, Tugend, Unbescholtenheit, Güte, Großmut, Barmherzigkeit, Geduld, Langmut von Gott selbst besonders deutlich offenbart und beleuchtet. Mangelndes Wissen davon war schon für manchen der Grund zu der irrigen Behauptung, diese Wissenschaft verfolge ein praktisches und kein theoretisches Ziel."[42]

Cano macht, wie mir scheint, als erster Theologe den Versuch, Theologie nicht als Transzendenz von Wirklichkeit überhaupt, sondern als Transzendenz des Handelns zu begreifen. Sie wird auf der Grundlage des Zusammenhangs von Tugend und Natur gedacht. Ihre Zeugnisse haben Autorität infolge des Handlungscharakters, den sie besitzen. Denn Autorität ist jene geschichtliche Instanz, die willens und in der Lage ist, Zeugnis von der Wahrheit abzulegen. Die Theologie besitzt folglich Autorität kraft der Natur ihrer Autorität. Sie ist Autorität der Transzendenz. Im System der Thesen und Traktate dogmatischer Theologie wird sowohl grundsätzlich – im Blick auf den Ort ihrer Aussagen – wie auch speziell – im Blick auf ihre Autorität im einzelnen – die Natur der Überlieferung erörtert. Autorität und spekulativer Begriff sind geschichtliche Voraussetzung und gedankliche Basis einer Theologie, die sich der Natur des Geschichtlichen im Ansatz vergewissert und gerade deshalb eine Methodologie des Erkennens der Wahr-

---

[42] Ebd.

heit im Horizont der Tätigkeit des Menschen und seiner Geschichte entwerfen kann.

Geschichtlich relevante Erörterung geschichtlichen Materials ist notwendig metaphysische Erörterung. Metaphysik, deren spekulativen Charakter Cano mit allem Nachdruck verteidigt, ist bei Cano und im Zeitalter des Barock die geschichtlich relevante Form der Theologie. Gegenüber einer Tradition, die ihren moralisch-praktischen Charakter als grundlegend behaupten wollte, verteidigt Cano ihren Tatcharakter:

„Manche besonders vornehme und berühmte Theologen der Scholastik, die mit dieser Meinung wahrscheinlich dem Magister Sententiarum folgen, glauben, dieses Wissen sei nach seinem Gebrauch und Nutzen aufzugliedern. Aber diese überaus gelehrten Herren (so nämlich muß man sie ganz bescheiden nennen) begreifen nicht den Unterschied, der besteht zwischen dem Zweck einer Lehre und dem Ziel des Lehrers oder, um die gleiche Sache noch deutlicher zu machen, zwischen ihrem primären und sekundären Zweck; wie wenn wir z. B. sagen, dem Wein sei ein doppelter Zweck eigen, einer, sofern man ihn trinken, ein anderer, sofern man ihn als Heilmittel verwenden kann. Die Liebe also ist das Ziel Gottes, wenn er lehrt, und daher der Lehre in dieser Beziehung selbst: aber nicht das primäre, sondern das sekundäre Ziel. Denn Erkenntnis und Betrachtung der Natur, wie Cicero elegant formuliert, ist lückenhaft und irgendwie unvollendet, wenn daraus keine ihr spezifische Tätigkeit erfolgt. Eitel sind, spricht die Weisheit, alle Menschen, in denen nicht die Wissenschaft Gottes ist, und an einer anderen Stelle ebenso: Obwohl sie Gott erkannten, verehrten sie ihn nicht wie Gott und wurden eitel in ihren Gedanken usw. Wer daher aus dem sekundären Zweck die Natur dieses Wissens betrachtet, ordnet Physisches unter die Kategorie von Tätigkeit ein. Was aber bedeutet es denn, daß unser erstes Ziel, wie der heilige Thomas sehr wahr empfindet, handgreiflich und hervorstechend die Anschauung Gottes ist? Denn jenes Ziel erreichen wir durch Geist und Willen, durch Erkenntnis und Liebe, so daß von sich her Erkenntnis nicht auf Liebe, sondern beides zusammen auf die Anschauung bezogen ist. Denn wenn die Erkenntnis des Weges schon von sich aus auf die Erkenntnis des Zieles gerichtet ist, obwohl sie nicht durch sich geeignet ist, dieses Ziel ohne Affekt und Liebe zu erreichen, dann ist die Anschauung Gottes in ihrer Grundform, dem Glauben, Betrachtung, nicht Ausübung; daraus folgt, daß Theologie vor allem spekulativ und theoretisch, nicht praktisch ist ... Wie nämlich nicht nur die Behauptung, sondern auch die Frage äußerst töricht ist, ob Physiologie und Astronomie anschauende oder ausübende Wissenschaften sind, weil ihre Namen schon deutlich machen, daß ihre Tätigkeit dem Anschauen der Dinge, nicht der Sitte und dem Handeln gewidmet ist; und wie ‚umgekehrt' die Ärzte, Seeleute und andere, die Angelegenheiten der Öffentlichkeit besorgen, die unnütze Untersuchung der Namen und der Sterne verwerfen und fliehen; das tätige Leben achten und besorgen sie; so ist der Zweifel daran, ob Theologie eine betrachtende oder ausübende Tätigkeit sei, mit einer durchschnittlichen und mittelmäßigen Begabung zu beheben, da sie nichts anderes ist als das Wissen und Sprechen von Gott."[43]

Die Tat selber ist ein primärer Gegenstand der theologischen Erkenntnis. Sie gehört zu seiner Natur. Ihre moralische Qualität erweckt nur sekundäres Interesse. Das weite Feld praktischer Betätigung, wo immer sie Wahrheit geltend machen kann, ist in den Bereich der Natur und ihrer umfassenden Ordnung eingebettet. Es ist Gegenstand einer Theologie, die um die Natur des Handelns weiß und daher in der Lage ist, moralische Probleme als Naturprobleme zu erfassen. Da nämlich Fragen des Glaubens und der Sitte, schreibt Cano, „von Theologen auf dem gleichen Weg und mit derselben Methode behandelt werden, wenn sie Gegenstand theologischer Auseinandersetzungen sind, so gelten ohne Zweifel die Vorschriften zur Erörterung der Probleme des Glaubens auch im Bereich der Probleme sittlichen Lebens. Denn beide gehören in der Sache so zusammen, daß kein großer Unterschied besteht zwischen Glaubensdekret und moralischem Urteil; und beides ist am selben Ort mit fast der gleichen Methode zu behandeln."[44]

Die Theologie ist eine Instanz, die kraft ihres Wissens um die Natur geschichtlichen Handelns von der Autorität bestimmter Zeugnisse in der Geschichte weiß. Sie hat so die Möglichkeit, verschiedene Aussagen miteinander zu verbinden und als Lehre zu entwickeln. Die Feststellungen, die sie trifft, und die Schlüsse, die sie zieht, sind infolge der Differenziertheit theologischer Bezüge durchaus unterschiedlicher Natur, im ganzen jedoch Grundlage eines Denkens, das um seinen Ort in der Geschichte weiß. Sie haben je nach der Bedeutung ihrer Quelle und je nach eigener gedanklicher Beschaffenheit ein sehr verschiedenartiges theologisches Gewicht. Aber sie stehen zueinander doch in einem natürlichen Zusammenhang und geben auf sehr verschiedene Weise Anteil an den sehr unterschiedlichen Formen der Beziehung des Menschen zu Gott. Die Qualifizierung einer Lehre als Häresie, als propositio erronea, temeraria, scandalosa, als Überlieferung des Glaubens oder kirchliche Wahrheit ist im System ihrer mannigfachen Ausgestaltung

---

[43] Ebd. 309/310.
[44] Ebd.

Produkt einer Theologie, die um den Zusammenhang von Denken und Geschichte weiß. Sie findet in der katholischen Dogmatik zu einem System, dessen Bedeutung daher nur im Rahmen einer Theorie geschichtlichen Denkens selbst entfaltet werden kann. Äußerungen, die es zusammenfaßt, verkörpern eine Tat des Lebens und sind folglich geschichtlicher Natur.

Exkurs (1)
Die Kontroversen über das Verhältnis von Geschichte und Theologie in den „Loci theologici" zwischen A. Lang und A. Gardeil

Topik und Theologie verbinden sich im Begriff der Loci theologici bei M. Cano zu einer Wissenschaft, die die Autorität von Geschichte reflektiert. Die Frage nach ihrem historischen und gedanklichen Fundament war Gegenstand einer Kontroverse, die A. Lang in seinem Buch „Die Loci theologici des Melchior Cano und die Methode des dogmatischen Beweises. Ein Beitrag zur theologischen Methodologie und ihrer Geschichte" und A. Gardeil im Dictionnaire de Théologie Catholique über den Beitrag von Gardeil „La notion du lieu théologique" in der Zeitschrift Revue des Sciences philosophiques et théologiques[45] miteinander ausgefochten haben. Es geht um die „Auffassung des locus theologicus bei Melchior Cano"; dabei findet das Problem der Geschichte im Begriff der Theologie eine für den Ort heutiger Theologie aufschlußreiche Erörterung.

Lang möchte vor allem die geschichtliche Komponente beachtet wissen. Er zeigt, wie Cano von Agricola abhängig war, und spricht sich gegen einen Rückgriff auf Aristoteles als literarisches Vorbild für die Loci theologici aus: „Die topoi des Aristoteles haben nicht als unmittelbare Vorlage für Cano gedient ... Nicht Aristoteles diente Cano als Vorbild, sondern Agricola. Cano hat die Inventio dialectica Agricolas nicht nur gekannt, sondern fleißig, zum Teil wörtlich, benutzt."[46] Im Unterschied jedoch zu Melanchthon, der ebenfalls von Agricola abhängig war, möchte Cano, schreibt Lang, gefundene Wahrheit nicht bloß thematisch ordnen. Er fragt nach ihrer Legitimität:

„Sie sollen nicht bloß den Inhalt, sondern auch die dogmatische Beweiskraft der theologischen Sätze aufzeigen ... Diese verschiedene Entwicklung

---

[45] A. Gardeil, La notion de lieu théologique: RSPhTh 2 (1908) 51–73; 246–276; 484–505.
[46] A. Lang, Die loci theologici des Melchior Cano und die Methode des dogmatischen Beweises (München 1925) 67. Lang bezieht sich hier auf Gardeil und setzt sich mit ihm auseinander: vgl. ebd. V. Er seinerseits erwidert in: Lieux théologiques: DThC 9/1 (Paris 1926) 712–747.

des Begriffs ist bezeichnend für die ganze Gegensätzlichkeit der katholischen und protestantischen Theologie. Melanchthon konnte nicht auf den Glauben verfallen, die Glaubensquellen als loci zu fassen, nachdem für ihn nur die Hl. Schrift als Glaubensquelle in Betracht kam, deren Sinn zudem nicht nur äußere Autorität vermittelt, sondern durch den inneren Geist geboten wird, und da die theoretische Verarbeitung der Glaubenswahrheiten nach Luthers Auffassung von Anfang an verpönt war."[47] Daher findet sich Lang zu der Feststellung gezwungen: „Die Frage nach dem Offenbarungscharakter der theologischen Wahrheiten, nach der Tatsache und dem Grad ihres Geoffenbartseins kommt nur der positiven Theologie zu. Die spekulative Theologie hat den Inhalt dieser Wahrheiten zum Gegenstand und die Frage utrum aliquid sit revelatum nicht zum Ziel, sondern zum Ausgangspunkt, nicht zum Erkenntnisobjekt, sondern zum Erkenntnismittel. Die theologischen Sätze, die loci particulares Gardeils, dienen nicht mehr dem Aufzeigen des utrum aliquid sit revelatum, sondern sie finden gerade darin ihre Begründung, quia revelata sunt. Sie haben das revelatum esse nicht zum Ziel ihrer Beweiskraft, sondern zur Voraussetzung derselben."[48]

Gardeils Aufsatz diente dem Anliegen, die Schrift Canos als einen erkenntnistheoretischen Traktat wiederzuentdecken: „Celui-ci était, dans l'intention de son fondateur, un pur traité de méthode, une sorte de logique spéciale de la théologie."[49] Zwischen der Topik des Aristoteles und den Loci theologici des Cano besteht zumindest ein problemgeschichtlicher Zusammenhang. Denn beiden geht es um die Logik von Aussagen der Autorität; lediglich die Einschätzung des Werts von Aussagen der Autorität überhaupt, nicht ihre Logik sei zwischen ihnen kontrovers: Die „probabilia" in der Topik des Aristoteles unterscheiden sich von den „credibilia" der Theologie infolge der unterschiedlichen Natur der Quellen und der ganz anderen Qualität der Aussagen, die sich auf der Basis des Quellenunterschieds ergibt: „La question théologique fondamentale, nous l'avons déjà établi, est, en définitive, celle-ci: Telle énonciation est-elle révélée? Le point de vue formel de la révélation est sous-entendu sous les formules en apparences directes des diverses questions théologiques, et en constitue le prédicat, unique et essentiel. Il suffit, pour le manifester, de faire subir à l'énonciation interrogative une modification analogue à celle dont la Logique établit la légitimité pour la transformation des propositions modales *de re* en propositions *de dicto*."[50] Es gibt zwi-

---

[47] Lang, Die loci theologici 70/71.
[48] Ebd. 66/67.
[49] Gardeil, La notion 51.   [50] Ebd. 247.

schen Aristoteles und Cano einen Unterschied im Prädikat der Aussagen, nicht im Verständnis dessen, wie man zu Aussagen überhaupt kommt. Cano rechne mit der Möglichkeit einer Feststellung a priori von Aussagen der Theologie: „Transposé en théologie, cet instrument fondamental de la découverte des Lieux, ne change pas de procédé. Seul le critère qui dirige ses recherches diffère. Ce n'est plus l'approbation humaine, c'est la Révélation divine ou, parfois, l'approbation de certains dires humaines par cette révélation. Mais la révélation, objet propre de la foi, elle-même génératrice de la Théologie, possède à son tour un critère nécessaire, critère du même ordre divin que la foi à laquelle il est coordonné et qu'il dirige. Ce critère c'est le magistère de l'Église catholique."[51]

Die Frage nach dem Begriff der Loci theologici ist in der Kontroverse zwischen A. Lang und A. Gardeil ein Problem der Gegensätzlichkeit von positiver und spekulativer Theologie. Offenbarungsüberlieferung ist für Lang positive Theologie. Es gibt in ihr und für sie keinerlei erkenntnistheoretisches Problem. Bei Gardeil hingegen ist sie gedanklich zu verantwortende Theologie. Sie bedarf zwar der Autorität als eines äußeren Kriteriums, entspringt jedoch selber nicht ihrem Begriff. Zwischen der Feststellung von Offenbarung und der Behauptung, daß etwas Offenbarung ist, besteht ein logischer Zusammenhang: Jemand, der den Begriff hat, findet auch zum Ort. Jemand, der den Ort kennt, entdeckt auch den Begriff.

Zwischen positiver und spekulativer Theologie gibt es jedoch bei Cano selber keinen Gegensatz! Denn erstens ist Autorität für ihn ein erkenntnistheoretischer Begriff, und zweitens ist schlußfolgernde Theologie bei ihm grundsätzlich im Begriff der Autorität vermittelt. Die Loci theologici verweisen in den Gegensätzlichkeiten ihrer Auslegungsgeschichte daher nochmals auf die epochale Bedeutung seines ursprünglichen Programms: Denn positive und spekulative Theologie sind in ihrem Begriff der Autorität zu jener einen Theologie verbunden, die immer schon selbst Autorität besitzt. Keiner, weder Lang noch Gardeil, erfaßt die Bedeutung dieses Begriffs.

Denn mit A. Lang ist gegen Gardeil sein geschichtlicher und mit Gardeil ist gegen Lang sein theoretischer Charakter zu betonen. Denn Geschichtsbezügen eignet bei Cano theoretisches Gewicht. Autorität ist nicht bloß Autorität, sie muß auch Autorität erwerben. Denn so zentral sie für Cano ist, sie ist Ort der Theologie, Prinzip der Bestimmung ihrer Kompetenz in der Geschichte. Lang arbeitet auf der Basis grundsätzlicher Verschiedenheit von positiver und spekulativer Theologie. Der Gegensatz zwischen beiden ist ihm

---

[51] Ebd. 257.

selbstverständlich. Daher ist ihm entgangen, daß Cano die Einheit dieser zu Beginn der Neuzeit auseinanderbrechenden Richtungen zu denken weiß, daß er den Schlußfolgerungen der Theologie eine glaubenstheoretische Bedeutung gibt, daß Thomas und Cano im Begriff der Theologie und ihrer Autorität sich grundsätzlich voneinander unterscheiden und Cano nicht der Methodologe neuzeitlicher Theologie überhaupt, sondern der neuzeitlichen Dogmatik ist. Dieses Unverständnis hat freilich einen geschichtlichen Grund. Denn Cano ist Neoaristoteliker. Er hat in der Topiktradition einen festen Platz. Die Eigentümlichkeit seiner Leistung, Topik als Ort der Theologie zu fassen, ist als theoretische Leistung bis auf den heutigen Tag geschichtlich nicht bekannt.

Bei Gardeil hingegen liegt die Sache umgekehrt. Er greift die Frage auf, wie die Theologie theoretischen Anspruch geltend machen kann, verkennt nun seinerseits aber die theoretische Bedeutung des geschichtlichen Aspekts. Denn Theologie als Wissenschaft im Sinne Canos ist Wissenschaft von der Kraft, der Natur und den Eigenschaften Gottes als einer Autorität. Cano bewegt sich zwar einerseits im Rahmen aristotelischer Wissenschaftslehre, verändert andererseits aber auf ganz fundamentale Weise deren Fragestellung. Es geht ihm keineswegs um die Frage, ob etwas geoffenbart ist, sondern wie etwas, das Offenbarungsanspruch erhebt, die Autorität von Offenbarung haben kann. Was ist notwendig, damit Offenbarung sich in der Geschichte als Offenbarung behauptet? Cano gibt die Antwort: Autorität der Offenbarung. Deshalb hat auch die Kanonfrage bei ihm grundsätzliches Gewicht. Gardeil hat sich das Verständnis hierfür durch seinen eindimensionalen Begriff des Methodologischen bereits zu Beginn seines Beitrages versperrt. Denn er behauptet: „Sous le nom de Lieux théologiques, on rencontre fréquemment des ouvrages qui renferment un grand nombre de questions, des traités entiers même, totalement étrangers au concept des Lieux théologiques. Tels ces traités De Ecclesia, au triple point de vue théologique, apologétique et canonique, … etc., qui enflent démesurément et finissent par absorber le De Locis."[52] So nachdrücklich mit Gardeil Canos methodologisches Anliegen zu unterstreichen ist, so unwiderlegbar geht Cano selbst den Weg des Feststellens von Autorität. Er fragt an keiner Stelle nach der Offenbarung selbst, überall aber nach Offenbarung als einer Autorität in der Geschichte. Auch Gardeil weiß nichts vom Neoaristotelismus und seiner geschichtlichen Bedeutung für die Theologie. Cano jedoch verlangt nach Interpretation. Sie muß in der Lage sein, das Problem der Geschichte im Begriff

---

[52] Ebd. 51.

der Theologie zu fassen und umgekehrt Theologie als ein Problem der Geschichte zu begreifen. Im Gegensatz von positiv-historisch und geschichtlich-spekulativ ist die Frage nach dem gedanklichen Wert geschichtlicher Autorität nicht einmal gestellt[53].

2. Die Theologie der Kirche

Cano macht Einwände gegenüber Thomas und Aristoteles geltend. Sie betreffen den Begriff der Geschichte und den Begriff der Theologie. Denn Thomas hatte wohl Theologie als Wissenschaft behandelt, er war sich aber nicht ihrer Autorität bewußt. Aristoteles indes hatte sich in der Topik dem Problem der Autorität gestellt – er ist daher noch immer der große Meister dialektischen Denkens –, jedoch ist ihr Zeugnis kein Prinzip für Aussagen einer Wissenschaft. Im Unterschied zu Thomas und Aristoteles sagt Cano: Die Theologie hat Autorität, und die Autorität ist selber ein Prinzip für Aus-

---

[53] Gleiches ist Tshibangu vorzuwerfen. Er sieht in Cano einen Theologen, der der Scholastik verhaftet geblieben ist, der positiven Theologie nur zufällig und nebenbei den Weg geebnet hat und sie dabei lediglich in ihrer Positivität bestärkt. Vgl. Th. Tshibangu, Melchior Cano et la Théologie positive, a.a.O. 330/331: „Nous devons cependant faire remarquer avec le Père Gardeil que si Cano, par le succès et la vogue de son De locis theologicis spécialement, a exercé une influence indéniable sur l'orientation de la théologie moderne, c'est, peut-on dire, que ‚par occasion, per accidens … qu'il a donne lieu à la théologie positive' (Gardeil). Car lui-même, en dépit des éléments ‚positifs' relevés ci-dessus, est resté profondément scolastique et spéculatif d'inspiration. Sa conception de la théologie est en effet liée à la conception aristotélienne de la science, qui fut celle des scolastiques médiévaux et pour laquelle la fin véritable de la science réside dans l'opération déductive. Cano ne semble pas avoir en lui-même conscience d'inaugurer une nouvelle orientation en théologie." Diese Auffassung vertritt Tshibangu auch in seinem Werk Théologie positive et Théologie spéculative (Löwen 1965) 186–210. Er schreibt auf Seite 206: „Melchior Cano est incontestablement un grand théologien, placé au tournant d'une époque déterminante dans l'histoire de la pensée. Il reste cependant que son œuvre mythologique est affectée d'une déficience assez grave, l'absence de critique de la notion de science héritée des scolastiques médiévaux."

Es ist unerläßlich, diese Bewertung Canos scharf zu kritisieren. Denn erstens besitzt er unbestreitbar das Bewußtsein des Reformators und Inaugurators einer neuen Theologie. Zweitens hat er die positive Theologie mit der Verwendung des Begriffs der Autorität nicht positiv überhöht, sondern als Theologie der Autorität spekulativ begründet. Drittens hat man den Aristotelismus des Mittelalters und den Neoaristotelismus der Renaissance von einander streng zu unterscheiden. Denn letzterer ist mit Problemen der Geschichte konfrontiert. Er will Vergangenes in seiner Gegenwärtigkeit begründen und die Gegenwart als etwas in der Vergangenheit Gegebenes erfassen. Er ist nicht die tote Überlieferung der Scholastik des „finsteren" Mittelalters. Er ist der lebendige Ursprung der modernen Theologie. Niemand kann in der Gegenwart auf das Programm der loci theologici verzichten, der positive Theologie als Quelle der spekulativen Theologie behaupten oder spekulative Theologie als positive Theologie begründen will. Er ist die unverzichtbare Grundlage gegenwartsbezogener Theologie.

sagen der Theologie. Er wird damit zum Schöpfer einer neuen Disziplin, nämlich dogmatischer Theologie.

In ihr weiß die Theologie um ihren eigenen Ort in der Geschichte und ist die Geschichte selbst ein Ort der Theologie. Der Zusammenhang von Autorität als einem Ort in der Geschichte und Theologie als einem Ort der Vernunft wird von Cano im Begriff der Kirche gedacht. Sie ist eine universale Autorität. Denn sie umfaßt sowohl den Willen als auch die Fähigkeit, Glaubenszeuge an vielen Orten der Geschichte zu sein. Sie ist die Autorität der Theologie.

Beide gehen bei Cano im Begriff der Kirche selbst eine geschichtlich wie theologisch bedeutsame Verbindung ein. Es entsteht nun die Ekklesiologie als fundamentaler Traktat. Er wird zur Grundlage einer jeden Theologie, die auf sich als Ort in der Geschichte reflektieren will[53a].

2.1. Die Autorität der Kirche

Der Zusammenhang von Theologie und Geschichte, wie ihn Cano im Begriff der Autorität zu denken weiß, ist ein geschichtlich-theoretischer Zusammenhang. Denn die Autorität ist Autorität kraft ihrer Eigenschaft als Ort der Theologie in der Geschichte. Sie besitzt – von ihrem Begriff in den Loci theologici her – sowohl erkenntnistheoretisches Gewicht als auch methodologische Funktion. Denn sie ist darin sowohl die Grundlage als auch der Weg, sie ist Inbegriff des Zusammenhangs von Ort und Prinzip der Erkenntnis – Cano denkt Kirche als Autorität, ihr Zeugnis hat bei ihm daher theologische und nicht bloß institutionelle, heilsgeschichtliche und nicht bloß reli-

---

[53a] Die Kirche ist bei Cano Ort und Prinzip der Theologie des Glaubens, sofern der Glaube in ihr Autorität in Anspruch nehmen will oder auch in Anspruch nehmen kann. Die Autorität wird über den Begriff der Natur des Glaubens als einer Macht zu einem Grundbegriff der Ekklesiologie. Er begründet sie in der Natur des Glaubens als Autorität. Die Einheit von Natur und Zeugnis des Glaubens, die er vollzieht, ist eine der geschichtstheologischen Grundgegebenheiten moderner Ekklesiologie. Sie wird möglich, weil er unter Natur etwas Geschichtliches versteht, nämlich die Natur eines Wesens, das in der Geschichte handelt. Es besitzt nicht nur kraft seines Wissens und Wollens, sondern auch kraft seines Handelns Autorität. Es ist kraft der Natur seines Wesens Ort und Prinzip der Theologie. – Zum Begriff der Natur als einem Ort der Geschichte im Neoaristotelismus und seiner Bedeutung für Kunst, Politik, Geschichte und Theologie vgl. auch die in Anm. 9 der Einleitung angeführten Zitate von W. Benjamin.

Gleiche Bedeutung hat dieser Begriff auch für die Begründung des Begriffs der Autorität. Denn sie wird in der Neuzeit von der Natur des Handelns her begründet. Das Handeln unterstreicht und erwirbt sich als Autorität durch seine Taten. Vgl. dazu auch J. Fueyo, Die Idee der ‚auctoritas': Genesis und Entwicklung, in: Epirrhosis, Festgabe C. Schmitt, hrsg. v. H. Barion u. a. 1 (Berlin 1968) 213–236.

gionsgeschichtliche Bedeutung. Sie ist der Ort, wo die Theologie sich selbst als universal begreift.

Cano kann von sich behaupten, jener Theologe zu sein, der Kirche als ein Erkenntnisprinzip der Theologie entdeckt. Buch vier der Loci theologici enthält einen deutlichen Hinweis auf den Stellenwert dieser Tat. „In diesem vierten Buch", heißt es da, „müssen wir jetzt die Autorität der Kirche erörtern und betrachten: Darüber ist schon oft von den Männern der Kirche gesprochen worden, so daß über diese eine Sache auch dicke Bücher erschienen sind. Die Überlegung, die sie enthalten, bedeutet freilich nichts für die Gegenwart. Es ist aber Aufgabe der hier begonnenen Schrift und dieser Zeit, über die Autorität in der Kirche *im Urteil des Glaubens* eine Untersuchung anzustellen und kurz darüber zu sprechen, ob der sensus communis fidelium Argumente enthält, um Dogmen der Theologie zu beweisen."[54] Cano unterscheidet sich von seinen Vorgängern wie von seinen Nachfolgern durch einen wesentlichen Tatbestand: er kann die Einheit von Amt und Gemeinde denken. Denn Amt besitzt durch sein Glaubenszeugnis Autorität in der Gemeinde, und das Glaubenszeugnis der Gemeinde besitzt in der Festlegung ihres Amtes erst seinerseits Autorität. Beide stehen in einem wechselseitigen Verhältnis zueinander, so daß Autorität einerseits am Grad gegenseitiger Übereinstimmung zu messen ist und andererseits Übereinstimmung erst durch seinen amtlichen Charakter jeweils Autorität besitzt[54a].

---

[54] L. th. IV, 1, 97.
[54a] Man sagt, daß Cano einen eigenartigen Begriff der Kirche hätte. Vgl. J. Beumer in der Rezension des Buchs von E. Marcotte, La nature de la théologie d'après Melchior Cano (Ottawa 1949): Scholastik 26 (1951) 279: „Es ist für uns heute, um ein Beispiel herauszugreifen, unerträglich hart, daß Melchior Cano die verschiedenen loci theologici (Schrift, Tradition, Kirche, Konzilien, Päpste, Väter, Theologen) nebeneinandergestellt hat und nur wenig über die Wechselbeziehung zu sagen weiß; es müßte das Verhältnis von Schrift und Tradition klargelegt und vor allem die Bedeutung des *seltsamen Begriffes* „Kirche", der von Konzilien und Päpsten unterschieden ist, untersucht werden." Tatsächlich sind bei Cano die katholische Kirche überhaupt, ihre Konzilien und die römische Kirche jeweils für sich Autorität. Vgl. L. th. IV, 97 ff: „de ecclesiae catholicae auctoritate, quae tertio loco continetur"; V, 131 ff: „de auctoritate conciliorum, quae quarto loco est posita"; VI, 166 ff: „de ecclesiae Romanae auctoritate, quae quinto loco continetur."

Vom Schlüsselbegriff dieses Problems her – dem Begriff der Autorität – ist dazu zu sagen:
1. Die Kirche beschreibt Cano als Gemeinschaft von Menschen, die zum Glauben an Christus berufen ist. Sie kann mit den Entscheidungen des Amtes ihre Handlungsfähigkeit beweisen und tritt dadurch in Erscheinung als eine Autorität. Dieser allgemeine Begriff der Kirche ist bei Cano absolut fundamental. Von ihm aus wendet er sich gegen die Gesellschaft Jesu. Denn er möchte den Namen, den sie sich gegeben hat – Societas Jesu – nicht auf einen Orden beschränkt, sondern für die Kirche als ganzes vorbehalten wissen. Denn sie selbst ist die Gemeinschaft derer, die zum wahren Glauben berufen sind. Vgl. L. th. IV, 2, 102, wo er Paulus kommentiert: „Ecclesiae quippe Romanae scribens Paulus, omnibus, ait (Röm 1, 7), qui sunt Romae, vocatis sanctis: atque in priore ad Corinthios epistola, ecclesiae dei, inquit (1 Kor 1, 2), quae est Corinthi, vocatis sanctis; et paulo post, fidelis deus, per quem vocati estis in *societatem filii eius Jesu Christi.*

Wo immer die Theologie sich ihrer vergewissern will, ist sie auf eine Instanz verwiesen, die kraft ihres amtlichen Charakters Vernunft und kraft ihrer Autorität geschichtlichen Charakter hat. Kirchliche Autorität indes vermag beidem in mehrfacher Hinsicht zu entsprechen, im Begriff des Amtes als Autorität in der Gemeinde ebenso wie in der Autorität des Konzils ihrer Bischöfe, in der Autorität des Papstes, in der Autorität der Theologenschulen als einer amtlichen Instanz der Kirche. Denn auf allen Stufen ihrer Organisation verbinden sich Geschichte und Rationalität zu jener Einheit, die es braucht, um in der Geschichte vernünftig und zugleich Autorität zu sein.

Ekklesiologie wird in den Loci theologici zum vielgestaltigen, aber dennoch unabdingbaren Moment des Findens von Wahrheit als Autorität in der Geschichte. Sie beschreibt den Weg des Glaubens, sofern er eine Quelle der Erkenntnis ist. Eine solche Quelle ist er aber nur als Autorität. Wenn also die Kirche Autorität des Glaubens ist, ist sie Ort der Theologie. Sie ist der Ort, wo die Theologie um den Glauben als einer Quelle der Erkenntnis weiß.

Aufgrund ihres kirchlichen Wesens stehen die verschiedenen Quellen der Theologie bei M. Cano in einem großen und allgemein umfassenden geschichtlichen ebenso wie theoretischen Zusammenhang. Autorität, Kirche und Theologie durchdringen sich in der Kirche zu einem umfassenden Zeugnis vielgestaltiger Theologie und verschiedenartiger Autorität. Auch die Schrift selber ist durch das Zeugnis der Kirche und nicht durch ihr eigenes Zeugnis Quelle der Theologie.

Quae sine dubio societas cum Christi ecclesia sit, qui titulum sibi illum arrogant, hi videant, an haereticorum more penes se ecclesiam existere mentiantur." Vgl. dazu auch die „Vindicationes, quibus nonnullorum in ejus libros de locis theologicis accusationes refelluntur", Serry, opera Kap. X, 29.

2. Das Amt für sich allein kann bei Cano ebenfalls „die Kirche" heißen; denn es ist Sitz ihrer Autorität. Vgl. L. th. IV, 4, 108: „Hoc priusquam facio admonere operae pretium est. Ecclesiam non ipsam modo catholicorum concionem esse, quae per baptismum Christo et nomen dedit et peculiaris, novaque res publica consecrata est, verum etiam principes ac praefectos ipsos ecclesiasticos in quibus scilicet rei publicae hujus auctoritas potissimum residet." Denn sie geben dem Glauben der Kirche in der Kirche selbst Autorität. Dieser spezielle Begriff kann freilich aus dem allgemeinen abgeleitet werden. Denn er meint die Kirche überhaupt, sofern sie sich als gegenwärtige konstituiert. Er bezeichnet ihre allgemeine Gegenwärtigkeit und somit das Prinzip ihrer Katholizität. Das Amt der Kirche ist die Kirche selbst als Ort und Prinzip der Katholizität. Es ist das Fundament des katholischen und apostolischen Glaubens. Es gibt ihm Autorität.

Der spezielle Kirchenbegriff ist bei Cano eine Konsequenz des allgemeinen. Die Gemeinschaft der zum Glauben an Christus Berufenen erfaßt mit der Amtlichkeit des Glaubens den Glauben selbst in seiner universalen Aktualität. Sie wird dadurch aktuell und zugleich universal. Eine Wechselbeziehung der verschiedenen Orte von Kirchlichkeit ist folglich dadurch gegeben, daß Kirche überhaupt Autorität besitzt und sich in verschiedenem Zusammenhang unterschiedlich als Autorität jeweils konstituiert. Sie ist Autorität und kann sie auch noch werden.

„Das Urteil nämlich über die Kanonizität kann durch die Schriften keinesfalls erfolgen. Denn ob die Bücher Ruth, Ester, Job, um von vielen anderen zu schweigen, wo ähnliches zu sagen wäre, sicher kanonisch sind, darüber kann aus diesen Schriften nicht befunden werden. Wenn also darüber eine Kontroverse entsteht, muß ein Beweis von woandersher als aus der Heiligen Schrift genommen werden. Um diesen Gedanken daher noch weiterzuverfolgen, wenn eine Kontroverse darüber entsteht, ob beide Testamente, das Alte und das Neue, kraft der Autorität Gottes geschrieben sind, so kann diese Streitfrage weder in der Autorität des einen noch in der Autorität des anderen Testaments entschieden werden. Denn wie bezüglich des ganzen Buches Zweifel sich ergeben können, so auch bezüglich seiner einzelnen Teile. Daher ist es notwendig, einen Richter in dieser Frage außerhalb der Schrift zu finden. Außerdem nennt Basilides ich weiß nicht welche Propheten, Barchabas, Barchob und andere dieser Art, die in früheren Jahrhunderten noch gar nicht dagewesen sind, wie Eusebius in der Kirchengeschichte... schreibt. Aber die Bücher der Propheten dieser Art können durch die Schrift selbst nicht zurückgewiesen werden ... Ebenso lehnen wir Evangelien ab, die unter dem Namen des Nikodemus und Bartholomäus von den Häretikern veröffentlicht wurden, verehren aber das Evangelium des Markus. Und wir haben auch dafür einen Grund: jene aber können darüber, was die Kirche hält und immer gehalten hat, keine Rechenschaft geben. Wenn die Autorität lebendiger Richter ihnen genommen ist, dann bleibt ihnen ja sogar nichts anderes mehr übrig, als den ganzen Kodex der Bibel zu streichen. Füge noch hinzu, die Schrift ist ein toter Richter, der weder die Gründe der streitenden Parteien hören noch ein Urteil fällen kann."[55]

Sie hat Autorität kraft bestimmter Feststellungen, die man in der Geschichte über sie getroffen hat. Ihre Autorität setzt Urteilsvermögen bei der Instanz voraus, die sich mit ihr beschäftigt. Sie ist selber ein Prinzip geschichtlicher Entscheidung, so daß Theologie, die sich ihr verpflichtet weiß, zum Ausgangspunkt neuer Entscheidungen werden kann. Universelle Feststellungskompetenz und damit allgemeine Autorität will Cano deshalb nur der Kirche selbst bescheinigen.

„Was bedeutet es, daß nach Deuteronomium 17 schwerwiegende Fragen nicht Privatleuten vorzulegen sind, sondern denen, die allgemeine Vollmacht haben in der Kirche (= ‚habent publicam in Ecclesia potestatem')? Was also? Ob die Antiochener als Privatleute sich ein Urteil bildeten in jener Kontroverse, in der Zweifel entstanden waren, ob Paulus das Wort Gottes verkündet

---

[55] L. th. II, 7, 17/18.

oder nicht? Aber keineswegs; sondern sie schickten nach Jerusalem zu den Aposteln und Ältesten, Act. 15... Von der Kirche muß festgelegt werden, welches Buch kanonisch ist, und ihre Autorität ist die sichere Regel, um Schriften in die Zahl der heiligen Bücher aufzunehmen oder aus ihr zu streichen... Ebenso verfahren wir bei den Büchern der Heiden, wir ermitteln aus keinem anderen Grund die wahren Autoren mehr denn andere als wegen des allgemeinen und übereinstimmenden Zeugnisses derer, die vor uns waren. Denn woher kennen wir die Bücher von Platon, Aristoteles und Cicero außer im fortdauernden Zeugnis derer, die uns an Alter übertreffen? Wenn also überall sonst dieser Weg absolut sicher ist, den Urheber eines bestimmten Buches zu erkennen, warum ist er nicht sicher und zuverlässig für einen Katholiken, um zu erkennen, daß... jener Brief von Paulus geschrieben ist und dieser nicht? Auf das Zeugnis der Kirche hin sind also die heiligen Bücher zuzulassen. Das scheint der Evangelist Johannes gemeint zu haben, wenn er sagt, dies sei der Jünger, der davon Zeugnis gibt; und wir wissen, sein Zeugnis ist wahr! Johannes also gibt Zeugnis vom Evangelium, die Kirche hingegen prüft es, indem sie die Feststellung trifft, wir wissen es, usw."[56]

Es gibt daher drei Überlieferungsprinzipien: die Überlieferung selbst, die Überlieferungstradition und die Feststellung, daß Überlieferungstradition selbst Überlieferung ist. Diese Feststellung ist weder abzuleiten von der Überlieferung selbst, da sie gar kein Zeugnis von sich geben kann, noch aus der Überlieferungstradition, da ihr Wert als Überlieferung ja gerade festzustellen ist. Sie besitzt ihren Wert als Zeugnis der Überlieferung folglich erst im Zeugnis einer Autorität, die selber Autorität der Überlieferung ist. Diese bleibt zwar immer auch einer bestimmten Überlieferung verpflichtet – andere Überlieferungen wurden abgewiesen, manche gar nicht aufgegriffen, wieder andere entbehren des amtlichen Charakters und haben deshalb keine Autorität. Auf dem Boden einer Theologie, für die Unfehlbarkeit Index der Definition des Glaubens ist, kann man aber dieses Prädikat jener Instanz nicht verweigern, die per definitionem Autorität des Glaubens ist. Die Kirche besitzt im Zeugnis von der Überlieferung jene Sicherheit, die Überlieferung als geschichtlicher Vorgang überhaupt besitzen kann; sie ist in einer fundamentalen Weise deren Autorität. „Das also muß zu beweisen sein, daß die Kirche der jetzt lebenden Gläubigen zwar ein kanonisches Buch nicht verfassen, aber bestimmen kann, ob ein Buch, über das eine Auseinandersetzung geht, kanonisch ist oder nicht. Denn Bestimmung (definitio) dessen, was jetzt

---

[56] Ebd. 18/19.

gerade fraglich ist im Glauben, gehört zu den Aufgaben gegenwärtiger Kirche. Es ist nämlich notwendig, daß ein lebender Richter in der Kirche sei, der Streitfragen des Glaubens entscheiden kann; wenn sonst Gott die Kirche in dem, was notwendig ist, nicht verläßt. Diese Frage, ob ein Buch kanonisch sei oder nicht, betrifft den Glauben jedoch besonders. Daher muß die Kirche dieser Zeit ein Urteil fällen in dieser Frage. Wenn Irrtümer, die einer gesunden Lehre widersprechen, von der Kirche, die jetzt ist, nicht verurteilt werden können, dann können in der Tat, wo die Richter aus ihrer Mitte genommen sind, die Häretiker dieser Zeit ungestraft leben und um so mehr herrschen."[57]

Canos Theologie ist eine Theologie der Geschichte. In ihr wird Geschichte als Ort der Theologie und Theologie als Prinzip der Glaubenserkenntnis gedacht. Beides zusammen, der Ort und das Prinzip, konstituiert den Begriff der Autorität: sie ist der Ort, wo die Geschichte selbst zu einem Prinzip der Glaubenserkenntnis geworden ist. Diese Theologie geht daher auch von zwei Gegebenheiten aus, einer Gegebenheit a posteriori – der Geschichte – und einer Gegebenheit a priori – den Schlußfolgerungen der Vernunft. Das Zeugnis der Kirche ist seinerseits jedoch ein Ort, wo beide zueinander a priori in Beziehung treten. Es ist folglich eine Gegebenheit a priori geschichtlicher Vernunft – ein fundamentaler Ort der Theologie – ein Prinzip des Glaubens in der Geschichte. „Wie nämlich in den Wissenschaften zwei Arten von Prinzipien voneinander zu unterscheiden sind, eines entfernt, das andere unmittelbar gegeben, dieses als letztes, jenes als erstes, und keine Folgerungen für die ersten Anfänge gezogen werden können ohne das letzte, so gibt es auch keinen Glauben für uns, die wir jenen folgten, die uns an Alter überlegen waren, außer er kann durch uns vorgelegt werden, bis wir zu den Aposteln und von da zu Christus kommen, wo gleichsam in seinem ersten Fundament der katholische Glaube subsistiert. So fest beide Prinzipien in der Wissenschaft sind, so überzeugend beweisen beide die Schlußfolgerungen, mag auch das eine vermittelt und das andere unmittelbar sein: so bietet auch die Kirche, die jetzt ist, ein sicheres Argument für die Lehre Christi, obgleich ihr Glaube auf die Lehre Christi und der Apostel zu beziehen ist."[58]

Ihr Zeugnis gehört folglich zu den Glaubensprinzipien der Theologie. Obwohl der sichere Weg, auf dem Ungläubige und Anfänger des Glaubens zur Wahrheit des Evangeliums gelangen, ist sie nicht die Wahrheit selber. Es ist der Ort, wo man sie finden kann. „Daher findet man im Streit um irgendein heiliges Buch in der kirchlichen Autorität ein sicheres Argument...

---

[57] Ebd. 20. [58] Ebd.

aber nicht auf sie, sondern auf die göttliche Autorität ist der Glaube an die göttlichen Bilder zu beziehen."⁵⁹

Cano denkt in der Kirche als dem Ort des Glaubens den Anfang und die Grundlage aller Theologie.

„Die Kirche ist älter als die Schrift, Glaube und Religion können daher ohne Schrift bestehen. Denn jene ältesten Väter der ersten Jahrhunderte, die unter dem Gesetz der Natur vor Moses den wahren Gott verehrten, haben den Ritus der Opfer und die wahre Lehre über die göttlichen Dinge nicht durch geschriebenes Gesetz, sondern der Sache nach in der Einrichtung der Alten aufbewahrt. Abraham gab die Beschneidung, die er zuerst von Gott erhielt, an seine Familie weiter. Aber die Kinder der Hebräer bewahrten dieses Geheimnis, das nicht auf die Haut oder auf Tafeln geschrieben, sondern in die Seele eingegraben oder gleichsam eingegossen war, und hielten lange Jahre in Ägypten ohne geschriebenes Gesetz den wahren Glauben an den einen Gott und die wahre Religion. Auch Christus der Herr hat kein Buch geschrieben und, soweit wir lesen, nicht einmal befohlen, daß eines geschrieben wird... Das Gesetz des Evangeliums ist daher ein Gesetz des Geistes, nicht des Buchstabens, und von Anfang an keineswegs den Buchstaben anvertraut, sondern eingegraben in die Seele des Menschen..."⁶⁰

Die Kirche wird von Cano in umfassender Weise gedacht. Sie ist Autorität als Quelle der Theologie.

2.2. Die Gewalt der Kirche

Die Kirche ist Ort der Überlieferung und Quelle der Theologie. Sie besitzt Autorität. Jedoch aufgrund welcher Beschaffenheit ist sie befähigt, Autorität zu sein? Was macht Geschichte zum Ort von Wissenschaft? Cano beantwortet diese Frage auf der Grundlage seines Begriffs der Natur als Tätigkeit in der Geschichte. Denn Autorität ist Autorität kraft Ausübung ihrer Gewalt. Die „potestas" besitzt folglich Schlüsselfunktion in der Ekklesiologie. „Nun gehen wir an die Sache selbst. Sie ist mit Händen zu greifen. Wir zeigen", schreibt Cano, „daß kirchliche Autorität über so viel Kraft verfügt, Glauben hervorzurufen, daß stärkste Argumente auch für die Theologen mit ihr reichlich gegeben sind. Bevor ich das mache, ist es der Mühe wert, darauf hinzuweisen, daß Kirche nicht nur die katholische Gemeinde selber ist, die von Christus durch die Taufe den Namen erhielt und als besondere und neue gesellschaftliche Ordnung (= res publica) sich ihm weihte, sondern auch die

---

⁵⁹ Ebd. II, 8, 27. ⁶⁰ Ebd. III, 3, 82.

kirchlichen Vorsteher und Präfekten, in denen die Autorität dieser Republik sich vor allem niedergelassen hat. Und wir malen uns das nicht durch neue Ansichten aus und bringen es auch nicht ohne Schriftzeugnis vor. Berühmt ist jener Ausspruch des Aristoteles, daß eine Stadt vor allem das ist, was in ihr die Herrschaft ist. Was nämlich die Fürsten und Regierungen einer Stadt machen und fühlen, das macht und fühlt die Stadt, heißt es. Dafür gibt es auch in der Heiligen Schrift ein Beispiel. Es versammelten sich die Ältesten Israels mit den Fürsten der Stämme und die Häupter der Familien in Jerusalem... Es gibt daher keinen Grund, warum die Gläubigen das Wort Kirche in dieser Bedeutung scheuen sollten, was die Häretiker gewöhnlich tun aus Haß gegen die kirchliche Gewalt, die Christus nicht beim Volk, sondern bei den Priestern der Kirche und bei den Hirten bestehen lassen wollte, wie an einer anderen Stelle und zu einer anderen Zeit, falls die Möglichkeit gegeben ist, von mir dargelegt wird."[61]

Die potestas ist jenes Moment am Begriff der Theologie, in dem Theologie nicht nur um ihre Voraussetzungen, sondern um die Natur dieser Voraussetzungen weiß. Die Autorität, auf die sie sich bezieht, kann kraft ihrer Natur Sicherheit und Stabilität in der Gesellschaft verbürgen. Sie besitzt durch ihre Vollmacht Ordnungsqualität. Daher zeichnen sich die Feststellungen, die sie trifft, durch Verbindlichkeit und Allgemeinheit aus. Sie sind kraft ihrer Natur ein Fundament.

Denn die Macht jeweiliger Natur ist der Ort jeweiliger Vernunft. „Darf man vergessen, daß alles der Gemeinschaft zukommen muß, was der Heilige Geist den einzelnen ihrer Glieder an Gaben verteilt? Oder sieht etwa das Auge und nicht vielmehr der Mensch? Ist das Auge denn nicht Leuchte des Körpers? Was also wäre mehr absurd, als zu behaupten, das einzelne Glied vermöchte etwas zu bewirken, was der Körper nicht vermag, hätte einen Teil, den das Ganze nicht besitzt? Jedem von uns, heißt es, wurde die Gnade verliehen nach Maßgabe des Geschenkes Christi... Das einzelne Glied darf also nichts für sich als Eigentum in Anspruch nehmen, da alles, was ist, Eigentum des ganzen Körpers ist, sondern überträgt alles auf den Körper so, daß es mehr Handlung und Vollkommenheit des Körpers als des einzelnen Gliedes zu sein scheint... Wie also die Seele der Akt und die Vollkommenheit vor allem zwar des physisch-organischen Körpers ist, dann aber auch der einzelnen Glieder, in denen er verschiedene Funktionen herausstellt, aber alle Funktionen jenes Körpers sind und wegen des Körpers selbst den einzelnen Gliedern von der Natur übertragen wurden: so beziehen wir den Geist der

---

[61] Ebd. IV, 4, 108.

Wahrheit auf den Körper der Kirche zuerst; hiernach wegen der Kirche auch auf die einzelnen Glieder der Kirche, nicht ex aequo, sondern *ex analogia, et proportione quadam,* entsprechend der Maßgabe eines jeden Gliedes... Der Geist ist also zwar auf seine Weise den einzelnen verheißen, so daß er die Großen lehrt und auch die Kleinen; aber den Kleinen gibt er Milch, den Größeren feste Speise; jenen verkündet er Christus, und zwar den Gekreuzigten, diesen Weisheit, die im Geheimnis verborgen ist. In den einzelnen Gliedern wohnt der Geist der Wahrheit wirklich so, daß er nicht nur dem ganzen Körper nicht fehlt, sondern dem Körper zuerst, vor allen Dingen und vor den Gliedern zugeschrieben werden muß. Wenn die Wahrheit ein Geschenk für alle Glieder ist, dann wird sie sogar um so stärker und sicherer sein, wenn alle Glieder sich mit ihr zugleich in Übereinstimmung befinden."[62]

Die Kirche besitzt Gewalt und Autorität. Sie ist selber der Ort, wo die Autorität des Glaubens zu einem Prinzip des Handelns in der Geschichte wird und kirchliches Handeln in der Geschichte die Autorität des Glaubens hat. Es gibt folglich zwei Ansätze in der Konzeption ihres Begriffs: den hierarchischen Ansatz – er geht von den Unterschieden in der Vollmacht der einzelnen Glieder aus – und den Glaubensansatz – er geht von der gegenseitigen Übereinstimmung ihrer Glieder kraft der Autorität des Glaubens aus. Beide Ansätze machen zusammen den Begriff der Kirche aus, sind von der Theologie jedoch streng zu unterscheiden. Sie verhalten sich bei Cano wie der Ort und das Prinzip des Glaubens, denn weder ist der Ort a priori ein Prinzip – gerade der jeweilige Prinzipiencharakter läßt die einzelnen Orte untereinander verschieden sein –, noch erschöpft sich das Prinzip selber in der Feststellung des jeweiligen Orts. Die Fähigkeit, eine Glaubensaussage nach ihrer Autorität jeweils unterschiedlich zu behandeln, ist gerade die Kunst, die man in der Theologie beherrschen muß. Glaube an Gott und Glauben in der Kirche stehen keineswegs in einem linearen, sondern in einem dialektischen Verhältnis zueinander.

„Zwar soll unser Glaube individuell mit dem Wort Gottes verbunden sein, und wir gewähren den Äußerungen der Kirche keinerlei Zustimmung, die fest und zuversichtlich wäre, außer wir haben sie als von Gott erkannt und mit starkem Geist empfangen. Wir sind jedoch zugleich der Überzeugung, der Herr ist andauernd und permanent in der Kirche gegenwärtig und leitet sie mit seinem Geist, so daß sie nichts als Glaubenslehre überliefert, was nicht den Aposteln von Gott übergeben worden ist."[63]

---

[62] Ebd. 110.   [63] Ebd. 111.

Die Überlieferung als Ort des Glaubens und Überlieferung als Inhalt des Glaubens sind in der Kirche selber deshalb so exakt zu unterscheiden, weil sie als Ort des Glaubens gerade nicht der Inhalt ist. Zwischen seiner Individualität und seiner Allgemeinheit besteht daher im Vollzug des kirchlichen Lebens sowohl ein individueller als auch ein allgemeiner Zusammenhang, ein allgemeiner vom Ort her, den er verkörpert, ein individueller durch seine Autorität. Beides zusammen macht den Glauben in der Kirche aus. Es gibt eine Gebundenheit seiner Autorität an ihre Sendung. Im Gehorsam zu ihr kann man eine Autorität des Glaubens werden. Es gibt zwischen beiden a priori keinen Gegensatz.

„Nicht nur die Ecclesia universalis, die Versammlung der Gläubigen, hat diesen beständigen Geist der Wahrheit, sondern auch die Vorsteher und Hirten der Kirche haben ihn. Denn wir haben gesagt, der Ausdruck Kirche sei ebenso für das gläubige Volk wie für die Hirten der Kirche zu benutzen. Daraus hatten wir geschlossen, alles, was die Kirche, die Gemeinschaft der Gläubigen, festhält, das ist wahr; jetzt behaupten wir, die Hirten und Lehrer der Kirche können im Glauben nicht irren, sondern was immer sie dem Volk der Gläubigen lehren, daß es zum Glauben gehört, ist absolut wahr. Diese Schlußfolgerung werde ich sogleich beweisen, wenn ich zuvor darauf hingewiesen habe, daß ebensowenig der Irrtum des einen oder anderen Hirten den Glauben aller beeinträchtigt wie der Irrtum weniger Gläubiger den Glauben des ganzen christlichen Volks. Deshalb behaupten wir, nicht alle Hirten und Lehrer können jemals abirren vom Glauben."[64]

Zwischen dem Glauben an die Überlieferung und der Feststellung, daß etwas Überlieferung des Glaubens ist, besteht ein unlösbarer innerer Zusammenhang. Er ist das Fundament der Kirche. Die Feststellung dessen, was in ihr festzuhalten ist, und das Festhalten an dem, was durch sie festgestellt wird, macht die Autorität ihres Glaubens aus. Er steht auf ihrer Tätigkeit. Die Einheit von Handlung und Lehre wird im Begriff der Unfehlbarkeit gedacht. Sie gehört nach Cano zur Natur des Glaubens.

„Nehmen wir aber darüber hinaus einmal an, daß alle Bischöfe bezüglich einer irrigen Lehre Übereinstimmung erzielen und diese dem einfachen Volk zum Glauben unterbreiten: nun bitte ich, muß das Volk nun dieser Lehre folgen oder nicht? Wenn ja, dann müßte das Volk mit irrenden Priestern und Bischöfen notwendig selber in die Irre gehen. Daher ist der Irrtum aller Priester zugleich Irrtum der ganzen Kirche. Wenn es aber dem Volk gestattet ist, die übereinstimmende Lehre seiner Hirten leicht zu nehmen, schauen

---

[64] Ebd. 112.

Sie bitte, gibt es eine absurdere Meinung als diese. Wenn hier die Hirten nämlich, dort die Schafe sich in verschiedene Parteien spalten, dann zerreißt der innere Gegensatz des kompakten und durch viele Verbindungen zusammengehaltenen Körpers die ganze Einheit der Kirche; und er wird nicht nur die von Christus begründete Gemeinschaft zwischen Vorsteher und Volk vernichten, sondern auch die gemeinschaftliche Verbindung der Gläubigen unter sich, deren innerstes Band die Übereinstimmung im Glauben und das ungeteilte Einverständnis der Parteien ist."[65]

Die Einheit von Glaube und Tätigkeit ermächtigt die Vorsteher zu Glaubensentscheidungen. „Wenn die Kirche das unveräußerliche Recht besitzt, die Worte Gottes von den Worten der Menschen zu unterscheiden, wie im zweiten Buch dargetan wurde, dann hat sie auch mit Recht den Sinn Gottes vom Sinn des Menschen in den Worten selber zu unterscheiden... Beides nämlich bewahrt die Kirche Christi und wird es immer bewahren, das Wort und den Geist des Wortes... Außerdem ist die Kirche die Säule und das Fundament der Wahrheit: die Wahrheit liegt eigentlich im Verständnis der Schrift, im Buchstaben selbst nur uneigentlich wie gleichsam im Zeichen; wie der Urin nur figurativ als gesund bezeichnet wird, da es das Tier ist, dem eigentlich Gesundheit zugesprochen wird. Wenn also die Kirche das Fundament der Wahrheit ist, dann hat sie auch sicher eine sichere Erkenntnis der Wahrheiten, die in der Schrift enthalten sind."[66]

Es ist Aufgabe der Theologie, von der Autorität zu wissen, und Aufgabe der Kirche, Autorität zu sein. In der Zuordnung von Autorität und Gewalt des Glaubens geht es um die Kirche als einen Ort der Theologie.

2.3. Das Amt der Kirche: ihre Lehr- und Hirtenkompetenz

Die Kirche ist Ort des Glaubens, aber auch Prinzip der Theologie. Denn sie besitzt Vollmacht und Autorität. Ihr Dienst am Glauben des einzelnen Christen und der ganzen Gemeinde ist die grundlegende Tatsache der ganzen Ekklesiologie. Cano entwickelt sie auf der Grundlage des Glaubens als einer Autorität und der Autorität als einer geschichtlichen Macht. Es gelingt ihm, auf dieser Basis jene beiden Elemente im Begriff der Kirche miteinander zu verbinden, die man bis heute auch bei Cano selbst als Gegensatz empfunden hat, nämlich die Glaubensgemeinschaft und das kirchliche Amt. Denn Kirche als Glaubensgemeinschaft besitzt kraft ihres Amtes Autorität, und kirch-

---
[65] Ebd.
[66] Ebd. XII, 5, 329.

liches Amt besitzt kraft seiner Lehrbefugnis in der Kirche als Glaubensgemeinschaft Autorität.

Die Träger des kirchlichen Amtes treten daher mit einer doppelten Eigenschaft bei Cano in Erscheinung, als Träger kirchlicher Vollmacht in ihrer Hirtenkompetenz und als Träger des Glaubens in ihrer Lehrautorität. Beide Funktionen stehen sowohl von der Natur solcher Vollmacht wie vom Glauben her miteinander in einem konstitutiven Zusammenhang. Die Ekklesiologie wird auf dieser Grundlage und als dieser Zusammenhang erstmals von Cano entwickelt. „Wir kommen nun zu jenem Ort", so beginnt er das Kapitel über die Autorität der römischen Kirche, „den Theologen, besonders die jüngeren, lang und breit häufig zu erörtern pflegen, weil nicht nur die Autorität und Würde des römischen Stuhles, sondern auch sein Einfluß und seine Kompetenz einerseits immer von den Häretikern bekämpft wurden, andererseits aber in unserer Zeit von den Lutheranern um so mehr bekämpft werden, da ihr Streit gegen die römische Kirche hartnäckig und ihr Abscheu ewig ist. Ich verfolge hier aber nicht die endlosen Fragen über die *potestas* des römischen Bischofs: auf seine *Autorität* bezüglich der Lehre allein wollen wir schauen."[67]

Die Ekklesiologie des Papstes wird von Cano im Horizont der Ekklesiologie des Glaubens überhaupt entwickelt. Denn wenngleich der Papst als römischer Bischof höchste Vollmacht in der Kirche hat, so besitzt er doch Lehrbefugnisse nur als Autorität. Er übt sie kraft innerer Übereinstimmung von Handlung und Glaube in seinem Urteil über eine Theorie des Glaubens in ihrer Bedeutung für die Kirche aus. Er kann dadurch auf unfehlbare Weise Glaubensstreit beenden. Seine Entscheidungen sind Ort des Glaubens und Prinzip der Theologie.

Die Ekklesiologie der Neuzeit und ihre Aussagen über Schrift und Tradition, über den Papst, das Konzil, über die Kirche überhaupt, über Gott, über die Sakramente, die sich aus dieser Gedankenstellung heraus entwickeln, hat Cano grundgelegt. Er begreift Kirche im vielfältigen Zeugnis ihrer Autorität als geschichtliche Macht. Sie ist jene Institution, die kraft ihrer Autorität Zeugnis vom Glauben als einem Ort des Lebens und einem Prinzip des Handelns in der Geschichte gibt.

Die verschiedenen Aussagen der Heiligen Schrift zum geschichtlichen Auftrag des Petrus haben daher bei Cano präsentische Funktion: „*Petrum Apostolum*", – er ist Glaubenszeuge –' „*fuisse a Christo*" „*institutum pastorem ecclesiae universalis*"[68] – und besitzt institutionelle Macht. Petrus ist

---

[67] Ebd. VI, 1, 166.   [68] Ebd. VI, 3, 168.

kraft seiner Autorität als Apostel Jesu und kraft seiner Vollmacht als der von Jesus eingesetzte Hirt der Kirche selber Institution. Sein Glaubenszeugnis besitzt unfehlbare Autorität. Cano kann von der Unfehlbarkeit des Petrus sprechen: „Petrum, cum Ecclesiam docebat, aut oves fide firmabat ‚– er ist Autorität –' errare non potuisse."[69]

Die potestas des Petrus als *pastor* und sein Auftrag, die Brüder zu stärken, als *doctor* des allgemeinen Glaubens haben daher Kirchengründungsfunktion. Dieser Glaube konstituiert sich „in auctoritate et potestate" als ein Ort von geschichtlicher ebenso wie von transzendentaler Bedeutung: „Petro defuncto, *divino jure esse*, qui illi *succedat* in eadem auctoritate et potestate"[70]. Der römische Bischof ist Nachfolger des Petrus, weil er die Aufgabe des Petrus zu übernehmen hat. Cano sagt, „quod Romanus Episcopus ille sit, qui Petro et in fidei firmitate, et in componendis religionis controversiis, divino jure succedat"[71]. Er ist in der Wahrnehmung seines Amtes als oberster Hirt des Glaubens folglich unfehlbare Autorität: „Rationibus theologiae probat, Romanum Pontificem in fidei controversiis finiendis errare non posse."[72]

Die Unfehlbarkeit des Papstes wird bei Cano von der Glaubensaufgabe des Hirtenamtes her gedacht. Dieses besitzt eine die Botschaft des Neuen Testaments als Glaubensbotschaft konstituierende Funktion. Denn wie es notwendig ist, sie im Glauben tätig zu bewahren, so ist es auch notwendig, sie im Zeugnis des Glaubens tätig zu vertreten. Die Überlegung, die Cano dazu bringt, von der Unfehlbarkeit des Glaubens in der hörenden Kirche zu sprechen, bringt ihn auch dazu, von der Unfehlbarkeit der lehrenden zu sprechen. Es ist die Überlegung, daß beides der Glaubenstätigkeit entspringt. Denn Wahrheit, die Leben geworden ist, ist eine nützliche Wahrheit im Leben. Sie besitzt für das Leben selber unfehlbar ihren Wert. Das Glaubenszeugnis der Kirche ist folglich ein unfehlbares Zeugnis, wo es der Glaubenstätigkeit entspringt und die Tätigkeit der Kirche selbst per definitionem Glaubenstätigkeit ist. Ihr Zeugnis, sofern es mit Tätigkeit verbunden ist, hat Autorität im Leben. Es besitzt unfehlbare Kraft. Die Kirche, wo sie in Übereinstimmung mit ihrer Sendung, d. h. kraft ihres Amtes, handelt, ist eine unfehlbare Autorität. Die Grundlegung der Ekklesiologie erfolgt bei Cano in der Autorität des Glaubens als einer – kraft ihrer Sendung – unfehlbaren Macht.

Er denkt sie im Horizont jenes Begriffs von Geschichte und Theologie, der allem Neoaristotelismus eigentümlich ist: Theologie ist Reflexion auf das

---

[69] Ebd. 170.   [70] Ebd.   [71] Ebd. 173.   [72] Ebd. 178.

Glaubenszeugnis der Autorität, und Geschichte ist Zeugnis geschichtlicher Macht.

Theologie der Geschichte ist folglich eine Theologie, die Autorität als Macht, aber darüber hinaus auch Macht als Autorität begreifen lehrt und damit nicht bloß institutionelle Geschlossenheit, sondern auch universale Offenheit besitzt. Die Kirche ist nur kraft ihrer Autorität eine universale Macht. Umgekehrt ist sie aber durch ihre universale Binde- und Lösegewalt auch universale Autorität.

„Wenn dem Petrus aus einem speziellen Grund und Privileg außerdem die Schlüssel nicht eines, sondern aller Himmel gegeben wurden, wie Origenes in der 6. Homilie zu Matthäus vermerkt, die Schlüssel aber die Himmel öffnen, dann ist es konsequent, daß alle Hindernisse für die Himmel fallen. Aber von seiten des Intellekts behindert die Unwissenheit den Eintritt in die Himmel ebenso wie von seiten des Willens die schlechte Neigung: gegeben wurde daher dem Petrus die potestas, Unwissenheit zu beseitigen, nicht weniger, als Sünden zu tilgen. Was immer also er gelöst und was immer er gebunden hatte, betreffe es den Intellekt, betreffe es die Neigung, wäre gelöst und gebunden in den Himmeln. Deshalb konnte Petrus schwierige Glaubensfragen von Rechts wegen lösen, deshalb mit seinem Urteil auch binden, so daß die Gläubigen das festhielten, was er selbst entschieden hatte. Aber an ein falsches Urteil im Glauben können die Gläubigen nicht gebunden sein... Und wenn Kaiphas, dieser ruchlose Mensch aus der Synagoge, als er Hoher Priester jenes Jahres war, weil er dennoch Hoher Priester war, Prophezeiungen ergehen ließ, müssen wir da nicht von Petrus, dem von Christus selber der Kirche gegebenen höchsten Pontifex, glauben, daß er vom Heiligen Geist geleitet wird, Wahrheit festzusetzen? Wenn also Petrus der von Gott bestellte Hirte aller Gläubigen ist, dann wurde er folglich zum höchsten Lehrer und Meister der Kirche bestellt. Wenn er den Schafen Christi jedoch nicht das Weideland einer gesunden Lehre gäbe, sondern sie mit gefährlichen und trügerischen Irrtümern sich nähren ließe, dann hätte Christus nicht für die Kirche gesorgt. Er hat aber für sie ohne Zweifel gesorgt, wenn Petrus selber uns nicht getäuscht hat, wo er sagt: Brüder, ihr wißt, Gott hat uns von Anbeginn erwählt, daß alle Völker durch meinen Mund das Wort des Evangeliums hören und glauben."[73]

Die Einheit des Amtes wird von Cano sowohl im Begriff der Autorität wie im Begriff der Natur gedacht. Das Hirtenamt muß kraft seiner Autorität Lehraufgaben übernehmen, und die Lehre besitzt kraft ihrer Natur als Glau-

---

[73] Ebd. 170.

benswahrheit hirtenamtliches Gewicht. Die Zuordnung von Autorität und Natur ist in dieser Theologie des Amtes das zentrale Problem. Sie wird ebenso von der Autorität wie von der Natur des Amtes her bestimmt: von der Autorität des Amtes her, sofern gesagt wird, es kann um die Natur des Glaubens wissen, von der Natur her, sofern die Autorität des Glaubens an das Amt gebunden wird. Denn sowenig Gott selber in die Irre führt, so unbedingt führt die Kirche mit ihrer Botschaft zu Gott. Das Hirtenamt der Kirche wird von der Natur seiner Tätigkeit her als Autorität bestimmt. Es besitzt daher unfehlbare Autorität. Umgekehrt wird aber auch die Autorität von der Natur des Glaubens her als Tätigkeit bestimmt. Sie besitzt folglich auch Gewalt.

Der Zusammenhang von Geschichte und Theologie in der Theologie des Amtes bei Cano ist gewährleistet vom Begriff einer Natur, die selber Autorität in der Geschichte ist. Der Glaube muß in der Kraft jener Vollmacht verkündet werden, die Jesus selbst empfangen und an seine Jünger weitergegeben hat bis an das Ende der Zeit.

Sie leiten die Kirche –„in eadem auctoritate et potestate". Die potestas ist jenes Element der auctoritas, das ihre auctoritas zu einem Handlungsprinzip in der Geschichte macht. Sie gehört zur Natur des Glaubens als einer Tätigkeit im Namen Jesu; ohne sie fehlte ihm die ihm gemäße Kraft. „Wenn die Vollmacht des Petrus nicht auf die Nachfolger übertragen worden ist, dann kann auch nicht von den übrigen Aposteln die Vollmacht auf die nachfolgenden Bischöfe übertragen worden sein. So gibt es in der Kirche jetzt überhaupt keine potestas der Bischöfe oder Priester, was ein offenkundiger Irrtum im Glauben ist... Wenn der Rat des Jetro gut gewesen ist und der Synagoge notwendig in jeder Beziehung, daß ein höchster Richter sei, vor den schwierige Fälle und Streitfragen zu bringen wären, dann ist es in keiner Weise wahrscheinlich, daß Christus dem Herrn ein solcher Rat abgegangen ist, der für die Kirche ähnlich notwendig war. Deshalb wurde dem Petrus nicht allein diese potestas vom Herrn gegeben, sie ging vielmehr auf die Nachfolger über, wenn anders Gott für die Synagoge nicht mehr Sorge getragen hat als für die Kirche."[74]

In ihr gehen Vollmacht und Autorität eine vom Glauben selber her gesehene Verbindung ein. Sie ist selber die Einheit von Glaube als Zeugnis und Glaube als Macht. Sie ist kraft ihrer Natur das Prinzip seiner Vernunft in der Geschichte. In der kirchlichen Glaubensentscheidung treten daher Macht und Autorität sowohl in ein geschichtliches wie „naturgegebenes" Verhältnis

---

[74] Ebd. 171.

zueinander. Es ist die Aufgabe des römischen Bischofs, seine Glaubensbrüder als Autorität zu stärken. Wann immer er Feststellungen zu Glaubensfragen trifft, hat sein Urteil unfehlbare Kraft.

„Was daher, in Angelegenheiten zumindest, die fraglich und unentschieden sind, der Nachfolger Petri verbindlich äußert, ist verbindlich, und was er zu einer Frage des Glaubens lehrt, das müssen die Völker nicht nur hören, sondern auch glauben... Wenn aus den Traditionen der Apostel überhaupt ein festes und sicheres Argument entwickelt werden kann, so steht fest, daß von den Aposteln her überliefert wurde, die römischen Bischöfe seien dem Petrus in seinem Pontifikat über die ganze Kirche und in seinem Lehramt bezüglich des Glaubens nachgefolgt."[75]

Die Lehre vom Papst ist eine Lehre über die Natur des Glaubens als Autorität. Sie betrifft keineswegs den Glauben selbst als einen Gegenstand, sondern den Begriff, den man vom Glauben als einem Gegenstand in der Geschichte hat. Dieser hat folglich nicht gegenständlichen, sondern reflektorischen Charakter. Unfehlbarkeit ist ein Reflexions- und kein Gegenstandsbegriff des Glaubens. Er darf nur dort Verwendung finden, wo kirchliche Lehre zugleich praktisch im Sinn rechtlicher Verbindlichkeit und theoretisch im Sinn einer Konsequenz des Glaubens ist. Er hat die Stellung einer Qualifikation.

Die Regeln zur Auswertung von Konzilsbeschlüssen beweisen dies. Denn eine Synode besitzt je nach der Natur ihrer Kompetenz einen bestimmten Grad von „Wahrheit und Autorität". „Wenn man dies alles zusammennimmt", schreibt Cano, „so ist die erste Schlußfolgerung, daß ein allgemeines Konzil, das vom römischen Bischof kraft der ihm eigenen Autorität weder zusammengerufen noch bestätigt worden ist, im Glauben irren kann... Ein allgemeines Konzil, auch wenn es kraft der Autorität des römischen Bischofs zusammengetreten ist, kann im Glauben irren... Ein allgemeines Konzil, das von der Autorität des römischen Bischofs bestätigt wurde, bietet eine sichere Grundlage für den Glauben an die katholische Lehre."[76] Es ist nur in diesem Fall Ort der Erkenntnis und Quelle der Theologie.

Wie unterschiedlich man die Autorität einer bestimmten Aussage selbst bewerten kann, geht aus der Tatsache hervor, daß Cano im Begriff des Gegenstands und nicht im Gegenstand selber das Specificum einer Entscheidung sieht. „Einen doppelten Unterschied gibt es nämlich zwischen den Autoren der Schrift, dem Papst und den Vätern der Konzilien. Die heiligen Autoren schreiben katholische Lehre unter unmittelbarem Einfluß von

---

[75] Ebd. VI, 7, 181.   [76] Ebd. IV, 4, 136/137.

Offenbarung oder Inspiration. Und sie bedürfen keiner äußeren Anregung zum Schreiben und argumentieren nicht mit Hilfe menschlicher Schlußfolgerungen aus anderen Schriften, mit deren Hilfe sie Untersuchungen anstellen und Aussagen sammeln. Das Konzil und der Papst jedoch beschreiten einen menschlichen Weg, folgen der Vernunft: sie unterscheiden das Wahre vom Falschen durch Argumente. Man darf nämlich nicht meinen, der Papst hätte die Fähigkeit, die in den Aposteln, Propheten und Evangelisten war, so daß er bei jeder beliebigen Glaubensfrage, die ihm vorgelegt wird, sofort entscheiden könnte, welcher Teil der Frage Wahres und welcher Falsches beinhalte; sondern er muß zuerst Überlegungen anstellen, die Argumente einer jeden Seite prüfen: dann erst folgt die Hilfe Gottes, die natürlich nötig ist, damit der Papst im rechten Glauben erhalten wird. In den Konzilien haben die Väter ebenfalls nicht sofort gleichsam kraft ihrer Autorität eine Entscheidung bereit: sondern nachdem erst die Sache in Aussprache und Disputation erörtert ist und viel zu Gott gebetet wurde, dann erst wird eine Frage ohne Irrtum entschieden, wenn Gunst und Hilfe Gottes und der Fleiß und die Sorgfalt der Menschen zusammengeflossen sind. Denn auch den Aposteln und Presbytern, die in Jerusalem zur Synode versammelt waren, wurde nicht sofort geoffenbart, was in einer Glaubensfrage zu entscheiden wäre; sondern angestellt wurde zuerst eine große Untersuchung, wie Lukas sagt... Aber der Geist der Wahrheit ist den Vätern der Synode nicht in allem gegenwärtig, sondern nur in Angelegenheiten, die notwendig sind zum Heil. Die Tatsache, daß im Symbol des Athanasius gesagt wird, Fleisch und Seele wären der eine Mensch, beweist nicht die Wahrheit dieser Aussage, obwohl das Konzil von Nizäa mit Athanasius einer Meinung war. Denn ob der Mensch aus diesen Teilen besteht oder nicht, gehört in den Bereich der Philosophie und nicht des Glaubens, ist daher eine Frage der Philosophie und nicht des Glaubens... Christus betete nämlich nicht, daß dem Petrus nicht Erkenntnis und Wahrheit der Philosophie oder der Geschichte fehlten, sondern daß ihm nicht der Glaube fehlt."[77]

Konzilsentscheidungen sind Schlußfolgerungen der Kirche. Sie nehmen Bezug auf Schrift und Tradition, gelten aber für die Gegenwart. Sie besitzen unterschiedliches Gewicht je nach Autorität und Legitimität. Sie konkurrieren mit der Exegese nicht, sondern setzen sie voraus.

Die katholische Theologie hat daher die Möglichkeit geregelter Veränderung. Denn einzelne Aussagen werden immer neu zur Quelle möglicher Entscheidung. Diese ist selber dem Wandel der Begriffe unterworfen.

---

[77] Ebd. V, 146/147.

Canos Glaubensauffassung ist vom Gedanken der Souveränität geprägt. Sie hat aristokratische Züge und wird an vielen Stellen im hierarchischen Gegensatz zur Glaubensauffassung des Volkes gedacht. „Denn was den Glauben betrifft, so gibt es einen doppelten Unterschied. Das eine nämlich glauben alle Gläubigen explizit; wie etwa, daß der Sohn Gottes die menschliche Natur angenommen hat. Anderes hingegen müssen ausdrücklich nur die Höhergestellten glauben, das Volk aber implizit im Glauben der Höhergestellten, wie etwa, daß Vater und Sohn das eine Prinzip des Heiligen Geistes wären. Vom ungebildeten Volk würde man in Sachen des Glaubens, die zur ersten Art gehören, mit Recht vielleicht ein Zeugnis verlangen, was den Oberen und Unteren im Glauben gemeinsam ist; in dem jedoch, was zur anderen Art gehört, wäre es, wo eine Frage aufgeworfen wird, äußerst unpassend, das unkundige Volk, den versponnenen Greis, die geschwätzige Großmutter, den ungelernten Schneider zu konsultieren; das vor allem, wenn Fragen dieser Art nicht die gegenwärtige Zeit, sondern das betreffen, was früher gewesen ist... Wenn also der Glaube bezüglich der Zahl der kanonischen Bücher nicht der ausdrückliche Glaube des Volkes ist, sondern der Höhergestellten, denen es zuzutrauen ist, zu erkennen, welches die heiligen Bücher sind, so muß in Fragen, wie sie von uns im Augenblick behandelt werden, das Zeugnis der Plebs nicht eingeholt werden, sondern nur das Zeugnis von den Lehrern der Kirche, denen das ungebildete Volk glauben muß, denen das Urteil auch in ähnlich gelagerten Fällen zusteht, wie es richtig und deshalb auch sicher ist. Daher kommt es, daß man es als sicher behaupten muß, so als wenn die ganze Kirche selbst gesprochen hätte, wenn die Väter und Lehrer der Kirche ein Buch als kanonisch erklären."[78]

Kirchenauffassung und Staatsauffassung stehen in einer deutlichen Parallele zueinander. „Gäbe es in der Kirche bezüglich der Schrifterklärung keinen sicheren Richter, so wage ich zu behaupten, es gäbe keinen Staat, dessen Verfassung törichter wäre als die ihre."[78a] „Solche Autorität hat in der Kirche der von Christus ernannte höchste Pontifex, wie es notwendig ist, die Bürger der christlichen Republik in Glaube, Religion und Pflichterfüllung zu bewahren."[79]

Cano verweist häufig auf das Alte Testament, dessen Einrichtungen in der Kirche fortbestehen, in puncto Feststellungskompetenz und Entscheidungsvollmacht jedoch kraft der potenteren Vollmacht und Autorität von ihr bei weitem übertroffen sind. Die Kirche hat universale Kompetenz. „Oder

---

[78] Ebd. II, 7, 21.   [78a] Ebd.
[79] Ebd. VI, 4, 171.

wollen wir, daß in diesen Tagen kein Richter sei in Israel, sondern jeder fühlt und handelt, wie es ihm gut erscheint?"[80]

Geschichtliche Voraussetzungen positiver und negativer Art bestimmen daher bis auf den heutigen Tag das Bild von Dogmatik und Ekklesiologie.

Exkurs (2)
Die Frage der Unfehlbarkeit bei Cano und in der gegenwärtigen Theologie

Die Auseinandersetzung um den Begriff der Unfehlbarkeit hat sich in der Gegenwart am Problem der Macht des Papstes entzündet. Gibt es ein Privileg, dem zufolge er Sätze formulieren kann, die a priori wahr sein müssen und deshalb keinerlei Irrtum enthalten? Diese Frage hat H. Küng in seinem Buch über die Unfehlbarkeit gestellt[81].

Er hat sie zugleich mit großer Heftigkeit verneint. Denn die Aussagen des Ersten Vatikanum zur päpstlichen Unfehlbarkeit sind von ihrer Motivierung her, sagt er, das Resultat ungebändigten Machtstrebens der Kirche. Sie besitzen weder ein historisch-biblisches noch ein theologisch-sachliches Fundament. Ihre Tradition beginnt erst im späten Mittelalter. Sie steht im Gegensatz zu den tatsächlichen Irrtümern der Kirche. Sie ist aber auch in sich ein Widerspruch, weil Aussagen, also auch die kirchlichen, aus ihrer Natur heraus vieldeutig, mannigfach interpretierbar und deshalb, bezogen auf verschiedene Umstände, zugleich wahr und falsch sein können. Es gibt wohl ein Privileg des Bleibens in der Wahrheit (indefectibilitas), daraus jedoch ein Privileg der Unfehlbarkeit (infallibilitas) ableiten zu wollen heißt etwas tun, das jedweder theologischen Grundlage entbehrt und selber schon ein erster Schritt in den umfassenden Irrtum ist. Die Kirche besitzt hirtenamtlich-pastorale, jedoch nicht lehramtlich-autoritative Kompetenz. Es gibt bisweilen Gründe, definitorische Festlegungen negativer Art vorzunehmen – etwa im Falle der Verteidigung des Glaubens. Daraus ist jedoch kein innerer Wahrheitsanspruch abzuleiten. Wo man dies versucht, und kirchenamtliche Verlautbarungen sind ja ein Beispiel dafür, stellt man die Sorge um die Existenz und den Herrschaftsanspruch der Kirche über den Glauben selbst. Es ist notwendig, mit allen Mitteln ihren Dogmatismus zu bekämpfen[82].

Man wundert sich, daß in der Auseinandersetzung um diese Argumente

---

[80] Ebd. 172.
[81] Vgl. H. Küng, Unfehlbar? (Zürich 1970).
[82] Vgl. J. Nolte, Dogma in Geschichte (Freiburg i. Br. 1971).

niemand auf Cano verwiesen hat. Denn erstens hat ihn Kleutgen, der Urheber der vatikanischen Unfehlbarkeitsformel, intensiv studiert. Das ganze Dekret „Pastor aeternus" steht im Horizont der Fragestellung, die er vorgegeben hat. Es behandelt die Lehr- und Hirtengewalt des Papstes. Cano verbindet mit dem Ersten Vatikanum nicht nur ein historischer – über Kleutgen –, sondern auch zweitens in der Lehre selbst ein sachlicher Zusammenhang. Wer sie interpretiert, ohne von ihm zu wissen, handelt wie ein Exeget, der Markus interpretiert, ohne zu wissen, daß zwischen Markus und Johannes in der Theologie ein Unterschied besteht[83].

Genau dies ist jedoch bei Küng der Fall. Da er nichts von Cano weiß, weiß er natürlich auch nicht, welchen Stellenwert das Prädikat Unfehlbarkeit in der Ekklesiologie der Neuzeit hat. Denn es ist ein Prädikat des Glaubens. Es ist kein Prädikat der Macht. Der Papst kann es nicht kraft seiner Macht, sondern kraft seiner Autorität in Anspruch nehmen. Denn obwohl der Glaube selbst an sich Unfehlbarkeit besitzt und somit Autorität in der Geschichte a priori geltend machen kann, so besitzt er gleichwohl zu verschiedenen Zeiten und an verschiedenen Orten der Geschichte a priori nicht die gleiche Macht. Es gibt folglich Unterschiede hinsichtlich der Funktion seiner Autorität, jedoch nicht hinsichtlich ihres Gehalts. Die päpstliche unterscheidet sich von ihrem Auftrag her grundsätzlich gegenüber jeder anderen. Sie muß in der Auseinandersetzung um den Glauben die Autorität der Kirche retten. Diese ist der Schlüssel zum Verständnis der lateinischen Ekklesiologie.

Daraus ergibt sich für den Begriff der Unfehlbarkeit folgendes:

(1) Er ist ein analoger Begriff. Denn es gibt viele Orte der Unfehlbarkeit des Glaubens: die Schrift, die Tradition, die Kirche insgesamt, aber auch die Autorität der Heiligen und andere mehr.

(2) Er ist ein Reflexionsbegriff und kein Gegenstandsbegriff des Glaubens, denn er meint nicht seine Wahrheit in sich selbst, sondern seine Wahrheit als Autorität: sie ist ein Absolutum der Geschichte.

(3) Er ist ein Geschichtsbegriff, kein metaphysischer Begriff des Glaubens. Mit der Frage nach der Natur seiner Autorität ergeht sich die Theologie nicht in einer Spekulation, sondern gibt sich Rechenschaft von sich selber als Autorität in der Geschichte. Der Glaube unterscheidet sich von ihr durch seine einzigartige Qualität.

(4) Die Unfehlbarkeit ist ein Qualifikationsbegriff der Theologie des

---

[83] Der Begriff Autorität besitzt in dieser Formel eine Schlüsselfunktion. Vgl. DS 3074: „fungens pro suprema sua apostolica auctoritate".

Glaubens. Indefektibilität (= das In-der-Wahrheit-Bleiben) und Infallibilität (= das In-der-Wahrheit-Sein) sind voneinander streng zu unterscheiden. Denn indefektibel ist die Kirche im Festhalten des Glaubens selbst, infallibel im Festhalten seiner Autorität. Der eigentliche Irrtum der Lehre Küngs besteht in der Behauptung, daß beides identisch sei.

(5) Canos Theologie steht unter gedanklichen Bedingungen, die sich für die Theologie der Gegenwart als ein geschichtliches Problem erweisen. Denn weder ist Geschichte identisch mit dem Zeugnis einer Macht noch Theologie mit der Feststellung von Autorität. Dennoch muß die Gegenwart von ihm lernen, daß es in der Theologie ein Problem der Ortsbestimmung gibt und man die Feststellung der Geschichte von der Feststellung der Autorität der Geschichte grundsätzlich zu unterscheiden hat.

Die Behauptung der Unfehlbarkeit einzelner Sätze ist nicht identisch mit der Behauptung, daß einzelne Sätze in jeder Beziehung wahr sein müssen und in keiner Weise falsch sein können. Denn Unfehlbarkeit besagt, daß einzelne Sätze Glaubensautorität besitzen. Aus der Unmöglichkeit von Sätzen der ersten Art läßt sich keineswegs auf die Unmöglichkeit jener der zweiten Art schließen. Wer es dennoch tut, bewegt sich auf dem logischen Niveau eines Menschen, der sich aus der Tatsache, daß fliegende Elefanten nicht existieren können, einen Rückschluß auf die Nichtexistenz von Elefanten überhaupt gestattet. Denn Glaubenssätze ersetzen nicht die Wissenschaft. Sie halten eine Glaubenswahrheit fest und substituieren keine universale Gegenständlichkeit. Ihre eigene unfehlbare Weisheit ist von deren fiktivem Charakter nicht betroffen. Denn Contra factum non valet illatio.

Wenn heutige Theologie indes mit Argumentationsfiguren solchen Musters rechnet und damit unterstellt, daß jemand, der an die Existenz von Elefanten glaubt, auch an die Existenz von fliegenden Elefanten glauben müsse, so liefert sie keinen Beweis gegen den Sinn des Begriffs der Unfehlbarkeit, sondern höchstens einen Beweis für den bedenklichen Zustand, in dem sie sich selbst befindet.

3. Die Ekklesiologie der Neuzeit – eine Geschichtstheologie des Glaubens

In den Loci theologici von M. Cano gehen Theologie und Geschichte eine ebenso geschichtliche wie gedankliche Verbindung ein, eine geschichtliche, weil die Autorität als Macht begriffen wird, eine gedankliche, weil die Macht selber Autorität besitzt und folglich als Prinzip der Theologie fungieren kann. Sie wird bei Cano als eine Kunst gedacht und somit als Nachahmung des Glaubens interpretiert. Auf dieser Grundlage wandelt sich Theologie der Kirche zu einer Theologie der Autorität.

Sie besitzt in der Natur des Glaubens selbst ihr allgemeines Fundament. Der Traktat, in welchem sie entfaltet wird, heißt später die Ekklesiologie.

3.1. Die Feststellung des Glaubens – Ort der Theologie

Geschichte und Theologie verbinden sich bei Cano zu einer Theologie, die um die Natur der Geschichte und zugleich um die Natur der Verbindung von Geschichte und Theologie in der Geschichte weiß. Der Ort dieser Theologie ist das Zeugnis der Autorität. Es ist der Glaube selbst als Glaube und somit Inbegriff aller Fragestellung in der Theologie. Es wird von Cano im Problem ihrer formalen Beschaffenheit erfaßt. „Die ratio formalis der Theologie, die zu erklären ich vor allem auf mich genommen habe", schreibt er, „ist nicht eine einzige und einfache, sondern eine doppelte und zweigeteilte. Denn es gibt den objektiven Gesichtspunkt an einer Sache, da sie eine Sache ist, die wie etwa das Göttliche zum Sachbereich der Theologie gehört. Es gibt aber ebenso jenen Gesichtspunkt an der Sache, aufgrund dessen sie den Geist zur Zustimmung bewegt, wie die erste Wahrheit in der Offenbarung die Theologie. So denken wir uns Farbe und Licht als Möglichkeit des Sehens, und zwar die Farbe auf die erste und das Licht auf die zweite Art. Jene nennen wir die ratio quae, diese die ratio sub qua. Es muß uns, glaube ich, gestattet sein, Ausdrücke der Schule zu verwenden, wenn sich einmal das Latein weniger eignet. Ja man muß sogar auch auf das Latein verzichten, damit in der scholastischen Disputation die Gegenstände so zu erläutern sind, wie die Worte anzudeuten scheinen."[84]

Das formale Apriori der Theologie ändert sich mit der jeweiligen Beschaffenheit ihres Orts in der Geschichte nicht. „Die ratio formalis des Glaubens ist nicht identisch mit der ratio formalis der Theologie. Wenn die Prinzipien der Theologie nämlich im Licht prophetischen Geistes erkannt würden oder auch im Licht des lumen gloriae der Heiligen, so blieben ihre Schlußfolgerungen um nichts weniger solche der Theologie … Denn es verlangt der Glaube aufgrund seiner formalen Beschaffenheit etwas Dunkles und Unsichtbares, da er Substanz der Dinge ist, die man erhofft, und Argument dessen, was nicht erscheint. Die Theologie indes kann auch klar und deutlich sein. Denn sie ist der Grund unseres Sprechens von Gott. Auch zwischen Glaube und Prophetie besteht ein großer Unterschied, wenn wir dem heiligen

---

[84] L. th. XII, 2, 315.

Thomas vertrauen: und es ist nicht das gleiche Licht und die gleiche Perspektive, von dem die Seher zum Sehen und die Gläubigen zum Glauben erleuchtet werden. Aber wenn der Seher in seiner Erleuchtung jene Prinzipien der Theologie erkennt und das, was daraus folgt und ihnen widerstreitet, durch vernünftige Überlegung ermittelt, dann ist er in der Tat ein Theologe, auch wenn der formale Gesichtspunkt seiner Theologie auf diese Weise nicht das Licht des Glaubens, sondern das Licht des prophetischen Geistes ist."[85]

Glaube, Prophetie, Erleuchtung sind auf ganz verschiedene Weise ein Ort der Theologie. Er gehört zur Natur ihres jeweiligen Begriffs, berührt aber die ratio formalis seiner eigenen Operation nicht. Individuelles und Allgemeines unterscheiden sich darin wie Art und Gattung voneinander. Daher verlieren Einzelüberlieferungen im Horizont der spezifischen Betrachtungsweise dieser Theologie ihr spezifisches Gewicht. Es verschwindet vor dem universalgeschichtlichen Unterschied der Naturen selbst und ihrer Macht.

„Das Geoffenbart-sein von Gott oder das lumen divinitus infusum", heißt es daher bei Cano, „ist die ratio formalis der Theologie, ob nun im Licht des Glaubens, der Prophetie oder der Glorie. Die übernatürliche Theologie nämlich, von der wir jetzt sprechen, verlangt nach einem Licht, das ganz allgemein die Natur selbst übersteigt, um die Prinzipien zu erkennen; aber welches die spezielle Art des Lichtes" – seine species also – „sein wird, geht weder aus dem Namen noch aus dem eigentümlichen Begriff der Theologie hervor. Weil aber die Theologen über die Theologie der Pilger und nicht über die Theologie der Heiligen sich auseinandersetzen und auch nicht fragen, was der Disziplin selbst, sondern unserer Natur angemessen ist, deshalb behaupten sie fast ‚einmütig', die Prinzipien der Theologie werden vom Theologen durch den Glauben erkannt. Das Licht des prophetischen Geistes, so glaubt man, sei kein Widerspruch zu dieser allgemeinen Regel, entweder da es selten oder ebenso dunkel wie das Licht des Glaubens ist und daher im Licht des Glaubens allgemein und unbestimmt wahrgenommen wird. Obwohl von diesem Sprachgebrauch keineswegs erschreckt, haben wir mehrmals festgestellt, die Prinzipien unserer Theologie müßten durch den Glauben angenommen sein."[86]

Er ist von seiner besonderen Art her Überlieferung der Kirche. Daher muß hinzugefügt werden, sagt Cano, „daß Glaube hier keine private, sondern eine allgemeine Tugend ist. Aus diesem Grund nämlich wird er katholisch genannt, d. h. universal. Daher gehören private Offenbarung, von wem und zu welchem Zweck auch immer, weder zum katholischen Glauben noch zu den

---

[85] Ebd.   [86] Ebd. 316/317.

Fundamenten und Prinzipien der kirchlichen Lehre, die wahre und wirkliche Theologie ist. Das ebenso gewichtige Argument diesbezüglich ist jenes, daß alles, was nicht durch die Kirche und ihre Verantwortlichen in der Öffentlichkeit den Gläubigen vorgetragen wird, nicht zum katholischen Glauben gehört. Es ist offensichtlich und war auch richtig, daß bei Staatsangelegenheiten nicht irgendwelche Privatleute bestellt werden, sondern der Allgemeinheit verantwortliche Minister. Ihre Basis, heißt es beim Psalmisten, liegt in den heiligen Bergen. Er fügt aber sogleich als Erklärung hinzu, der Herr wird in den Schriften der Völker und ihrer Fürsten erzählen, wer sie waren. Private Schriften also sind nicht die Fundamente des kirchlichen Glaubens, sondern die Schriften der Völker, die uns die Fürsten der Kirche übergaben. Daher sind zu den Prinzipien der Theologie nicht jene zu rechnen, durch die einmalig und privat bestimmten Leuten Kunde zuteil wurde von Gott, sondern was Gott allgemein und öffentlich seiner Kirche verkündet hat. Wenn das konsequent und folgerichtig ist, wie es ja sicher den Anschein hat, dann wird notwendigerweise die Folgerung unausweichlich, daß ratio formalis des Glaubens und ratio formalis der Theologie nicht so weit auseinanderliegen, wie es manchen scheint, sondern viel enger miteinander verbunden sind, so daß man erkennt, die erste Wahrheit offenbart der Kirche alles, was zur Religion gehört. Die Sicherheit, Konstanz und Festigkeit des Glaubens verlangen das ohne Zweifel. Nirgendwo stünde er nämlich fest und stabil, wenn er privaten Offenbarungen folgen müßte."[87] – Die ratio formalis des Glaubens ist die Offenbarung. Die ratio formalis der Theologie ist ihre Autorität. Daher ist es notwendig, an die Offenbarung zu glauben, wo sie Autorität besitzt, wie sie umgekehrt auch Autorität besitzen muß, wenn man an sie glauben soll. Ihre Autorität ist folglich ebenso der Bezugspunkt wie das Abgrenzungskriterium von Glaube und Theologie, der Bezugspunkt, weil die Theologie Glaubenserkenntnis ist, das Abgrenzungskriterium, weil beide eine verschiedenartige Autorität besitzen, der Glaube die Autorität seiner Macht, die Theologie die Autorität ihres Begriffs. Wenngleich sie in der Geschichte sich tatsächlich zugeordnet sind, sind sie im Wesen selbst verschieden. Gegenstand der Theologie des Glaubens ist daher die Autorität des Glaubens und nicht der Glaube selbst. Sie beschäftigt sich mit seinem Ort und mit seinem Begriff. Sie muß feststellen, was die Zahl, die Natur, die Kraft und die Qualität der Orte ist, auf die er sich bezieht, und herausfinden, wie sie das Prinzip von Begriffen sind, mit dem sie ihn erfaßt. Cano nennt sie daher eine Kunst, sie ist aus „argumenti inveniendi, ex locisque

---

[87] Ebd. 316.

Theologiae ducendi" des Begriffs, den sie von ihrem Gegenstand entwickelt und mit dem sie ihn auf eine *bestimmte* Weise erfaßt.

„Es ist daher die erste Aufgabe eines Theologen, der Erörterungen anstellt, glaube ich, daß er die Frage, die er behandelt, sich oft vor Augen stellt und ebensooft fragt, von welcher Art sie ist. Anders nämlich sind jene Fragen zu beantworten, die nach Natur und Ordnung der Disziplin in die Theologie fallen, anders jene, die von der Schwachheit oder Hinterlist des menschlichen Verstandes angestoßen sind. Nicht auf dieselbe Art darf man jenes behandeln, nach dem wir fragen, damit wir es erklären, wie anderes, nach dem wir fragen, damit wir es beweisen. Ganz unterschiedlich verläuft daher eine Disputation zu einer natürlichen und übernatürlichen Frage, und andere Quellen der Theologie sind für jene und andere für diese passend. Denn Fragen des Erkennens und Handelns müssen, wie schon anderswo gesagt, fast auf die gleiche Weise und von denselben Quellen her erörtert und beantwortet werden."[88]

Theologie zeichnet sich durch ihre Fragestellung aus. Nicht alles, nach dem gefragt werden kann, ist Frage der Theologie. Nicht jede Frage ist so gestellt, daß man eine Antwort auf sie geben kann. Falsch gestellte Fragen schließen grundsätzlich eine richtige Antwort aus. „Damit sich niemand täuscht über die Doppelsinnigkeit dessen, was man eine Frage nennt, ist zu bemerken, daß eine Frage der Theologie manchmal alles genannt wird, was von irgendeinem Theologen zufällig und aufs Geratewohl bezweifelt worden ist. Wenn man jedoch den Fragehorizont der Theologie zu sehr ausdehnt, dann wird ihre Problematik nicht aus der Natur ihrer Möglichkeit, sondern nach dem Gutdünken törichter Menschen bestimmt. So kann es geschehen, daß wir unter die Fragen der Theologie solche rechnen wie etwa, ob Wasser durch göttliche Macht nach Materie und Form getrennt und daher die Taufe nach Materie und Form getrennt gespendet werden kann. Oder ob der Esel wohl die Taufe trinken kann. Um anderes Ähnliches der Kürze halber zu übergehen, damit sich der Leser den Magen nicht verdirbt. Es ist mir in der Tat nicht daran gelegen, törichte Fragen zu stellen ohne jede Disziplin, Fragen, die nach dem Wort des Apostels zu vermeiden sind, unter die Ziele der Theologie zu rechnen. Ziel und äußerste Möglichkeit der Wissenschaften jedoch nenne ich Schlußfolgerung. Quaestio und conclusio sind also, wie schon am Anfang des Kapitels erwähnt, die gleiche Sache. Was durch Anfrage Gegenstand einer Kontroverse ist, nennt man jedoch eine Frage; was durch Argumentation indes Antwort findet, einen Schluß. Wenn ein Theologe den glei-

---

[88] Ebd. XII, 4, 325.

chen Sachverhalt mit Argumenten erörtert, den er zuvor in Frage gestellt hat, dürfen weder, noch können Fragen dieser Art in der Theologie als eitel bezeichnet werden, als ob sie aus den Prinzipien der Theologie nicht beantwortet werden könnten und daher nicht der Schluß aus einer Lehre, sondern die erdachte Chimäre ungebildeter Menschen sei."[89]

Es gibt zwischen der Fragestellung des Glaubens und der Schlußfolgerung, die man aus dem Glauben zieht, einen inneren Zusammenhang. Er ist die allgemeinste Voraussetzung des Begriffs, den man von seinem Gegenstand entwickelt. Denn in der Einheit von Antwort und Frage, von Konsequenz und Feststellung des Glaubens konstituiert sich der Glaube selbst als Gegenstand der Theologie. Sie muß daher vier Probleme untersuchen. Sie muß untersuchen, ob der Glaube ist, was der Glaube ist, von welcher Qualität er ist und in welchem ursächlichen Zusammenhang er steht. „Das nämlich war für Aristoteles auch der Grund, daß er in allen Wissenschaften vier Arten von Fragen beantwortet wissen will, nämlich *ob* ein Sachverhalt sei, *was* er sei, von *welcher Qualität* er sei und um *welcher Gründe* willen er sei. Die Fragen drei und vier können in der natürlichen Ordnung eine richtige Antwort finden, jedoch nicht die Fragen eins und zwei, außer vielleicht, sie wären Bestimmungen der nämlichen Sache, wobei die eine Gruppe durch materiale Ursächlichkeit, die andere durch die finale Natur des definierten Sachverhalts eine Erklärung leistet. Dann wird nämlich die Definition der zweiten durch die erste bewiesen, irgendwie entsprechend dem Weg der natürlichen Vernunft."[90]

Aufgrund des inneren Zusammenhangs der genera quaestionum ist es möglich, einen Glaubensbegriff zu konzipieren. Wenn die streitenden Parteien etwa in der Antwort auf die Frage eins und zwei derselben Meinung sind, jedoch nicht hinsichtlich der Frage drei und vier, so besteht zwischen ihnen ein Widerspruch nicht im Gegenstand, sondern im Begriff des Gegenstands. Man kann ihn daher argumentativ beheben.

Cano erfaßt den Glauben als Gegenstand der Theologie. Er ist dadurch auf die Fragestellung des Glaubens als einen Ort der Theologie gestoßen. Er begreift ihren gegenseitigen Zusammenhang. „Die Fragen der Erkenntnis, wenn man allgemein spricht", sagt er, „sind vierfacher Art, da nämlich entweder gefragt wird, ob etwa Gott, der Engel, die Geistseele existiert oder nicht oder was das sei oder von welcher Beschaffenheit es sei oder warum es ein solches ist, was es ist. Davon werden Frage eins und zwei, wie wir

---
[89] Ebd. 322/323.
[90] Ebd. 323.

gesagt haben, aufgrund der Ausgangslehre unseres Geistes, Frage drei und vier aus der Natur der Dinge und ihrer Ordnung erklärt."⁹¹

Den Zusammenhang von Antwort und Frage im Glauben selber zu bestimmen ist eine wesentliche Aufgabe der Theologie. Sie wird von Cano in der Lehre von den Schlußfolgerungen gedacht. Sie bildet den zentralen Gegenstand der Theologie des Glaubens als einer Wissenschaft.

3.2. Die Glaubenskonsequenz – Prinzip der Theologie

Geschichte und Theologie sind bei Cano zu einer Theologie verbunden, die sich als Wissenschaft und zugleich als eine Autorität begreift. Denn die Vernunft ist selber ein Ort des Glaubens und der Glaube als Autorität ein Prinzip der Vernunft. Das Geschichtsproblem der Theologie wird von Cano im Begriff der Schlußfolgerung gedacht.

„Die wesentliche Aufgabe der scholastischen Theologie, wie sie uns die Vorgänger überliefert haben und wir bei den fast täglichen Zusammenkünften der Schüler dieser Fakultät erfahren", schreibt Cano über dieses Problem, „ist vor allem dies, jenes gleichsam aus dem Dunkel in das Licht zu holen, was in den heiligen Schriften und Traditionen der Apostel verborgen liegt. Der Theologe zieht aus den von Gott geoffenbarten Prinzipien des Glaubens seine Folgerungen und entfaltet durch eine der Natur gemäße Argumentation die in den Prinzipien selbst enthaltenen Implikationen. Wie nämlich die Musik als Disziplin die Möglichkeit bietet, aus dem, was in der Arithmetik an Kombinationen gegeben ist, schlußfolgernd klingende Ziffern harmonisch oder disharmonisch zu verknüpfen, so vollendet auch die Theologie der Schule das, was der Glaube positiv überliefert hat, *aufgrund der Natur* zu dem, was Schlußfolgerung ist über Gott und die göttlichen Dinge. Wenn Astronomie, Musik, Optik und andere Disziplinen dieser Art, obwohl sie gleichsam Bettler fremder Fakultäten sind, dennoch als wertvoll, nützlich und notwendig gelten, wer ist ein so böser Geist, die scholastische Theologie niederdrücken zu wollen, die nicht aus Arithmetik, nicht aus Geometrie, nicht aus der Physik, sondern aus heiligen und göttlichen Büchern und Einrichtungen lehrt, was folgerichtig ist und was dazu in Widerspruch steht? ... Es wäre die Aufgabe eines großen und berühmten Theologen, sagt man, über das hinaus, was in den heiligen Büchern überliefert ist, nichts zu definieren, d. h. den Prinzipien der Theologie anzuhangen, den Geist von dem, was Folgerung ist und Widerspruch, fernzuhalten. Was die Leute mit dieser

---

⁹¹ Ebd. 324.

Meinung wollen, sehe ich nicht ein. Kann es denn überhaupt etwas Absurderes geben als die Behauptung, nur die Prinzipien einer Disziplin seien unumstößlich, die Schlußfolgerungen, die sicher und evident mit Hilfe eines Syllogismus aus ihnen abgeleitet werden, seien indes zu ignorieren oder unentschieden zu belassen? Wenn jemand in der Geometrie, Physik oder Astronomie so etwas behauptet, würde er wahrlich und mit Recht für äußerst töricht gehalten."[92]

Der Zusammenhang von Geschichte und Vernunft wird von Cano sowohl im Begriff der Autorität als auch im Begriff der Natur von Zeugnissen jeweiliger Autorität gedacht. Zwischen Vergangenheit und Gegenwart besteht folglich ein empirischer und zugleich ein metaphysischer Zusammenhang. Er ist empirisch, weil Geschichte festgestellt werden muß, er ist aber auch metaphysisch, weil aus Feststellungen auch eine bestimmte Konsequenz gezogen werden muß. Cano nennt die Fertigkeit, beides zu verbinden, eine Kunst. Denn Kunst ist Nachahmung der Natur. Durch sie ahmt man auch jene Tatsachen nach, deren Feststellung Konsequenz erfordert. Die Feststellungen des Glaubens fordern Imitation. Wie die Musikwissenschaft Schlußfolgerungen aus der Arithmetik zieht, um das Tonsystem der Melodik zu erweitern, so zieht auch die Theologie Schlüsse aus der Überlieferung, um Autorität zu bilden. Sie ist die Kunst des Findens dieser Autorität. Denn ihre Feststellungen zur Geschichte haben ein metaphysisches Gewicht, und ihre Metaphysik hat selber einen Ort in der Geschichte. Sie ist daher eine Theorie der Verbindung a priori von (positiver) Gegebenheit und Vernunft im Begriff der Vernunft jeweiliger Gegebenheit. Natürliche und übernatürliche Vernunft sind in ihr verbunden. Denn sie ist selber die Wissenschaft von der Vernunft des Glaubens.

Die Theologie wird sich dieser Tatsache auf doppelte Weise bewußt, auf geschichtliche Weise, insofern ist der Glaube Ort, und auf metaphysische Weise, insofern ist er Prinzip der Theologie. Beides zusammen gibt Aufschluß über ihre geschichtstheoretische Grundbeschaffenheit und kann als allgemeinste Voraussetzung ihres Wissens von der Überlieferung betrachtet werden.

„Die Prinzipien der Wissenschaften nämlich haben nicht alle denselben Rang. Manche sind schlechthin die ersten, die kraft ihrer Allgemeinheit die übrigen enthalten, wie in der *Metaphysik* der Satz vom Widerspruch. Dergleichen ist in der Theologie jener, daß Gott ist und daß er denen vergilt, die ihn suchen: in diesen gleichsam ersten Glaubensprinzipien sind alle Glau-

---

[92] Ebd. VIII, 2, 211.

bensartikel implizit enthalten, wie der heilige Thomas mit den gleichen Worten auch bestätigt. Andere sind zwar ebenfalls eigentümlich unmittelbare Prinzipien, aber dennoch gegensätzlicher Art, wie jene allgemeinen Aussagen, die quasi die Quellen für alle übrigen waren. Dieser Kategorie ist in der *Physik* die Lehre von der Zusammensetzung natürlicher Gegenstände nach Materie und Form oder die Lehre von der Natur als dem Prinzip von Ruhe und Bewegung; in der Theologie indes die Hauptartikel des Glaubens, die zuerst und durch sich, wie ebenfalls der heilige Thomas sagt, den Gläubigen als Glaube vorgelegt werden. Diese Artikel nämlich sagen von Gott als Gegenstand der Theologie vor allem jenes aus, was ihm von Ewigkeit her eigentümlich ist oder von ihm verordnet wurde in der Zeit zum Heil der Menschen. Von demselben Gott, der dreifaltig und einer ist, der die Welt geschaffen hat, der Übeltäter zu gerechten Menschen macht und glückliche Menschen fromm, glauben wir, daß er Mensch geworden, geboren, gestorben, begraben, auferstanden und in den Himmel aufgefahren ist. Zu Recht sind das also die ersten und wesentlichen Aussagen der Theologie, die bezüglich des Subjekts unserer Disziplin nachdrücklich vorausgesetzt werden. Ohne diese Grundlagen ist es dem Theologen nicht möglich, auch nur einen Fußbreit voranzukommen."[93]

Es gibt zwei Grundprinzipien der Theologie des Glaubens, ein unmittelbares, metaphysisches Prinzip: die Gotteserkenntnis des Glaubens, und ein mittelbares, geschichtliches (= physisches!) Prinzip: die Glaubenslehre! Beide sind miteinander so verbunden, daß man die Glaubenslehre als Ort der Gotteserkenntnis des Glaubens, die Gotteserkenntnis jedoch als Grundprinzip des Entstehens und Sich-entwickelns der Glaubenslehre selbst betrachten kann. Die einzelnen Artikel des christlichen Glaubens haben ein geschichtliches und ein metaphysisches Fundament.

Sie stehen mit dem Grundwissen von der Geschichte in einem geschichtlichen Zusammenhang und werden nicht zu Unrecht Voraussetzungen der Theologie genannt. „Ein Theologe ist nämlich fähig, sie dem Schüler irgendwie an die Hand zu geben und sicher zu erklären. Aber neben diesen beiden ersten Arten von Prinzipien gibt es andere, nicht vor allem *um ihrer selbst willen geforderte*, aber, wie der heilige Thomas meint, *zur Erklärung* derer vorhandene, die um ihrer selbst willen gefordert sind. Dieser Art, sagt er, sind alle Aussagen, die neben den Glaubensartikeln in die Heilige Schrift aufgenommen worden sind, entweder um die Natur Gottes und seine Majestät zu erläutern oder seine Güte zu den Menschen darzulegen und seine

---

[93] Ebd. XII, 2, 317.

Fürsorge für alle Dinge, die ihnen nützlich und notwendig wären. Diese aber, auch wenn sie nicht zu den ersten Kapiteln des Glaubens und der Theologie gehören, sondern, mit ihnen nur zufällig verbunden, gleichsam Prinzipien sekundärer Bedeutung sind, übernimmt der Theologe dennoch, wie auch der Philosoph, Evidenzprinzipien ohne besondere Mittel und Überlegung und daher als Artikel des Glaubens nicht anders genommen hat. Dieser nämlich ist gleichsam ein natürlicher, in die Seele der Gläubigen eingeprägter Begriff, weshalb sie als wahr behaupten, was immer von den Aposteln geschrieben und überliefert ist."[94]

Wissen von der Überlieferung und Wissen der Theologie sind im Wissen dogmatischer Theologie zu einem Wissen verbunden, das Theologie und Überlieferung in ihrer konkreten Einheit ist. Mittelbar oder unmittelbar, direkt oder indirekt aufeinander bezogen, kann man sie auch voneinander her bestimmen. Denn wo immer sich geschichtliche Wahrheit ereignet, sie steht im Rahmen transzendentaler Bezüge ihrer Natur. Die Schlußfolgerungen, die man aus ihr zieht, enthalten die gedankliche Substanz der geschichtlichen Entwicklungen, die sie nimmt. Sie sind unmittelbarer Gegenstand einer jeden Theologie, die sich als geschichtlich begreifen will.

Daher sagt Cano, daß Überlieferung unter gedanklichen und nicht unter rhetorisch-juristischen Gesichtspunkten betrachtet werden muß. Denn sie ist in ihrem Wesen Einheit von Geschichte und Begriff.

„Nach Art der Jurisprudenz aber ist in der Tat all jenes überliefert und vielleicht allzu genau in die kleinsten logischen Partikel gegliedert", schreibt Cano zur Behandlung der Glaubensprinzipien bei J. Turrecremata. „Von uns, die wir uns zum Weg und zur Vernunft dessen, was man lehren muß, zusammenfassend äußern, ist alles kürzer und nach einer gewissermaßen vollendeten Formel der Disziplin zu redigieren. Da also die Wahrheit des Glaubens, wie eben kurz zuvor gesagt, aus zwei Teilen besteht und der eine zum Glauben mittelbar und der andere unmittelbar gehört, ist es notwendig, zwei allgemeine Fassungen der Vorlagen des Glaubens sogleich von Anfang an zu unterscheiden. Die erste Fassung von dem, was in der Theologie legitime Prinzipien sind, werden irgendwie primäre oder sekundäre Prinzipien sein, d. h. all das, was Gott von sich selbst der Kirche geoffenbart hat. Die zweite Fassung davon wird jenes sein, das aus jener ersten notwendig abgeleitet wird. Das Genus der Schlußfolgerungen gehört in dem Sinn zum Glauben, wie es mit den Dingen des Glaubens zusammen besteht. Die Ursächlichkeit des Zusammenhangs nämlich zwingt zur Folgerung, wo die

---

[94] Ebd. 317.

Prämisse zugelassen ist, und zwingt, die Prämisse abzulehnen, wo auch die Folgerung abgelehnt wird. Jedoch unterscheiden wir in der Stufe eins ebenfalls zwei Stufen, die eine bezüglich der Vorlagen des Glaubens, die die heiligen Autoren in den kanonischen Büchern schriftlich hinterlassen haben, die andere bezüglich dessen, was die Kirche von Christus und den Aposteln durch Tradition als Glaube erhalten hat. In der Stufe zwei sind ebenfalls zwei Arten der Glaubensaussage enthalten. Die eine betrifft Schlußfolgerungen, die überhaupt nur aus den Prinzipien des Glaubens geboren sind, die andere indes betrifft solche, die nicht allein durch den Glauben ohne die äußere Hilfe anderer Disziplinen entstehen, sondern vermittels einer oder mehrerer Prinzipien der natürlichen Vernunft. Auch sie kann man, wenn auch nicht an derselben Stelle und mit dem Gewicht, einfach und ohne Zusatz Glaubensfragen nennen, da nämlich die Wahrheit des Glaubens aus beiden besteht, mit beiden zusammenhängt und verbunden ist. Denn diese Fragen sind quasi Zusätze des Glaubens, weshalb ich sie oben oder, was sage ich oben, kurz vorher so nannte; sie gehören in bestimmter Weise zum Glauben, nicht schlechterdings. Denn sie hängen mit ihm nicht so zusammen, daß sie nicht auch von ihm getrennt werden könnten. Der Glaube wird sozusagen krank, wenn man in diesen Fragen irrt, geht aber nicht verloren."[95]

Wenngleich auch zwischen Prinzipien und Schlußfolgerungen genau zu unterscheiden ist, so haben sie doch ein ursprunghaftes (= geschichtlich-logisches) Verhältnis zueinander. Denn Schlußfolgerungen beziehen sich auf Prinzipien, und in den Prinzipien sind die Schlußfolgerungen teils schon selber vollzogen, teils als Möglichkeit enthalten. Was die Tradition überliefert, kann sehr wohl Resultat gedanklicher Erwägung sein. Solche Resultate sind ein Ausdruck lebendiger Tradition. Cano hebt den Unterschied hervor, daß Glaubenswahrheit und Theologie auf ganz unterschiedliche Art miteinander verbunden sind und, auf die verschiedenen Quellen der Theologie bezogen, in ihrem Zusammenhang von ganz verschiedener Bedeutung sind. Dies erschien vielen seiner Interpreten als ein Mangel. Denn sie wenden ein, daß Cano die conclusiones teils als Glaubenswahrheit, teils als für den Glauben nicht relevante theologische Folgerung betrachtet. Was daran als widersprüchlich erscheint, ist aber in Wahrheit der Kern seiner Theologie. Denn sie ist ja die Kunst, Ort und Prinzip zu unterscheiden, so daß Schlußfolgerungen zwar der Ort, aber nicht das Prinzip des Glaubens, und der Glaube zwar das Prinzip, aber nicht der eigentliche Ort von Schlußfolgerungen ist. Dieser Ort ist einerseits die Theologie, andererseits die Autorität.

---

[95] Ebd. XII, 5, 328.

Die Autorität ist folglich der Ort, an welchem Glaubenswahrheit und Schlußfolgerung miteinander verbunden und voneinander zu unterscheiden sind. Sie ist das Prinzip des Glaubens der Theologie[95a].

[95a] Die Frage nach der Autorität von Schlüssen ist eine der schwierigsten und umstrittensten, aber auch die zentrale Frage in Canos Theologie. Sie ist schwierig, weil er Glaube und Theologie im Begriff der Schlüsse unterscheidet, zugleich aber Schlüsse des Glaubens aus dem Glauben als Quelle des Glaubens faßt. Denn auch die Theologen sind eine Autorität der Theologie. Vgl. L. th. VII, 209 ff: „de auctoritate doctorum scholasticorum, quae septimo loco posita est". Daher darf es nicht verwundern, daß man die gegensätzlichsten Interpretationen des Stellenwerts von Schlüssen bei Cano in der Vergangenheit gegeben hat. Es gibt sowohl eine maximalistische Interpretation, bei der sie vor und nach einer kirchlichen Definition dem Glauben zugerechnet werden müssen, wie Marin-Sola behauptet, als auch eine minimalistische Interpretation, die von Pozo u. a. vertreten wird und bei der sie als diese weder vor noch nach einer kirchlichen Definition dem Glauben, also dem Glauben überhaupt nicht zugerechnet werden können. Schließlich gibt es eine vermittelnde Interpretation, die Lang vertreten hat und bei dem sie zwar nicht vor, wohl aber nach einer kirchlichen Definition Anspruch auf Glauben haben. Diese Interpretationen kann man trotz ihrer Gegensätzlichkeit mit Cano selbst belegen. Daher mag es richtig sein, wenn Lang die Meinung äußert, daß er Verschiedenes gleichzeitig vertreten habe und selber nicht eindeutig in seinen Äußerungen sei. – Dieser Meinung ist nicht unbedingt zu widersprechen. Dennoch kann sie auch nicht voll befriedigen. Denn zwei Probleme, die zu klären sind, wenn man in der Frage nach dem Stellenwert von Schlüssen bei Cano weiterkommen will, sind in ihr nicht geklärt, nämlich das logische Problem der Erkenntnisfunktion von Schlüssen überhaupt und das historische Problem der Erkenntnisfunktion von Schlüssen in den Loci selbst.
Zu ihrer Klärung läßt sich aus der Perspektive neuerer Untersuchungen zum Begriff der Schlüsse jedoch folgendes behaupten:
1. Schlüsse haben Wahrheitsfunktion. Sie umfassen ein System von Regeln, das man verwendet, um eine Wahrheit als eine Wahrheit zu erfassen. Man kann sich durch sie Gegenstände in bestimmender Weise als Gegenstände vergegenwärtigen. Vgl. dazu G. Patzig, Schluß: Handbuch philosophischer Grundbegriffe, hrsg. von H. Krings u. a. 5 (München 1974) 1251–60: „Die im 19. Jahrhundert weithin herrschende Auffassung der Schlußregeln als Darstellung der empirisch aufzufindenden Gesetze des menschlichen Denkens ist seit Freges Ausspruch, die Logik behandle die Gesetze des Wahrseins, nicht die des Fürwahrhaltens, allgemein verlassen... Wer angesichts einer solchen Fundierung des logischen Schließens auf den Begriff der „formalen Wahrheit" meint, das logische Schließen werde dadurch auf den Gegenstandsbereich der formalen Wissenschaften (Logik und Mathematik) beschränkt, verkennt, daß durch entsprechende Interpretation der in logisch wahren Sätzen auftretenden inhaltlichen Variablen ohne Schwierigkeit auch empirische Sätze gewonnen werden können, die unbeschadet ihres empirischen Inhalts logisch wahr sind" (ebd. 1258–1259).
2. Schlüsse haben in den Loci Wahrheitsfunktion bei der Erkenntnis von Geschichte. Denn sie dienen, Autorität von Wahrheit der Geschichte festzustellen. Vgl. z. B. L. th. IV, 4, 108 ff: „Quaenam sit ecclesiae catholicae in fidei dogmate auctoritas ... 1. conclusio ... 2. conclusio ... 3. conclusio ... 4. conclusio." – Dabei ist ihre historisch-logische Funktion herauszustellen. Sie vergegenwärtigen den Glauben als Autorität. Gegenüber der herrschenden Interpretation, die infolge ihres Objektivismus (alle Schlüsse sind Gegenstand des Glaubens) oder ihres Deduktionismus (kein Schluß ist Gegenstand des Glaubens) oder ihres Dezisionismus (die Schlüsse kirchlicher Autorität sind Gegenstand des Glaubens) diesen zentralen Tatbestand verdecken, ist folglich Cano selbst ins Feld zu führen. Er läßt Glaube und Theologie grundsätzlich voneinander unterschieden sein (gegen Marin-Sola), bescheinigt den Theologen indes nicht bloß Wissenschaftlichkeit, sondern auch Autorität (gegen Pozo) und will die Autorität der Kirche selbst begründet und nicht bloß hingenommen wissen (gegen Lang). – Zwischen Positivität und Ratio-

Diese ist in Konzeption und Durchführung das Resultat schlußfolgernden Denkens. Das Schlußkapitel von Canos Schrift De locis theologicis – ihr zusammenfassender Höhepunkt – handelt vom Gebrauch der loci in der Auseinandersetzung. Die Abschnitte über Theologie und ihre Prinzipien[96] – Caput I „quid theologia sit" und Caput II „quae sint theologiae principia" – machen deutlich, daß Theologie Prinzipien hat, sie entscheidet Probleme. Denn Glaubensprobleme sind Probleme, die in der Geschichte und mit Hilfe des Wissens von der Geschichte eine geschichtlich relevante Klärung finden sollen. Die Abschnitte über Frage und Schlußfolgerung und über das Verfahren, wie beides aufeinander zu beziehen ist – Caput IV „quae sint quaestiones, seu conclusiones Theologiae..."; Caput V „quibus notis quaestiones fidei dijudicari possint" – geben zur Behandlung dieser Probleme die operativen Mittel an die Hand. Denn eine Feststellung der Theologie umfaßt nicht bloß die Feststellung des Orts, sondern auch die Feststellung des Prinzips der Theologie. Sie muß daher feststellen, was, durch wen, mit welchem Recht und in welcher Beziehung eine Frage des Glaubens ist. Die Konsequenz, die man aus dieser Feststellung zieht, macht den Glauben dann selbst zu einer Autorität in der Theologie. Sie ist das Prinzip der Unterscheidung von Glaubenswahrheit und Irrtum im Glauben, von der Meinung, die man sich über den Glauben bildet, und des Stellenwerts, den sie im Glauben hat, vom Glauben selbst als einem Ort und einer Quelle der Theologie.

Der größte Teil des Buches zwölf der loci theologici sind daher Anleitungen zum Gebrauch dieses Prinzips: Caput VI „de variis errorum gradibus, primumque de haeresi, et haeretica propositione"; Caput VIII „regulae tres, ad quas Fidei externa judicia dirigenda sint"; Caput IX „de propositione erronea, sapiente haeresim, piarum aurium offensiva et temeraria et scandalosa" und Caput X „quemadmodum argumenta Theologiae invenienda, atque e Locis ducenda sint".

Die loci theologici von Cano sind in Anlage, Aufbau und Durchführung bis in die Form der einzelnen Thesen hinein die Grundlage dogmatischer Theologie[96a]. Diese ist in ihrem genuinen Ansatz keinem bestimmten System

---

nalität besteht im Handeln des Gläubigen ein innerer, wenngleich vielfältig zu differenzierender Zusammenhang. Es kann sich selbst nicht begründen unabhängig von der Positivität, kann sich ohne eigene Rationalität auch selbst nicht entfalten. Seit Cano sind Handlungen Grund und Gegenstand der Theologie.   [96] Vgl. Buch XII und seine einzelnen Kapitel.
[96a] Die Unterscheidung von Existenz, Essenz, Qualität und Konsequenz prägt den Aufriß der klassischen Traktate und verfremdet sie heute auch für uns. Das gleiche gilt vom Aufbau der einzelnen Thesen, wo zwischen ihrem „Status quaestionis", ihrer kirchlichen Qualifikation, ihrer positiven Begründung in den Zeugnissen der Schrift, der Väter und der Theologen sowie ihrer spekulativen Begründung in der „ratio theologica" unterschieden wird.

und auch keiner bestimmten Form der Überlieferung verpflichtet, sondern allein der Aufgabe, die Position des Glaubens festzustellen.

3.3. Die Qualifikation des Glaubens – Richtschnur der Theologie

Die Position des Glaubens wird bei Cano im Begriff der einzelnen loci theologici gedacht. Diese besitzen unterschiedliche Autorität. Sie können loci interni und externi, natürlich und übernatürlich sein. Die Folgerungen, die man aus ihnen zieht, haben daher ebenfalls ganz verschiedenartiges Gewicht. Sie können nicht nur wahr und falsch, sondern auch fehlbar und unfehlbar, dem Glauben entsprechend und ihm widersprechend sein. Durch sie konstituiert er sich als Autorität. Denn sie machen die Glaubenswahrheit als ein Prinzip der Lebensentscheidung bewußt.

In der dogmatischen Theologie, die bei Cano im Begriff der einzelnen loci theologici ihre bis zur Gegenwart nicht überbotene Grundlegung erfahren hat, verbinden sich Glaubensreflexion und Glaubensgeschichte miteinander. Denn alle Erkenntnis hat einen Ort, und der jeweilige Ort geht als Prinzip jeweiliger Verhaltensweise in die jeweilige Erkenntnis ein. Es ist die Aufgabe dogmatischer Theologie, festzustellen, was der Ort und das Prinzip des Glaubens im Vorgang konkreter Glaubensentscheidung sind. Wer sich der Fertigkeiten hierfür bedient, übt sich in einer Kunst. Auf dem Boden jener Auffassung von Geschichte, die für den Barock charakteristisch war, gründet die Theologie in den Aussagen jeweiliger Autorität, deren unterschiedliche Qualität sich aus dem Abstand ihrer jeweiligen Natur ergibt. Das Wissen von der Geschichte wird darin zu einer Reflexion auf die Übernatürlichkeit geschichtlicher Autorität. Man artikuliert überscharf den unendlichen Abstand von Gott und Welt und wird sich im Wissen um die Zeitlichkeit des Ewigen, im Wissen um die Endlichkeit des Unendlichen, im Wissen um die Kreatürlichkeit des Überkreatürlichen bewußt. Schöpfung und Geschichte haben ein perspektivisches Verhältnis zueinander; denn Schöpfung ist Ort der Geschichte und Geschichte Prinzip der geschaffenen Welt. Wenn die Geschichtlichkeit des Geschichtlichen daher in den Vordergrund treten soll, müssen die Eigentümlichkeiten seines Orts Beachtung finden, das Unermeßliche an Unterschied in der Distanz von Welt und Gott, das Licht natürlicher Vernunft und übernatürlicher Erleuchtung, das Finsternis und Dunkelheit irdischen Daseins durch seinen Glanz zum Strahlen bringt, die Autorität natürlicher und übernatürlicher Instanzen, die kraft ihres Auftrags und der ihm verpflichteten Vernunft Ordnung im drohenden Chaos geschichtlicher Veränderungen garantiert. Daher ist auch umgekehrt das Übernatürliche seinerseits ein Prinzip des Verhaltens in der natürlichen Welt, ein Himmel der Gnade über dem Abgrund von Endlichkeit. Die Welt als Ort der Entscheidung des Lebens für Gott und Gott als Prinzip der Entscheidung des Lebens in der Welt gehen im Vorgang der Entscheidung selber eine geschichtliche Verbindung ein. Die Einheit von Gott und Welt in der Geschichte ist Ort und Prinzip der Theologie, Ort, weil sie einen Zustand verkörpert, Prinzip, weil sie Gotteserkenntnis vermittelt. Die Kirche, die tatsächlich eine solche Einheit ist, besitzt folglich nicht bloß Orts-, sondern auch Prinzipiencharakter. Sie ist ein Prinzip der Entscheidung des Menschen für Gott. Sie ist Autorität der Theologie. Sie wird bei Cano erstmals in der Geschichte zu einem Prinzip der Theologie erklärt. In seinem Kapitel „de ecclesiae catholicae auctoritate, quae loco tertio continetur" schreibt er:

„Ich fahre nun fort und tue, was zu Beginn bei jedem Gespräch und daher um so mehr bei diesem geschehen muß, daß festgestellt wird, was denn jenes sei, worüber die Auseinandersetzung geht, damit wir nicht gezwungen sind, herumzuschweifen und in die Irre zu gehen, wenn jene, die unter sich Meinungsverschiedenheiten austragen, nicht die Identität dessen begreifen, worüber gesprochen wird. Die Kirche also ist ein griechisches Wort und heißt ins Lateinische übersetzt soviel wie convocatio, sei es, weil alle zu ihr gerufen sind, wie es Julius oder Rabanus geschienen hat, sei es, weil alle, die zu ihr gerufen sind, nicht durch ihr Verdienst und ihre Gerechtigkeit, sondern durch die Gnade und Berufung Gottes gerufen sind... Und mag auch das Wort irgendwann ganz allgemein in Anspruch genommen sein für jede beliebige Versammlung, sei es von Gottlosen oder von Frommen, von Gläubigen und von Ungläubigen, aber die Versammlung von Ungläubigen wird im Neuen Testament, wenn ich mich richtig entsinne, niemals Kirche genannt. Und zwar hat sich unter den Christen dieser Sprachgebrauch inzwischen so verdichtet, daß man jetzt keiner Gruppe das Prädikat Kirche zuerkennt, wenn sie nicht durch den Glauben und die Berufung Christi entstanden ist. Die Kirche aber ist der Ort, wo diese Gruppe zusammenkommt, und zugleich in eigentümlicher Weise die Gruppe selbst... Wie also die noch nicht getauften Ungläubigen unter dem Namen Kirche Christi zu verstehen nicht nur allein mit der Wahrheit, sondern zum allgemeinen Wortsinn in Widerspruch steht, so können auch die Häretiker keinen Teil an ihr konstituieren... Denn es ist absurd, jene, die kein Teil der katholischen Kirche sind, einen Teil der Kirche Christi zu nennen."[97]

Denn für Menschen außerhalb der Kirche ist die Kirche zwar ein Ort,

---

[97] L. th. IV, 2, 102/103.

aber kein Prinzip des Glaubens. Für sie gehört sie nicht zu den ihn selber konstituierenden Bedingungen. Sie ist folglich für sie keine Autorität. Gegen diese Trennung von Ort und Prinzip des Glaubens wendet sich Cano mit der ganzen Entschiedenheit seiner Theologie. Denn wie Gnade, Geist, Glaube, Zuversicht darin die Grundlage allen Wissens von der Kirche sind, so ist die Kirche für sie die Grundlage allen Wissens der Theologie. Sie ist Ort des Glaubens und insofern Prinzip der Theologie, ebenso wie sie Prinzip des Glaubens ist und dadurch Ort der Theologie.

Die Kirche ist daher nicht nur nicht dem Glauben jemals untreu geworden, sondern kann ihm überhaupt nicht untreu werden. Denn sie ist ein Prinzip des Glaubens, und Prinzipien sind in ihrer Wirkung unfehlbar. Wenn immer sie daher eine Feststellung des Glaubens zum Gegenstand einer Glaubensentscheidung macht, ist sie kraft der Entscheidung, mit der sie sich auf den Glauben stellt, im Glauben unfehlbar. Sie ist in ihrer Entschiedenheit für den Glauben notwendig irrtumsfrei. „Denn wenn sie der Leib Christi ist, wie der Apostel die Epheser lehrt, so wird sie von ihrem Haupt sicher bewegt und geleitet, so daß Irrtümer der Kirche auf Christus als den Urheber zu beziehen wären. Sie kann daher niemals im Glauben irren. Denn die Seele dieses Leibes ist der Geist der Wahrheit. Ein Geist heißt es und ein Leib. Wenn also die Kirche vom Geist der Wahrheit geleitet wird, so kann sie nicht einmal aus Unwissenheit zum Irrtum verleitet werden. Die Kirche hat daher die wunderbare Verheißung, niemals von Christus verlassen zu sein; ja sie wird von seinem Geist in alle Wahrheit eingeführt."[98]

Die Verheißung, das Wissen von der Verheißung und das Wissen um die Wahrheit der Verheißung stehen sowohl in logischer als auch in geschichtlicher Verbindung zueinander. Denn hätte das Wissen von der Verheißung keinen Anspruch auf Wahrheit, so besäße auch die Verheißung selber keine geschichtliche Kraft. Eine Glaubenswahrheit könnte sie dann gar nicht sein.

„Nicht nur die alte Kirche, so lautet die dritte Schlußfolgerung daher, konnte nicht im Glauben irren, sondern auch die Kirche, die jetzt ist oder künftig sein wird bis zur Vollendung der Welt, kann im Glauben nicht irren und wird nicht irren können … Wer also der gegenwärtigen Kirche den Geist der Wahrheit bestreiten wollte, der wird ihr auch die Vollmacht bestreiten, zu lösen und zu binden, wird Sakramente und Priestertum bestreiten und daher alle Charismen des Heiligen Geistes. So schrumpft jetzt die Kirche Christi zum bloßen Namen zusammen und wird zu einer hohen Gebärde, die ohne Bezug auf eine Sache ist."[99]

---

[98] Ebd. IV, 4, 109.   [99] Ebd. 111/112.

Die Irrtumslosigkeit ist das Prädikat eines Glaubens, der selber das Resultat einer Schlußfolgerung aus der irrtumslosen Offenbarung als Tat im Leben ist. Er besitzt in der Folgerichtigkeit seiner Konsequenz Gültigkeit für die Menschen aller Generationen. Er überdauert alle Veränderung der Zeit. Die Kirche, die sich ihm verpflichtet weiß, ist selber das Resultat einer solchen Konsequenz. Sie hat kraft ihrer Stellungnahme im Zeugnis des Glaubens wirkliche Autorität.

„Nicht nur die allgemeine Kirche, d. h. die Versammlung aller Gläubigen, hat diesen ewigen Geist der Wahrheit, sondern es haben ihn auch die Führer und Hirten der Kirche. Wir sagten nämlich, das Wort Kirche werde sowohl für das Volk der Gläubigen als auch für die Hirten der Kirche verwendet. Die erwähnten Schlußfolgerungen haben daher ergeben, daß wahr ist, was immer die Kirche, d. h. die Versammlung aller Gläubigen, als wahr behauptet; diese indes möchte betonen, daß Hirten und Lehrer der Kirche im Glauben nicht irren können, sondern die reine Wahrheit ist, was immer sie das gläubige Volk lehren, daß es zum Glauben Christi gehört."[100]

Die Unfehlbarkeit des kirchlichen Amtes begreift sich aus der Unfehlbarkeit des Wissens von der Überlieferung in der Kirche überhaupt. Sie unterstreicht die Wahrheit dieses Wissens, denn es besitzt in der Kirche definitive Autorität. Es muß den Charakter endgültiger Entscheidung tragen.

Cano will die Endgültigkeit ihrer Äußerungen als definitive Feststellung geschichtlicher Wahrheit beachtet wissen. Absurd wäre es, dieser Feststellung Offenbarungscharakter bescheinigen zu wollen. Denn sie ist per definitionem Resultat von Schlußfolgerungen aus der Offenbarung und besitzt aufgrund ihrer Funktion geschichtlichen Charakter. Sie kann die Endgültigkeit des Glaubens nur im Hinblick auf die Endgültigkeit des Glaubens in der Geschichte definieren. Sie verkörpert die Definitivität geschichtlicher Wahrheit. Sie ist auf die Geschichte bezogen, weil sie geschichtliche Wahrheit ist. Sie besitzt in der Geschichte Autorität.

„Wenn das einfache Volk von der allgemeinen Lehrauffassung seiner Lehrer abgewichen ist, welcher Lehre soll es dann folgen? Wenn es das Salz zertritt, womit soll dann gesalzen werden? Wenn man das Antlitz des Geistes abgewendet vom Licht, was kann es dann außer Finsternis noch sehen? Wenn das Auge krank ist, wird da nicht auch der ganze Körper dunkel? Heißt es nicht in der Schrift: Auf der Lehrkanzel des Moses sitzen die Schriftgelehrten und Pharisäer; was sie euch sagen, tut. Haben denn die Schriftgelehrten und Pharisäer einen besseren Stand als die Hirten und Lehrer der Kirche Christi?

---

[100] Ebd. 112.

Sicher, wenn der Herr nur für die Gegenwart spräche und nicht auch für die Zukunft, wie der Urheber von Unvollkommenheiten argumentiert, jenes nur gesagt, nicht geschrieben wäre. Aussagen sind für diese, Schrift ist daher für jene da."[101]

Die Feststellungen der Kirche zur Wahrheit der Offenbarung sind ein Ort, an dem sich den Gläubigen die Wahrheit der Offenbarung erschließt. Sie sind das Auge des Geistes, das Licht in die Gemeinden bringt, und mit der Wahrheit ihre Finsternis erhellt.

Wenn sie ihrerseits nur Finsternis verbreiten, wie kann die Kirche dann überhaupt noch in der Wahrheit sein? Es ist unmöglich, daß man sich an ihrer Lehre orientiert, wenn diese Lehre nicht ein Prinzip der Wahrheit ist. Die Feststellungen, die sie trifft, haben in der Konsequenz, die man aus ihnen ziehen muß, dogmatische Autorität.

Für die Neuzeit ist die Kirche folglich ein Ort der Theologie. Sie verkörpert Autorität. Lehr- und Hirtenamt sind in ihr verbunden. Ihre Feststellungen haben daher dogmatisches Gewicht. Sie sind in der Konsequenz der Entscheidung, die man durch sie trifft, bisweilen unfehlbar. Diese Qualifikation von Äußerungen ist in der Neuzeit ein Grundmotiv aller Ekklesiologie. Nirgendwo spricht man sich über die geschichtlichen Grundlagen des katholischen Glaubens umfassender aus. Das neuzeitliche Selbstverständnis der katholischen Kirche bleibt ohne Berücksichtigung der geschichtstheoretischen Voraussetzungen ihrer Dogmatik unbegreiflich. Sie sind der Schlüssel zur ganzen Ekklesiologie.

Bei Cano, ihrem entscheidenden Theoretiker, wird sie als eine Konsequenz der Feststellung jeweiliger Autorität, speziell der biblischen, erfaßt. Daher ist die Kirchengründung auch nicht bloß ein historisches – im Sinne seiner Gründung durch den historischen Jesus –, sondern zugleich ein theologisches Problem im Sinne einer Gründung der Kirche durch Gott. Sie befaßt sich mit den einzelnen Instanzen – Papst, Bischöfe, Konzilien, Heilige, Theologen, Kanonisten – als Autorität. Besonders Hirten- und Lehrgewalt des Papstes erfahren eine ausführliche Erörterung. Sie gipfelt in der Lehre von der Unfehlbarkeit, die bei Cano als Schlußfolgerung der Theologie und später im vatikanischen Dogma als Schlußfolgerung der Kirche selber vorgetragen wird.

Das Kapitel über die auctoritas der ecclesia romana ist von vornherein ausschließlich an der „auctoritas dogmatum" interessiert. Es unterscheidet deutlich zwischen dem Papst als einem Ort (ordo essendi) und dem Papst

---

[101] Ebd.

als einem Prinzip (ordo cognoscendi) von Entscheidungen in der Theologie. Die Lehre von seinen Befugnissen ist eine Konsequenz der Allgemeinheit des petrinischen Apostolats. Die Worte Jesu, daß Petrus die Brüder stärken soll im Glauben, haben in der Geschichte selber ein Geschichte stiftendes Gewicht. Sie umfassen den Auftrag für eine ganze Institution. Das kirchliche Amt, seine Befugnisse und seine Leistungsfähigkeit in Lehre und Führung sind in dem Verständnis, das Cano für sie entwickelt, das Ergebnis theologischer Schlußfolgerungen aus der Offenbarung. Die Lehre von der Unfehlbarkeit des Papstes ist daher nicht ein vielleicht bedauerliches Nebenprodukt dieser Ekklesiologie, sondern unausweichliches Resultat ihrer zentralen Überlegung. Sie besagt, daß Schlußfolgerungen aus dem Glauben einen Anspruch besitzen, der dem Glauben selber eigentümlich ist, nämlich den Anspruch: Glaubensautorität zu sein. Er verkörpert den Inbegriff geschichtstheoretischen Selbstverständnisses der Kirche auf dem Boden der neuzeitlichen Theologie[101a].

Exkurs (3)
Theologie und Wissenschaft: Aristoteles – Thomas – Cano – Hegel

Wissen von der Geschichte und Wissen von der Theologie verbinden sich bei Cano zu einer Wissenschaft, die sowohl der Ort als auch das Prinzip der Feststellung des Glaubens ist. Sein Werk „De locis theologicis" ist die wissenschaftliche Grundlage einer ganz neuen Disziplin, der dogmatischen Theologie. Begriffe wie Vernunft – als die Vernunft jeweiliger Autorität –, Unfehlbarkeit – als auszeichnendes Prädikat der Zeugnisse des Glaubens –, Wissenschaft – als Inbegriff von Schlußfolgerungen, deren Resultat eine Erkenntnis des Glaubens ist – bilden ihr dialektisches Fundament. Sie bringt geistesgeschichtlich Renaissance und Scholastik, theologiegeschichtlich positive und spekulative Theologie und wissenschaftsgeschichtlich christliche Überlieferungsgeschichte und Aristotelismus in einen ebenso geschichtlichen wie theologischen Zusammenhang. Sie greift einerseits die Tradition der Topik auf, verweist aber andererseits auf einen Typ der Wissenschaft, der sich erst in der Neuzeit herausgebildet hat, nämlich die positive Wissenschaft. Sie will ihre Herkunft von Aristoteles und Thomas gar nicht verleugnen, nimmt aber künftige Entwicklungen der Wissenschaftsgeschichte auch bereits vorweg. Noch auf dem Boden aristotelisch-scholastischer Tradition ist

---

[101a] Vgl. auch J. Salaverri, De ecclesia Christi: Sacrae Theologiae Summa I (Madrid 1958) 501–993, wo an der Methodologie und an der Fragestellung Canos grundsätzlich und im ganzen festgehalten ist.

ihr ein Entwicklungsschritt gelungen, der neuzeitlichen Wissenschaften eigentümlich und daher sonst für die Überwindung des Aristotelismus charakteristisch ist. Cano verweist ja selber auf die Kombination von eigener Beobachtung und Überlieferung der Schulen in der Wissenschaft und nennt Optik, Musik und Naturwissenschaft als Parallele. Descartes indes schuf die analytische Geometrie aus der Kombination von Geometrie und Arithmetik hundert Jahre später, Hobbes die moderne Staatswissenschaft aus der Kombination von politischer Philosophie und Anthropologie, Galilei und Newton schufen die moderne Naturwissenschaft aus der Kombination von Erfahrungserkenntnis und Mathematik, Hegel schuf aus der Verbindung von Logik und Geschichte die Phänomenologie des Geistes, und schließlich hat Marx aus der Verbindung von Dialektik und Ökonomie den dialektischen Materialismus hervorgebracht. Die Leistung Canos ist im Licht dieser Tradition zu sehen. Sie hat in der Theologiegeschichte ähnlich epochales Gewicht.

Aristoteles, dem er sich verpflichtet wußte, sprach von der Theologie lediglich an zwei Stellen seiner 14 Bücher über Metaphysik: VI (E) 1026a, 15 und XI (K) 1064b. Sie wird als eine Wissenschaft beschrieben, in der man zur Erkenntnis des Abgetrennten und Unbeweglichen durch Schlußfolgerungen finden kann. Sie unterscheidet sich mit diesem Erkenntnisgegenstand sowohl von der Mathematik, die zwar vom Unbeweglichen, nicht jedoch vom Abgetrennten, wie von der Naturwissenschaft, die zwar vom Abgetrennten, nicht jedoch vom Unbeweglichen handelt: „Die Naturwissenschaft nun", heißt es XI (K) 1064b, „befaßt sich mit den Dingen, die in sich über das Prinzip der Bewegung verfügen; die Mathematik aber ist eine betrachtende Wissenschaft und befaßt sich zwar mit bleibenden Dingen, aber nicht mit abgetrennten. Vom abgetrennten und unbeweglichen Seienden also handelt eine von diesen beiden Wissenschaften verschiedene Wissenschaft – sofern es nämlich ein derartiges Wesen gibt, ich meine ein abgetrenntes und unbewegtes Wesen, was zu beweisen wir noch versuchen werden. Und wofern es in den Dingen eine derartige Natur gibt, da dürfte es wohl auch das Göttliche geben, und sie dürfte dann wohl das erste und eigentlichste Prinzip sein. Es ist also klar, daß es drei Gattungen von betrachtenden Wissenschaften gibt: die Naturwissenschaft, die Mathematik und die Theologie. Demnach ist die Gattung der betrachtenden Wissenschaften die beste, von diesen aber die zuletzt genannte die beste; sie befaßt sich nämlich mit dem Ehrwürdigsten aller Dinge. Besser aber oder schlechter nennt man eine Wissenschaft je nach dem ihr eigentümlichen Wißbaren."[102]

---

[102] Vgl. Aristoteles, Metaphysik, hrsg. von F. Schwarz (Stuttgart 1970) XI (K) 1064b, 284.

Aristoteles spricht nirgendmehr sonst von Theologie als einer Wissenschaft. Sie wird in seinen Abhandlungen zu Logik und Wissenschaftslehre nicht mehr eigens erwähnt. Gerade das Verhältnis der verschiedenen Abhandlungen des Aristoteles zueinander ist wissenschaftsgeschichtlich ein großes Problem. Weder die Bücher der Metaphysik selbst noch Analytik und Topik, noch Politik und Ethik sind auf ihren theoretischen oder geschichtlichen Zusammenhang gebracht. Die einzelnen Wissensgebiete haben ein jeweils spezifisches Verhältnis zu den einzelnen Gegenstandsgebieten, so daß Mathematik und Naturwissenschaft und auch die anderen Disziplinen auf der Basis des Unterschieds ihrer jeweilgen Gegenstandsgebiete voneinander unterschieden sind. Theologie als Metaphysik indes hat anderen Wissenschaften das Wissen um den Unterschied der Gegenstandsgebiete selbst voraus. Denn sie handelt von einem Bereich des Wissens, der abgetrennt ist und dennoch unveränderlich, unveränderlich und dennoch abgetrennt.

Das Wissen, das er umschließt, ist ein Wissen von der Beweglichkeit des Beweglichen, der Gegenständlichkeit des Gegenständlichen, der Seiendheit des Seienden. Wissensgebiete und Gegenstandsgebiete sind auf der Grundlage des Wissens um die ganz verschiedenartige Gegenständlichkeit des Gegenständlichen voneinander getrennt. Das Wissen um seine besondere Gegenständlichkeit ist Grundlage des Wissens der Theologie als einer besonderen Wissenschaft.

Die Bestimmung, daß Theologie Wissenschaft sei und sich infolge ihrer besonderen Gegenständlichkeit von anderen Wissenschaften unterscheidet, hat Thomas von Aristoteles übernommen. Sie ist Wissenschaft, weil man durch sie schlußfolgernd Gott als ihren Gegenstand erkennen kann. Denn menschliches Erkennen richtet sich nach seinem Gegenstand, „freilich nicht nach seinem wirklichen Sein, sondern nach jener formalen Seite, die jeweils seinen Gegenstandscharakter bestimmt ... Es kommt somit alles, was nur irgendwie von Gott geoffenbart werden kann, überein in dem einen gemeinsamen Formalgrund, der den Gegenstand dieser Wissenschaft in seinem besonderen Gegenstandscharakter bestimmt."[103]

Die christliche Lehre, obgleich auf Gegenstände verschiedenster Art bezogen, besitzt unbeschadet solcher Verschiedenheit auch ganz bestimmten Gegenstandscharakter. Denn sie ist Lehre von Gott. Daher ist sie auch Gegenstand der Theologie. Denn die Theologie ist von ihrer ureigenen Bestimmung her Lehre von Gott: „Also ist Gott Gegenstand unserer Wissenschaft ... Nun ist aber in der heiligen Lehre Gott der einigende Leitge-

---

[103] S. Th. I, qu 1 a 3.

danke, von dem alles beherrscht wird; und zwar handelt es sich entweder um Gott selbst oder um die Dinge, sofern sie Beziehung haben zu Gott als zu ihrem Ursprung und zu ihrem Ziel. Also ist in aller Wahrheit Gott Gegenstand dieser Wissenschaft. – Das ergibt sich übrigens ‚deshalb gerade' auch aus den Prinzipien. Als solche haben wir die Glaubensartikel festgestellt, und der Glaube geht auf Gott. Die Prinzipien einer Wissenschaft aber und die Wissenschaft selbst haben notwendig denselben Gegenstand, da die Wissenschaft keimhaft ganz in der Kraft der Prinzipien enthalten ist."[104]

Der heilige Thomas und Aristoteles stimmen im Begriff der Theologie als Gotteserkenntnis miteinander überein. Die christliche Lehre ist ihr möglicher Gegenstand, weil die Gotteserkenntnis der Gegenstand dieser Lehre ist. Sie übertrifft an Sicherheit und Würde alles andere Erkennen. Denn „gerade die heilige Lehre – und das ist ihre eigentümliche Aufgabe – ‚handelt' von Gott als der höchsten Ursache. Und zwar nicht nur so, wie er durch die Geschöpfe erkennbar ist, denn so haben ihn auch die Philosophen erkannt: ‚Was man von Gott erkennen kann, ist ihnen offenbar' (Röm. 1,19); sondern so, wie er durch sich selbst bekannt ist und sich anderen durch die Offenbarung mitteilt. Darum verdient die heilige Lehre den Namen Weisheit im höchsten Maße."[105]

Sie übertrifft alle anderen Quellen der Erkenntnis; die theoretischen aufgrund ihrer speziellen Prinzipien, die praktischen aufgrund ihres speziellen Gegenstands. Sie bildet von ihren Grundlagen her auch in ihrer Ausrichtung die Spitze aller Wissenschaft, die Summe der Erkenntnis aller Theologie. Man kann sich durch Schlußfolgerung auf sie beziehen.

„Wenngleich wir nämlich von Gott nicht durch Definition sagen können, was er ist, so wird er in dieser Wissenschaft doch betrachtet aufgrund seiner Wirkungen in der Natur- und Gnadenordnung. Denn auch in manchen Disziplinen der Philosophie wird ein Beweis von der Wirkung zur Ursache geführt. Die Wirkung der Ursache vertritt die Stelle der Definition ... Alle Aussagen der Heiligen Schrift sind daher im Blick auf Gott begriffen, nicht als Teile, Arten oder Akzidentien, sondern irgendwie auf ihn bezogen."[106]

Der Status dieses Begriffs ist in der Theologie umstritten. Denn erstens kommt bei Thomas der Tatsachencharakter der Offenbarung nicht mehr umfassend in den Blick: Tatsachen haben lediglich Beispielfunktion. Zweitens ist der Beweis von der Wirkung auf die Ursache vom Gedanken der physischen Kausalität bestimmt. Geschichtliche Vorkommnisse, die in einer Entscheidung begründet liegen, sind folglich selber gar kein eigentlicher

---

[104] Ebd. I, qu 1 a 7.   [105] Ebd. I, qu 1 a 6.   [106] Ebd. I, qu 1 a 7.

Gegenstand der Wissenschaft: de individuis non est scientia. Da sich die Theologie unweigerlich auf solche Gegebenheiten bezieht, ist sie drittens auch keine eigentliche Wissenschaft. Sie wird bei Thomas als eine „scientia subalternata" gedacht[107]. Sie besitzt einen Status, dessen geschichtliches Wesen man im Rahmen überlieferter Wissenschaftslehre gar nicht definieren kann, dessen theoretischen Anspruch Thomas von Aristoteles her verteidigt. Der besondere Typ von Wissenschaft also, den er in der Summa theologica entwickelt, ist eine Wissenschaft, deren Sinn erst noch zu begreifen war.

Einen wirklichen Durchbruch dazu hat in der Scholastik erst Melchior Cano erzielt. Denn er bestimmt erstens den Tatsachencharakter von Gegebenheiten in der Theologie; sie besitzen Autorität und sind insofern keine Beispiele, sondern Prinzipien der Theologie. Zweitens bestimmt er die Schlußfolgerungen, die man aus ihnen zieht – das Ursache-Wirkungs-Verhältnis in der Theologie –, nach Art geschichtlicher und nicht mehr physischer Kausalität. Glaubensentscheidungen haben aus der Konsequenz, mit der sie getroffen sind, heraus Autorität in der Geschichte. Sie sind ein wirklicher Gegenstand von Wissenschaft. Um diese Behauptung zu unterstreichen, schreibt Cano die Loci theologici. Darin verändert er die Fragestellung der Theologie. Sie wird daher drittens von ihm als positive Wissenschaft auf transzendentale Weise grundgelegt. Thomas, der wohl ihre subalterne Besonderheit, nicht jedoch ihr geschichtliches Wesen bedachte, erfährt dadurch eine prinzipielle Korrektur. Denn für Cano ist die Geschichte selber Ort und Prinzip der Theologie. Die Einheit von Dogma und Moral, die Thomas in der Summa unterbreitet, ist bei Cano ein geschichtliches Problem. Er greift sie auf und führt sie weiter. Denn einerseits besitzt jede Glaubensentscheidung Moral, und ist die Moral notwendig der Gegenstand einer im Glauben selbst gegebenen Entscheidung. Andererseits ist jedoch für Cano auch nicht mehr ihre metaphysische Verbundenheit, sondern ihre Verbundenheit in der Geschichte selber das Problem. Er möchte es daher von den Beziehungen her behandelt wissen, die die verschiedenen Orte der Theologie in der Theologie selber zueinander haben. Es ist ein Problem der Verbundenheit von Glaubensentscheidungen auf dem Boden der Kirche und ihrer Autorität. Die nachtridentinische Theologie besitzt in den Loci theologici eine Konzeption für die Einheit der Theologie als Frage einer ganzen. Sie war für alle Traktate gedacht und verbindet sie miteinander strukturell. Deren Einheit wird in ihr

---

[107] Zur aristotelischen Herkunft und scholastischen Diskussion des Begriffs „scientia subalternata" vgl. Th. Tshibangu, Théologie positive et Théologie spéculative (Löwen 1965) 29–34; 56; 151–155. In den Handschriften hat ihn Cano verwendet, in den „Loci" jedoch durch den Begriff der Autorität ersetzt.

nicht metaphysisch – durch Hinordnung der Wahrheit auf Gott –, sondern geschichtlich – durch ihre Grundlegung im Zeugnis der Autorität – entworfen. Man hat die epochale Schrift von Cano bis heute kaum beachtet und daher auch nicht den geschichtlichen Wandel, der sich im Denken der Theologie vom Mittelalter zur Neuzeit hin vollzogen hat. Die Trennung von Dogmatik und Moral ergab sich vom Umfang der jeweils verschiedenen Gegenstände her [108]. Ihre individuelle und eigene Erörterung in verschiedenen Disziplinen war nicht mehr zu umgehen. Andererseits tritt nun in der Kirche eine Zuordnung hervor, die bisher noch überhaupt nicht bestand: im Zeugnis

---

[108] Man beklagt die Trennung von Dogmatik und Moral im 16. Jahrhundert als ein Phänomen des Niedergangs. Vgl. E. D. Dublanchy: DThC 4/2 und Y. Congar, Theologie: DThC 15/1 (Paris 1946) 424–425: „Dogmatique et morale. On signale souvent la rupture qui c'est introduite, dans la théologie posttridentine, entre le dogme et la morale. Il n'est pas aisé de préciser quand et comment est intervenue cette distinction... Dans le dernier quart du XVIe siècle... la morale devient, chez un grand nombre d'auteurs, un domaine à part, soustrait à l'influence directe et constante du dogme. Quelles causes assigner à ce fait? Faute des études de détail indispensables, il est malaise de le dire. Le P. A. Palmieri suggère en ceci une influence protestante, mais il ne donne, en ce sens, aucun fait, aucune justification."

Die negative Meinung darüber ist in wesentlichen Punkten von Cano her zu kritisieren. Es gibt zwar eine Einheit der Theologie als einer praktischen und spekulativen Wissenschaft im Mittelalter. Eine solche Einheit gibt es jedoch zwischen praktischer und dogmatischer Theologie als Wissenschaft im Mittelalter nicht. Denn eine dogmatische Theologie hat als Wissenschaft damals gar nicht existiert. Umgekehrt aber sind die „Loci theologici" ein *Programm des Findens* dieser Einheit auf dem Boden der Geschichte. Denn erstens ist auch die Moral ein Ort der Theologie. Zweitens hat sie als Prinzip der Theologie Autorität und kann selber dogmatischen Anspruch der Dogmatik gegenüber geltend machen. Die Einheit von beiden ist freilich eine geschichtlich-dialektische, keine ontologisch-metaphysische. Denn erstens möchte Cano die Zahl der loci nicht auf die von ihm benannte Zahl begrenzen. Vgl. L. th. I, 2, 2: „Locorum ergo theologicorum elenchum denario nos quidem numero complectimur, non ignari, futuros aliquos, qui eosdem hos locos in minorem numerum redigant, alios, qui velint etiam esse majorem."

Und zweitens möchte Cano Fragen der Moral und Fragen des Glaubens auf dieselbe Art behandelt wissen. Vgl. L. th. XII, 1, 310: „At quoniam quaestiones fidei et morum a theologo eadem via et ratione tractantur, quum in disputationem theologiae veniunt, id ambigendum non est, quae superiorum quaestionum praecepta fuerint, eadem ad sequentes pertinere. Haec enim est una res prorsum, ut non differat multum inter fidei decreta et judicia morum; eaque est ex eisdem locis eademque propemodum forma tractanda."

Drittens gibt es auf dem Boden der Loci auch tatsächlich ein Gesamtprogramm der Theologie, was Buchtitel wie theologia dogmatica et moralis oder auch scholastica et moralis und überhaupt die Geschichte der deutschen Theologie im 19. Jahrhundert eindrucksvoll beweisen. Man vergleiche in dieser Arbeit auch das folgende Kapitel.

Das Problem der genannten Klage ist folglich weniger der tatsächliche Zusammenbruch der Einheit systematischer Theologie im 16. Jahrhundert als vielmehr die Bewertung ihrer bei Cano gegebenen Form.

Dazu reicht es freilich nicht aus, ihn gewissermaßen rückwärts zu interpretieren, als einen Scholastiker, der für den Humanismus offen ist. Vgl. Y. Congar ebd. 422. Einen Mann solchen Zuschnitts hätte kein Mensch als Begründer der modernen Theologie bezeichnen können. Vgl. P. Jacquin, Melchior Cano et la théologie moderne, RSPhTh 14 (1920) 121–141.

jeweiliger Autorität. Es wird bei Cano als Frage des geschichtlichen Verhaltens der Kirche zu Problemen der Theologie im Horizont der Gegenwart gedacht.

Die weitere Geschichte dieser Disziplin findet freilich nur mehr sehr bedingt auf der Grundlage des Aristotelismus statt. Begriffe wie Gewalt, Autorität, Unfehlbarkeit, Schlußfolgerung, verschwinden aus der Wissenschaft. Ihr Gegenstand sind die Zeugnisse der Überlieferung, sofern man sie auf der Grundlage der Gesetzmäßigkeit des Bewußtseins im Horizont menschlicher Natur wirklich erfassen kann. Sie orientiert sich am Erkenntnisideal der bürgerlichen Welt.

Dennoch stimmen aristotelische Wissenschaftslehre und neuzeitliche Wissenschaftsphilosophie in der Grundlagenproblematik überein. Die Wissenschaft selber, ihr Ort und ihre Prinzipien, bleiben ein Thema der Wissenschaft. Cano und Hegel stimmen daher in der Fragestellung überein. Sie unterscheiden sich jedoch in der Bestimmung des Orts und seiner Prinzipien. Denn Ort dieser Prinzipien ist bei Hegel nicht mehr die Autorität mit ihren Entscheidungen, sondern die Freiheit des Menschen selbst. Inhalt des Fortschritts der Geschichte ist der „Fortschritt im Bewußtsein der Freiheit – ein Fortschritt, den wir in unserer Notwendigkeit zu erkennen haben"[109]. Die Freiheit des Menschen ist Ort und Prinzip des Fortschritts der Wissenschaft. Beide, die Freiheit und die Erkenntnis im Fortschritt der Freiheit, gehen eine gegenseitige Verbindung ein, so daß Wissenschaft zu einer Durchgangsstufe auf dem Weg zur Vergegenständlichung der Freiheit im Leben der Geschichte wird. Sie ist höchste Stufe der Erscheinungen des Bewußtseins, die Offenbarung selbst als Wahrheit der Geschichte.

Wegen der bleibenden Aktualität ihrer Fragestellung und infolge ihrer Fähigkeit, Geschichte zu begreifen, ist das Ende des aristotelischen Begriffs von Wissenschaft nicht identisch mit dem Ende der Dogmatik. Das 19. Jahrhundert eröffnet ihr vor dem Hintergrund ganz neuer gedanklicher und historischer Voraussetzungen einen ganz neuen Weg geschichtlicher Entfaltung.

---

[109] G. W. F. Hegel, Philosophie der Geschichte, hrsg. von F. Brunstäd (Stuttgart 1961) 61.

II. Der Wandel dogmatischen Denkens im Wandel des Begriffs der dogmatischen Theologie

Die Loci theologici von M. Cano sind die geschichtliche Grundlage und das theoretische Fundament aller dogmatischen Theologie im 17., 18. und 19. Jahrhundert. Denn sie erfassen, lange bevor noch ihr Begriff geboren war, die ihn bestimmenden Momente: Zeugnisse der Autorität als Ort der Theologie im Fortschritt der Geschichte.

Sie lassen ihr dadurch eine Vielzahl von Möglichkeiten der Gestaltung frei. Sie kann ebenso geschichtliches Prinzip gedanklicher Auseinandersetzung und scholastischer Disputation wie theoretisches Fundament großer Geschichtskompendien und Traktate sein. Sie hat eine wirkliche Nähe zur Metaphysik, ist bisweilen nur der Inbegriff kirchlicher Lehre oder meint überhaupt nur die Lehre des Tridentinischen Konzils. In all diesen Versionen jedoch gehen Geschichtliches und Rationales, Positives und Spekulatives, Natürliches und Übernatürliches selbst eine geschichtliche Verbindung ein. Die historische Basis dieser Verbindung ist freilich jener Begriff von Autorität, dessen Bedeutung für die Theologie M. Cano, der Berater Philipps II. von Spanien, als erster erkannte und dessen Geschichtsträchtigkeit in der Neuzeit für die Staaten- und Sozialgeschichte ebenso wie für die Geistes- und Theologiegeschichte unbestritten ist: Der Souverän ist Ordnungsfaktor in der modernen Welt und eine Verkörperung ihrer Vernunft[110].

Die Loci der Theologie des M. Cano blieben das theoretische Fundament dogmatischer Theologie über viele Jahrhunderte hinweg. Sie blieben es noch selbst in einer Zeit, wo sowohl ihr Begriff der Theologie wie ihr Begriff der Geschichte ihre normative Geltung verloren und sich als begrenzt erwiesen hatten. Die geschichtliche Ausgestaltung, die sie erlebten, und der Wandel, den sie erfuhren, sind daher ein möglicher Leitfaden, den Wandel in der Kirche selbst – geschichtlich – zu bestimmen.

1. Die Tradition der dogmatischen Theologie

Die Theologie des 17. und 18. Jahrhunderts erhebt sich auf dem Fundament der Loci theologici. Denn sie verbindet Väterlehre und Scholastik im Zeugnis kirchlicher Autorität als der Grundlage des eigenen Fortschritts miteinander.

---

[110] Vgl. R. Kosellek, Kritik und Krise. Ein Beitrag zur Pathogenese der bürgerlichen Welt (Freiburg i. Br. 1969) 18ff.

Die Theologie im Zeitalter des Barock ist daher in einem vielfältigen Sinn geschichtlicher Natur, in ihrer konkreten Ausgestaltung ebenso wie in der Theorie dieser Gestalt.

M. Canos Schrift war nicht bloß in Aufbau und Durchführung, sondern buchstäblich und vom Namen her in Form der Prolegomena die Grundlage einer jeden Theologie, die sich als Dogmatik betrachten wollte; in der gewaltigen Schrift mit dem Titel „dogmata theologica in septem volumina distributa" von Dionysius Petavius [111] erfuhr sie eine erste große Materialisierung ihres Programms. Beide sind die bahnbrechenden Theologen nachmittelalterlicher Theologie, der eine, weil er Theologie als positive Wissenschaft begründet, der andere, weil er sie erstmals umfassend unterbreitet [112].

Petavius möchte die kirchliche Lehre festgestellt, in ihren Konsequenzen entfaltet und schließlich als Gegenstand von Auseinandersetzungen in der Geschichte dargestellt wissen. „Denn wir betrachten es nicht als ausreichend", heißt es in den Prolegomena, „das Wissen und die Dekrete des Glaubens und der Theologie zu erklären und zu beleuchten, um sozusagen Schulstreitigkeiten auszutragen, wie sie unter den Katholiken bei aller gegenseitigen Achtung üblich sind. Sondern zu den einzelnen Dogmen fügten wir die ihnen spezifisch widersprechende Häresie hinzu; gegen sie haben wir mit aller Schärfe für die christliche Wahrheit gekämpft." [113]

Positive Theologie, deren Aufgabe es ist, Aussagen festzuhalten, und scholastische Theologie, die sie wissenschaftlich entfalten sollte, bilden gemeinsam eine Wissenschaft, die Petavius „theologia litigiosa" nennt und die die Gegner des Glaubens ihrer Widersprüche zu überführen und die Gläubigen selbst im Wissen von den göttlichen Dingen zu bestärken hat.

Sie umfaßt verschiedene Disziplinen und ist von der Aufgabe her, sie miteinander zu verbinden, eine Kunst. „Wenn wir das etwas aufmerksamer betrachten", sagt Petavius, „bringt ihre Verbindung mit jenen Disziplinen, besonders mit Philosophie und Dialektik, der Theologie nicht nur Glanz und äußeren Prunk, sondern auch einen ganz einzigartigen, ja sogar notwendigen Schutz und Nutzen... In seinem dritten Buch über den Redner nennt Cicero die Kunst eine Nachahmung der Natur, da ja wie in Gestalt von Welt und

---

[111] Vgl. D. Petavius, Dogmata theologica, hrsg. von A. Zaccaria I (Venedig 1757). Die erste Auflage des Werkes erschien 1700 in Antwerpen und war von Th. Alethinus unter dem Pseudonym Leclerc ediert.
[112] Über Petavius und sein Verhältnis zu Cano vgl. L. Karrer, Die historisch-positive Methode des Dionysius Petavius (München 1970) bes. 201. Freilich ist eine Reflexion auf den geschichtlichen Sinn dieser Methode hier nicht geleistet. Vgl. auch M. Hofmann, Theologie, Dogma und Dogmenentwicklung im Werk Denis Petaus (Bern 1976).
[113] Vgl. Petavius, a.a.O., Prolegomena 24.

Natur im ganzen oder des menschlichen Körpers die einzelnen Teile zum Anblick und zur Schönheit gehören; bezüglich ihrer Integrität wie ihres notwendigen Zusammenhangs, so empfangen auch die Werke der Kunst von den Teilen, die für sie notwendig feststehen, Eleganz und Schönheit... Aus ihrem Umgang mit der menschlichen Weisheit und der Kunst des Disputierens empfängt die Theologie eine ähnliche Frucht, da sie durch sie nicht nur glatter und eleganter, sondern auch mehr geordnet wird und einerseits für ihre Integrität, andererseits zu ihrem Schutz und zu ihrer Rettung große Vorteile schöpft."[114]

Kunst ist Nachahmung der Natur[115]. Sie ist die Fähigkeit, in der Darstellung eines Gegenstandes die Natur des dargestellten Gegenstands zu erfassen. Sie macht die Natur seiner Natur zum Gegenstand und bildet mit ihrer Vergegenständlichung die Wahrheit der Gegenstände nach. Eine Theologie, die sich als eine solche Kunst verstehen will, muß daher die Fähigkeit entwickeln, in der Darstellung ihres Gegenstandes die Natur des von ihr dargestellten Gegenstandes zu erfassen. Sie macht die Natur seiner Natur zum Gegenstand ihrer Erörterung. Sie bildet so die Wahrheit ihrer Gegenstände ab. Die Fähigkeit des Erfassens der Natur ihrer Gegenstände macht sie zu einer Autorität des Erfassens dieser Gegenstände. Sie ist eine Autorität der Offenbarung. Die Darstellung des Gedankens jeweiliger Autorität hat in der Autorität des Gedankens, den sie verkörpert, selber Autorität. Theologie als Inbegriff des Wissens um die Natur der Gegenstände ihres Wissens überhaupt „kann daher ganz allgemein zuerst in zwei Teile gegliedert werden, wovon der erste Gott selbst und seine Göttlichkeit behandelt. Von ihm sagten wir, daß er den weniger üblichen Begriff von Theologie repräsentiert. Dazu gehören die Abhandlungen und Disputationen über Gott und seine göttlichen Eigenschaften und über die Trinität. Der zweite Teil handelt von den Werken Gottes. Da wir aber von Gott auf doppelte Weise sprechen können, gleichsam als Urheber der Natur und als Urheber der Gnade, gibt es zwei Arten von Werk entsprechend den zwei Arten von Theologie vorher selber; die eine erforscht die Werke Gottes, sofern er Urheber der Natur und Schöpfer, die andere, sofern er Urheber dessen ist, was er Gnade nennt. Manche der natürlichen Werke beziehen sich auf den Geist, ihr Produkt sind die Engel und die menschliche Seele, andere auf nichts als auf den Leib, auf das gleichsam außerhalb des Menschen Gegebene, anderes wiederum ist aus

---

[114] Ebd. 10.
[115] Vgl. zu diesem Axiom auch: K. Burdach, Reformation, Renaissance, Humanismus. Zwei Abhandlungen über die moderne Bildung und Sprachkunst (Berlin 1918) 178.

beiden zusammengesetzt wie der Mensch selbst. Auf diese beiden letzteren, auf den ganzen Umkreis der Welt und des Universums, bezieht sich der Ausdruck selbst. Die Werke der Gnade können unter dem allgemeinen Namen theosis, der mit Vergöttlichung von uns zu übersetzen wäre, zusammengefaßt werden. Sie meint die Mitteilung der Göttlichkeit, zu der geistbegabte Geschöpfe als zu einer bestimmten Form der Gemeinschaft mit Gott über das Verhältnis unter den Bedingungen ihrer Natur hinaus befähigt werden. Diese Gemeinschaft mit Gott ist aber selber eine doppelte. Denn sie ist entweder eine innere und absolute, wodurch sie nicht nur göttlich, sondern Gott selber ist und die menschliche Natur mit Gott zu einer einzigen Person zusammenkommt, oder sie ist nur eine äußere und zum Teil bestehende, nur wie durch die Verbindung des Willens zustande gebracht, die man in der Schule moralisch nennt. Um diesen Status zu erreichen, gibt es zwei Arten von Mitteln, die einen sind teils wirksame Einrichtungen, wie die Sakramente des Neuen Bundes, teils anleitende, wie das Gesetz und die Vorschriften für Sitte und Tugend. Manche sind innere Ursache der Vergöttlichung, die wieder zweifach gesehen werden kann. Denn es gibt eine, die man Form oder causa formalis nennt; das ist die Gnade, durch die Engel und Menschen heilig sind: auch Glaube, Hoffnung und Liebe und was man sonst als eingegossene Tugend bezeichnet. Anderes indes ist Disposition oder Vorbereitung, diese Form zu übernehmen. Bei dieser Art haben ihren Platz Hilfe und Beistand der Gnade oder die innere Anregung der Erkenntnis und des Willens. Diesem Stand, den wir theosis nennen, entspricht als Gegensatz der Stand der Sünde. Ihm hat die Theologie daher einen Teil ihrer Aufmerksamkeit zu schenken, wenn sonst Gegensätzliches sich zur selben Wissenschaft in ihr verbindet."[116]

Dieser Bestimmung des Begriffs der Theologie, die berühmt geworden ist, kommt in Aufbau und Durchführung des großen Werkes von Petavius strukturierende Bedeutung zu. Sie ist jener umfassende Rahmen, den es braucht, um die Natur von Gegenständen zu erschließen, die sowohl Gegenstand als auch Prinzip in der Geschichte sind.

Dogmen der Theologie sind Inhalte der Theologie, die Autorität besitzen. Sie umfassen die Autorität Gottes mit der Lehre von Gott und von der Schöpfung, die Autorität der Erlösung mit der Lehre von der Inkarnation und von den Sakramenten, die Autorität der Gnade mit der Lehre von Gesetz und Gnade und ihrem jeweiligen Gegensatz in der Lehre von den Tugenden und von der Sünde. Alle Darstellung solcher Lehre wäre fruchtlos und eitel,

---

[116] Petavius, a.a.O., Prolegomena 2.

hätte sie keine Autorität. Denn das grundlegende Prinzip der Theologie ist die Autorität der Theologie; sie ist Geschichte und zugleich Inbegriff des Wissens von der Geschichte. Sie muß von der Geschichte als Geschichte wissen. Daraus zieht Petavius den Schluß, daß die Schrift in ihrer Eigenschaft als Autorität in der Geschichte – legitime interpretante potestate loquentem, ac pronuntiantem – Norm des Glaubens ist: „diese Interpretation gehört zum Prinzip jener göttlichen Lehre, die wir empfangen haben und von der wir sagen, von ihr hängt unser Glaube ab."[117] Recht und Vollmacht dazu liegen bei der Kirche. Ihr wurde beides übertragen. In ihr sieht er die Voraussetzung, die es braucht, damit die Theologie ein Prinzip in der Geschichte werden kann. Das große Werk des D. Petavius verkörpert die Absicht, Geschichte und Vernunft, die beiden großen Pole der Theologie, im Begriff des Dogma als der zur Autorität gewordenen Vernunft miteinander zu verbinden. Dieser Begriff umfaßt daher Historisches und Gedankliches zugleich. Er ist die adäquate Grundlage einer Theologie, deren Gegenstand der Glaube selbst als eine Autorität im Leben ist. Die „dogmata theologica" sind eine Sammlung von Inhalten der Theologie, die Autorität besitzen.

Setzt man diese Definition bei Cano und Petavius voraus, dann ist Theologie selber der Inbegriff des Wissens vom Zeugnis der Glaubensautorität. Sie hat dogmatischen Charakter. Die Unterscheidung jeweiliger Autorität, die Art, wie man sie als Gegebenheit begreift, macht folglich den fundamentalen Unterschied im Ansatz dogmatischer Lehrbücher aus.

L. Thomassin spricht sich für die Autorität der Väter als die Grundlage und den Inhalt aller Glaubenslehre aus. Er bekennt sich ausdrücklich zum Werk des Petavius, den er Wortführer, Gewährsmann und Restaurator der Vätertheologie nennt und dem er viele Anhänger und Nachahmer wünscht. Sein eigenes Werk hat den Titel: „Dogmatum theologicorum de incarnatione verbi Dei tomus primus – de deo, deique proprietatibus tomus secundus – tomus tertius de prolegomenis theologiae et reliquis tractatibus."[118] Es behandelt das Zeugnis der Väter als den Ort der Theologie und stellt ihre Unterscheidung von Ökonomie und Theologie als grundlegend auch für den Begriff der Theologie heraus. Seine Prolegomena, am Schnittpunkt von eigener Reflexion auf die Väterlehre und dem Fortgang der Traktate angesiedelt, erörtern diesen Tatbestand. Sie sind fast ausschließlich dem Beweis gewidmet, daß man dogmatische Theologie überhaupt nur im Hinweis auf die Väterlehre betreiben kann. Die dogmatische Theologie ist die Theologie der Väter.

---

[117] Ebd. 4. [118] Vgl. L. Thomassin, Dogmata theologica I–VII (Paris 1680, 1684, 1689).

L. Berti möchte in seinem Werk „de theologicis disciplinis" weder diesen noch den scholastischen Weg beschreiten. Er fühlt sich den Prinzipien der Theologie des heiligen Augustinus verpflichtet. Dogmatik definiert er so: „Ratione autem argumentorum, quae a Theologo pertractanda sunt, dividere possumus Theologiam in Polemicam, Dogmaticam, et Adiaphoram ... Dogmaticam", so definiert er diesen Teil, „ego quidem illam apello, quae Patrum placita, sententiasque ad trutinam revocat; quippe dogma idem est, ac scitum, vel decretum, etiamsi Polemicas theses sermonis usus et consuetudo indiscriminatim denominet."[119]

Dogmatik ist Theologie im Zeugnis jeweiliger Theologie. Daher ist die dogmatische Theologie von ihrem Wesen her plural. In ihr treffen sich die vielen Zeugnisse des Glaubens. Wie sich Thomassin den Vätern überhaupt und Berti dem heiligen Augustinus, so wissen sich andere anderer Autorität verpflichtet[120].

Die Vielfalt ihrer Entwürfe und deren materiale Gebrochenheit durch verschiedenartigste Traditionen verdeutlichen die Behauptung, daß die dogmatische Theologie eine Theologie des Glaubens im Zeugnis der Geschichte ist. Sie ist die zur Autorität gewordene Vernunft der Theologie. Sie ist – von den Äußerungen der Autorität her – eine positive und – von den Schlußfolgerungen der Vernunft her – eine spekulative Disziplin. Ihre Einheit ergibt sich aus ihrem Begriff der Autorität. Denn Autorität ist in ihr nicht bloß der Ort, sondern auch das Prinzip der Theologie. Sie muß Feststellungen treffen und daraus auch zugleich die Konsequenzen ziehen. Diese zweite Komponente ihres Begriffs wird in der Tradition dogmatischer Theologie ebenfalls mit großem Nachdruck festgehalten. In den Thesen über die Notwendigkeit und den Grund der Theologie[121] heißt es bei Gregor von Valencia, einem direkten Schüler von Cano aus dem Jesuitenorden, von der positiven Lehre: wenngleich nicht unentbehrlich für das Heil der Menschen – in potentia dei absoluta –, ist sie unter den Bedingungen der Geschichte – sub ratione ordinaria – für ihn gleichwohl eine wirkliche Notwendigkeit. Sie ist der Gegenstand einer Theologie, „quae versatur circa intelligentiam et explicationem sacrarum literarum, et ex testimoniis S. Scripturae et veritatibus

---

[119] L. Berti, De theologicis disciplinis I (Rom 1765) 2.
[120] Vgl. M. Panger, Theologia scholastica, moralis, polemica iuxta mentem doctoris subtilis Johannis Duns Scoti (Augsburg 1732). – V. L. Gotti, Theologia scholastica-dogmatica iuxta mentem Divi Thomae Aquinatis (Venedig 1763). – C. Frassen, Scotus Academicus seu universa doctoris subtilis theologica dogmata (Paris 1672).
[121] Disputatio theologica de theologiae necessitate et ratione: Promotore Gregorio de Valencia (Ingolstadt 1589).

fidei, probabiles vel necessarias conclusiones per bonam vel probabilem consequentiam deducit, ad aedificationem fidelium, vel fidei defensionem"[122]: Die Glaubenslehre steht unter den Bedingungen des Begriffs der Autorität. Denn sie muß in Schrift und Tradition nicht nur feststellen, was der Gegenstand des Glaubens ist, sondern auch die wahrscheinliche oder notwendige Konsequenz für den Aufbau der Gemeinde und die Verteidigung des Glaubens aus dieser Feststellung ziehen. Der formale Gegenstand dogmatischer Theologie ist nach Gregor von Valencia folglich die „ratio infallibilitatis" der Theologie. Ihre Feststellung ist Aufgabe der Theologie als einer positiven Wissenschaft.

In These drei heißt es daher bei Gregor von Valencia: „Considerata haec S. Theologia in ratione habitus inclinantis ad assensum conclusionum, ex principiis fidei deductarum" – also die Theologie in ihrer Konsequenz – „secundum se et propriam suam speciem, et obiectum, proprie scientia est."[123] Die Aufgabe dieser Art von Wissenschaft ist die Feststellung von Offenbarung, sofern sie Offenbarung ist. Sie ist der Glaube selbst im Zustand seiner Offenbarung für die Gegenwart. Sie umfaßt im Begriff des Glaubens und der Offenbarung Glaubensgeschichte und Vernunft. Daher ist sie auch nur überhaupt als Dogmatik des Glaubens und der Offenbarung möglich. In These zehn wird daraus die Schlußfolgerung gezogen: „Certior etiam est omnibus aliis scientiis, in qua obiectum prima et summa veritas applicatur intellectui, sub ratione formali infallibili et ipse Deus per habitum infusum et Spiritus S. auxilium movet intellectum et voluntatem, ad assentiendum propositis veritatibus."[124]

Die Verbindung von Geschichte und Vernunft im Begriff der Autorität ist die ratio formalis infallibilitatis dieser Disziplin; sie ist ebenso das gedankliche Fundament positiver wie das geschichtliche Fundament spekulativer Theologie und daher eine Gegebenheit, die in der dogmatischen Literatur immer neu zu bestimmen und herauszustellen war.

Der „Cursus theologicus scholastico-dogmaticus et moralis"[125] von H. Tournely ist ein weiterer Beweis der Weite dieser Disziplin. Er beruft sich dabei ausdrücklich auf die Loci des berühmten Cano, deren Aussagekraft im einzelnen an der jeweils vorgesehenen Stelle zu prüfen, jedoch im Gesamtzusammenhang nicht mehr zu untersuchen ist. Darüber hat Cano schon gehandelt. Es ist nicht Aufgabe „praesentis nostri instituti singulos

---

[122] Ebd. 1/2.   [123] Ebd. 2.   [124] Ebd. 3.
[125] H. Tournely, Praelectiones theologicae (Paris 1725–1729), hrsg. und fortgeführt von P. Collet unter dem Titel: Cursus theologicus scholastico-dogmaticus et moralis (Paris 1752–1765).

illos Locos fusius exponendos prosequi; copiosior etenim illorum tractatio suis propriis locis servanda est"[126].

Er will die Glaubenswahrheit auch nicht auf positive Weise unterbreiten, wie Petavius und Thomassin. Denn Gegenstand der Feststellung des Glaubens in der Theologie ist die Feststellung der Glaubenskonsequenz. Ihre Wahrheit ist der Glaube selbst.

Daher ist sie spekulativ zu unterbreiten. „Obiectum materiale theologiae ‚enim' est omnis propositio, quae per discursum colligi potest ex revelatis a Deo ... Obiectum formale theologiae est omnis propositio Theologica spectata quatenus deducibilibus per discursum ex revelatis a Deo ... Obiectum theologiae adaequatum et communitatis, ut vocant, est ens divinum quatenus per discursum cognoscibile ex revelatis a Deo."[127]

Theologie und Geschichte verbinden sich in der Dogmatik zu einer sehr weit verzweigten Theologie der Autorität. Sie will geschichtliche Wahrheit als Wahrheit der Geschichte fassen. Autorität ist die Bedingung der Möglichkeit a priori von Dogmatik als einer Disziplin der Theologie.

Ihr Gegenstand sind daher nicht Wahrheiten der Geschichte, sondern Wahrheiten, die man in der Geschichte festzuhalten hat. Die jeweils aktuelle Glaubenskonstellation gehört folglich zu ihrem eigenen Begriff. Der Unterschied von fides und fides tenenda ist eine dogmatisches Denken konstituierende Differenz. L. Gotti nennt in seinem Werk „Theologia scholastico-dogmatica" die fides tenenda ihren spezifischen Gegenstand: „Viro Theologo necessarium maxime est nosse distinguere inter ea, quae fidei sunt, et fide tenenda; ea, quae fidei sunt, non tamen fide tenenda et ea quae nec fidei sunt, nec fide tenenda. Noto itaque non esse idem, aliquid esse de fide, et esse ut de fide tenendum...

Sicut enim ut lex, aut mandatum regis obliget subditos ad eius observantiam, non sufficit, ut sit a rege latum, sed requiritur, ut sit ab omnibus propositum, et imitatum publica forma, ut sic voluntas regis omnibus certo sit nota: Ita, ut praeceptum de credendo aliquid, ut a Deo relevatum, obliget omnes, debet omnibus proponi, et imitari, illud a Deo esse dictum, ut nemo de hoc dubitare queat: Atqui hanc certitudinem habere non possumus, nisi per Ecclesiam nobis proponendam veritatem illam, ut a Deo revelatam, et ita esse affirmantem. Nam ut aliquid in se de fide sit, seu ad fidem pertineat, sufficit ut a Deo revelatum sit; ut vero de fide sit quoad nos, seu ut tamquam de fide,

---

[126] Ebd. I, 29. Das Werk ist ebenfalls eine Materialisierung der Loci theologici von Cano. Die einzelnen Artikel enthalten den status quaestionis, bringen dann probationes aus den einzelnen von Cano aufgeführten loci mit ratio theologica und Objektionen am Schluß.
[127] Ebd. 17.

et a Deo revelatum credere teneamur, requiritur insuper, ut nobis certo constet, a Deo revelatum esse, et tamquam revelatum nobis proponatur, non enim omnis revelatio statim acceptanda est, nec omni spiritui credendum."[128]

Wie nämlich Glaube als Schlußfolgerung gar nicht konsequent zu denken ist und umgekehrt Schlußfolgerungen der Theologie immer zum Glauben selbst gehören, so besitzt die positive Theologie grundsätzlich spekulativen Gehalt wie die spekulative Theologie ihre inhaltliche Substanz. Der Begriff ihrer Zusammengehörigkeit macht den Inhalt der katholischen Dogmatik aus. Denn zwischen doctrina fidei und conclusio mere theologica muß man zwar unterscheiden – „nullas conclusiones theologicas qua tales esse de fide catholica"[129] –, aber der Grund dieses Unterschieds ist ihre jeweils verschiedene Autorität. Der Charakter ihrer jeweiligen Äußerung ist im Hinblick auf Unfehlbarkeit das wichtigste Unterscheidungskriterium der ganzen Disziplin.

Die Schrift „Apparatus ad positivam Theologiam methodicus" des Jesuitenprovinzials P. Annatus, im Aufbau ein Traktat de locis theologicis – denn sie handelt von Schrift, Tradition und Kirche als Ort der Theologie –, ist von ihrer Intention her Einführung in die positive Theologie, eine Grundlegung der Dogmatik[130].

2. Die Tradition der Aufklärung in der dogmatischen Theologie

Die großen dogmatischen Traktate der katholischen Theologie des 17. und 18. Jahrhunderts bewältigen Geschichte. Sie sind ein Produkt geschichtlichen Denkens in der Theologie.

Die Materialisierung, die Cano in diesen gewaltigen opera erfährt, ist ein sichtbarer Beweis ebenso für den geschichtsträchtigen Charakter wie für die große Offenheit seiner Theologie. Sie besitzt gegenständliche Weite und metaphysische Tiefe zugleich. Sie greift zurück auf die Väter, führt den mittelalterlichen Aristotelismus weiter und ist der Anfang einer ganz neuen Tradition. Mit ihr beginnt die Tradition der dogmatischen Theologie. Sie nimmt eine Ortsbestimmung des Glaubens vor. Ort des Glaubens ist der Glaube

---

[128] L. Gotti, a.a.O. 7.
[129] P. Annatus, Apparatus ad positivam Theologiam methodicus (Bamberg 1755) 17.
[130] Die Loci theologici heißen in den dogmatischen Lehrbüchern auch die Prolegomena Theologiae. Vgl. J. Monschein, Theologia dogmatico-speculativa I (Augsburg 1763): Quaestiones prolegomenae; s. a. L. Habert, Theologia dogmatica et moralis I (Paris 1732): Prolegomena theologiae.

selbst als Autorität. Die Entscheidungen, die er trifft, bilden ein Prinzip des Fortschritts in der Theologie. Sie geben ihr Sicherheit und Konsistenz.

Jedoch zeigt die Entwicklung der Theologie im 18. Jahrhundert, daß Autorität selbst dem Wandel der Geschichte unterliegt. Denn der Glaube besitzt im lateinischen Neoaristotelismus Autorität kraft seines Stellenwerts im Vollzug geschichtlicher Macht. Er besitzt kraft seiner Macht wirkliche Autorität und kraft seiner Autorität eine wirkliche Macht. Der Ort einer Theologie, die sich im Rahmen des Neoaristotelismus als geschichtlich begreifen will, ist folglich der Glaube selbst als eine Macht im Zeugnis der Autorität. Die Macht, die er verkörpert, ist also nicht nur Ort, sondern auch Prinzip des Fortschritts in der Theologie. Denn sie garantiert ihr Sicherheit und Konsistenz. Beides miteinander zu verbinden ist die große Aufgabe der Theologen. Sie zu bewältigen, bedarf es der Kunst des Findens und Begreifens von Aussagen der Autorität. Die Theologie, die sich ihr verschrieben hat, ist folglich eine Theologie, die sich mit der Natur von Aussagen der Theologie befaßt. Diese haben nicht bloß Autorität, sondern auch Macht. Die Kirche besitzt Autorität, weil der Glaube in ihr Macht entfaltet. Kraft der Autorität des Glaubens hat die Kirche Macht. Die Grundlegung der Ekklesiologie erfolgt in der dogmatischen Theologie mittels einer geschichtstheologischen Konzeption des Glaubens. Die Kirche ist jener Ort der Theologie, an welchem der Glaube Autorität besitzt und folglich seine Macht entfaltet. Sie ist selber der Zeuge seiner unfehlbaren Autorität.

Begriffe wie Autorität, Dogma, Unfehlbarkeit sind Schlüsselbegriffe der modernen Ekklesiologie. Die Materialisierung, die sie über Jahrhunderte hinweg erfuhren – im Gallikanismus ebenso wie in den Lehräußerungen der Päpste –, ist weithin sichtbarer Beweis für die Legitimität der Aufforderung, dogmatische Theologie als Theologie der Geschichte zu begreifen.

Cano denkt Geschichte als Autorität. Das Zeugnis der Macht jeweiliger Autorität ist ein Ort der Theologie. Sie muß die Existenz (existentia), das Wesen (essentia), die Beschaffenheit (qualitas) und schließlich die Konsequenz des Glaubens dieser Macht erfassen, um selber Autorität des Glaubens dieser Macht zu sein. Dogmatische Theologie ist folglich Theologie der Geschichte des Glaubens im Zeugnis der Macht seiner jeweiligen Autorität. Die Kirche ist kraft ihrer Autorität eine Macht des Glaubens und folglich Prinzip der Theologie. Die Geschichtskonzeption des Glaubens erfährt durch die Aufklärung in Deutschland sowohl eine grundsätzliche Bestätigung als auch eine umfassende Korrektur, eine Bestätigung, weil führende Theologen dieser Zeit, wie Gerbert und Stattler, noch immer loci theologici verfassen – die Kirche bleibt für sie Ort und Prinzip der Theologie –, eine

Korrektur, weil die Theologie nicht mehr im Zeugnis der Autorität, sondern im Zeugnis der Religion dieser Autorität das Prinzip der Theologie erfaßt. Nicht mehr die Natur als Macht, sondern die Natur als Religion ist für sie der Ort für die Entscheidungen des Glaubens.

Die Macht verliert in dieser Theologie ihre unbestrittene Position als Autorität. Denn sie besitzt die Vollkommenheit der Religion nicht in der Vollkommenheit ihrer Natur, sondern muß deren Vollkommenheit in ihrer Stellung zur Religion erst überhaupt beweisen.

Cano denkt Religion auf der Grundlage von Autorität und Macht, die Aufklärung denkt Autorität und Macht aus ihrem Verhältnis zu der Religion.

Die Aufklärung signalisiert in diesem Wandel den epochalen Wandel des Begriffs der Theologie. Seine Grundlage ist die Religion der Autorität.

B. Stattler umschreibt ihn folgendermaßen: „Theologia est scientia eorum, quae in Deo insunt, et quae summae aeternaeque beatitatis nostrae, seu finis ultimi, causa a Deo facta sunt, et porro Deo adjuvante a nobis ad eundem finem actu consequendum fieri possunt, ac debent. Brevius: Theologia est scientia universae religionis."[131]

Entsprechend den zwei Arten von Religion, die Stattler unterscheidet, gibt es auch zwei Arten von Theologie, die theologia naturalis, die sich mit der natürlichen, und die theologia supernaturalis, die sich mit der übernatürlichen Religion befaßt. Ihre jeweilige Autorität verdankt sich ihrer jeweiligen Religion. In der Schrift „Demonstratio evangelica sive religionis a Jesu Christo revelatae certitudo"[132] wird von ihm die Bibel, und in der Schrift „Demonstratio catholica sive Ecclesiae catholicae sub ratione societatis legalis inaequalis a Jesus Christo Deo homine institutae..."[133] die Kirche als übernatürliche Autorität bewiesen. Die Grundlage übernatürlicher Theologie ist folglich die Macht übernatürlicher Religion. Sie verdankt sich dem Bewußtsein endgültiger Verbundenheit des Menschen mit Gott, einem Bewußtsein, das der Natur des Menschen entspringt und in der Übernatur seine Vollendung findet.

Übernatürliche Theologie ist folglich eine Theologie, die alle Bereiche des Lebens umfaßt, den praktischen und den theoretischen, den inneren und den äußeren, den geschichtlichen und den natürlichen. Ihre Autorität entspringt

---

[131] B. Stattler, De locis theologicis (Eichstätt 1781).
[132] Vgl. ders., Demonstratio evangelica sive religionis a Jesu Christo revelatae certitudo (Augsburg 1770).
[133] Ders., Demonstratio catholica sive Ecclesiae catholicae sub ratione societatis legalis inaequalis a Jesu Christo Deo homine institutae genuinum systema secundum iuris naturae socialis principia (Pappenheim 1775).

der Autorität übernatürlicher Religion. Das Übernatürliche ist ein Prinzip der Natur des Menschen im Begriff der Religion und folglich die Religion eine übernatürliche Autorität. Sie ist Ort des Lebens und zugleich Prinzip der Theologie.

Sie ist folglich auch der Grund für die Einheit ihrer Disziplinen. Denn Moral, Exegese, Liturgie, Kirchenrecht, Dogmatik stimmen aus der Perspektive der Religion als eines Prinzips der Theologie in ihrem Ansatz miteinander überein. Die Arbeiten von M. Gerbert „Principia theologiae moralis", „Principia theologiae exegeticae", „Principia theologiae symbolicae"[134], „Principia theologiae dogmaticae" sind Arbeiten zur Grundlegung dieser Disziplinen im Begriff der Religion[135].

Denn es hat sich ein Wandel im Grundlagenbereich der Theologie vollzogen. Die moralische Natur des Menschen und ihre Fähigkeit zur Gottesverehrung ist das Fundament seines Glaubens. „Die Menschen", so lautet die Grundthese der Dogmatik von Gerbert, „sind von Natur aus fähig und dazu erschaffen, nicht nur Gott zu erkennen, sondern auch, um ihn zu verehren... So erreichen wir durch Gotteserkenntnis und durch Gottesverehrung das im Wirken Gottes selber gelegene Ziel, die Ehre Gottes und unsere Vollendung... Nicht nur durch die Natur und das Licht der Vernunft sind wir angeleitet, Gott den gebührenden Dienst zu erweisen, sondern Gott hat uns durch die Offenbarung seinen Willen manifestiert und die Norm vorgeschrieben, wie er von uns verehrt werden will und wie wir selig werden können, indem wir uns seiner ewigen Ehre widmen, auch nachdem wir diese Seligkeit ausgeschlagen haben."[136]

Die Macht dogmatischer Autorität ist folglich ihre konkrete Religion als geistige Kraft[137].

Die unterschiedliche Auffassung von ihr bei Gerbert und Cano ist begründet in ihrer verschiedenen Auffassung von den Grundlagen der Theologie. Denn sie ist bei Cano Autorität kraft der Natur des Glaubens, der sich machtvoll durch sie entfaltet und ihr unfehlbare Sicherheit verleiht. Bei Gerbert hingegen ist der Glaube eine Kraft, die Religion vermittelt und in der Autorität seiner Zeugenschaft den Menschen zur ewigen Seligkeit verhilft. Er soll die Zeugenschaft selbst begründen und nicht bloß ihren

---

[134] Dieses Werk enthält auch eine Einleitung in die Theologie als ganze. Vgl. M. Gerbert, Principia theologiae exegeticae. Praemittuntur prolegomena theologiae christianae universae (St. Blasien 1757).
[135] Vgl. besonders auch ders., Principia theologiae dogmaticae (St. Blasien 1753).
[136] Ebd. 1–5.
[137] Vgl. in der Durchführung ders., Compendium theologiae dogmaticae, schaolasticae et moralis (Augsburg 1768).

Anspruch auf Autorität und Macht. Gerbert definiert folglich die Theologie nicht im Hinblick auf die Eigenschaft Gottes und seine Autorität, sondern im Hinblick auf den Menschen und die an ihn ergangene Offenbarung: „Haec est omnium praestantissimarum rerum divinarum tractatio Theologia christiana: cognitio, ac scientia rerum divinarum prout nobis ex revelatione constat; seu facultas demonstrandi, aut explicandi doctrinam divinitus in scripturis, et traditione patefactam, qua Deus se, sua opera, ac voluntatem circa genus humanum manifestarit, quid credere, et agere debeamus, ad ejus gloriam nostramque felicitatem aeternam."[138]

Dogmatische Theologie gliedert er folglich gemäß den Prinzipien religiöser – nicht mehr nur autoritativer – Natur. Sie wird in drei Abschnitten abgehandelt. Abschnitt 1 enthält die Lehre der universalen Religion und ist von S. 1–66 mit der Aufschrift „de doctrina sacra" (ante Christum und post Christum) versehen. Abschnitt 2 umfaßt die Aussagen praktischer Religion und behandelt die Gnadenlehre unter der Aufschrift „de natura et gratia" S. 66–227 sowie die Lehre von den übernatürlichen Tugenden S. 228–383 unter der Aufschrift „de virtutibus theologicis". Abschnitt 3 „de statibus Deo dicatis" behandelt Fragen der Ekklesiologie. Das erste Kapitel ist verschiedenen Aufgaben gewidmet: „de variis generibus hominum Deo dicatorum et eorum *muneribus*", das zweite: „de coelibatu"[139], einem bestimmten Stand.

Dogmatische Theologie wird von Gerbert infolge der Wandlungen im Begriff der Theologie als Theologie der Religion gedacht. Sie steht im Zusammenhang mit der Religion überhaupt und besitzt in der Verhaltensweise des Menschen – in seiner Tugend – ein absolutes Fundament. Dadurch ergibt sich, daß man die Theologie von ihren gesellschaftlichen Voraussetzungen her ebenso wie in ihren metaphysischen Ansprüchen denken kann. Es findet eine heilsgeschichtliche Entwicklung statt. Das Zeugnis des Glaubens muß in der Praxis des Glaubens begründet werden. Sie gehört zu den Prinzipien seines Begriffs. Dadurch geschieht ein wirklicher Durchbruch zum Selbstverständnis des Menschen. Es beginnt innerhalb der Dogmatik die Tradition der Anthropologie. Sie ist nun aufgefordert, sich selber als ein Element der Religion zu denken. Sie muß über alle konfessionellen Schranken hinweg im Licht religiösen Selbstverständnisses der Menschen überhaupt jene theoretischen und praktischen Momente der Wahrheit des Glaubens deutlich ma-

---

[138] Ders., Prolegomena Theologiae christianae universae (St. Blasien 1757) 11.
[139] Ders., Principia theologiae dogmaticae (St. Blasien 1753).

chen, die sie als geschichtliche konstituieren. Sie umfaßt Praxis und Theorie und ist selber ein Ort von sich wandelndem Leben in der Geschichte.

Gerbert steht wie alle Theologen der katholischen Aufklärung in der Tradition der Loci theologici von Cano [140]. Die Schrift, die er zu diesem Thema unter anderem verfaßt [141], enthält jedoch eine Erweiterung, die ebenso für ihn charakteristisch wie für die weitere Entwicklung der Theologie in Deutschland von Bedeutung ist.

Sie verweist auf eine ganz neue Art von Wissenschaft, auf die Enzyklopädie. Ihre Unterscheidung von systematisch-theoretischer und analytisch-praktischer Methode gestattet neue Zuordnungen im System der Theologie. Praktisches und Theoretisches, Metaphysisches und Geschichtliches, Natürliches und Übernatürliches sind im Horizont der Anthropologie einander zugeordnet. Sie ist nicht bloß Gegenstand, sondern auch Prinzip der Theologie. Dadurch überwindet Gerbert die neoaristotelische Wissenschaftslehre von ihren Grundlagen her. Denn Geschichte und Theologie sind im Begriff der Autorität und ihrer Macht wohl zu vermitteln, der Grund für diese Vermittlung ist jedoch die Religion selber als eine das Leben konstituierende Kraft. An die Stelle unkontrollierbarer Entscheidungskompetenz tritt die Notwendigkeit ihrer Legitimation aus dem Geist jeweiliger Theologie. Macht und Autorität sind in der Macht der Autorität, aber auch in der Macht des Geistes der Autorität miteinander zu verbinden. Sie wollen einander in der Macht des Geistes zugeordnet sein. Freilich verschafft sich diese Erkenntnis nur ganz allmählich Platz. Die Aufklärung selber ist zu einer ganzheitlichen Konzeption der Theologie und ihrer einzelnen Traktate nicht gekommen. Im 18. Jahrhundert mischen sich der alte und der neue Ansatz miteinander. Die Ekklesiologie des Wiener Hoftheologen Gazzaniga kann sie nur äußerlich verbinden. Denn er verfährt einerseits nach klassischem Muster und ist sich andererseits des Fehlens der subjektiv-modernen Dimension bereits schmerzlich bewußt. Als das Ziel des Traktats nämlich wird der Nachweis der Unfehlbarkeit des Amtes genannt: „Demonstratur, Ecclesiam esse legitimum, supremum, et infallibilem fidei controversiarum judicem."[142] Dabei erfolgt jedoch in einer Anmerkung das Eingeständnis des Fehlens der Religion: „Atque, ut verum fateamur, ea definitio non totam Ecclesiae essentiam complectitur, sed tantum eam partem, quae visibilis est, seu ut ita dicamus, ipsum Ecclesiae corpus, de quo maxime solliciti esse de-

---

[140] Vgl. dazu die Schrift: Principia theologiae exegeticae (St. Blasien 1757).
[141] Vgl. Apparatus ad eruditionem theologicam (Freiburg i. Br. 1754).
[142] M. Gazzaniga, Praelectiones theologicae I (Bonn 1788) 315.

bemus, ubi agitur de Ecclesiae auctoritate, cui obtemperare tenemur; haec enim visibile esse debet, quod aliquando operosius ostendemus."[143]

Die unsichtbare Dimension der Kirche ist die religiöse Dimension. Von ihr wird gesagt: „Vera religio nos docet, quid credendum, quid sperandum, quid amandum sit ... religionem ... definimus cum S. Thoma II, 2, quaest. 81, art. 2 virtutem, qua Deo debitum honorem, et cultum reddimus; in qua definitione ... cultus est quasi materia, vel objectum, Deus autem, cui cultus exhibetur, est sicut finis."[144]

Es gibt zwei Arten von Religion: „Porro hae duplices generis veritates, ex quibus constare religionem diximus (nämlich die natürliche und übernatürliche), vel sunt theoreticae, et constituunt nostrae fidei objectum: vel sunt practicae, quae nempe ad mores spectant. Sed quamquam diversae, omnes tendunt ad cultum Deo primo nostro principio, atque ultimo fini exhibendum."[145] Die religiöse Dimension gehört zum Wesen der Kirche, aber nicht zu ihrem scholastischen Begriff: „Hinc patet, internam caritatem, et sanctitatem ad veram Ecclesiam pertinere; immo ejusdem Ecclesiae quasi animam, et spiritum; nulla tamen ejusdem caritatis mentio in tradita definitione facta est, ut nempe posset omnibus ejusdem membris accomodari."[146]

Der Grund hierfür indes ist weniger theologisch-dogmatischer als vielmehr methodologisch-erkenntnistheoretischer Natur. Der Aristotelismus, dem ja diese Art Ekklesiologie ihre theoretische Grundlage verdankt, kann zwar im Begriff der Autorität den Zusammenhang von Theologie und Geschichte denken. Er denkt jedoch von der Natur des Glaubens her und nicht vom Glauben her als einer geistigen Kraft. Die Natur ist ein Schlüsselbegriff der Theologie. Er ist grundlegend für die katholische Dogmatik aller Zeiten. Die aristotelische Theologie ist jedoch nicht in der Lage, seinen genauen Stellenwert zu reflektieren, denn er gehört zum Ort, nicht zu den Prinzipien der Theologie. Sein Zusammenhang mit den Prinzipien wird erst in der Aufklärung mittels des Begriffs der Religion gedacht. Dadurch verändert sich das geschichtliche Wesen dogmatischer Theologie, sie wird nun selber als eine Theologie der Religion erfaßt. Diese umfaßt grundsätzlich den theoretischen zusammen mit dem praktischen Bereich. „Religio generatim sumpta", so definiert sie S. Wiest, „est complexus veritatum, quae spectant cognitionem et cultum Dei."[147] Theologie ist „cognitio erudita reli-

---

[143] Ebd. 317.
[144] Ebd. 70/71.
[145] Ebd. 72.
[146] Ebd. 317.
[147] St. Wiest, Specimen Encyclopaediae ac methodologiae (Ingolstadt 1788) 1.

gionis".¹⁴⁸ Sie nimmt auf Wahrheiten Bezug, „quae Dei cognitionem, ejusque cultum concernunt"¹⁴⁹. Die Kirche – „societas hominum in eadem religione consentium"¹⁵⁰ – ist eine Gemeinschaft von Menschen der gleichen Religion.

Die Religion ist Prinzip der Theologie im Glaubensverständnis der bürgerlichen Welt.

---

[148] Ebd. 6.
[149] Ebd. 17.
[150] Ders., Demonstratio religionis catholicae (Ingolstadt 1790) 2.

Zweiter Hauptteil

Orte der dogmatischen Theologie
zu Beginn des 19. Jahrhunderts
in Deutschland:
ihre Ekklesiologie

Dogmatische Theologie ist eine Theologie, die sich Rechenschaft von ihrem Ort in der Geschichte gibt. Diese Fähigkeit, ihn zu finden (ars inveniendi) und sich mit aller Konsequenz auf ihn zu stellen (ars e locis argumenta ducendi), gibt ihr Autorität. Er umfaßt Zeugnisse, die man von ihrem jeweiligen Stellenwert her voneinander unterscheiden muß. Ihre Qualifikation ist eine wesentliche Aufgabe dogmatischer Theologie.

Zu den Orten, auf die sie sich bezieht, gehört auch die Kirche. Sie besitzt Macht und Autorität. Denn es ist ihre Aufgabe, in der weiten Geschichte des Glaubens jenen Ort zu finden, auf den sie sich mit aller Entschiedenheit stellen kann. Ihr Zeugnis gehört folglich zu den grundlegenden Gegebenheiten dogmatischer Theologie. – Deren Grundlegung erfolgt im Begriff der Kirche als Autorität. Er ist in der Neuzeit richtungweisend für die gesamte Ekklesiologie. Denn sie verbindet das Zeugnis des Glaubens mit der Macht des Glaubens in der Entschiedenheit des Willens, mit der man sich auf ihn stellt. Die Kirche ist Ort des Glaubens als Autorität.

Cano hat in seinem epochemachenden Werk De locis theologicis die Grundlinien der neuzeitlichen Ekklesiologie entwickelt. Sie ist eine Geschichtstheologie des Glaubens. Ihre geschichtliche Grundlage ist die katholische Welt des 16. und 17. Jahrhunderts, ihre theoretische Basis die Geschichtsphilosophie des lateinischen Neoaristotelismus. Sie hat ständegesellschaftliches Gepräge.

Zu Beginn des 19. Jahrhunderts ändert sich ebenso die geschichtliche wie geistige Situation, die geschichtliche Situation, sofern das Bürgertum zur bestimmenden Kraft des geschichtlichen Lebens in Europa geworden ist, die geistige Situation, sofern die bürgerliche Theologie ganz neue Möglichkeiten für Kirche und Theologie eröffnet. Träger dieses Wandels sind Theologen, die nach Auflösung des Jesuitenordens an den Universitäten Theologie in

Deutschland lehren. Es gibt viele Weltpriester darunter[1]. Der grundlegenden Veränderung im Begriff der Theologie folgt eine grundlegende Veränderung im Begriff der Kirche. Man öffnet sich zum ersten Male dem Glaubensverständnis der bürgerlichen Welt. Die Enzyklopädie ersetzt allmählich den Traktat De locis theologicis, und mit ihr tritt die Theologie der Religion an die Stelle der neoaristotelischen Theologie. Der Wandel vom einen zum andern ist mit dem Wandel vom Barock zur Aufklärung identisch. Er hält bis in die Gegenwart an.

I. Reich-Gottes-Idee und Kirche

Der Begriff Autorität gehört zum Begriff der Dogmatik. Jedoch unterliegt auch die Autorität in der Geschichte einem Wandel. Ihr Zeugnis ist folglich ein geschichtliches Zeugnis. Es verweist auf Wandlungen im Ortsbereich des Glaubens.

Die Theologie des beginnenden 19. Jahrhunderts greift mit der Entdeckung des Begriffs der Religion diesen Wandel auf. Im Abschied vom Neoaristotelismus wird seine Grundlegung als eine geschichtliche erfaßt. Sie findet unter dem Stichwort Reich Gottes im Horizont des Begriffs der Religion zu einer ganz neuen Gestalt.

---

[1] Vgl. R. Haaß, Die geistige Haltung der katholischen Universitäten Deutschlands im 18. Jahrhundert (Freiburg i. Br. 1952). – Im folgenden zweiten Teil wird von mir die Grundposition einer Theologie beschrieben, die sich dieser geistigen Haltung verdankt. Die Theologengeneration, mit der er sich befaßt, bleibt einerseits Cano verpflichtet, weshalb man sie als katholisch bezeichnen darf, andererseits vollzieht sie einen Wandel im Grundlagenbereich der Theologie, wodurch sie der Katholizität des Glaubens und der Kirche neue Horizonte öffnet. Sie verdient es, daß man sie der Vergangenheit entreißt. Ihre Theologie entspringt einer Haltung, in der man die Religion des Menschen als ein Prinzip der Theologie empfindet. Sie dient der Erziehung des Menschen zur Menschlichkeit im Geist der Religion. Der so vollzogene Wandel ihres Begriffs hat neue Dogmatiken zur Folge und diese wiederum eine Konzeption für die Erweiterung der Ekklesiologie. Dieser zweite Teil meiner Arbeit befaßt sich dabei mit einer Generation von Theologen, die am Beginn des 19. Jahrhunderts in der Lage war, die Ekklesiologie auf dem Boden des Begriffs der Religion dogmatisch zu erneuern. Nicht behandelt wurden solche Theologen der Epoche, die wie Sailer keine Dogmatik, oder wie Hermes keine Ekklesiologie, oder wie Liebermann beides zwar unter Verwendung, aber nicht auf dem Boden des Begriffs der Religion verfassen, oder überhaupt wie die Tübinger Schule im 19. Jahrhundert später anzusiedeln sind. Thema sind folglich die Reich-Gottes-Theologen und B. P. Zimmer. Bei ihnen vollzieht sich archaisch, aber prinzipiell der Wandel des Begriffs von Kirche und Theologie im 19. Jahrhundert.

1. Die Kirche und die Idee der Kirche in der Theologie

In der beginnenden Neuzeit begreift sich die Kirche als eine Macht des Glaubens. Ihr Zeugnis besitzt Autorität.

In der späteren Neuzeit ist diese Konzeption von Kirche nicht mehr unbestritten. Als Ort und Prinzip des Glaubens bezeichnet man in der Aufklärung nicht mehr die Macht, sondern die Religion des Glaubens. Sie ist die Trägerin der Idee universaler Verbundenheit des Menschen mit Gott. So zentral nämlich die spezifisch katholische Entdeckung des Begriffs der Autorität gewesen ist – und die Aufklärung blieb ihm in der Tat verpflichtet –, so notwendig ist es, diesen Begriff um den Begriff der Idee des Glaubens zu erweitern.

Das beginnende 19. Jahrhundert signalisiert im Wandel des Begriffs von Macht und Autorität einen grundlegenden Wandel im Begriff der Kirche und ihrer Theologie.

F. Oberthür[2] hat ihn beschrieben. Seine Bücher über die Kirche mit dem Titel „Idea biblica Ecclesiae Dei"[3], an denen er von 1790 bis 1820 dreißig Jahre gearbeitet hat, besaßen große Publizität. Es wurde die Vermutung geäußert, Goethe hätte in „Dichtung und Wahrheit" die Sakramentenlehre aufgegriffen, die Oberthür in ihnen entwickelt[4].

---

[2] Zu Leben und Person: vgl. O. Volk (Hrsg.), Professor Franz Oberthür (Neustadt 1966), sowie R. Stölzle, Franz Oberthür, Katholischer Theolog, Pädagog, sowie Kulturhistoriker und Philanthrop: Lebensläufe aus Franken, hrsg. von A. Chroust 1 (München 1919) 336–358. Eine Würdigung Oberthürs als Theologen findet sich in diesen Werken nicht, obwohl die Theologie „den Schwerpunkt des Schaffens" bildet. Vgl. dazu bei O. Volk den Beitrag von A. Lindig, Franz Oberthür (1745–1831). Eine Gesamtcharakteristik, 1. Deshalb ist auch die Meinung, die Lindig selbst über dieses Schaffen äußert, nicht das Ergebnis einer sachlichen Untersuchung, sondern ein pauschales Vorurteil: „In Selbstüberschätzung hielt er sich für einen ‚Reformator' der Theologie, doch kam seiner Theologie weder für seine Zeit noch für die Folge besondere Bedeutung zu. In protestantischen Kreisen fand sie gewiß Anklang. Zu erwähnen sind seine oft modern erscheinenden Anregungen auf dem Gebiet des Theologieunterrichts" (vgl. ebd. 1). Neben der Sichtung des biographischen und bibliographischen Materials hat daher der Band nur Kulturgeschichtliches und nichts Theologisches zu bieten: Oberthür als Menschenfreund, als Stadtschuldirektor in Würzburg, seine Beziehung zur dortigen polytechnischen Gesellschaft.
[3] Vgl. F. Oberthür, Idea biblica Ecclesiae Dei I (Würzburg 1790); II (Salzburg 1792); III (Rudolstadt 1806); IV (Sulzbach 1817), V, 1 (Sulzbach 1820); V, 2 (Sulzbach 1821).
[4] Vgl. Benkert's Allgemeiner Religions- und Kirchenfreund 1 (1828) 33/34. Hier finden sich Auszüge der geplanten, aber nie fertiggestellten deutschen Übersetzung der Ekklesiologie von Oberthür. Er selbst verweist häufig auf den publizistischen Nachteil, der ihm aus Gründen der Sprache wegen der lateinischen Abfassung erwachsen ist.

1.1. Praktische und theoretische Religion – Ort und Prinzip der Theologie

Die Neuorientierung der Theologie bei F. Oberthür beginnt im Horizont des Begriffs der Religion. Denn dieser umfaßt zwei Bereiche, den praktischen in der menschlichen Verhaltensweise und den theoretischen in der Konzeption dieser Verhaltensweise als Verhalten gegenüber Gott. Ihr Ort ist folglich die Natur des Menschen. Sie ist ein Prinzip der Theologie. „Hanc autem statuo Theologiae genuinam notionem", so schreibt Oberthür in seiner Schrift zur Reform des theologischen Studiums mit dem Titel „Encyclopaedia et Methodologia Theologica"[5], „quod sit disciplina, quae praebeat rerum ad divinitatem, ac humanitatem, praesertim ad huius veram solidam ac perennem beatitatem spectantium, plenam perfectam ac securam, utpote ab ipso Deo patefactam notitiam... Duplicem quidem praemissa finitio Theologiae mihi titulum exhibet, quo eam commendem: primum: quod sit rerum sublimissimarum ad divinitatis aeque ac humanitatis intima mysteria spectantium scientia; alterum: quod securissima ad veram beatitatem perveniendi media homini suggerat."[6]

Dogmatik als Inbegriff des Wissens vom Ort der Theologie hat folglich einen theoretischen und einen praktischen Aspekt. Der erste betrifft die Lehre von Gott, der zweite die Lehre vom Menschen. Der erste Teil – die biblische Theologie – behandelt die Offenbarungslehre, der zweite Teil – die biblische Anthropologie – die Erlösungslehre der biblischen Religion. Die Situation des Menschen ist in der Verschiedenheit ihrer Perspektiven der zentrale Ort aller Theologie:

„Bei der biblischen Theologie, der ersten Hauptabteilung, die ich von der Dogmatik gemacht, gehe ich von der Natur des Menschen aus, die ihn zum Mitglied einer sichtbaren und unsichtbaren, zum Mitglied der physischen und moralischen Welt gemacht. Daraus zog ich die Lehre von der Unsterblichkeit desselben und von da aus leite ich zum Glauben an das Dasein eines Schöpfers und Regierers der beiden Welten ein. Daraus zeige ich die Notwendigkeit und Wirksamkeit der Religion für den Menschen oder des Glaubens an seine Unsterblichkeit und das Dasein Gottes als die Grundwahrheiten der Religion... und zeige die Notwendigkeit oder die Vorteile einer göttlichen Offenbarung. Jetzt suche ich einige Gründe mir einstweilen zur Vermutung auf, daß eine unmittelbare Offenbarung an das Menschen-Geschlecht einmal, und erhebe endlich diese Vermutung zu der hinlänglich bewiesenen Tatsache, daß wirklich Gott sich dem Menschen-Geschlechte

---

[5] Vgl. ders., Encyclopaedia et Methodologia theologica (Salzburg 1786).   [6] Ebd. 90/92.

näher geoffenbart, dessen Leitung zum hohen Ziele seiner Bestimmung selbst übernommen und in authentischen Nachrichten des biblischen Archivs für alle künftige Geschlechter nicht nur die Wahrheit dieser Tatsache niedergelegt habe, sondern auch zugleich die durch ihn und seine Gesandte angefangene Belehrung und Leitung des Menschen bis an's Ende der Welt durch seine Kirche fortgesetzt."[7]

Theoretische und praktische Theologie gründen in der Religion als dem ursprünglichen Ort aller Theologie. Die Entscheidungen, die man im Hinblick auf sie im wirklichen Leben trifft – Oberthür nennt sie ihr praktisches Resultat –, „werden alle unter dem Namen Religion begriffen und bestehen eigentlich als die ersten Elementarteile derselben in Anbetung – Gehorsam – und Zutrauen, welche dann, aufgelöst in das, was sie enthalten, das werden, was die biblische Anthropologie Tugend und das glückliche Los des tugendhaften Menschen nennt"[8].

Theologie der Religion ist eine Theologie, deren Prinzip die Religion als Inbegriff praktischer Verhaltensweise ist. Sie ist Theologie, sofern menschliches Verhalten in der Transzendenz des Menschen gründet. Sie ist Anthropologie, sofern die Menschlichkeit des Menschen selber in der Transzendenz begründet wird, und sie ist schließlich Ekklesiologie, sofern die Kirche der umfassende Horizont aller Transzendenz des Menschen ist. Die Kirche ist folglich selber ein Ort der Religion. Sie ist ein wesentlicher Teil „dieser einen, von Gott selbst gegründeten Anstalt, zu bilden die Menschen zur Humanität durch Religion nach der Bibel für alle Zeiten. Sie ist es, welche durch Auslegung und Verkündigung ihres Inhalts, durch Verbreitung des darin wohnenden Geistes den toten Buchstaben der schriftlichen Offenbarungsurkunden Leben und Wirksamkeit erteilt. Sie zeigt das Ideal der Menschheit im großen, nach dem das ganze Menschen-Geschlecht als Masse sich bilden soll, und ist zugleich das Mittel, wodurch dieses Ideal realisiert werden soll."[9]

Religion ist Inbegriff menschlicher Verhaltensweise, sofern sie in der Transzendenz begründet ist. Die Theorie, die sie entwickelt, ist die Theorie einer Verhaltensweise, die sie fordert. Die biblische (= religiöse) Anthropologie als Darstellung biblischer (religiöser) Lehre vom Menschen und biblische (religiöse) Theologie als Darstellung biblischer (religiöser) Lehre von Gott ergeben erst zusammen die kirchliche Dogmatik. Beide Richtungen der biblischen Religion sind miteinander so verbunden, „daß die eine in die andre

---

[7] Vgl. ders., Methodologie der theologischen Wissenschaften überhaupt und der Dogmatik insbesondere (Augsburg ²1828) 84–95.
[8] Ebd. 363.   [9] Ebd. 367/368.

eingreift und die Dogmen in der einen ausführlich abgehandelt, in der andern wenigstens berührt werden müssen. Diese wechselseitige Einwirkung theologischer Dogmen und eigentlicher anthropologischer Lehren schafft erst objektive Gewißheit. So erhält die Lehre von der Unsterblichkeit der menschlichen Seele, welche sich, die Sache genau genommen, nur zu einem subjektiven Glauben eignet, erst durch die Auferstehung Christi von den Toten, von welcher die Christologie, ein Teil der biblischen Theologie, uns belehrt, eigentlich objektive Gewißheit; und wird erst die Hoffnung der Begnadigung des reuigen und begnadigten Sünders durch eine andre Lehre der Christologie, daß der Tod Christi, des Sohnes Gottes, ein Sühnopfer für alle Menschen aller Zeiten gewesen, gegen alle Zweifel gesichert und zur objektiven Gewißheit erhoben."[10]

Der Einheit von Theorie und Praxis im Begriff der biblischen Religion entspricht die Einheit von Theologie und Anthropologie im Begriff der biblischen Dogmatik. Die Aufforderung, der Realität unendlichen Lebens nachzustreben, ist selber eine Realität im Leben. Die biblische Theologie spricht vom Dasein der Religion, die kirchliche Anthropologie hingegen spricht von ihrer Möglichkeit. Sie muß die Einsicht vermitteln, daß Religion erst umfassend noch verwirklicht werden muß und dazu von der Theologie entsprechende Anleitung bekommt. Oberthür erörtert in ihr das Ideal menschlicher Lebensführung. „Ich fange sie mit der Darstellung der ursprünglichen *Würde der menschlichen Natur* oder der Bestimmung des Menschen als eines moralischen Wesens an, stelle das Ideal der höchsten Menschen-Würde, der Tugend, entworfen von der Philosophie in den ersten Grundzügen, dar, male es aus und vollende es mit den Zügen und Farben, die ich aus den Urkunden der Offenbarung entlehnt habe. Diesem Ideal stelle ich als Gegenstück das moralische Verderben der menschlichen Natur zur Seite... Die Wiederherstellung des entstellten Bildes zur ursprünglichen Schönheit geschäftiget daraus die Anthropologie, welche die Mittel dazu zuerst in der Vernunft des Menschen und dann in den Urkunden der Offenbarung aufsucht. Mit der Eröffnung der Aussichten des Menschen nach dem Tode schließt sich die Anthropologie... Zugleich berühren sich hier die letzten Schicksale nicht nur des gesamten Menschengeschlechtes, sondern auch des Wohnsitzes desselben, der Erde, und vielleicht auch des ganzen Planeten-Systems, dem sie angehört. Das sind nun wieder Gegenstände, mit denen sich die Philosophie und Bibel, doch jene fast noch mehr als diese, wenigstens mit einigen derselben beschäftigen."[11]

---

[10] Ders., Biblische Anthropologie I (Münster ²1826) 10/11.   [11] Methodologie 86/87.

Tugend als höchstes Ideal der Offenbarung und Glückseligkeit als Zustand ihrer endgültigen Verwirklichung sind unentbehrlich für eine Theologie, die sich praktisch vollenden will. Sie will die Grundlinien der moralischen Weltordnung entwerfen und zugleich Anleitung für tugendhaftes und glückliches Leben in einem Maßstab von universaler Größenordnung sein.

„Tugendhaft und glücklich sein ist die Bestimmung des Menschen. Beide, Tugend und Glückseligkeit, sind unzertrennlich wie Ursache und Wirkung oder wie wechselseitige Bedingnisse der einen gegen die andere, des Menschen höchstes Gut; beide, in Gedanken von einander gesondert, der zweifache Inhalt der ersten Ableitung dieser biblischen Anthropologie."[12]

Das Ideal der menschlichen Tugend wird von Oberthür als Ideal des Lebens in der Welt entworfen: „Nach dem ursprünglichen Verhältnisse der Bestandteile der menschlichen Natur zueinander", dann von der Stellung aus, „die der Mensch im Systeme des Universums einnimmt", im Verhältnis des Lebens zu Gott, zur Schöpfung, und zur Tugend überhaupt[13]. Tugendhaftigkeit und Glückseligkeit sind in der Bibel ein Ort der Theologie. Denn sie stellt Tugend „unter eben denselben Gesichtspunkten oder Teilen, wie es uns oben die Philosophie nach der Natur entworfen, nur vollendet und in neuen, viel höheren Reizen dar. Beherrschung der Sinnlichkeit ist hier Gehorsam gegen Gott, den Schöpfer und Regenten der Welt. Genaue Beobachtung aller Verhältnisse zum Universum ist hier Glaube an Gott und Liebe zu Gott, von welcher Liebe zu den Geschöpfen abgeleitet wird als die einzige probehaltige Äußerung jener, wodurch auch die Harmonie im Universum erhalten wird. Gottes-Ähnlichkeit wird hier Religion, bewirkt durch Liebe zu Gott. Die Stütze der Tugend ist Glaube an Gott und Hoffnung auf Gott. Kurz, Tugend ist in der Bibel Religion im wahren und praktischen Sinne."[14]

Wie die Natur durch Beobachtung ihrer Gesetze eine Quelle von Glück auf Erden ist, so ist in der Bibel die Tugend ein Grund für die Vollendung des Menschen in Gott. Denn sie enthält nicht nur Aussagen zur Schöpfung und Bildung des Menschen in der wahren Religion, sondern auch über Glück und Unglück des Menschen in der Geschichte nach Maßgabe seines Verhaltens. Schöpfungsgeschichte, Erlösungsgeschichte und Vollendungsgeschichte sind der Ort einer Theologie, in der Tugend und Glückseligkeit, sittlicher Zustand und Heil eschatologisch verbunden sind.

Ort der Rechenschaft für die Theologie ist bei Oberthür die Anthropo-

---

[12] Biblische Anthropologie I, 45.
[13] Ebd. 53, 67, 70, 77, 95.
[14] Ebd. 125/126.

logie. Sie muß den Zusammenhang von Tugend und Glückseligkeit in der biblischen Religion erfassen: Die Zeugnisse des Glaubens haben als Zeugnis der Hoffnung auf das ewige Leben folglich eine eschatologische Autorität [14a].

1.2. Theologie und Anthropologie – Orte der Dogmatik

Der Wandel dogmatischer Theologie von Cano zu Oberthür ergibt sich aus einer Verschiebung im Grundlagenbereich dieser Theologie. Der Ort des Glaubens ist nicht mehr die Autorität, sondern die Religion der Autorität. Zu ihren Grundprinzipien gehört folglich a priori die Moral.

„Dogmatik im weitesten Sinn", sagt Oberthür, „ist die systematische Darstellung aller, sowohl theoretischer als praktischer Religions-Lehren, die in den verschiedensten Quellen der religiösen Kenntnisse zerstreut liegen und auf die verschiedenste, jeder dieser Quellen eigene Art und Weise vorgetragen werden, und begreift zugleich den Teil der Theologie in sich, der nach der jetzigen Einrichtung des theologischen Studiums auf Akademien, von den theoretischen Religions-Lehren gesondert, Moral heißt und von einem eigenen Lehrer vorgetragen wird."[15]

Der Grund für die Einheit verschiedenster Formen der Theologie ist die Religion. Sie ist der Ursprung aller Theologie. Sie ist das Prinzip ursprünglicher Verbundenheit von Theologie und Anthropologie im Fortgang der Geschichte. „Ihre nahe Verwandtschaft, ihre wechselseitigen Verhältnisse und das Interesse der Religion sowohl als das der beiden Wissenschaften fordert eine nähere Verbindung derselben untereinander. Beide werden aus denselben Quellen hergeleitet. Beide haben dieselben Eigenschaften, beide dieselbe Ansicht und Bestimmung. Sie verhalten sich wie Theorie und Praxis, wie Zweck und Mittel gegen einander. Die Religion gewinnt, wenn, so wie das Studium derselben erleichtert wird, sie mit ihrer ganzen Tendenz, wenn die Theorie mit der Praxis verbunden, wenn Zweck und Mittel auf einander passend und aller verwandter Wissenschaftsharmonie deutlich dargestellt wird."[16]

In der Dogmatik Oberthürs verbinden sich Theologie und Anthropologie auf dem Boden des Begriffs der Religion. Sie ist eine Geschichtstheologie des Glaubens im Horizont dieses Begriffs. Denn sie ist ein Ort der Erziehung des Menschen. Sie ist jener Ort der Theologie, an welchem der Mensch zum

---

[14a] Der Begriff „Autorität" erfährt bei Oberthür eine pragmatische Erneuerung. Sie ist eine für die Erziehung des Menschen notwendige und nützliche Instanz.
[15] Methodologie 31.   [16] Ebd. 32.

Fortschritt in der Religion durch die Theologie erzogen wird. Sie umfaßt nicht bloß den theoretischen Bereich, sofern der ganze „Vorrat der zur vollständigen Religionstheorie gehörigen Wahrheiten" in seiner gedanklichen Verknüpfung von ihr entdeckt, entwickelt und dargestellt wird, sondern auch den praktischen, insofern Entdeckung, Entwicklung und Darstellung dieser Wahrheit dem Zweck der Erziehung des Menschen dient. Sie muß folglich ihre Auffassungen genauestens „auf den Geist der Zeit, auf dessen Bedürfnisse, Geschmack und Ton und auf das einzige Ziel und Ende alles religiösen Unterrichts, auf Erzeugung des höchsten Grades von religiöser Moralität im einzelnen Menschen, dann auf Brauchbarkeit zur Beförderung des möglichst höchsten Grades von Tugend und Wohlstand in der bürgerlichen Gesellschaft, zur Begründung und Erweiterung des Reiches der Humanität berechnen und anlegen; sie muß daher auch jede dieser Wahrheiten aus der tiefsten Tiefe, gleichsam mit der Wurzel herausheben, von allen Seiten beleuchten, in allen ihren Beziehungen zu den übrigen und vorzüglich zum menschlichen Leben darstellen."[17]

Theorie und Praxis der Theologie werden in ihrer gegenseitigen Verbundenheit bei Oberthür von der Beziehung des Menschen her gedacht. Denn theoretische Erörterung ist ein Prinzip des praktischen Verhaltens, und dieses wiederum ist ein Ort der Theorie. Da jedoch Ort und Prinzip im Begriff der Religion und nicht im Begriff der Autorität einander zugeordnet sind, haben Entscheidungen des Glaubens pädagogische Qualität. Durch sie erzieht sich der Mensch zum Glauben als Grundprinzip des Lebens vor Gott. Sein Stoff gliedert sich nach den ihn selbst konstituierenden Prinzipien: nämlich die menschliche Natur, die biblische Offenbarung und die kirchliche Tradition. Diese Grundgegebenheiten sind in ihrem jeweiligen Zusammenhang ein Moment jener umfassenden Ökonomie, in der Gott und Mensch sich zueinander verhalten und auch in der Geschichte selbst miteinander ursprunghaft verbunden sind. Dogmatische Theologie ist eine Theologie, die den Fortschritt in der Theologie begreift.

„Die Dogmatik legt dem Menschen eine Religions-Theorie zu dem Ende vor, daß er sich nach dem darin aufgestellten Ideal der reinen Menschheit bilde, daß er die mächtigsten Beweggründe sowohl als die kräftigsten und sichersten Mittel, sich zu diesem Ideal aufzuschwingen, daß er Trost im Leiden und Mut im Kampfe dieses Lebens darin finde. Er wird diese Religions-Theorie gewiß in diesem ihrem ganzen Umfange viel lieber annehmen, wenn er bemerkt, daß der erste Stoff davon aus ihm selbst, aus der Men-

---

[17] Ebd. 34 bzw. 35.

schen-Natur entnommen werde, daß er gleichsam selbst den ersten Entwurf dazu gemacht, den die Offenbarung nur ausführe und vollende, daß seine Bedürfnisse, Wünsche und Erwartungen eigentlich die Gegenstände seien, womit sich die Offenbarung größtenteils beschäftige, um sie zu befriedigen, daß sie zum Teile, wo die Theorie unmittelbar das Handeln betrifft, seine eigene Gesetzgebung anerkenne, aufnehme, näher bestimme, erweitere, sanktioniere, wenn ihm etwa die neuere Philosophie den hohen Begriff von seiner Wichtigkeit schon beigebracht haben sollte, daß der Mensch sich selbst, durch seine Vernunft, Gesetzgeber sein müsse."[18]

Die Einheit von theoretischer und praktischer Religion gehört zum Begriff einer vollkommenen Theorie der Religion. Sie liegt in der Offenbarung der Bibel tatsächlich vor. Von ihrer eigentümlichen Qualität als vollkommene Theorie der Religion her ist diese Offenbarung auch der zentrale Inhalt der Dogmatik. Aus der Bibel, ihrer geschichtlichen Quelle, gehört daher all jenes „in die Dogmatik, was davon zur Aufstellung einer vollkommenen Religions-Theorie als Lehrsatz oder als Beweis und Erklärung eines Lehrsatzes dient. Daß eine Religions-Theorie unvollkommen sein könne, aber nur aus Versehen der Mensch es sei, ist aus dem Vorhergehenden bekannt. Daß in der Bibel als dem Archive einer zur notwendigen Belehrung und Bildung des menschlichen Geschlechts an dasselbe unmittelbar geschehenen Offenbarung eine vollkommene Religions-Theorie wie ein vollständiges Verzeichnis alles dessen, was der Mensch zu tun habe, um die Absicht der Offenbarung zu erreichen, oder ein vollendetes, auf eine sichere und feste Theorie gebautes Schema der praktischen Religion enthalten sein müsse, liegt in dem Begriffe von Offenbarung und Bibel als dem Archive der Offenbarung."[19]

Die Vollkommenheit einer solchen Theorie wird von ihrem geschichtlichen Wesen her gedacht. Sie muß der praktischen Religion Sicherheit und Festigkeit verleihen. Sie muß ein Prinzip des Lebens und Handelns im Geiste universaler Wahrheit sein. Denn vollkommen „ist eine Religions-Theorie", heißt es bei Oberthür, „wenn sie der praktischen Religion einen so festen Grund unterlegt, daß die Ausübung von dieser jedem, auch dem sinnlichsten Menschen bei jeder Stimmung, Lage und Forderung seines Geistes möglich und sogar leicht werde, wenn er sie nur kennt, tief in Verstand und Gemüt sich einprägt und nicht freiwillig sich gegen ihre Entwicklung verhärtet hat. Vollkommen ist sie und legt diesen Grund der praktischen Religion unter, wenn sie deren kräftigste Beweggründe bekanntmacht, auch die schwersten Pflichten der praktischen Religion getreu im ganzen Umfange und im wahren

---

[18] Ebd. 76/77.   [19] Ebd. 117.

Geiste auszuüben. Vollkommen ist sie, wenn sie zugleich Mittel enthält und dem Menschen an Handen gibt, wodurch er sich diese Beweggründe eigen zu machen im Stande gesetzt werde. Vollkommen ist sie, wenn sie auf die verschiedenen Gattungen von Menschen, die Grade ihrer Fähigkeiten, die Art ihrer Bedürfnisse, ihre Verhältnisse bei der Bekanntmachung der Beweggründe für die Beobachtung der Pflichten der praktischen Religion und der Mittel, sich diese Beweggründe eigen zu machen, die nötige Rücksicht nimmt und mit weiser Vorsehung gleich dafür sorgt, überhaupt aber den Menschen mit allen seinen Kräften ergreift, um ihn wahrhaft religiös zu machen, das ist, für alles, was sie enthält, recht lebhaft einzunehmen und sie ganz zum Lebens- und Handelns-Prinzip seines Geistes zu machen."[20]

Eine vollkommene Theorie der Religion ist eine Theorie, die die Religion selbst begründet. Ihre Autorität entspringt der Fähigkeit, den Zusammenhang von Offenbarung und Natur in Geschichte zu erfassen. Sie wird von Oberthür als ein System der Ökonomie geschichtlicher Offenbarung gedacht. Die Erziehung des Menschen ist bei ihm der ursprüngliche Ort des Zusammenhangs von Offenbarung und Religion, das Prinzip ihrer Verbindung in der Theologie. Sie verbindet Theorie und Praxis im Begriff der Religion, Theologie und Anthropologie in den Schlußfolgerungen der Dogmatik und schließlich die einzelnen Formen kirchlicher Tätigkeit in der Ekklesiologie.

„Theoretica dogmata", schreibt Oberthür, „*erudiunt* de natura Dei et hominis, atque de illis in hoc, et universo reliquo mundo regendo, sapientissima ratione et *oeconomia;* practica vero, de iis, quae hominem, ut salvus sit et beatus, agere: vivet de officiis, quae eum omnibus fere totius rerum universitatis partibus exhibere, oporteat."[21]

Beide sind in der Offenbarung selbst verbunden: „Quae de natura Dei, ejusque mundum gubernandi ratione, quaeque de natura, et fine hominis per *revelatam religionem* docemur, omnia ea ratione docemur, qua cum practicis dogmatibus cohaerent. Cohaerent autem theoretica dogmata cum practicis, vel ut motiva, queis ad agendum impellamur: vel ut rationes ex visceribus causae desumptae, queis de impositorum officiorum necessitate, aut convenientia nobis persuadetur."[22]

Der vollkommene Zusammenhang von Theologie und Anthropologie begründet den Begriff der Offenbarung: „inter se cohaerent anthropologica et theologica dogmata, *in revelatae religionis theoria,* quia non nisi cum de humani generis fatis, aut de ejus juvandi modis edocemur, quae occasione

---

[20] Ebd. 118.   [21] Ders., Idea I, 107.   [22] Ebd.

nata, tantum de Deo audimus, quantum praecise de eo scire, ad intelligenda, nostra interest."²³

Er ist die Grundlage aller Schlußfolgerungen der Theologie: „Practica dogmata, vel ethica revelatae religionis praecepta, ut cum theoreticis, qua vidimus, ratione cohaerent, ita etiam cum totius rerum universitatis sistemate ad amussim conveniunt. Officia enim, quae revelata religio homini imponit, non sunt ex solo Dei arbitrio, tantum ad exercendam oboedientia hominis pietatem, praecepta; sed sunt *conclusiones* ex rerum convenientiis natae et abstractae; sunt totidem *consecutiones* illorum vinculorum, quibus cum tota rerum universitate ex omni parte connectitur: quibus salvis totum rerum universitatis harmonicum systema salvum manet, quale sapientissimus rerum conditor illud esse jussit: quibus ex adverso neglectis aut laesis, negligitur et laeditur pulcherrimum intuentibus spectaculum, mundi harmonia."²⁴

Er ist auch die Grundlage der Harmonie des Zusammenlebens in der Kirche: „Sicut rerum omnium universitatis unum ac harmonicum efficit systema, certis a Deo latis legibus servandum; ita religio, quae tam arcte cum ipso hoc sistemate, et omnibus ejus partibus connectitus, atque ipsas illas, quibus illud regitur, servatur et constat, leges continet, non nisi una esse potest. Proinde etiam unam tantum Ecclesiam constituisse Deum consequitur, quod aeque individuo nexu Ecclesia et religio sint conjuncta."²⁴ᵃ

Zu Beginn des 19. Jahrhunderts erzielt die Theologie einen Fortschritt bei der Klärung dessen, was für sie Geschichte ist. Das Zeugnis der Autorität, das Ort und Prinzip der nachtridentinischen Dogmatik war, wird zum Ort und zum Prinzip der Religion. Es dient der Erziehung des Menschen. Die Grundlagen der Theologie sind auf dem Boden der Aufklärung mit dem Begriff der Autorität nicht mehr ausreichend charakterisiert. Sie wird an ihrem Ziel gemessen, der Erziehung des Menschen im Geist der Religion.

1.3. Die Kirche – ein Ort der Erziehung des Menschen im Geiste der Religion

Die Grundlegung der Theologie wird zu Beginn des 19. Jahrhunderts nicht mehr im Begriff der Autorität und ihrer Natur – den herrschenden Kategorien der Zeit des Absolutismus –, sondern im Begriff des Menschen und seiner Religion gedacht. Sie rechtfertigt sich als ein Ort der Erziehung des Menschen zu wahrer Menschlichkeit im Geist der Religion. Die geschichtliche Aufgabe, die mit einer solchen Tätigkeit zu erfüllen ist, wird – von ihrer

---

[23] Ebd.   [24] Ebd. 107/108.   [24a] Ebd. 109.

heilsökonomischen Orientierung her – zu einem geschichtstheologischen Prinzip der Ekklesiologie.

F. Oberthür aus Volkach bei Würzburg hat in seinem fünf Bände umfassenden Werk „De idea biblica Ecclesiae Dei" die veränderte Fragestellung in ihrer ganzen Tragweite erfaßt. Er ist sich der Schlüsselfunktion des Theologieverständnisses für die Ekklesiologie bewußt: „Cum ante annos ab hinc fere quatuordecim primas Theologiae revelatae lineas scripsi", heißt es im Vorwort dieses Buches, „leviter tantum hoc argumentum attigi, vel potius locum tantum, quem illi convenire tunc putaram. Siquando secundis curis hanc Dogmaticae partem retractare licuerit, *istam Ecclesiae Dei ideam ita cum omni Theologia revelata combinabo;* ut per quascumque suas partes aliquid ejus exhibitura sit; et hoc solum commentationem hanc, atque Theologiam revelatam discrimen porro intercedat, quod haec paulo latius pateat, illa restrictior sit."[25] Der Ursprung des Begriffs der Kirche verweist auf den Ursprung des Begriffs der Theologie. Denn die Entscheidung des Glaubens ist ein Prinzip der Theologie, und die Theologie ist selber ein Ort für die Entscheidung des Glaubens. Sie besitzt wegen ihrer Stellung zum Glauben in der Kirche Autorität. Die Aufgabe der Theologie erschöpft sich jedoch nicht in der Zeugenschaft für die Entscheidungen des Glaubens. Denn sie haben ihren Ort im Leben der Religion. Sie sind Prinzipien für seine Gestaltung. Die Theologie leitet den Menschen zur Verwirklichung der von ihm getroffenen Entscheidungen. Ihr Verhältnis zum Glauben in der Kirche wird bei Oberthür nicht mehr von der Glaubensentscheidung und ihrer Autorität, sondern vom Glauben als einem Prinzip der Erziehung des Menschen im Geist der Religion gedacht. Die Kirche bleibt auch in dieser Konzeption Ort und Prinzip der Theologie. Aber sie ist es in ihrer Eigenschaft als Schule des Menschen: „Res paulo altius repetenda, et series dogmatum, quibus omnis doctrina de Ecclesia absolvitur, ab inde ducenda est, quo omnis *Anthropologia* incipit: Deus eo consilio homines condidit, ut singuli rationem et naturam, secundum suae voluntatis normam ac regulam, sincera erga Deum suum atque se invicem charitate ducti, sequerentur. Quo quidem futurum fuerat, ut omne genus humanum non nisi unam Dei familiam repraesentaret, in omnibus suis membris concordem, et ex omni parte beatissimam."[26]

Ihr Begriff ist ebenso vom Amt wie von der Gemeinde her zu definieren. Er besitzt sowohl in der Gemeinde als auch in den Trägern des Amtes der Gemeinde seinen Grund: „Si tam ex his praemissis, quam ex biblicis huc pertinentibus documentis concludere, et quid sit Ecclesia, *definire* placuerit,

---

[25] Ebd. Vorwort, 10. [26] Ebd. 1.

duplicem uni huic voci sensum subjicere oportet: *unum,* quo hominum rectorum, piorum, sive ad Dei voluntatem – quatenus eam cognitam habent – naturam et rationem sequentium, invisibili quidem, forti tamen mutuae charitatis vinculo sibi unitorum societatem, sua velut sponte, quasi ex insciis natam, Deo, suo auctori, primigeniam hominum conditionem, et societatem in compendio repraesentantem, indicat: *alterum,* quo Ecclesia est hominum eandem religionis theoriam profitentium, eadem sacra peragentium, ipso Deo jubente coacta societas, uno communis religionis symbolo, atque uno eodemque externo ritu conspicua. Hoc altero sensu sumpta Ecclesia, haec ab ipso Deo ordinata religiosa societas, cum omni suo apparatu cultus divini publici, et dirigente sacerdotio, non aliter, quam *ut schola* quaedam est habenda, quam docendae, nutriendae, ac promovendae internae religionis causa Deus erexerit; ita quidem, ut nec Dei intersit, nec prosit homini, esse ipsum Ecclesiae hoc altero sensu sumptae, Ecclesiae externae, membrum; nisi hoc fine et effectu sit, ut virtutem, quae hic docetur, exercendo, ad religionem, quam exterius profitetur, animum efformando, vere rectus sanctusque, Ecclesiae quoque primo sensu sumptae, genuinum membrum accenseatur."[27]

Es gibt folglich einen doppelten Begriff der Kirche. Sie erzieht einerseits den Menschen zur Religion und ist insofern eine amtliche Instanz. Andererseits ist die Amtlichkeit, mit der sie den Menschen zur Religion verpflichtet, eine Instanz der Religion. Sie bleibt insofern den Anforderungen ihres Begriffs unterworfen und besitzt eine heilsökonomische Funktion. Die Einheit von Amt und Gemeinde wird von Oberthür nicht im Begriff des Glaubens und seiner Autorität, sondern heilsökonomisch gedacht. Sie ereignet sich in der Erziehung des Menschen als einem Akt der Religion. Man kann hier von einer Grundlegung der Ekklesiologie in der Logik des Begriffs der Heilsgeschichte sprechen.

Jene ungeheure folgenreiche Wende zur ecclesia visibilis et externa im Kirchenverständnis der beginnenden Neuzeit bei Cano, die noch bis auf den heutigen Tag die Traktate katholischer Ekklesiologie beherrscht, erfährt bei Oberthür eine entscheidende Korrektur. Die Kirche als Autorität wird bei ihm auf ihr geschichtliches Wesen hin befragt, und dabei stellt sich heraus, daß man ihre Einheit in der aristotelischen Konzeption der Geschichte des Glaubens deshalb nicht in ihrer Entwicklung erfassen kann, weil die Autorität von ihrer Vollmacht her zwar einen Ort in der Geschichte hat, die Geschichte mit dem Begriff der Autorität und ihrer Zeugnisse jedoch nur

---

[27] Ebd. 3/4.

unzureichend zu beschreiben ist. Die Praxis kirchlichen Lebens wird darin entweder als autoritative Entscheidung oder überhaupt nicht begriffen. Es ist im Begriff der Autorität gerade jenes Moment nicht deutlich zu machen, was für deren Selbstverständnis von höchster Bedeutung wäre, nämlich ihr Dienst am Glauben der Gemeinde. Je weniger dieser Dienstzusammenhang jedoch gesehen wird, um so weniger wird auch die geschichtliche Natur kirchlicher Autorität bedacht. Die sie tragende Idee bleibt unkontrollierbar dem Entscheidungsspielraum autoritativer Stellungnahmen überlassen. Sie verliert mit dem Wandel der Geschichte ihre Bestimmung, Ort des Glaubens in der Welt zu sein.

Die Kirche hat sich zu Beginn der Neuzeit geschichtlich als Autorität konstituiert. Sie ist sich dabei des Glaubens, aber nicht der Religion als der sie tragenden Idee bewußt. Sie befindet sich im Zustand der Entfremdung mit ihrem eigenen Selbst. Daher schreibt Oberthür: „Meum est hoc opere externae Dei Ecclesiae genuinam ideam exhibere, ac ostendere, non aliter eam esse habendam, quam scholam internae religionis docendae, nutriendae, ac promovendae gratia a Deo erectam."[28]

Denn Autorität und subjektive (= innere) Religion sind von den Notwendigkeiten des Lebens vor Gott ebenso wie von den Aufgaben des Amtes her verbunden. Die subjektive Religion ist das Leben der Autorität. Es gibt für die Träger des kirchlichen Amtes die Notwendigkeit, Autorität in der subjektiven Religion zu sein. Beides wird bei Oberthür im Begriff „Oeconomia Dei Ecclesiae" als Aufgabe erfaßt: „Uno argumento hoc efficiam", schreibt er von ihr, „si per omnes suas partes universam Ecclesiae Dei Oeconomiam, quam Moses, quam Christus instituerunt, proposuero. Huc enim unice collimat tam ipsa, quam Deus jussit, hominum in unam religiosam societatem coitio: quam omnis externi publicique cultus Deo exhibendi ab ipso Deo praescriptus apparatus huc unice collimat Sacerdotii institutio."[29]

Die Aufgabe der Kirche, ein Ort universaler Ökonomie des Heils zu sein, wird von Oberthür im Horizont der vielgestaltigen Praxis-Theorie-Beziehungen des Begriffs der Religion beschrieben. Sie erstreckt sich auf drei große Bereiche: einen Bereich I, der von ihren Grundlagen handelt und das Kapitel 1 umfaßt: „Ecclesiae genetica notio" – „Ratio et summa consilii modique, quo talem juvandae religionis internae gratia scholam Deus fundavit, et instituit" – „Israeliticae Ecclesiae Oeconomia" – „Christianae Ecclesiae Oeconomia"[30]. Das Tun der Kirche ist in einer universalen Theorie des geschichtlichen Handelns begründet. Es dient ausschließlich der Erziehung des

---

[28] Ebd. 5. [29] Ebd. [30] Vgl. ebd. 1, 6, 11, 67.

Menschen im Geist der Religion. Zu seinen Prinzipien gehört auch die Liturgie. Sie ist ein Grund für den Anspruch der Kirche, ein Ort des universalen Heils zu sein. Die liturgische Feier wird hier erstmals zu einem zentralen Thema der Ekklesiologie: Die gottesdienstliche Tätigkeit ist ein Vorgang der Repräsentation der universellen Geschichte des Heils.

Praxis und Theorie des Glaubens verbinden sich in der liturgischen Feier zu einem fundamentalischen kirchlichen Akt. Die Kirche – als Ort der Erziehung des Menschen im Geist der Religion – verwirklicht mit einer solchen Feier die Idee universeller Gemeinschaft der Menschen untereinander in der Perspektive ihrer heilsgeschichtlichen Verbundenheit mit Gott. Die Ausrichtung des Lebens, die sie verkündet, muß in ihrem eigenen Handeln zum Ereignis werden.

Daher unterstreicht Oberthür seinen pädagogischen Sinn: „Superest, ut ostendamus", heißt es vom christlichen Kult, „hoc Christianae Ecclesiae sacrificium, hanc cultus divini publici partem praecipuam, religionis docendae, nutriendae, ac promovendae medium esse, atque ex consequenti ad *paedagogiam* pertinere, quo in Ecclesia, schola hominum ipso Deo auctore erecta, ejusque auspiciis gubernata, ad religionem et beatitatem instituimur. – Eo, ut scimus, redit omnis interna religio, ut totus homo sincero et efficaci erga Deum, omnemque creaturam amore imbuatur, ac regatur. Uterque iste tam erga Deum, quam erga reliquas creaturas, amor eo praeprimis medio excitatur, foveturque, quo ampliorem ac vividiorem accipimus, ac sustinemus, omnium maximi, quo in omnes suas creaturas, praesertim in genus humanum Deus fertur, amoris notitiam; quo omne genus humanum ut una cognata Dei familia, quam pari aestimatione, ac cura prosequatur Deus: quo tota rerum omnium universitas ut unius veluti centri, quod Deus sit, in se rediens circulus, vel ut una harmonica rerum se mutuo contingentium series nobis repraesentatur. – Quale autem medium cogitabimus, quo amplior ac vividior divini erga genus humanum amoris notitiam nobiscum communicetur, ac frequentius refricetur: quo talis imago rectius nobis objiciatur, fortiusque imprimatur, nisi sacram coenam Eucharisticam? Beneficiorum enim, queis Deus unquam genus humanum impertiit, maximum, vel potius omnium, quotquot sunt, compendium, simul etiam summe omnium perfectionum divinarum, hac una sacra coena cunctis fere nostris sensibus exhibetur, atque ea quidem ex parte, qua nos quam maxime afficit."[31]

Der Bereich II dieser Ekklesiologie enthält Formen des Vollzugs der Ökonomie des Heils im Leben der Kirche. Er umfaßt die gesamte Sakramen-

---

[31] Ebd. 205/206.

tenlehre – Band II und III – sowie Erörterungen zum Thema „Ecclesiae Christianae Templa, Festa, artium in Templis et Festis Usus". Diese bilden zusammen mit einem Beitrag über Priestertum und Kult in der christlichen und in der alttestamentlichen Kirche den IV. Band.

Die Lehre von den Sakramenten hat Oberthür unter der Überschrift „Sacramenta publici in christiana Ecclesia cultus Dei" gestellt. Sie wird als zweiter Teil der Ausführungen über die Mittel der Religion – im Anschluß an seine Lehre von der kultischen Tätigkeit der Kirche – vorgetragen. Sie gehört zum Besten, was man im 19. Jahrhundert überhaupt zu diesem Thema finden kann. Oberthür macht hier den Versuch, die Lehre von der Kirche aus der Lehre von den Sakramenten und diese wiederum aus jener zu begreifen. „Inter varias alias, queis in publico Dei cultu uti solet Ecclesia, Ceremoniis", heißt es daher zu Beginn, „quaedam singulari et distincto nomine Sacramenta compellantur, non tam, quod in universum qualincumque majori ad docendam, juvandam, nutriendam, ac promovendam religionem efficacia polleant; quam, quod restitutionis humanae mysteria vivis, fortiterque mentem ac animum ferientibus imaginibus repraesentando, istam magna ex parte efficaciam exerant; potissimum autem, quod homines Deo, Christo et religioni novo singula juramento obligando, simul magis quaque vice magisque a vitiis purgando, virtuti conciliando, naturae divinae assimilando, in veritatis virtutisque intimius Sacrarium introducendo, paucis sanctificando, perficiendo etc. hoc sibi nomen a veterum partim militia, partim sacris mysteriis translatum vindicarint."[32]

Oberthür erklärt, daß Christus der Kirche die Vollmacht gegeben hat, die Zahl der Sakramente genau zu bestimmen. Dies ergibt sich aus dem Begriff der Kirche als einer Schule der Religion. „Christus suae Ecclesiae Sacerdotio, Sacramentis a se institutis alia superaddendi, potestatem dedisse, licet jam *velut a priori*, ducta tam ex *conceptu Ecclesiae,* quam ex ipsa Sacerdotii aeque ac Sacramentorum ratione, conjectura statuere. Etenim scimus Ecclesiam scholam esse, in qua per Sacerdotii praecipue ministerium tam orali doctrina, quam symbolicis actionibus in religione instituamur, juvemurque. Facile etiam intelligimus, ut in universum non omnia omni tempore fieri possunt, ita etiam *in schola humanitatis,* et religionis, in Ecclesia non eandem semper posse vigere disciplinam: esse illam temporibus accomodandam: etiam hic esse circumstantiis serviendum, et occasionem exspectandum opportunam, dum liceat una alterave ratione hanc scholam perficere, et veterem disciplinam vel augere, vel mutare, et emendare. Nec minus intelligimus, pertinere ad

---

[32] Ebd. II, 1/2.

Sacerdotii, legitimorum *in hac humanitatis et religionis schola*, Doctorum ordinis auctoritatem, ut liceat illi facere, quaecumque ad instituendos homines, suae disciplinae alumnos, possint juvare: ad prudentiam vero et sollicitudinem ne ulli desit occasioni opportunae, sed, si qua novum religionis *docendae, nutriendae* ac *promovendae* adjutorium et praesidium secum advexerit, obtuleritque, quanto ocius illud in rem muneris vertat."[33]

Die Kirche ist der Ort und das Prinzip der Sakramente. Denn sie muß die Menschen im Geiste jener Religion erziehen, die von Christus gestiftet ist, der Religion des allgemeinen Glaubens und universalen Heils. Die Erziehung ist selber eine Tat der Religion. Sie geschieht in der Vollmacht des Glaubens, zu dem sie erzieht. Sie stiftet kraft ihrer eigenen Wirklichkeit universelles Heil. Die Sakramente sind folglich jene Form der Erziehung des Menschen im Geiste der Religion, die in der Vollmacht dieser Religion und kraft ihrer eigenen Wirklichkeit geschieht. Sie sind nicht bloßer Höhepunkt, sondern auch die Quelle des kirchlichen Handelns in der Welt. Zwischen der Kirche und den Sakramenten besteht ein heilsökonomischer – und nicht bloß ein institutioneller Zusammenhang. Dies gilt speziell bei der Taufe und in der Eucharistie. Sie sind die einzigen Sakramente, sagt Oberthür, die in der Schrift ausdrücklich Erwähnung finden. Es ist erforderlich, sie als den normativen Ursprung aller anderen Sakramente zu betrachten. Denn in der Taufe konstituiert sich christliche Gemeinde, und in der Eucharistie erneuert sie ihren Glauben an Gott. „Christus enim, qui hominem, ut ratione est praeditus, atque ad eandem, quae et Deum, et reliquos coelites complectitur, categoriam pertinet, ad vitam, ut, ab ejus parte nobiliore, qua spiritus, qua Deo ipse purissimo spiritui similis est, sumpta denominatione spiritualem sacra biblia vocant, ad vitam coelite dignam instituturus venerat, media huic fini apta, atque, haec inter duo Sacramenta, *Baptismum* et sacram *Coenam* ordinando, naturam, videtur imitari, saltem respicere voluisse, quae hominem, quatenus animal est, quatenus terraque globi inquilinus est, communi cum brutis animalibus sorte et modo, naturali scilicet nativitate in hunc mundum edit, simulque cum ipsa nativitate omnia tribuit, quae ad animalem in his terris vitam agendam necessaria sunt; nec minus providit de conservandae et prorogandae vitae aptis praesidiis, de congruis alimentis. Nam Baptismum esse hominis ad vitam spiritualem, ad regnum coelorum palingenesin ipse Nicodemo est interpretatus Christus; et Apostoli lavacri regenerationis nomine compellant; quasi homo antea terrae addictus et carnalem degens vitam cum Baptismate vitae novae, spiritualis principii caperet. Sacra autem

---

[33] Ebd. 5.

Coena novae hujus vitae alimentum paravit, simillimum illi, quo animalem vitam mortales sustentamus."[34]

Taufe und Eucharistie sind der Ursprung für alles Tun der Kirche zur Erziehung des Menschen im Geiste der christlichen Religion. Die andern Sakramente sind als heilsökonomische Erweiterung dieser beiden zu beschreiben, als eine Erweiterung, zu der Christus die Kirche befähigt hat. Sie steht mit dieser Tätigkeit in seinem Dienst. Die Erziehung des Menschen, die sie in den Sakramenten leistet, geschieht in seiner Kraft. „Sacramenta idem, quod veteris Ecclesiae ceremoniae, sed majori cum *energia* efficiunt. Religionem enim non tantum theoretice, sed etiam practice docent: non tantum explicatius proponunt, et tenacius phantasiae ope infingunt memoriae, sed ipsis animis instillant, ibi altis radicibus figunt, augentque. Paucis: eo erga Deum amore imbuunt suscipientium animos, ut vicissim Deus suam illis amicitiam – gratiam sanctificantem vocant – vel si illa adhuc exciderant, solemniter restituat, vel larga mensura, eaque, qua nunc indigent, et merentur, ratione augeat, et dator velut pignore assecuret."[35]

Die Sakramente sind Formen des Vollzugs der Ökonomie des Heils im Leben der Kirche. Sie bezeichnen auf wirksame Weise die Freundschaft des Menschen mit Gott: „Ecce paucis omnem Sacramentorum efficaciam. Amicitiam Dei homini restituunt, augentque; vel, – si vulgari finitione uti lubet – gratiam eam vere conferunt, cuius signa sunt. Aut – ut iterum nostri temporis et nostrae philosophiae loquamur – sunt totidem, tamque varia Dei in hominem sui hoc gradu amantem, amicitiae et benevolentiae significatissima signa, et opis divinae liberaliter et abundanter semper indigenti affuturae certissima pignora; sicut sunt efficacissima insinuandae humano animo religionis, vel excitandae, augendaeque in Deum charitatis instrumenta."[36]

Das Tun der Kirche in den Sakramenten ist ein Zeichen der Wirksamkeit des Heils. Es bringt den Menschen von der Tätigkeit her, die es bezeichnet – der Tätigkeit Jesu nämlich – auf den Weg zu Gott: „Altera igitur efficaciae, qua Christianae Ecclesiae Sacramenta gaudent, causa est ipsa haec, mox velut in transitu indicata, specialis quaedem Dei circa novam suam Ecclesiam oeconomia, qua omni, hujus a se ad docendam, nutriendam, promovendamque religionem erectae scholae, disciplinae, cuius partem omnis cultus Dei publicus, atque ex consequenti sacramenti conficiunt, singularem efficaciam occulto suae gratiae influxu, et tacita velut sui numinis cum naturali externi apparatus virtute, cooperatione tribuere videtur."[37]

Die Feste, die man in der Kirche feiert, die Art, wie man sich der Musik,

---

[34] Ebd. 11.   [35] Ebd. 29.   [36] Ebd. 31.   [37] Ebd. 52.

der Architektur, der Malerei bedient, wie man den Gottesdienst gestaltet, sind ein Zeichen für den Geist der Religion, zu der man sich bekennt. Sie dienen der Erziehung des Menschen und haben darin einen bleibenden Sinn: „Si qua instituit, agitque festa ecclesia christiana, nec fine nec modo alio illa instituere aut agere potest, quam ut sint religionis docendae, nutriendae, ac promovendae medium ... in religionis docendae, nutriendae ac promovendae medium ecclesia festos dies dum instituit, id praecipue intendisse dicenda est, ut partim solemniori insigniorum a Deo in genus humanum collatorum, beneficiorum recordatione, majori in Deum amore accenderetur pectus hominis; atque hoc amore per festorum solemnitatem et publicam laetitiam aucto, vehementius actum, sursum raperetur velocius, ac generosiora conciperet, queis gratitudinem ex aequo contestetur, omnis virtutis christianae fideliter et constanter prosequendae proposita; partim philanthropia ex spontaneo cordis humani gaudio pleni nisu, artius complecteretur quoscumque communis, ob communia beneficia, laetitiae participes, tum ad intimiorem firmioremque civium conjunctionem, et civitatum independentem prosperitatem; tum ad conciliandam interim plurium civitatum christianarum unam quandam theocraticam republicam, et tandem restituendum omne genus humanum in primigeniam, qua unam Dei familiam repraesentare debuerat, formam. ... Uti in universum religio Christiana ex naturali progressionis lege, Israelitica est perfectior, nostraque ecclesia ob mutuam, quae religionem et ecclesiam intercedit necessitudinem, Synagogam veterem illam genti Israelitarum pene soli propriam humanitatis scholam, efficaciori et faciliori religionem docendi methodo, longe praecellit: Uti porro perspicacius bibliorum studium genuinam ecclesiae ideam, illiusque intimiorem cum civitate nexum et omnem religionis christianae theoriam; ... Ita etiam Christianae ecclesiae festa debent, ut omnino excellentiori huic religioni, et meliori, qua in praesentiarum gaudemus hujus religionis cognitioni, ecclesiae ideae, et politicae scientiae correspondeant, a festis tum Israeliticae, tum Christianae sequiori aevo ecclesiae, numero, titulo, solemnitatis ipsius ritu, et majori efficacia differe."[38]

Die Kirche ist Ort und Prinzip der Erziehung des Menschen im Geist der Religion. Sie ist eine heilsgeschichtliche Autorität. Diese Erweiterung ihres Begriffs erfährt zu Beginn des 19. Jahrhunderts eine Begründung im Auftrag (= munus), dem sie nachzugehen hat. Sie leistet durch die Lehre, ihre Sakramente und ihre Ämter einen Dienst im Namen Jesu an der Vermehrung christlicher Religion. Die Ekklesiologie Oberthürs besitzt in der These von

---

[38] Ebd. IV, 12/14.

der „Erziehung des Menschengeschlechts" eine geschichtstheologische Orientierung, die sie die Einheit von Amt und Gemeinde, von Kirche und Sakrament, von Dogmatik und Theologie als etwas mit der Heilsgeschichte selbst Gegebenes erfassen lehrt. Sie besitzt in der Hierarchie und ihrer administrativen Tätigkeit ihr gesellschaftliches Fundament.

Diesen dritten Bereich erörtert Oberthür in Band 5 seiner Schriften zur Ekklesiologie. Dieser hat den Titel „Hierarchiae in Ecclesia christiana oeconomia, modus, et ratio". Deren heilsgeschichtlicher Auftrag bestimmt sich aus dem religiösen Zweck priesterlicher Funktion und dient der Humanisierung menschlichen Lebens durch Erziehung im Geist der Religion. „His tribus summis capitibus absolvitur omnis de Hierarchiae oeconomia, modo, et ratione commentarius. 1. Ad sacerdotium nonnisi per inferius ministerium adscensum permittit: duos sacerdotii gradus constituit: Uni inter supremi ordinis sacerdotes quandam primatus praerogativam tribuit. 2. Omne magisterium, disciplinam omnem, uni hominum ecclesiae alumnorum, ingenio, necessitati, et utilitati adtemperat, ut suaviter et facile singulos veritati, virtutique lucretur. 3. Ecclesiam civitati adcommodat, istique et hanc et illam intime conciliat, ad consummandam tandem magnam illam civitatem Dei, quo omnes omnium locorum populos complectendam; quo demum omnis ecclesiae christianae constitutio et operatio tendit."[39]

Die Ämterlehre klassischer Ekklesiologie erfährt im Hinweis auf die zentrale Funktion priesterlicher Tätigkeit ebenfalls eine fundamentale Erweiterung. Denn Lehr- und Hirtenaufgabe sind Aufgaben der Kirche überhaupt. Sie stehen im Dienst des Aufbaus und der Vermehrung von Humanität und Religion. Die Ämter unterscheiden sich durch ihre Funktionen, jedoch nicht in ihrem Wesen voneinander.

Von dieser gesamtheitlichen Konzeption des kirchlichen Amtes gelingt es Oberthür, das Verhältnis von Presbyterat und Episkopat genauer zu bestimmen: „Interna, quibus episcoporum a presbyteris distinctio et prae illis eminentia nititur, *in ipso universae ecclesiasticae oeconomiae systemate contenta* momenta, huc redeunt: Quamdam communi naturae lege, mundana quaeque ut ad perfectionem, ita ad unitatem e media veluti varietate tendunt: Quam universae naturae indidit auctor Deus legem, ipse in religionis promulgandae, et ecclesiae fundandae magno et multifario opere est secutus. Utraque etiam, tum promulgata ab eo religio, tum fundata ecclesia, eo tendunt, ut genus humanum multum et varium tempore, locis, studiis tantopere ceteroquin a se non minus, quam nativa conditione a suo auctore et coelitibus dis-

---

[39] Ebd. V, 1.

junctum, sibi et coelitibus et ipsi adeo Deo in eam unitatem concilient, quae veram omnium quot-quot, qualesque existunt, rerum in omnibus partibus cohaerentem inversitatem, summum quod homo miretur, amat, sectetur, miraculum constituat. Communis illius legis hoc quoque consectarium est, Unius, dum plures commune quoddam negotium agunt, aut communitatis alicuius gubernium tenent, et unam rempublicam administrant, partes debere esse potiores, et quandam reliquorum ad hunc Unum, subordinationis speciem."

Das gemeinsame Fundament ist die gemeinsame Aufgabe, der sie dienen, nämlich die Kirche selbst als ein Ort der Humanität im Geiste der Religion: „Quamque particularem ecclesiam repraesentare universam, hanc vero recte ordinandae cujusque particulares ecclesiae esse normam, et quod in toto, hoc in universo obtinere debere; ... Presbyterorum et Episcoporum ratio ejusmodi est, ut, salvo ceteroquin ordine, et omnis *in hoc genere ordinis basi*, subordinationi salva, *communes sint* tum horum tum illorum in gubernanda et curanda ecclesia partes; unde episcoporum eminentia, ne ultra justos terminos efferatur, in commodum ecclesiae, rite temperatur."[40]

Dieser Aufgabe müssen in der Kirche alle Menschen dienen. Auch der Papst und die Bischöfe sind vor sie gestellt. Sie müssen ihr Verhalten zueinander am Prinzip der gegenseitigen Anerkennung, das im ordo begründet ist, und weniger am Prinzip der Unterwerfung messen, das in der jeweiligen Funktion begründet ist. Oberthür wendet sich besonders gegen den Mißbrauch jurisdiktioneller Macht. „Mutuam Primatis ac reliquorum episcoporum ad invicem rationem ac coordinationem, illi similem, quae singulorum episcoporum ad suae dioeceseos sacerdotium, eam intelligo, qua primas, utut universae ecclesiae curam, supremamque gerens inspectionem, utut amplissima, eaque indefinita ad hunc finem potestate instructus, alienae se dioeceseos negotiis immiscere, sicque, quae sunt propria singulorum episcoporum, jura laedere, et officia impedire prohibetur, suspensa omni ejus in singulas dioeceses potestate, donec proprii episcopi et sacerdotii domestici, atque immediatorum superiorum, archiepiscopi puta, et patriarchae vel negligentia, vel impotentia, eam aliquo provocent: Qua jubetur, eam quae universam concernunt ecclesiam, nonnisi communicatio cum reliquis per orbem episcopis, aut potius episcoporum per omnem ecclesiam synodis, concilio aut – siquidem aliquando omnis biblica, quam adhuc delineo, ecclesiae, praesertim hierarchiae, idea in rem transierit – nonnisi in plenaria omnium nationum, in vere universali totius ecclesiae synodo, cui praesidere ipsius est, agere: Qua

---

[40] Ebd. 78.

nihilominus ad mutuam ambae partes, primas, et omne reliquum per christianum orbem sacerdotium communionem, continuo ita servandam obligantur; ut non tantum semper, unde multum commendatur, ecclesiae unitas conspicua maneat, tum primatialis summi Pontificis, tum ordinaria episcoporum potestas, possit esse ecclesiae et humanitati quam utilissima. Quae autem mutua communio, parum hic quidem adhuc loci refert, qualis quantaque sit, quoque modo, dum ad finem auctoris Christi, bonumque ecclesiae apto, fiat."[41]

Die Kollegialität kirchlicher Leitungsgewalt, deren geschichtliches Wesen Oberthür unter dem Gesichtspunkt verschiedenartiger Verantwortung einzelner Ämter für die Kirche im ganzen begreift, wird von ihrer Zielsetzung her bestimmt. Es gibt eine Verantwortung des einzelnen Bischofs für die ganze Kirche. Was Christus dem Petrus gesagt hat, hat er allen Aposteln gesagt, nämlich die Kirche zu leiten: „Ex hac autem collatione resultat, unum idemque esse omnium cujusque gradus hierarchicum officium, tamquam religionis magistros, ac humanitatis latores: Praeesse eo fine, omni ecclesiae, ut rectos beatosque redeant, quoscumque possunt attingere homines, praecipuo religionis medio: Quae Petro sunt specialiter dicta a Christo; fuisse ab eodem reliquis apostolis dicta: quas accepit ille, easdem et hos accepisse claves regni coelorum: sicut hunc, sic et istos, fuisse justos pascere et regere ecclesiam Dei: hunc constitui petram, supra quam aedificanda sit ecclesia, et reliquos apostolos vocari fundamentum fidelium etc. ... ita tamen, ut *ad universam etiam ecclesiam singulorum episcoporum cura extendatur*, exercenda eo modo, eoque mensura, quibus pro circumstantiarum ratione expedierit; haud aliter, ac nuper monui, amplissimae potestatis, qua primatialis in ecclesia dignitas gaudet, exercitium nunc vastius nunc restrictius a temporum, ac locorum diversis necessitatibus ac rationibus postulari, atque hoc praecipuo criterio, quae, qualis, quantaque quovis tempore Primati potestas, in se amplissima indefinitaque, competat, definiri."[42]

Die kirchliche Gewalt unterliegt in ihrer konkreten Form den Gesetzen des Zusammenhangs überhaupt und den jeweiligen Umständen geschichtlicher Zeit: „Eandem, quae ad ideae biblicae normam in universa obtinet ecclesia, regiminis oeconomiam, debet etiam in singulis ejus partibus, et vicissim admitti; hierarchia variam, prout per temporum circumstantiis licuit, sibi aliam scilicet e alia formam fingens, sua velut sponte adoptasse mihi videatur."[42a]

Sie steht im Dienste der Menschen. Sie ist jener Aufgabe verpflichtet, die

---

[41] Ebd. 146.   [42] Ebd. 148/149.   [42a] Ebd. 85.

mit der Kirche überhaupt gegeben ist: die Brüderlichkeit unter den Menschen zu fördern und sie zu versöhnen mit Gott. „Exemplum intelligo episcopi, propriam, cui Primas immediate praeest, ecclesiam particularem, ad normam evangelii, reformantis, atque ad ideam adhuc delineatam, componentis ac gubernantis. – Dubitare, num multum hoc prosit universae ecclesiae? Num hoc sit dominari universae pene orbi? Num magnum videatur aliquid summo in ecclesia hierarchiae, tot aliis adhuc splendidis juribus ac privilegiis ornato, tantoque diu, ut nulla in orbe haberetur major ac amplior, potestate uso? ... Exempla eorumque effectus si ejusmodi sint, ut magnam orbis partem, inde sensim reformari, humanitatem magis ubique coli, perfici propagarique videamus; ... opus, puto, quo non tantum praejudicatae opiniones corrigantur, cedantque locum veritati; sed et ad veritatis, virtutis obsequium reddigantur passiones; animi ecclesiae religioni et humanitati *concilientur;* ut prompti, ac dociles discipuli magis quam adhuc, ecclesiae magisterio, et disciplinae, uno, rectae ad virtutem ac beatitatem, vulgari opinione meliorem, eaque hoc seculo superiorem, institutionis fine, se committant; mundus demum, hocce pene adhuc communis omnium contra omnes belli theatrum, sensim in cohaerentem, concordem, et nonnisi mutuis in invicem officiis aemulantium civium rempublicam, vel potius familiam Dei convertatur."[43]

2. Die Kirche in der Reich-Gottes-Theologie

Die Aufklärung hat in der Theologie eine entscheidende Rolle gespielt. Denn Theologie ist in der Aufklärung Theologie der Religion. Der Ort, an dem sie steht, und das Prinzip, aus dem sie sich entwickelt, ist der Mensch selbst in der Geschichte seines Lebens. Ihn zu erziehen und sich an ihm zu orientieren ist eine Aufgabe, die ihr das Leben stellt. Indem sie sie erfüllt, erwirbt sie sich Autorität. Die Kirche ist der Ort, zu dem sie sich stellt, und das Prinzip, durch das man sich ihr widmet. Sie erzieht den Menschen zur Humanität im Geist der Religion. Damit jedoch erweitert sich ihr Begriff um eine ganz entscheidende Dimension, in der Lehre vom Dogma um seinen pädagogischen Gehalt, in der Lehre von den Ämtern um ihre heilsgeschichtliche Funktion, in der Lehre von ihrer Gewalt um die Lehre von den Sakramenten. Sie ist eine Schule zur Verwirklichung der Idee des Lebens überhaupt, seine Gemeinschaft mit Gott.

Der Begriff dieser Idee gehört am Beginn des 19. Jahrhunderts zu den

---

[43] Ebd. 143/144.

Schlüsselbegriffen der Theologie, der sogenannten Reich-Gottes-Theologie. Er verbindet einen Grundgedanken der Bibel – das Reich Gottes – und einen Grundgedanken neuzeitlicher Staats- und Gesellschaftsphilosophie[44] – die Herstellung eines Reichs der Freiheit und Gerechtigkeit – mit dem Gedanken der Kirche als dem Ort der Begegnung von Bibel und moderner Welt und wird dadurch zu einem Grundbegriff dogmatischer Theologie. Diese stellt sich nunmehr in die außerdogmatische Tradition der neuzeitlichen Theologie hinein. „Die eschatologische Frage in der Zuspitzung auf das Problem des Reiches Gottes auf Erden ist das heimliche Thema der Neuzeit, das nicht nur alle Generationen ergriffen hat, sondern selbst die sogenannten säkularen Bewegungen umtreibt. Von diesem Thema aus läßt sich auch eine Einheit der Neuzeit erkennen, ähnlich der Einheit, die das Mittelalter verkörpert."[45]

Reich Gottes ist zu Beginn des 19. Jahrhunderts ein zentrales Thema katholischer Theologie. Es wurde zum Stichwort dogmatischer Systementwürfe bei den Reich-Gottes-Theologen[46].

2.1. Das Reich Gottes – eine Idee der Theologie

Die Reich-Gottes-Theologie des beginnenden 19. Jahrhunderts trägt die Spuren der Aufklärung und ihrer geistigen Hinterlassenschaft[47]. Sie ist der

---

[44] Vgl. E. Hirsch, Die Reich-Gottes-Begriffe des neueren europäischen Denkens (Göttingen 1921).
[45] Vgl. A. Adam, Lehrbuch der Dogmengeschichte I (Gütersloh 1965) 33.
[46] Die Tübinger Drey und Staudenmaier wären an dieser Stelle auch zu nennen. Aber Dreys Dogmatikentwürfe sind nie erschienen, und Staudenmaier hat in der Einführung zu seiner Dogmatik die Tauglichkeit des Reich-Gottes-Gedankens als eines Prinzips der dogmatischen Theologie bestritten. Und selbst in ihrer Enzyklopädie, wo sie sich ihm durchaus verpflichtet fühlen, ist es mehr das Prinzip der Theologie im allgemeinen, denn einer sich auf ihn berufenden Dogmatik. Vgl. dazu auch Dreys negative Rezension von Genglers Enzyklopädie: Die Ideale der Wissenschaft: ThQ 17 (1835) 192–210 und die Schrift, in der Gengler eine Antwort auf diese Rezension gegeben hat: Kritik einer Kritik (Bamberg 1835). Trotz ihres umstrittenen Charakters kann die Reich-Gottes-Theologie unbestreitbar das Verdienst für sich in Anspruch nehmen, das Prinzipienproblem der Theologie auf der Grundlage des Begriffs der Religion erstmals überhaupt gedacht zu haben. – Man kann ohne sie die Frage nach den geschichtlichen Grundlagen dogmatischer Theologie der Neuzeit heute gar nicht stellen. Denn sie hat deren geschichtlichen Charakter in einer konstruktiven Weise erstmals offenbar gemacht. Sie ist mit der früheste Versuch, die Positivität des Christentums als etwas in den gewandelten gesellschaftlichen Verhältnissen des 19. Jahrhunderts Gegenwärtiges zu begreifen.
[47] Die Probleme der Aufklärung überhaupt sind an dieser Stelle nicht zu diskutieren. Unübersehbar an Tragweite für die Theologie ist jedoch die Qualifikation, die die individuelle Vernunft in dieser Zeit erfahren hat. Sie ist eine Autorität der Theologie. Denn bei Cano ist zwar die natürliche Vernunft ein Ort, auf dem sie steht. Sie ist aber der einzige Ort der Loci, dem er keine Autorität bescheinigt. Vgl. L. th. VIII, 227: „de octavo loco, qui rationis naturalis argumenta continet", sowie ebd. I, 3. In der Aufklärung hat man sich jedoch auf sie als Autorität berufen:

erste große Versuch, das Auseinanderfallen von Amt und Gemeinde, von Dogmatik und Theologie, von Kirche und Gesellschaft auf dem Boden der Kirche selbst zu unterdrücken. Sie möchte jener großen Idee menschlichen Zusammenlebens Autorität verleihen, in der alle Gemeinschaft gründet, nämlich dem Zusammenleben mit Gott. Die Kirche ist ein Ort der Verwirklichung dieser Idee und somit auch Zeuge für die eschatologische Ausrichtung des Lebens überhaupt. Seine Vollendung wird in ihr ebenso gefunden wie von ihr gedacht.

Die Reich-Gottes-Theologie besitzt im Werk von M. Dobmayer seine geschlossenste Gestalt, obwohl es ganz verschiedene Fassungen hat und zwei davon erst nach dem Tode des Verfassers erschienen sind[48]. Sie verfolgt bei Galura vor allem praktische Interessen und führt in den verschiedenen Entwürfen der Dogmatik von Brenner auch schon über sich hinaus.

Die große Diskrepanz zwischen der Kirche und ihrem Begriff ist für sie ein großes Problem. In ihr zeichnen sich die Grundlinien einer neuen Entwicklung ab, wenngleich das gedankliche Instrumentarium des beginnenden Jahrhunderts nicht genügt, eine konsistente Theologie zu entwickeln. Leibniz ist hier noch nicht mit Kant und Hegel überwunden.

Sie ist Ort und zugleich Prinzip der Theologie. Vgl. das Kapitel über die natürliche Religion in Oberthürs Methodologie. Denn übernatürliche Religion kann sich als natürliche beweisen, und natürliche Religion ist ein Prinzip, durch das man das Übernatürliche als das Übernatürliche der Natur erfassen kann. Denn dieses ist ihre Eschatologie. – Die Umprägung der natürlichen Theologie in Religionsphilosophie, die bei Feiereis, a. a. O., beschrieben ist, findet im Wandel von der natürlichen Vernunft als Ort der Theologie zur Vernunft der Religion als ihrem eigenen Prinzip in der Prinzipienlehre der Dogmatik selbst eine umfassende Bestätigung. Er ist ein Wandel im Prinzip. Er trifft die Wurzeln der Theologie. Niemand kann indes behaupten, daß er sich als ungerechtfertigt erwiesen hätte, denn auch die Vernunftentscheidung des natürlichen Lebens kann Ort der Rekonstruktion des Glaubens und Prinzip der Bestimmung seiner Gegenstände sein. Er besitzt in ihm Autorität. Freilich ist der Unterschied zwischen der natürlichen Vernunft im allgemeinen und der besonderen Vernunft jeweiliger Individualitäten eine unerschöpfliche Quelle permanenter Mißverständnisse. Denn auch die Entscheidung des Einzelnen ist nicht bloß ein natürlicher Vorgang, sondern besitzt Autorität. Sie zu finden und die richtigen Schlüsse aus ihr zu ziehen ist nicht die geringste Aufgabe dogmatischer Theologie. Die Auseinandersetzung um den Catechismus christianus von Carranza im 16. Jahrhundert war ein Vorspiel dessen gewesen, und man hat sie auch daher prompt verfehlt.

[48] Vgl. hierzu M. Dobmayer, Conspectus theologiae dogmaticae (Amberg 1789). Ein Hinweis auf dieses Werk findet sich bei Th. Schäfer, Kirche und Vernunft (München 1974) 213. Außerdem: ders., Systema theologiae catholicae, hrsg. von P. Senestrey, 7 Bde. (Sulzbach 1807–1819) und schließlich: ders., Institutiones theologiae in compendium redactae, hrsg. von E. Salomon, 2 Bde. (Sulzbach 1823).
Nur die Fassung zwei bezieht sich auf die Reich-Gottes-Theologie. Sie wird von mir zitiert. – Ein Vergleich der verschiedenen Ausgaben miteinander wird nicht erfolgen. Der Reich-Gottes-Gedanke wird erst in der zweiten Auflage zum Prinzip der Bestimmung von Gegenständen der Theologie.

2.1.1. Die Architektonik dieser Idee

Die Theologie des beginnenden Jahrhunderts steht im Schnittpunkt zweier Ausrichtungen der Theologie, der dogmatischen Theologie und der Theologie der Religion. Sie besitzt noch genügend Kontakt zur dogmatischen Tradition, um Zeuge ihres Anspruchs auf Autorität zu sein. Denn es gibt die objektive Religion. Sie erwächst aus der Natur des Menschen. „Objectiva ergo religio ex relatione inter Deum ac creaturas rationales exsurgit."[49] Der Gottesbegriff ist das Fundament dieses Begriffs der Theologie. Der Ort jedoch, wo man ihn findet, und das Prinzip, durch das er zu einer Orientierung im Leben wird, ist die subjektive Religion. Es stellt sich die Frage nach dem Ort des theologischen Erkennens im Vollzug der subjektiven Religion: „Subiectiva autem in eadem agnoscenda et perficienda versatur et quatenus *solo spiritu* tenetur *interna,* quatenus *signis externis* exprimitur et promovetur, *externa* dicitur."[50]

Das Prinzip der gegenseitigen Verbindung von interner und äußerer Religion und damit das Prinzip der Theologie des beginnenden Jahrhunderts ist der Mensch in der eschatologischen Ausrichtung seines Lebens. Er selber ist der Ort und das Prinzip universaler Religion.

„Si religio ad omnes, uti natura rei exigit, homines (vel potius creaturas rationales) referatur, oritur regnum Dei morale, quo nomine – societas hominum communem religionem profitentium – intelligitur. Regni itaque divini moralis constitutio

1. omnem religionis summam, tum vero insuper
2. ecclesiam i. e. publicam, externam – ad promovendum religionis finem – coniunctionem complectitur."[51]

Das Reich ist Inbegriff der Religion des Menschen überhaupt und folglich auch das Grundprinzip aller Theologie.

„Nota altera in conceptu theologiae generatim est scientia, cuius ut natura pateat, advertendum est, notitiam religionis et regni Dei esse

1. *communem,* si ex sensu naturali et ratione sana oritur, et veritatem religionis ac regni Dei credit;

2. *eruditam,* si ex reflexione obtinetur notas conceptuum, evolvit, et veritatem ex principiis intelligit;

3. *scientificam,* si completam religionis materiam suis *ex fontibus* colligit;

---

[49] M. Dobmayer, Systema I, 6.   [50] Ebd.   [51] Ebd. 6/7.

principium supremum ac verum statuit; et inde rectam materiam ac formam determinat."[52]

Ihr Prinzip sind im Unterschied zur Theologie vorausgehender Zeit nicht mehr die Entscheidungen der Autorität zur Wahrheit des Glaubens, sondern die Entscheidungen der Menschen überhaupt zur Wahrheit der Religion. Es ist ihre Aufgabe, diese Wahrheit ebenso im Licht der besonderen wie im Licht der allgemeinen Religion zu unterbreiten. Sie kann auf der Grundlage des Reiches Gottes als das Prinzip der Theologie bewältigt werden.

„Notio theologiae, 1. si formam spectes, theoretica, 2. si materiam, theoretica et practica, 3. si fundamentum – iterum theoretica et practica est.

Cum hoc loco iam regni divini moralis adhibeam, ratio est: quod ea idea 1. sit vera, sublimis, et moralis; quod 2. normam pro materia et forma theologiae convenientem offerat; quod 3. etiam applicationem theoriae dirigat."[53]

Denn Praxis und Theorie der Religion haben in der Idee des Reiches ihren gedanklichen Mittelpunkt:

„Ex natura iam ac fine partes, quae theologiam constituunt, determinari queunt. ... Supremae autem partes ... sunt duae: prior doctrinalis (theoretica), quae scientiam de regno Dei instruit, altera applicativa (practica), quae convenientem huius scientiae usum dirigit."[54]

Es ist die Aufgabe der Theologie, den Begriff einer jeweiligen Religion als den Begriff dieser jeweiligen Religion zu unterbreiten. Seine gedankliche Wurzel, das Grundprinzip, aus dem er abgeleitet werden kann und in dem er auch seine umfassende Bestimmtheit hat, findet man in der Religion als dem Ort der Theologie. Denn das Reich Gottes ist der Mensch, sofern er auf Gott verwiesen ist, und ist Gott, sofern er in der Welt des Menschen erscheint. Die dogmatische Theologie – sie wird von Dobmayer theologia ecclesiastica genannt – muß diesen Zusammenhang an verschiedenen Orten der Theologie, in der Liturgie, in der Hierarchie und in der Symbolik erfassen. Sie verfährt dabei nach den Gesichtspunkten allgemeiner und spezieller Methodologie. Von der allgemeinen heißt es:

„Die Methode, wenn sie *wissenschaftlich* sein soll, muß ‚nämlich' in das Ganze Einheit (Ordnung) durch Verbindung der Teile und in jeden Teil Geist und Leben durch Darstellung der Gründe (Solidarität) und Entwicklung der Merkmale (Deutlichkeit) bringen."[55] Zur speziellen gehört die Ableitung des Begriffs der Theologie (constructio philosophica), das Feststellen seines Orts in der Geschichte (constructio historica) und schließlich die Bestimmung

---

[52] Ebd. 7/8. [53] Ebd. 10.
[54] Ebd. 21. [55] Ebd. 116.

seiner gegenwärtigen Autorität. Sie ergibt sich aus ihrer pragmatischen Kompetenz.

„*Functio logica* ergo iuxta leges, quas ratio pro tota cognitionis humanae sphaera generales habet, doctrinarum et ecclesiae, seu
  1. conceptum ac notionem, utrum a contradictione immunis sit; tum
  2. testimonium biblicum et ecclesiasticum, utrum probandae veritati positivae sufficiat; et
  3. nexum denique cum tota revelationis oeconomia, utrum eidem conveniat, examinat;...

Functio realis eandem scripturae et ecclesiae doctrinam ad *ideas*, quas ratio vi sua naturali statuit, tum *theoreticas* – de Deo, de libertate, de immortalitate etc. tum *practicas* – de sancta lege Dei, de felicitate hominis etc.
  1. negative, uti habet vulgare idioma scholae, utrum iis non repugnent et
  2. positive, utrum iisdem consentiant, exigit."[56] In der Reich-Gottes-Theologie ist die Religion nicht nur der Ort, sondern auch das Prinzip der Theologie. Sie konstituiert sich mittels der Theologie als Grundidee in der Geschichte. Sie besitzt einen die Zukunft bestimmenden Gehalt. So heißt es bei Dobmayer:

„Pragmatica theologiae tractatio constructionem duplicem,
  1. unam, qua ad naturam hominis generatim;
  2. alteram, qua ad genium aevi nostri fit respectus, sub se complectitur. Fructus enim amplissimi ut ex doctrina de regno Dei in genus humanum derivari queant, clarum est,
  a) attendi debere naturarum humanarum, eoquod nulla utique doctrina applicari homini potest, nisi eo modo, qui naturae ipsius convenit;
  b) nec obscurum esse cuidam potest, respectum ad genium aevi praesentis requiri, quia nec praeteriti, nec futuri, sed praesentis potissimum usus, sicuti nobis concessus, ita etiam praeceptus est: ut officio tum propriae, tum alienae culturae iuxta dispositionem divinae providentiae recte vacemus. Constructio pragmatica priori aspectu cum historica, et posteriori cum philosophica constructione scientifica videtur habere analogiam."[57]

Die Reich-Gottes-Theologie ist von den Prinzipien her, die sie entwickelt, die Grundlage für den Entwurf einer künftigen Theologie der Geschichte.

---

[56] Ebd. 122/123.
[57] Ebd. 131.

2.1.2. Ihr praktischer Charakter

Die Frage nach der subjektiven Religion ist zu Beginn des 19. Jahrhunderts die Grundfrage der Theologie. Durch sie stellt sich ganz neu die Frage nach ihrem Ort und nach ihren Prinzipien. Ihr Ort sind nicht mehr die Entscheidungen der Autorität gegenüber der Wahrheit des Glaubens, sondern die Entscheidung des Menschen gegenüber den Wahrheiten der Religion. Das Prinzip dieser Entscheidung ist die Religion als eine Idee des Lebens überhaupt. Wie sehr auch die scholastische Tradition im Laufe des Jahrhunderts einen Aufschwung erlebt, in Deutschland war man von der Aufklärung her gezwungen, aber auch in der Lage, die Theologie als ganzes neu zu konzipieren. Sie ist katholische Theologie auf der Grundlage des Begriffs der Religion.

Sie besitzt in der „neuesten Theologie des Christentums"[58] von B. Galura[59] ein Werk, das vom Reich Gottes her die Religion selber als die Basis aller Wahrheiten der Religion erfaßt. „Das System der Religion ist der Zusammenhang ihrer Wahrheiten."[60] Denn beide, die Religion und die Wahrheit, haben ein ursprüngliches Verhältnis zueinander. Man kann seine Bestimmung um so weniger menschlicher Willkür überlassen, je deutlicher es menschliches Erkennen übersteigt.

„Wie Gott seine Wahrheit selbst geoffenbaret hat, so hat er das System seiner Religion auch selbst gemacht und uns geoffenbaret. Dieses System muß höchst notwendig in der Bibel zu finden sein, es muß da ein Gedanke sein, um den sich Jesu ganzer Plan drehet."[61] Die Reich-Gottes-Idee legt sich als das Prinzip dieser gegenseitigen Verbindung nahe; denn sie ist eine Grundidee der Bibel: „Es kann vom Christentume nur einen Begriff geben, der den Sinn Jesu vollkommen trifft; dieser Begriff muß wieder von dem Worte Gottes genommen werden. ... Wenn das einzige Wort der heiligen Schrift das Reich Gottes ist, so kann das Christentum unmöglich etwas anderes sein als die Lehre, das Wort, der Unterricht von diesem ewigen Reiche;

---

[58] Vgl. B. Galura, Neueste Theologie des Christentums, wie selbes von Ewigkeit im Sinne Gottes war, und in der Zeit aus dem Munde des Sohnes Gottes gekommen ist, 6 Bde. (Augsburg 1800–1804).
[59] Zu Person und Werk vgl. J. Hemlein, Galuras Beitrag zur Erneuerung der Kerygmatik (Freiburg i. Br. 1952) und G. Biemer, Bernard Galura (1764–1856): Katholische Theologen Deutschlands im 19. Jahrhundert, hrsg. von H. Fries und G. Schwaiger I (München 1975) 227–252. Für die Verwendung des Reich-Gottes-Gedankens im Gesamtopus gilt ähnliches, wie schon bei den verschiedenen Fassungen der Dogmatik von Dobmayer. Er hat den Status eines Prinzips der Theologie.
[60] Galura, Neueste Theologie I, 8/9.
[61] Ebd. I, 9.

die Kenntnis eines Christen kann unmöglich eine andere sein als die Kenntnis des herrlichen Reiches; die Kenntnis des Weges in dieses Reich, dessen Glück alle Wünsche eines Sterblichen erschöpfet; die Geschichte der vom Vater getroffenen Anstalt, uns in seinem Reich ewig selig zu machen."⁶²

Sie ist aber auch eine Grundidee des menschlichen Lebens überhaupt; denn sie „ist von der ältesten und neuesten kritischen Philosophie anerkannt: Was das Evangelium das Reich Gottes nennt, ist in der Sprache der Philosophie die zu erwartende beste Welt, in welcher Tugend und Glückseligkeit in ewiger Harmonie stehen werden, ... Kant legt auch diese Idee zu Grunde seiner Religion innerhalb der Grenzen der bloßen Vernunft, wo er die Gründung eines Reiches Gottes auf Erden untersuchet... Jakobi sagt in der philosophischen Sittenlehre, die Idee eines moralischen Urwesens, das mit anderen sittlichen Wesen in Verbindung steht, führe auf die Idee eines moralischen Reiches oder eines Reiches Gottes, welches nichts anderes ist als eine systematische Verknüpfung aller sittlichen Wesen durch gemeinschaftliche moralische Gesetze."⁶³

Sie ist speziell das Prinzip einer Theologie, die sich als Theologie der Religion auch selbst begründen will. Dieses gibt ihr Autonomie in der modernen Welt. Sie nämlich, schreibt Galura, „postuliert ein Reich Gottes, welches die beste Welt ist; die Theologie realisiert aber Postulate der Philosophie und lehrt uns eine wirkliche Anstalt des Reiches Gottes, um welche die Philosophie nicht wissen kann, die sie jedoch wünschen und ehren muß"⁶⁴.

Galura nennt die Idee vom Reich Gottes das oberste Prinzip der Einheit des Mannigfaltigen religiöser Erkenntnis überhaupt, die allgemeinste Form der Wahrheit, oberste Vernunftidee, Brücke von Theologie und praktischem Leben.

Sie gibt sowohl der Religion als auch der Theologie eine vollkommene Gestalt, „weil der Quantität nach sich viel, ja alles aus ihr selber erklären läßt; weil der Qualität nach sich alles leicht aus ihr selber erklären läßt; weil man der Relation nach zu ihrer Unterstützung keiner neuen Hypothese bedarf; und weil sie der Modalität nach möglich, ja notwendig und höchst vernunftmäßig ist"⁶⁵.

Das Prinzip der Einheit von Religion und Theologie ist die Religion selbst als eine Idee endgültiger Verbundenheit des Menschen mit Gott. Das Reich Gottes ist der Begriff dieser Idee. Die Theologie der Religion besitzt in der Reich-Gottes-Idee folglich die oberste Bestimmung ihrer selbst als Religion

---

⁶² Ebd. 26/27.   ⁶³ Ebd. II, Vorwort XV/XVI.
⁶⁴ Ebd. II, Vorwort VIII.   ⁶⁵ Ebd. III, Vorwort XXXV.

und Theologie. Denn die Religion ist der Inbegriff aller Ideen von Gott, und Gott ist der Inbegriff aller Ideen der Religion. Reich-Gottes-Theologie ist Theologie der Religion, sofern sie in der Religion das oberste Prinzip von sich als Theologie besitzt.

Schrift und Tradition sind in ihr ebenso verbunden wie Glaube und Vernunft. Die Religion der Bibel soll auf der Grundlage ihrer Idee sich als jene Religion beweisen, die sowohl im Anspruch des Evangeliums wie in der Hoffnung des Menschen der Neuzeit begründet ist. Die Religion selber ist der Ort, an dem sie sich entfaltet, aber auch das Prinzip, auf dem sie steht.

2.1.3. Ihr historischer Bezug

Die Reich-Gottes-Idee hat in der katholischen Theologie des beginnenden 19. Jahrhunderts Begründungsfunktion. Sie ist gedacht als jenes Moment der Wahrheit des christlichen Glaubens, in welchem Religion und Theologie einem allgemeinen Begriff der Religion des Christlichen entspringen. Die Theologie wird durch sie aus einem obersten Prinzip entwickelt und in ihrem inneren Zusammenhang als Theologie der Religion des Christentums erfaßt. – Sie ist folglich ein Reflexionsbegriff und kein Gegenstandsbegriff dieser Theologie.

Die Idee vom Reich wird nicht nur der Bibel, sondern auch der Vernunft entnommen. Sie ist ein Vernunftbegriff der Religion des Menschen überhaupt. Die „neueste katholische Dogmatik nach den Bedürfnissen unserer Zeit"[66], schreibt F. Brenner[67], oder wie seine Dogmatik auch noch heißt: „Freie Darstellung der Theologie in der Idee des Himmelreichs", hat sich daher an den Maximen der Vernunft zu orientieren:

„Aus der Vernunft entnimmt die Theologie die Idee des Reiches Gottes... Alle sollen Gott ähnlich, gleichsam vergöttlicht werden und auf solche Weise ein vollkommenes Reich Gottes bilden. So will es die Vernunft haben, besonders die durch das Christentum angeregte und erhöhte Vernunft. So wie diese Idee selbst schon eine Offenbarung Gottes in uns ist, so können auch alle anderen Anstalten Gottes nichts anderes bezwecken, als diese Idee in die Wirklichkeit zu setzen. Die Theologie muß also diese Idee vom Reich Gottes

---

[66] Vgl. F. Brenner, Freie Darstellung der Theologie in der Idee. Oder: Neueste katholische Dogmatik nach den Bedürfnissen unserer Zeit, 3 Bde. (Bamberg - Würzburg 1815-1818).
[67] Zu Biographie und Bibliographie vgl. F. Dreßler, Brenner Friedrich von, Professor der Dogmatik und Domdekan in Bamberg: S. Freiherr v. Pölnitz (Hrsg.), Lebensläufe aus Franken 6 (Würzburg 1960) 32–53 und G. Förch, Theologie als Darstellung der Geschichte in der Idee. Zum Theologiebegriff Friedrich Brenners (1784–1848) (Diss. Innsbruck 1974) 211–219.

vorausschicken, sie als heilige Fackel empor halten, damit alles in ihrem Lichte erscheine."[68] Sie muß dieser Idee aber auch deshalb verpflichtet sein, weil sie dem Neuen Testament entnommen und in der Kirche festgehalten wird. „Das Christentum", schreibt Brenner, „ist das wahrhaftige Reich Gottes, ist als solches angekündigt und ausgerufen. Die Schriften des N. B. sind also das eigentlichste Feld, auf dem sich der Theolog umzusehen und alles mit der größten Aufmerksamkeit zu beachten hat. Hier, wo ihm Christus, der Anfang und das Ende aller seiner Untersuchungen, erscheint, hier, wo er seine Lehre hört, wo er seine Taten sieht, wo er die Anstalten schaut, die er zum Heile des Menschen getroffen... Um ‚aber' eine vollständige Kenntnis des Christentums zu erlangen, ist es nicht genug, bloß die Urkunde des N. B. zu durchforschen, sondern man muß auch noch jene Lehren kennenlernen, die von jeher in der Kirche als zur christlichen Offenbarung gehörig verkündet und aufbewahrt worden sind, und deren Summe... Überlieferung heißt."[69]

Dogmatische Theologie ist die „Summe geoffenbarter und systematisch miteinander verbundener Sätze über die Natur des auf eine außerordentliche Weise von Gott durch Christus errichteten Himmelreichs auf Erden"[70].

Wenn man sie in ihrer Grundidee erfaßt und aus dem Begriff dieser Idee heraus entwickelt, dann ist sie „kein Aggregat göttlicher Aussprüche mehr, die willkürlich ausgehoben und aneinandergereiht worden sind, sondern sie ist die Darstellung der Geschichte in der Idee; sie ist die systematische Entfaltung und Darlegung aller Offenbarung, ihrer Sätze und ihres ganzen Inhaltes, dessen Notwendigkeit sie in der Idee nachweist... Sie erstreckt sich ‚dabei' eigentlich auf die ganze Menschheit, beachtet ihr ewig religiöses Leben, suchet überall dort und zeiget, wie es da und dort erschienen ist."[71]

Die Idee vom Reich ist eine geschichtlich fundierte und zugleich in der Geschichte wirksame Idee. Sie ist für den Menschen selber richtungsweisend und konstitutiv: „Der religiöse Zustand, in welchen die Vernunft den Menschen versetzt haben will und zum Teile auch wirklich versetzet, ist das Reich Gottes in der Idee. Nach diesem soll der Mensch vor allem zu umfassender und gewisser Kenntnis jener Dinge gelangen, die sich ihm als die erhabensten und unentbehrlichsten für seine innere unsichtbare Natur ankündigen... Aber noch mehr: Daß der Mensch bloße Weisheit besitze, wenn diese auch die tiefsten Geheimnisse durchdränge; daß er im Lichte dieser Wahrheit wandle und somit einigermaßen die Gottheit selbst an sich ausprüge – damit

---
[68] Brenner, a.a.O. I, 3.
[69] Ebd. 6/7.   [70] Ebd. 2.   [71] Ebd. 47.

ist die Vernunft noch nicht zufrieden; eine Umschaffung seiner selbst möchte sie bewirken, ihn dem Allerheiligsten näher bringen und eintauchen in die himmlische Klarheit, daß er gleichsam Anteil nehme an der göttlichen Natur und so nicht nur die moralische, sondern auch die reale Gottähnlichkeit bekäme."[72]

Die Reich-Gottes-Idee ist Inbegriff aller Vernunft der Religion. Sie kann folglich der Religion selbst in einer doppelten Weise genügen. Denn sie ist nach ihrem ersten Hauptmoment Erleuchtung und nach ihrem zweiten Hauptmoment Erlösung des Menschen. Die Theologie vom Reich Gottes macht ihn aufmerksam „auf Gott, auf sich selbst und auf die Welt... und bildet ihn zum Weisen und Erleuchteten. Doch ist sie bei all ihrer Aufklärung über diese wichtigsten Gegenstände des menschlichen Wissens nicht zufrieden: sie möchte gerne tiefer eindringen und größere Gewißheit erhalten; aber ihre Flügel tragen nicht weiter, und ihr Blick schaut nicht heller. Sie harret bescheiden, wie im Vorhofe des Heiligtums, auf eine höhere Macht, die ihr die ewigen Pforten auftun und die heiligen Mysterien zur reinen Anschauung bringen wird."[73]

Dogmatische Theologie ist folglich eine Theologie der Geschichte des Reiches Gottes. In ihr gibt sich die Theologie Rechenschaft vom Reich Gottes als einem Ort und Prinzip der Religion. Sie besitzt von ihren beiden Hauptmomenten her, der Erleuchtung und Erlösung des Menschen, die Fähigkeit, der konkrete Begriff des Christentums zu sein.

Ihre zweite Auflage behält bei Brenner die Grundlinien der Systematik der ersten Auflage bei[74]. Ihr spezieller Teil ist von den Hauptgesichtspunkten der Idee vom Reiche Gottes her entworfen. Er umfaßt das Reich Gottes in der Idee – die Erleuchtung des Menschen in der Lehre von Gott – und das Reich Gottes in der Wirklichkeit – die Erlösung des Menschen in der Lehre von seiner Heiligung in der Religion. Es sind, schreibt Brenner, zwei „Hauptbestandteile, welche die Vernunft bei einem Himmelreiche fordert, Erleuchtung und Heiligung des Menschen-Geschlechts, nicht zu verkennen; sie machen das Wesen des Himmelreichs auf Erden aus, und was noch sonst in demselben sich vorfindet, neiget nach diesen beiden Polen hin; daher zerfällt auch seine Darstellung in zwei Untersuchungen, worin die eine die Erleuchtung, die andere die Heiligung des Menschengeschlechtes zum Gegenstande hat"[75].

Neu aufgeworfen jedoch wird die Frage nach ihrem geschichtlichen und

---

[72] Ebd. II, 2.   [73] Ebd. 18.
[74] Vgl. ders., Katholische Dogmatik, 3 Bde. (Frankfurt a. M. 1826–1829, Rottenburg ²1931).
[75] Vgl. ebd. II, 4.

theoretischen Fundament in ihrem generellen Teil. Das Problem der Autorität tritt hier wieder in den Vordergrund. Die Einheit von theoretischer und praktischer Religion im Christentum, wie Brenner sie bis dahin dachte, erweist sich der Frage nach äußerer Sicherheit und authentischer Vermittlung nicht gewachsen. Sein dogmatischer Entwurf bleibt dem System der gegenseitigen Durchdringung von Geschichte und Vernunft in der Idee zwar einerseits verpflichtet. Sie ist deshalb „Philosophie und Geschichte, in wieferne sie beide Reiche Gottes, das in uns und das außer uns, zusammenstellt und mit einander vergleicht, um zu sehen, ob und wie dieses in jenem wiederstrahlt, ob und wie die Idee der Vernunft in der Wirklichkeit realisiert worden ist"[76]. Sie bietet indes andererseits keine Lösung für das Problem der eigenen Autorität.

Es kündigt sich darin das Ende der Reich-Gottes-Theologie als Grundgedanke der katholischen Dogmatik an.

Die dritte Auflage mit der Überschrift „System der katholischen spekulativen Theologie"[77] gliedert sich in einen generellen Teil, der als „Fundamentierung der katholischen spekulativen Theologie", und einen speziellen Teil, der als „Construction der katholischen spekulativen Theologie" überschrieben ist. Die Reich-Gottes-Idee jedoch findet darin keine Erwähnung mehr. Die sie tragende Unterscheidung von theoretischer und praktischer Religion, von Erleuchtung und Heiligung des Menschen weicht der noch allgemeineren Unterscheidung von Religion und spekulativer Gotteserkenntnis überhaupt.

„Verschieden von der Religion", schreibt Brenner, „obgleich mit ihr öfters verwechselt, ist die Religionslehre als wissenschaftliche Darlegung des religiösen Lebens nach seiner Natur und seinem Urgrunde, nach seinen Gesetzen, Bewegungen und Äußerungen. In wiefern nur dies alles in Gott wurzelt und eigentlich von ihm selbst jede Anleitung und Kraft zum heiligen Wandel kommt, ist die Religionslehre nichts weiter als gleichfalls Theologie, nur könnte sie am geeignetsten praktische Theologie heißen im Verhältnis zu derjenigen, welche mit der gelehrten Erörterung des Daseins, Wesens und Wirkens Gottes sich befasset und die speculative Theologie zu nennen wäre."[78] Diese ist „Lehre von den auf Christus sich gründenden Bekanntmachungen über Gott und sein Verhältnis zur Welt, gleichsam eine apokalyptische Metaphysik"[79].

---

[76] Ebd. I, 545.
[77] Vgl. ders., System der katholischen spekulativen Theologie, Bd. 1: Fundamentierung; Bd. 2, 104: Construction (Regensburg 1837–1838).
[78] Ebd. I, 6/7.   [79] Ebd. 8/9.

Sie entspringt einer doppelten Art von Beschäftigung mit der Religion: „Bei der Behandlung der christlichen Gottes-Lehre kann die wissenschaftliche Tätigkeit ‚nämlich' eine doppelte sein, entweder daß sie vor allem darauf ausgeht, die Lehren und Anstalten Christi nach ihrem positiven Werte im allgemeinen zu begründen, gleichsam die Fundamente zu legen, auf welchen sie zu einem festen Gebäude aufgeführt werden können, oder ihre Bestimmung im einzelnen, ihre besondere Erweisung und Verbindung zu einem Ganzen zu beschäftigen; daher denn eine Fundamentierung und eine Construction der christlichen Theologie. Erstere wäre nun jene Abteilung der Theologie, welche die gemeinsame Wahrheit der von Christus herrührenden Aufschlüsse erweiset, auch die General-Doctrinen und Institute als Basis der übrigen herausstellt; die zweite jene, welche die hierauf sich fußenden einzelnen Lehren behandelt und zu einem Systeme miteinander verbindet."[80]

Brenner gliedert auch die dritte Auflage in einen allgemeinen und besonderen Teil. Der besondere Teil umfaßt Gottes-, Schöpfungs- und Erlösungslehre mit der Lehre vom Letzten Gericht. Das Dilemma von Authentizität und Subjektivität zeichnet sich ab, für ihr gegenseitiges Verhältnis in Einheit und Verschiedenheit hat Brenner keinen Begriff. Die Frage nach Ort und Prinzip der Theologie als der Grundlage dogmatischer Theologie im Zeugnis einer wie auch immer zu beschreibenden Autorität bleibt folglich offen.

2.2. Die Ableitung der Idee vom Reich Gottes

Die Reich-Gottes-Theologie ist der erste große Versuch des 19. Jahrhunderts, die Theologie der Religion von der Religion als einem Prinzip der Theologie her zu erfassen. Die Religion ist das Prinzip der Idee vom Reiche Gottes und folglich auch die Grundlage aller Theologie. Man kann sie im Begriff der Religion begründen. Denn die Reich-Gottes-Idee ist das oberste Prinzip der Ableitung aller Inhalte der Religion als auch der Theologie.

Sie hat ebenso ontologische wie gnoseologische, wie auch geschichtliche Funktionen. Sie kann aus dem Wesen der Sittlichkeit heraus bestimmt, vom Ziel des Menschen her erschlossen und im Bekenntnis der Religion behauptet werden.

Sie ist Konstruktionsprinzip der Theologie ebenso wie Grundprinzip der Religion überhaupt und darin zugleich Prinzip des Glaubens der Kirche.

---

[80] Ebd. 9.

2.2.1. Ihr Ursprung und ihre Quelle

Die Religion ist Ort und Prinzip der Theologie. Als Ort gehört sie zur Natur des Menschen überhaupt. Sie gibt der Ausrichtung auf Gott im Leben selber einen Grund: „Supponit 1. substantias rationales finitas, 2. substantiam sublimiorem vel Deum et 3. relationem subordinationis inter Deum et Creaturas rationales – religio obiectiva."[81]

Als Prinzip gehört sie zur moralischen Natur des Menschen. Die Ausrichtung auf Gott, die sie verkörpert, gibt dem Leben einen subjektiven Grund. Sie ist Idee und Überzeugung, Inbegriff der Ausrichtung aller Menschen auf die Gemeinschaft mit Gott: „Constat", schreibt Dobmayer, „1. fide, de relatione ista, ad quam *idea* tantum Dei non sufficit, sed *persuasio* etiam de existentia requiritur, et 2. cultu numinis, fidei consentaneo – religio subiectiva."[82]

Beides kann in der Natur begründet und aus ihr abgeleitet werden: „Oportet ... religionem ex ipsa hominis natura derivare. Ex ea enim sola reddi ratio sufficiens potest, cur religio adeo communis, adeo efficax, adeo perdurans sit."[83]

Denn es gibt das Bedürfnis und den Trieb nach Vollkommenheit in der menschlichen Natur: „Etsi non uno omnes modo ad religionem veniant, videtur tamen religionis notitia primum quidem sensu indigentiarum physicarum et magis adhuc moralium *inchoari*; tum vero contemplatione naturae iuxta leges causalitatis et finium *perfici;* et denique sensu legis moralis ac desiderio felicitatis *consummari*."[84]

Das Streben nach Vollkommenheit (moralitas) und das Streben nach Vollendung (felicitas) muß jedoch im Streben nach Wahrheit begründet sein: „inter moralitatem et felicitatem", schreibt Dobmayer, „debet dari harmonia veritati innixa ... Die Vernunft kann sich nicht untreu werden und nur einen der drei Zwecke, auf welche unser Geist gerichtet ist, durch gewaltsame Abstraktion erhöhen; kann nicht uneinig mit sich sein und den Widerspruch, in welchen diese Zwecke bisweilen geraten, annehmen, sondern muß sie als höchste Instanz zu Einheit oder Identität für den ganzen Menschen und seine ganze Dauer bringen, weil die drei Kräfte nur eine Kraft mit mehreren Äußerungen sind."[85]

Das Streben nach Wahrheit, Vollkommenheit und Glückseligkeit ist die *Bestimmung des Menschen.*

---

[81] Dobmayer, Systema II, 7. [82] Ebd.
[83] Ebd. 20.   [84] Ebd. 23.   [85] Ebd. 78.

„Finis ultimus – quatenus ad eam harmoniam obtinendam omne nostrum studium (Streben) et efficientia (Handeln) tendit, ita, ut non sit finis alius superior, ad quem mens nostra nisu suo dirigitur. Tum vero... bonum hominis consummatum – quatenus ea harmonia, sit perfectior saltem eius gradus obveniat, singulis nostris facultatibus satisfacit et quietem animo affert. Demum... *suprema destinatio* – quatenus ex ipsa facultatum natura patescit nostrum officium ad illam omni nostro studio tendendi."[86]

Die Bestimmung des Menschen wirkt sich auf die Bestimmung der Pflichten und Rechte des Menschen gegenüber der menschlichen Gemeinschaft aus. „Wie die Menschen eine physische Gattung in der Sinnenwelt, so machen sie auch eine intelligible Gattung in der höheren Welt aus.

1. Alle haben nur eine einzige höhere Natur, mithin eine gleiche Bestimmung, ein gleiches höchstes Gut, einen gleichen letzten Endzweck.

2. Also sollen auch alle nur einen gemeinschaftlichen Willen haben, das Gemeingut, die Bestimmung und den Endzweck der Menschheit wechselseitig unter Leitung der Vernunft zu befördern und fortzupflanzen."[87]

Die menschliche Gemeinschaft findet in der Religion zum Begriff der eigenen Bestimmung. Denn sie ist wie auch der Mensch selber dazu bestimmt, ausgerichtet zu sein auf Gott.

Wenn der Mensch „also nicht seine und des ganzen Geschlechtes Bestimmung und mit dieser die Menschheit für ein Phantom halten will, so muß er, durch den Drang des höchsten und innigsten Bedürfnisses genötigt, zu einem Herrn der Natur und Menschen übergehen, der die Harmonie zwischen Moralität und Glückseligkeit auf Wahrheit gegründet, in höchstem Grade realisiert besitzt, und dieselbe auch nach der Fähigkeit und Würdigkeit der Menschheit realisiert wird."[88]

Gott ist die Wahrheit der Religion. Alles Streben nach Vollkommenheit und Glückseligkeit hat im Erfassen dieser Wahrheit seinen wirklichen Grund. Sie ist der Inbegriff aller Bestimmungen des Lebens. Sie ist die absolute Idee seines absoluten Ziels. „Weil nun der letzte Endzweck der Freiheit die Harmonie zwischen Moralität und Glückseligkeit gegründet auf Wahrheit ist, so muß eben diese Harmonie als letzter Endzweck der Welt angenommen werden."[89]

Die Religion ist das an sich Notwendige im Leben. Denn sie ist der Ort und das Prinzip des Lebens in der Wahrheit seiner Idee. „Cum existat Deus – auctor et rector mundi physici ac moralis, manifestum est: Deum inter et creaturas rationales dari relationem

---

[86] Ebd. 81.   [87] Ebd. 86.   [88] Ebd. 91/92.   [89] Ebd. 159.

1. physicam, qua creaturae rationales aeque ac aliae rationis non capaces a Deo creatore ac gubernatore pendent; et

2. moralem, qua creaturae rationales et liberae Deo legislatori sancto et iudici iusto subiciuntur."[90]

Daher gibt es für den Menschen eine subjektive Pflicht zum Glauben an die Religion. „Officium enim hominis est, ideam rationis summam ac necessariam persequi, eique conformiter interius et exterius agere; quod quidem fieri non potest, nisi existentia absoluti intuitu intellectuali apprehendatur et animus ei ac vita conformetur ... Uno verbo: Ratio relationem, quam dari agnoscit, iubet assensu intellectus probare et obsequio voluntatis perficere ... Primum in officio religionis subiectivae, si naturalis ordo spectetur est religio intellectualis (fides), ex qua prodire obsequium debet, ut religiosum dici queat ... Die einzelnen Wahrheiten, insoferne wir von denselben kein empirisches Wissen, aber doch eine feste Überzeugung haben, heißen Glaubenssätze..."[91]

Die Idee der Religion ist eine Idee des Lebens überhaupt. Sie erfaßt alle Bereiche: das Leben des Einzelnen ebenso wie das Leben der Gemeinschaft, den Staat ebenso wie die Kirche, die natürliche ebenso wie die übernatürliche Welt. Das Prinzip, wodurch sie bei Dobmayer verbunden sind, ist das Reich Gottes. Darunter versteht er „die Vereinigung vieler Wesen oder Kräfte zur Bildung und Erhaltung eines großen Ganzen unter einer höchsten Macht ... Mithin liegt in dem Begriff

1. ein höchster Zweck,
2. eine Mannigfaltigkeit der Wesen oder Kräfte,
3. die Vereinigung derselben zu einem Ganzen oder gewisse Zwecke nach Gesetzen,
4. eine Macht, welche die Verbindung leitet."[92]

In der Reich-Gottes-Idee ist ein Prinzip, durch welches das Leben der Religion zu einer Macht im Leben der Geschichte wird. Sie ist Ursprung und Quelle der Theologie.

2.2.2. Ihre praktische Notwendigkeit

Die Reich-Gottes-Idee hat zu Beginn des 19. Jahrhunderts Grundlagenfunktion. Durch sie möchte die Theologie einen allgemeinen Begriff des Christlichen gewinnen. Sie möchte die christliche Religion allgemeinverständlich und für jeden überzeugend machen.

---

[90] Ebd. 170.   [91] Ebd. 177–180.   [92] Ebd. 211.

Es geht Galura um den „Versuch, Theologie und Religion auf einen einzigen, und zwar auf ihren ursprünglichen Gedanken... wieder zurückzuführen"[93]. Denn mit seiner Verdeutlichung wachsen ihre Anziehungskraft und ihre Effektivität. Da nämlich der Mensch von seiner Natur her der Glückseligkeit fähig ist, findet er gerade jene Theologie besonders angemessen, die mit Nachdruck und Folgerichtigkeit von der endgültigen Glückseligkeit zu sprechen weiß. „Weil der Mensch bestimmt ist, glückselig zu sein, aber nur Gottes Reich das Reich der Glückseligkeit ist, ... so ist der Mensch bestimmt, daß er im Reiche Gottes oder bei Gott lebe."[94] Die Theologie vom Reiche Gottes ist eine dem Menschen angemessene Theologie. Sie kann mit Nachdruck und Folgerichtigkeit vom Glauben des Menschen an seine eigene Vollendung sprechen. Denn sie leitet die Wahrheit des Glaubens aus dem Grundgedanken des Glaubens ab, nämlich dem Gedanken der Religion.

„Der größte Beweis einer jeden Lehre liegt in der Verbindung, in der jene mit dem ganzen System steht. Dieser Beweis wird nur dann sichtbar, wenn das Grundprinzip zum Fundamente liegt: Wird hingegen das Mannigfaltige der Theologie außer der von Gott gegebenen Form gelehrt, so gehen die schönsten Beweise für die Wahrheiten unserer Religion verloren, und man nimmt seine Zuflucht zu seichten Gründen."[95]

Der stichhaltigste Beweis für den christlichen Glauben ist seine innere Konsistenz. Er steht in einer solchen Verbindung zur Religion, daß er sich formal durch sie bestimmen und inhaltlich aus ihr entwickeln läßt. Sie ist ein Prinzip des Glaubens. Durch sie kann man bestimmen, was er ist, worauf er sich und worin er sich begründet; sie ist das Prinzip seiner Wirksamkeit im Leben.

„Ohne ‚die ihr angemessene' Form erhalten alle Teile der Theologie eine schiefe Stellung: ... Aus der schiefen Stellung entstehen schiefe Ansichten, und die Lehre verliert ihre Ehre, ihren Geist, ihren Einfluß auf Menschenheil, ihre Salbung, ohne die doch keine Religionswahrheit ist. Daraus kommt die Frage: wozu diese Lehre? und die Notwendigkeit des Theologen, das Dogma durch die sogenannte moralische Anwendung zu retten, und aus der Lehre, die trocken ist, weil sie außer ihrer Form gelehrt wird, einen Nutzen herauszupressen."[96]

Denn mit der Form geht auch, so schreibt Galura, der Geist verloren und mit dem Geist die Deutlichkeit der Sprache und des Gedankens. „Für eine systematische Theologie ist es überaus wichtig, daß... Materie und Form,

---

[93] Galura, a.a.O. I, Vorwort VI.   [94] Ebd.
[95] Ebd. V, Vorwort XXX.   [96] Ebd. XXIX–XXX.

das Was und Wie immer miteinander verbunden werden. Dies ‚aber' geschieht nun wieder in einer auf ihr Prinzip zurückgeführten Theologie: keine Lehre wird außer ihrer Form beigebracht; dies aber hat wichtige Folgen und ist in einer Wissenschaft notwendig, wo, wie in der Theologie, Materie und Form von Gott gegeben sind."[97]

Die Reich-Gottes-Idee ist ein Formprinzip des Glaubens und der Theologie. Durch sie kann man Inhalte des Glaubens als Form der Religion und bestimmte Gegebenheiten der Religion als Prinzip der Theologie erfassen.

Die Reich-Gottes-Theologie steht hierfür im 19. Jahrhundert als der früheste Versuch. Sie greift auf Inhalte der Bibel zurück und arbeitet deren Zuordnungsbestimmungen heraus. Sie ist daher selbst der Ort und das Prinzip der Vermittlung biblischer Religion.

2.2.3. Ihr eschatologischer Bezug

Die Reich-Gottes-Theologie versucht, den Gegensatz von Religion und Begriff der Religion, der seit der Aufklärung offenkundig ist und in Deutschland auch besonders stark empfunden wurde, in der Reich-Gottes-Idee zu überwinden. Die christliche Theologie soll in ihren inneren Differenzierungen verstanden und von einem umfassenden Gedanken her entwickelt werden.

Das Buch von F. Brenner „Versuch einer historisch-philosophischen Darstellung der Offenbarung" mit dem Untertitel „Einleitung in die Theologie"[98] macht deutlich, daß zwischen Religion und ihren verschiedenen Ausprägungen und Theologie in ihren mannigfachen Formen ein prinzipieller Zusammenhang besteht.

„Die gemachte Darstellung der Offenbarung ist ‚nämlich'", schreibt er, „... in so ferne als Einleitung in die Theologie zu betrachten, in wiefern sie eine Total-Ansicht der ganzen Offenbarung gewährt, mit welcher es die Theologie zu tun hat; in wiefern sie den *Hauptpunkt* heraushebt, um den sie sich mit allen ihren Wissenschaften dreht, in wiefern sie die Idee angibt, welche sie bei Bearbeitung aller ihrer Fächer beachten muß, um in dieselben Einheit und Wahrheit zu bringen."[99]

Diese Idee ist kraft ihrer Stellung in der Religion ein Prinzip der Theologie. Denn sie verbindet Gott und Mensch im Begriff der Religion. Sie ge-

---

[97] Ebd. XXXVII/XXXVIII.
[98] F. Brenner, Versuch einer historisch-philosophischen Darstellung der Offenbarung als Einleitung in die Theologie, 3 Tle (Bamberg - Würzburg 1810).
[99] Ebd. III, 47.

stattet es, das Göttliche als Mensch und das Menschliche als Gott zu denken[100]. Sie liegt „in dem endlichen Resultate von allem, was Göttliches an die Menschen gebracht worden ist; dieses Resultat aber ist: Reich Gottes, Himmelreich auf Erden, und dies ist zugleich die Idee, die der ganzen Offenbarung zu Grunde lag und immerfort vom Anfange her bis auf die letzten Zeiten verschieden dargestellt ward"[101].

Sie hat einen konkreten Ort in der Geschichte und ist dennoch Inbegriff aller Theologie. Reich Gottes meint jene Idee der Verbundenheit von Gott und Mensch, die in der Transzendenz menschlicher Vernunft gewußt, in der christlichen Religion erhofft und durch christliche Offenbarung verwirklicht wird. Es „ist das Letzte und Höchste, auf das alles Übrige zurückgeführt werden muß, in welcher Beziehung es erst Wahrheit und Konsistenz erhält. Himmelreich ist die ewige Gottes-Idee, zu deren Darstellung schon vom Anfange her die ersten Offenbarungen geschahen, welche im Judentume wirklich erschien, endlich im Christentum am vollkommensten realisiert wurde."[102]

Es umfaßt von der Idee her alle Menschen. Denn in ihm sind Gott und Mensch auf ideale Weise verbunden. Es ist selber der Inbegriff der ganzen Religion. „In der Idee des Christentums liegt es, daß es als allgemeine Religions-Anstalt alle Völker umfassen soll... ‚Seine Proklamation' war gleichsam das Signal zur Aufnahme und Beseligung der ganzen Menschheit, und mit Recht feiert die Kirche diese Epiphanie des Herrn, weil sie in ihr die Idee ihrer Universalität und den Aufgang der göttlichen Sonne für die ganze Welt anschauet."[103]

Im Christentum nimmt die Botschaft von der Ankunft dieses Reiches eine zentrale Stellung ein. Es ist daher eine universale Religion.

Es besitzt eschatologischen Charakter. „Das Göttliche in der christlichen Anstalt, so herrlich und vollkommen es auch auf dieser Erde erschienen ist, mußte ‚nämlich' doch immer von seinem Wesen verlieren, indem es als etwas

---

[100] Die klassische Theologie denkt sich im Horizont der Verschiedenheit geschaffener und ungeschaffener Natur. Sie kann daher als Schöpfungstheologie bezeichnet werden. – Die Theologie der Religion hingegen denkt sich im Horizont von Religion den Inbegriff universaler Verbundenheit geschaffener und ungeschaffener Natur. Sie kann daher als Erlösungstheologie bezeichnet werden. – Ihr gegenseitiges, von Konflikten beladenes Verhältnis zueinander ist vom Begriff der Natur als einem Prinzip des Handelns und vom Begriff der Idee einer Verwirklichung von Handlungszielen her genauer zu bestimmen. Die Autorität solcher Verbundenheit muß in einer künftigen Dogmatik Platz gewinnen. Dadurch wird die Verhaltensweise des Menschen selber zum entscheidenden Stichwort einer solchen Theologie. Sie ist die Grundlage der Verbindung jeweiliger Natur mit einer jeweiligen Idee.
[101] Brenner, Versuch I, Vorwort IV.
[102] Ebd.II, 13.   [103] Ebd. 79/80.

seiner Natur nach Unendliches in die Endlichkeit herabgezogen und für beschränkte Menschen dargestellt ward. Das Himmelreich auf Erden kann nur irdisch-himmlisch sein. Wir werden daher das Christentum höher steigern, oder vielmehr: wir werden das Himmelreich aufsuchen, wie es rein von allem Irdischen bei Gott in seiner Unendlichkeit sich vorfindet."[104]

Das Christentum verbindet Religion und Idee der Religion auf ideale Weise. Es ist Endgültiges in der Zeit und kraft seiner selbst auf die absolute Zukunft ausgerichtet. „Das Christentum ist für die Menschen hienieden ein Dogmatismus, inwieferne es das Göttliche zur Erde bringt, welches die Kirchen der Erde mit ihrem irdischen Sinne als solches nicht auffassen, sondern nur durch den Glauben erkennen können. Die Sätze, welche dies Göttliche aussprechen, heißen dogmatische Sätze, zusammen in ein System gebracht Dogmatik. Indessen kann dieser Dogmatismus schon hienieden verschiedene Grade haben, so, daß er bei den wahren Christen um vieles verringert wird, indem diese das Christentum besonders nach seiner göttlichen Seite ihren moralischen Bedürfnissen höchst angemessen finden und bei dem lebendigen Glauben an alle positive Lehrsätze gleichsam die Erde verlassen haben und hinüber in das Land der Anschauung geflogen sind."[105]

Die Theologie des Reiches ist als Ort und Prinzip des Glaubens zu begreifen, sie bildet ein integrales Moment an seiner Eschatologie. Sie leistet als Theologie des herankommenden Reiches eine Grundlegung des Glaubens im Begriff der Religion. „Das von Gott gestiftete Himmelreich ist daher ihr Objekt, und je nachdem die An- und Absichten verschieden sind, nach welchen sie ihr Objekt auffasset, wird sie selbst verschieden und geht in gesonderte Doktrinen auseinander."[106]

2.3. Die Kirche – ein Ort der Idee vom Reiche Gottes

Die Reich-Gottes-Theologie ist auf katholischem Boden der früheste Versuch, die Aufklärung zu überwinden. Sie steht in der nachtridentinischen Tradition. Denn sie beschäftigt sich mit der Frage nach Ort und Prinzip der Theologie. Sie geht aber auch über diese Tradition hinaus. Denn Ort und Prinzip der Theologie ist die Tradition selbst kraft ihrer eigenen Idee. Sie ist Grundlage und Inbegriff aller Theologie, die sich gegenüber der Aufklärung behaupten will. Denn sie atmet den Geist der Subjektivität.

Das für die neuzeitliche Theologiegeschichte bezeichnende Auseinander-

---

[104] Ebd. III, 1/2.   [105] Ebd. 25/26.   [106] Ebd. 43.

treten von Dogmatik und Moral wird in der Theologie zu Beginn des 19. Jahrhunderts ausdrücklich verworfen. Denn Moral ist nicht bloß ein Ort – wie bei Cano –, sondern auch ein Prinzip der Theologie. Diese hat durch sie den Status einer Kraft im Leben. Sie wird zu einer lebendigen Idee.

Die Reich-Gottes-Theologie ist folglich die Theologie einer Grundidee des Lebens, der Idee seiner endgültigen Verbundenheit mit Gott. Die Kirche als Ort und Prinzip der Geschichtstheologie des Glaubens besitzt in der Reich-Gottes-Idee einen Begriff, durch den sie ihre Aufgabe neu bestimmen kann, die Aufgabe nämlich, ein Ort der Verbundenheit von Gott und Mensch zu sein. Ihre theoretische Erörterung gehört zu den spezifischen Verpflichtungen der Ekklesiologie.

2.3.1. Ihre strukturellen Grundgegebenheiten

Die Reich-Gottes-Theologie versucht, jene Elemente kirchlichen Glaubens miteinander zu verbinden, die seit dem 15. Jahrhundert sich voneinander weg entwickelt haben, das Element des objektiven Glaubens und der subjektiven Religion. Ort dieser Verbindung ist die Kirche selbst als eine Form der Religion. Ihr Prinzip ist das Reich Gottes als Regel der Zuordnung von Mensch und Gott im Begriff der Religion. Er umfaßt ein ideelles (= moralisches) und ein reales (= natürliches) Element. Ihre jeweilige Zuordnung in den Regeln des Lebens konstituiert die Religion als Verpflichtung für den Menschen.

„Regni moralis divini *realitas* et *hominum obligatio* respectu regni huius triplici propositione evinci potest.

a) Existit imprimis regnum Dei ethicum intellectuale.

(1) Societas enim ethica requirit legislatorem, iudicem et retributorem;

(2) qui quidem nemo nisi Deus esse potest…

b) Itaque hominibus (creaturis omnibus rationalibus) incumbit *officium,* ut se tamquam cives huius regni divini agnoscant.

(1) Ratio enim omnibus iniungit officium societatis ethicae et eo ipso etiam religiosae.

(2) Ut communi religionis studio finis ultimus maiori facilitate, securitate et effectu promoveatur, impedimenta religiosae moralitatis removeantur et media eiusdem adhibeantur.

c) Cui officio ut fiat satis, publica ac festiva hominum coniunctio – ad commune religionis exercitium necessaria est.

(1) Est enim ea coniunctio medium omnium, quae nobis nota sunt, aptissimum, ut cognitio aeque ac exercitium religionis (qua quidem dignissima

est, ut publice ac festive colatur) fortius ac plenius communi spiritu promoveatur...

(2) Itaque ratio, ut finem, ita etiam medium ad eum unice aptum, iniungit – eo magis, quod

(3) stimulus socialis ad publicam societatem impellat, eamque etiam natura hominis a sensibus pendentis exigat."[107]

Das Reich Gottes ist die eschatologische Gemeinschaft jener Menschen, die, in Freiheit miteinander verbunden, auf die absolute Zukunft des Lebens ausgerichtet sind:

„Constitutio regni moralis divina, quatenus ipsa Dei institutione fundatur, non potest quidem a nobis penitus agnosci, attamen sequentes potissimum partes complectitur:

a) Nach der Qualität ist das moralische Reich Gottes ganz moralisch...

b) Nach der Quantität ist das moralische Reich Gottes

(1) Einheit im Zwecke, Gesetze und Streben, und

(2) Allgemeinheit – erhaben über die Formen des Raumes und der Zeit, umfassend alle Vernunftgeschöpfe, die nach der empirischen Existenz – weder auf der Erde sind, oder waren, oder sein werden...

c) Nach der Relation kommt dem moralischen Gottesreich zu

(1) Selbständigkeit, weil in demselben keine politische Form oder empirische Macht stattfindet.

(2) Wechselwirkung der Bürger unter sich, mit dem Vorzuge der Freiheit und Gleichheit.

(3) In Rücksicht auf Gott – heilige Theokratie, wodurch also Gehorsam und Freiheit miteinander verbunden werden...

d) Nach der Modalität ist das Gottesreich

(1) nicht bloß möglich und wirklich, sondern

(2) notwendig und unveränderlich in Zweck, Gesetz und Verfassung."[108]

Die Kirche ist der Ort, an welchem die Zukunft dieses Lebens angebrochen ist. Sie selber besitzt zwar weder seine reale noch seine ideale Qualität, da sie nicht über Zeit und Raum erhaben ist, noch seinen Umfang, da ihr nicht alle Vernunftgeschöpfe angehören, noch seine Intensität, da sich mit ihr sein Anspruch nicht erschöpft, noch seine schlechthinnige Notwendigkeit.

Aber der Zustand, den es bezeichnet, ist eine Norm. Er „ist das Vorbild, nach welchem sich die Konstitution des Gottesreiches, insoferne es in Zeit und Raum von Menschen soll realisiert werden, richten muß."[109]

---

[107] Dobmayer, Systema II, 213–218.   [108] Ebd. 219–221.   [109] Ebd. 221/222.

Die Kirche soll von ihm sprechen und ihn der Geschichte erschließen. Sie läßt sich durch ihn bestimmen und leitet sich in der Tätigkeit und in ihren Zielen von ihm ab. Die sichtbare Kirche nämlich, sagt Dobmayer, „hat die große Aufgabe, erstens das Gottesreich öffentlich darzustellen und zweitens desselben Zweck durch gemeinschaftliche Religiosität zu befördern"[110].

Sie nimmt als die „systematische Einheit der Grundgesetze und die Grundverfassung"[111] des Reiches Gottes Bezug auf drei Gegebenheiten: „1. auf Gott, 2. auf die Natur des Menschen und 3. auf den Endzweck des Menschen...; denn die sichtbare Kirche darf negativ – nichts enthalten, was in dieser dreifachen Hinsicht untauglich oder widersprechend ist, und muß positiv – enthalten, was angemessen oder notwendig ist"[112].

Die Kirche steht im Zeichen absoluter Religion. Sie kann sie durch sich selbst vermitteln. Sie ist selber das Prinzip der Tätigkeit, durch die sie erscheint. Dazu schreibt Dobmayer:

I. Die sichtbare Kirche ist nach (der Kategorie) der Qualität

1. zwar auch rein moralisch, wenn sie sein will, was sie sein soll, eine möglichst treue Kopie des Urbildes;

2. aber sie hat auch einen äußeren Kultus als Hilfsmittel, wie er zur Beförderung der moralischen Religion unter sinnlichen Menschen nützlich und heilsam ist.

3. Die reine Religion ist also Zweck, und aus der empirischen wird die Form des äußeren Kultus abgeleitet.

II. Nach der Quantität ist sie,

1. weil sie sich an einem gewissen Orte und in einer gewissen Zeit konstituiert, zwar eingeschränkt durch Raum und Zeit, aber doch hinausstrebend über beide;

2. mithin noch nicht allgemein, aber doch fähig und mit der Tendenz zur Allgemeinheit oder zum moralischen Universalismus, obschon sie

3. diese ihre Tendenz nicht durch Gewalt oder Zwang, sondern durch angemessene Mittel äußert.

III. Nach der Relation steht auch die sichtbare Kirche unter Gott als ihrem moralischen Oberhaupte und fordert die Wechselwirkung ihrer Mitglieder; aber weil die erhabene Idee der Religion in dem Kreise der Empirie erscheinen soll, so kann und muß sie sich zum Teil in die Formen dieser einfügen...

---

[110] Ebd. 222.   [111] Ebd. 219.   [112] Ebd. 223.

IV. Nach der Modalität ist die sichtbare Kirche
1. unveränderlich in ihrem Fundamentalgesetze und Zwecke, aber nicht vollendet, sondern
2. einer Vervollkommnung fähig und bedürftig, zu welcher sie auch durch kontinuierliche Fortschritte in der Zeit und Ausbreitung im Raume nach den Gesetzen erhöhet und zu einem Ganzen gebildet werden soll.
3. Daher macht auch der an die Sinnlichkeit gebundene Verstand in der sinnlichen Kirche zwei Epochen, die erste des Fortschreitens, die zweite der Vollendung, wo gleichsam im letzten Akte des großen Schauspieles ein allgemeines Hallellujah gehoffet wird."[113]

Die Eschatologie der Religion erfaßt alle Bereiche des kirchlichen Lebens, das Bekenntnis ebenso wie den Gottesdienst und die Verfassung. Sie ist für den Begriff dieser Bereiche konstitutiv. Denn man unterscheidet den theoretischen und praktischen Bereich nach Maßgabe des Begriffs der Religion, „nempe 1. theoreticam, quae veritates fidei, et 2. practicam, quae officia moralitatis pro civibus regni moralis divini continet, ut communi fidei et virtutis vinculo connectantur... Ac proin
1. symbolum et
2. codicem complectitur, de quo utroque pauca proferemus, quae ad rectum de religione naturali iudicium requiruntur."[114]

Auch die theoretische selbst wird nach Maßgabe dieses Begriffs unterschieden:
„Articuli fidei sunt duo, quorum primus
1. veritates fidei de Deo in se – rege morali, de perfectionibus divinis,
2. alter de relatione Dei ad mundum – de regno morali et de opibus Dei complectitur. Ad haec enim duo omnia, quae de Deo credere licet et oportet, revocantur."[115]

Die Pflichten der Kirche sind durch das Gesetz der Religion bestimmt.
„Uti ex fide religiositas, ita ex symbolo oritur codex (Gesetzbuch), qui unam regni divini legem, ut cives vinculo non tantum fidei, sed etiam charitatis coniungantur, et coniunctis studiis finem regni religiosi commoveant, in se continet."[116]

Die gesetzgeberische Funktion der Kirche entspringt dem Begriff der Kirche als Mittel des Vollzugs der Religion.
„Ut regni moralis religiosi finis – securius facilius et plenius obtineatur,

---

[113] Ebd. 223–226. [114] Ebd. 232.
[115] Ebd. 234. [116] Ebd. 295.

publica, communis et legalis (gesetzliche) requiritur omnium civium coniunctio, quae quidem nomine ecclesiae solet designari. Itaque ecclesia,
1. cum symbolum profiteri et codicem acceptare debeat, fundamento morali ac religioso innititur et
2. tota eo tendit, ut moralem ac religiosum finem aptis mediis promoveat."[117]

Die Kirche hat Glaube, Hoffnung und Liebe im Raum der kirchlichen Gemeinschaft zu verkörpern.

„Itaque cum prima pars symbolum et codicem, media proxima, nempe fidem, spem et charitatem contineat; pars altera constare debet institutis ad promovendam
1. fidem – veritatem, et
2. spem – felicitatem, et
3. charitatem – moralitatem – ut utraque ad finem ultimum completum consentiat."[118]

Die Wahrheit des Glaubens wird vom Handeln der Kirche gestützt, und das Handeln der Kirche wird von der Wahrheit des Glaubens erleuchtet. Auch die Regeln des Zusammenlebens in der Kirche ergeben sich aus dem Begriff der Religion:

„Conventuum ecclesiasticorum finis est, ut religiosa communis fides, spes et charitas externis institutis sacris promoveatur.
1. Instituta e.m. solent ceremoniae vel ritus vocari,
2. eorumque complexus, ob contentum in eo sacrificium, vocabulo liturgiae designari."[119]

Aus den Vorschriften der Religion über Aufbau und Struktur der Kirchengemeinschaft wächst die kirchliche Verfassung. Obwohl alle Glieder dieser Gemeinschaft die Pflicht haben, „durch gesellschaftliche Wechselwirkung zum Endzweck beizutragen"[120], so ist es diesem Endzweck dennoch angemessen, „daß die Ausführung dieser Pflicht nicht der leichtsinnigen und veränderlichen Willkür überlassen, sondern einem besonderen Stande übertragen werde"[121]. In ihm wird auf die Allgemeinheit und den objektiven Charakter der Verpflichtung hingewiesen. Das Amt repräsentiert den objektiven Geist der Pflicht. Die Kirchendiener nämlich, schreibt Dobmayer, „handeln erstens im Namen – das ist im Geiste und Ansehen der Kirche, zweitens zum Endzwecke der Kirche, wie die Staatsdiener im Namen und zum Endzwecke des Staates handeln"[122].

---

[117] Ebd. 315.　[118] Ebd. 318.　[119] Ebd. 322/323.
[120] Ebd. 354.　[121] Ebd. 355.　[122] Ebd. 361.

Es besitzt daher Lehrgewalt, sofern der Kirche aufgetragen ist, die Wahrheit des Evangeliums zu verkünden. Es besitzt liturgische Gewalt, sofern die Kirche die Gottesdienstgemeinschaft ist. Es besitzt Regierungsgewalt, sofern die Religion der Kirche eine Macht des Lebens in der kirchlichen Gemeinschaft ist und folglich nach Entscheidungen verlangt.

Aus der kirchlichen Verfassung spricht der objektive Geist der christlichen Religion. Die Kirche darf sich allgemeine Kirche nennen, weil ihre Verfassung dem Ziel der Kirche im allgemeinen angemessen ist.

2.3.2. Ihre Zweckmäßigkeit

Die Reich-Gottes-Theologie versucht, das Grunddilemma neuzeitlicher Theologie, nämlich den Gegensatz von objektiver und subjektiver Religion, im Begriff der Theologie als Theologie der Religion zu überwinden. Die Reich-Gottes-Idee ist hierbei ihr gedankliches Fundament. Sie ist die Grundlage des Begriffs der Religion als Ort und Prinzip der Theologie. Sie enthält Regeln der Zuordnung von Moral und Natur des Menschen in den Zielen, die er dem Leben steckt, nämlich Ort und Prinzip der Verbundenheit von Gott und Mensch zu sein.

Objektiv wird eine Religion genannt, schreibt Galura, wenn sie „den uns bekannt gewordenen Willen Gottes ausdrückt, enthält und lehrt". Sie unterscheidet sich darin von der subjektiven Religion. Diese „ist in jedem einzelnen Bekenner derselben; und unter dieser verstehe ich", schreibt er, „die dem Willen oder Reiche Gottes angemessene Denk- und Handlungsweise des Menschen"[123].

Objektiver Zweck und subjektives Ziel verbinden sich in der Theologie vom Reiche Gottes miteinander. Denn sie versteht sich als jene Form der Theologie, in welcher man alle Gegebenheit der Religion vom Standpunkt der moralischen Natur des Menschen her erfaßt und diesen Standpunkt im Christentum gleichwohl objektiv gegeben findet. Sie nimmt ebenso auf die Geschichte wie auf die Gegenwart Bezug; „denn das Reich Gottes unter der Sonne hat wie ein jedes andere Reich erstens seine Geschichte und zweitens seine Verfassung; beide sind göttlich, und wenn wir alle Lehren des Evangeliums betrachten, so werden wir sehen, daß viele in die Geschichte des Reiches Gottes, viele andere aber zur Lehre von der positiven Einrichtung desselben gehören."[124]

Die neueste Theologie des Christentums gliedert sich daher folgerichtig

---

[123] Galura, a.a.O. V, 23. [124] Ebd. 3.

in einen historischen und einen dogmatischen Teil. Kraft ihres Grundgedankens sind jedoch beide Teile geschichtlich und theologisch miteinander verschränkt. „In welcher Verbindung", fragt Galura, „steht also der dogmatische Teil der Theologie mit dem historischen? Ich behalte hier", fährt er fort, „das Wort dogmatisch bei, weil es angenommen ist: denn offenbar enthält auch die Geschichte wirkliche Dogmata und ist dogmatisch. In der Geschichte allein liegt das große Dogma, daß es eine wirkliche Anstalt unserer Erlösung oder eine Geschichte der Herstellung aller Dinge im Himmel und auf Erden gäbe;... Der dogmatische Teil der Theologie steht mit dem historischen in engster Verbundenheit: denn erstens ist ja unser Glaube ein Glaube an positive Anstalten, die Gott zu unserer Erlösung getroffen hat, folglich ein Glaube an eine göttliche Geschichte. Zweitens kann und soll die Göttlichkeit des Christentums vorzüglich aus der Geschichte gezeigt werden... Drittens hängt die Wünschenswürdigkeit der dogmatisch-positiven Lehren von der Geschichte ab, die in uns den Grund der Überzeugung legt, daß die positiven Anstalten, die Jesus in seiner Kirche gemacht hat, wohltätig seien, zum Endzweck des großen Werkes Gottes so notwendig gehören, daß ohne diese eine Lücke im Gebäude wäre."[125]

Für die Theologie des Reiches Gottes ist das Dogma nicht bloß Ort, sondern auch Prinzip des Glaubens. Denn sie zeigt, daß es sich nicht nur darin findet, sondern daß es ihn auch bewirkt. Sie weiß von der Kirche als einer (objektiven) Instanz der subjektiven Religion. „Was ‚nämlich' ist die Kirche, im allgemeinen Sinne?"[126] Galura antwortet: „Die Kirche im allgemeinen Sinne ist... die Gemeinde oder heilige Gemeinschaft, welche die recht gläubigen Christen bilden."[127] Es ist ihre Aufgabe, die Menschen zu lehren, zu leiten und zu heiligen. Sie bedürfen der Leitung: „Gott hat vom Anfange Männer berufen, denen er die Leitung seines Volkes übertragen hat."[128]

Sie führen die Sendung Jesu weiter. Denn ihre Tätigkeit dient dem gleichen Zweck: „Jesus hat in seiner Kirche den Auftrag zurückgelassen, zu retten, was verloren ist."[129] Er hat ihr vor allem aber „die Gewalt gegeben, jene Gesetze zu machen, die für den Endzweck der Anstalt des Reiches Gottes notwendig sind ... Die Kirche ist eine Gesellschaft, die ihren bestimmten Endzweck, unsere Heiligung, zum Endzwecke hat; eine Gesellschaft kann ihren Endzweck aber nicht erreichen ohne die dazu erforderliche Gewalt; diese Gewalt ist das Recht, alles zu veranstalten, was der Endzweck notwendig macht. Die Natur des Endzweckes bestimmt auch die Natur der notwendigen Gewalt; ist der Endzweck bloß geistlich, so ist es auch die Gewalt.

---

[125] Ebd. 3/4. [126] Ebd. VI, 55. [127] Ebd. 56. [128] Ebd. 59. [129] Ebd. 62.

Unter der Gewalt der Kirche, Gesetze zu geben, verstehen wir ihre Vollmacht alles anzuordnen, was zur Erreichung des heiligen Endzweckes der kirchlichen Gesellschaft notwendig ist."[130]

Die Gewalt der Kirche hat geschichtliche Funktion. Sie ist der Inbegriff dessen, wodurch die Kirche im Namen Jesu handeln kann: „Die Kirche ist die Gewaltträgerin und Dienerin Jesu Christi und sie handelt in seinem Namen."[131] Sie hat nicht nur Gewalt, „Sünden nachzulassen und Sünden vorzubehalten"[132], sie hat auch den Auftrag, das Erlösungswerk im ganzen fortzusetzen. „Wir erwarten also, daß es in der Kirche einen Altar gebe, auf welchem Jesu Tod immerdar erneuert und gefeiert werde."[133] Kraft des Geistes, der sie beflügelt, trägt ihre Lehre amtlichen Charakter. „Die Kirche wird vom heiligen Geiste regiert. Kann es da anders sein, als daß die Kirche Gottes, die das Reich Gottes auf Erden ist, vom Geiste Gottes regiert werde? Der Geist des Königs regiert das Reich; und die guten Gesinnungen werden nur vom guten Geiste mitgeteilt."[134] Ihr Auftrag dauert bis an das Ende der Zeit, und sie ist daher „eine untrügliche Richterin in allem, was zu ihrem Endzwecke gehört"[135].

2.3.3. Ihr Verhältnis zur Religion

In der Reich-Gottes-Theologie, in der sich zu Beginn des 19. Jahrhunderts die Theologie der Autorität zur Theologie der Religion erweitert, stehen sich objektiver und subjektiver Glaube gegenüber. Obwohl sie beides im Gedanken vom Reich prinzipiell verbindet, bleibt der Gegensatz in der Dogmatik selbst erhalten. Sie erfährt durch das neue Prinzip der Theologie eine umfassende Korrektur der Perspektive. Hierfür sind die Arbeiten von Brenner ein denkwürdiges Dokument.

Der angeführte Gegensatz wird besonders deutlich in seiner Schrift: „Über das Dogma. Zugleich Beantwortung der Frage: Wer wird selig?"[136], die zu einem heftigen Streit[137] und schließlich zur Indizierung führt[138].

---

[130] Ebd. 64.   [131] Ebd. 73.   [132] Ebd. 66.   [133] Ebd. 69.   [134] Ebd. 75.   [135] Ebd. 77.
[136] Vgl. F. Brenner, Über das Dogma. Zugleich Beantwortung der Frage: Wer wird selig? (Landshut 1832).
[137] Vgl. von Brenner dazu: Nachtrag zur Schrift: Über das Dogma. Zugleich Beantwortung der Frage: Wer wird selig? Deren Beanstandung und Rechtfertigung betreffend (Landshut 1833); ders., Bemerkungen zu des Herrn Professors Dr. Troll Recension der Schrift „Über das Dogma": Allgemeiner Religions- und Kirchenfreund 6 (Würzburg 1833) 705–713; ders., Offener Brief an Herrn Professor Dr. Troll zu Aschaffenburg, als weiterer Nachtrag zu seiner Schrift: Über das Dogma (Landshut 1833); sowie an A. Gengler, Auch ein Wort über die jüngste Schrift des Herrn Dr. Friedr. Brenner: „Über das Dogma. Zugleich eine Beantwortung der Frage: ‚Wer wird selig?'" mit Berücksichtigung seiner Gegner (Bamberg 1833).
[138] Dies geschah 1835 unter merkwürdigen Umständen. Vgl. F. Dreßler, a.a.O. 43.

Das Dogma ist eine Wahrheit, die „die Kirche in bezug auf das objektive Wesen des Himmelreichs mit Klarheit und Bestimmtheit als Offenbarungswahrheit bekennt"[139]. Unter dem objektiven Wesen des Himmelreiches versteht Brenner jenes, „was nicht unmittelbar dem Willen des Menschen zum Handeln anbefohlen, sondern was seinem Geiste *zur Aufklärung* über seine ewigen Angelegenheiten und über die Anstalten Gottes... vorgestellt wird. Dadurch aber ist der Inhalt der Dogmen dahin bestimmt, daß sie nicht vorschreiben, was der Mensch tun soll, sondern daß sie nur berichten, entweder was da geschehen ist oder was ewig besteht oder was noch sein wird."[140]

Das objektive und subjektive Wesen der Idee vom Reiche Gottes stehen folglich einander unvermittelt gegenüber. Sie umfaßt objektiv alle Religionen und ist selber die oberste Einheit von „jüdischer, christlicher und himmlischer Kirche"[141], subjektiv hingegen enthält sie den Grundriß jeweils spezieller Religion und umschreibt die besondere Haltung des jeweils individuellen Glaubens. Daher besteht auch zwischen Dogma und Religion ein großer Gegensatz. „Der dogmatische Glaube oder die Annahme der eigentlichen Dogmen ist nicht wie die Religion", schreibt Brenner, „notwendig zur Seligkeit, so, daß derjenige, welcher die Glaubenslehren nicht er- und bekennt, eben so dem ewigen Verderben anheim fiele als derjenige, der auf das Gesetz der Liebe nicht achtet und selbes nicht befolget."[142]

Wie sehr die Kirche in der Formulierung des Glaubens objektiven Einfluß auf die Entwicklung „im Leben der Wissenschaft und Kunst"[143], in Staat und Gesellschaft[144] genommen hat und die „Wiedervereinigung des Dogmas mit der Religion"[145] eine dauernde Aufgabe bleibt, so sehr bleibt doch auch der Gegensatz.

„Vom Dogma kam es..., daß die Kirche nebst dem Hirtenstabe auch das Schwert und Fesseln und Marterinstrumente zur Hand nahm."[146]

Denn bisweilen geschieht es, „daß der Glaube entweder für die Religion selbst gehalten oder über dieselbe noch gestellt oder daß er wie eine tote Masse im Innern bewahrt wird, wonach im ersten Falle Mißverstand und Überschätzung der Sache, im zweiten Nichtanwendung derselben vorhanden wäre"[147].

---

[139] Brenner, Dogma 5.
[140] Ebd. 12/13.
[141] Ders., Versuch 31.
[142] Ders., Dogma 98.
[143] Ebd. 166.   [144] Ebd. 162.
[145] Ebd. 184.   [146] Ebd. 153.
[147] Ebd. 154.

Zwischen Dogma und Religion klafft eine Diskrepanz, die weder vom Dogma noch von der Religion zu überbrücken ist. Hierzu bedarf es vielmehr der „Aufklärung über das Dogma": Wenn dieses „im Leben des Christen dessen gehörigen Platz einnehmen und den rechten Einfluß darauf gewinnen will, so muß er vor allem über dessen Gehalt und Wert, insbesondere über dessen Beziehung auf das Seelenheil die nötige Aufklärung erhalten; er muß belehrt werden, daß die Glaubenswahrheiten nicht höher stehen als die Sittenvorschrift und daß des Christen letzte und unerläßlichste Aufgabe hienieden nicht ist, einige geoffenbarte Sätze zu kennen und ihnen seinen Beifall zu schenken, sondern das Gesetz der Liebe in sich lebendig werden zu lassen und es zur Richtschnur aller seiner Handlungen zu machen."[148]

Aufklärung wird also bei Brenner als ein Prinzip der Theologie verlangt. Sie ist jener Ort in der klassischen Dogmatik, an welchem die Entscheidung für den Glauben fällt. Bei Brenner sind weder die Sakramente noch die Kirche in dieser Funktion gedacht[149].

Die Ekklesiologie darf daher auch als das zentrale Problemstück der drei Entwürfe seiner Dogmatik gelten. Sie fehlt als Ort wirklicher Auseinandersetzung in der ersten Auflage ganz, gehört in der zweiten Auflage zum Kapitel „Christliche Offenbarung" als deren ewig bestehendes Vermittlungsorgan, um schließlich in der dritten Auflage überhaupt nur in formaler Hinsicht Gegenstand der Theologie zu sein.

Brenner unterscheidet hier vor allem zwischen theologischer Vernunft und kirchlicher Gewalt; denn „so lange ein theologischer Satz nur aus der Vernunft erkannt wird, ist er noch nicht dogmatisch zu nennen, wozu ihn erst der kirchliche Anspruch stempelt, weshalb auch alle bisher in den Fundamenten abgehandelten Wahrheiten erst alsdann eigentliche Dogmen werden, wenn ihnen die Sanktion des Episkopats zugeht"[150].

Das historische Wesen solcher Entscheidungen wird von Brenner nicht erfaßt. Der Widerspruch, daß Kirche selber aus der Offenbarung zu begründen ist und gleichzeitig Begründungsfunktion besitzt, ist nur von einer Theologie zu lösen, die um ihren eigenen Ort in der Geschichte weiß und sich selbst als Prinzip der Geschichte begreift.

---

[148] Ebd. 179.
[149] Mit der Sakramentenlehre beschäftigt sich Brenner nur in historisch-liturgischem Zusammenhang. Sie bestimmt weder den Aufbau seiner Dogmatiken noch den Inhalt seiner Ekklesiologie. Vgl. ders., Geschichtliche Darstellung der Verrichtung und Ausspendung der Sakramente, von Christus bis auf unsere Zeiten, mit beständiger Rücksicht auf Deutschland und besonders auf Franken. Bd I: Taufe; II: Firmung; III: Eucharistie (Bamberg 1818–1824).
[150] Vgl. ders., Fundamentierung 591.

In der dritten Auflage hat Brenner mit der Unterscheidung zwischen Fundamentierung und Konstruktion der katholischen spekulativen Theologie zwar den Unterschied von allgemeiner und spezieller Dogmatik ausdrücklich gedacht. Da er jedoch Dogmatik selber nur als eine spekulative Größe kennt und im Begriff einer apokalyptischen Metaphysik zu begreifen sucht, bleibt der ekklesiale Bezug an der entscheidenden Stelle selber unbedacht.

Es fehlt ihm nicht nur eine allgemeine Sakramentenlehre. Es fehlt ihm zudem überhaupt ein Gesamtkonzept der Ekklesiologie. Seine Auffassung von der kirchlichen Lehre bleibt dem abstrakten Gegensatz von religiöser Überlieferung und religiöser Metaphysik verhaftet. Sie läßt die Notwendigkeit des Wandels in der Lehre selbst erst gar nicht sichtbar werden. Am Heraufkommen einer Ekklesiologie, die die Kirche selbst als Ort und Prinzip der Religion begreift, ist Brenner nicht beteiligt.

3. Kirchen-Problematik und Reich-Gottes-Problematik:
Das Reich Gottes – eine Idee und ein Ideal der Theologie

Den Ort und die Prinzipien des Glaubens festzustellen ist eine wesentliche Aufgabe dogmatischer Theologie. Zu Beginn des 19. Jahrhunderts hat sich ihre Dimension erweitert. Denn der Gegenstand dieser Feststellung ist die Religion des Glaubens. Die dogmatische Theologie muß die Aufgabe einer Grundlegung des Glaubens im Begriff der Religion bewältigen. Sie erfolgt zu Beginn des 19. Jahrhunderts mittels der Idee vom Reiche Gottes. Die Theologie der Religion ist Theologie vom Reiche Gottes, sofern sie sich im Reich Gottes als dem Prinzip der Religion begründet. Die Feststellung der Religion des Glaubens erfolgt im Horizont einer universalen Idee, nämlich der Idee vom Reiche Gottes als der Grundlage allen vergangenen, gegenwärtigen und zukünftigen Glaubens. Dogmatische Theologie hat folglich die Aufgabe, universal zu sein. Sie erfaßt das universal-historische Problem des Glaubens. Die Kirche ist in der Reich-Gottes-Theologie die Trägerin der Idee vom Reiche Gottes. Sie erzieht den Menschen im Geiste universaler Religion. Sie ist kraft der Mittel, die ihr zur Verfügung stehen, Ort und Prinzip ihrer Weitergabe in der Welt. Die Universalität der Kirche und ihres Christentums wird in der Reich-Gottes-Theologie freilich im Horizont der Idee und nicht im Horizont der konkreten Wirklichkeit gedacht. Denn in diesem ist sie nur ein Ideal. Sie reicht weder aus, den Wert einzelner Phasen christlicher Religion historisch festzustellen, noch das Verhältnis von christlicher Geschichte und Religionsgeschichte empirisch zu bestimmen. Dogma und Religion stimmen in der Idee und nicht in der Wirklichkeit zusammen[151].

Mit A. Gengler[152], einem Freund von Möhler und Döllinger und einem Kollegen von Brenner, der von 1799 bis 1866 lebte und Lehrer für Kirchengeschichte, Kirchenrecht, Enzyklopädie und Methodologie in Bamberg war, tritt die Reich-Gottes-Theologie in eine Phase der Reflexion auf ihre eigenen Grenzen ein[153]. Sie wird zum unbefriedigten Ideal dogmatischer Theologie.

3.1. Dogmatik als kritische Instanz der Theologie

Die Frage nach Ort und Prinzip der Theologie stellt sich Gengler in den zwei Hauptschriften „Über das Verhältnis der Theologie zur Philosophie"[154] und „Die Ideale der Wissenschaft"[155]. Schon ihre Titel deuten darauf hin, wie sich Theologie verstehen soll als Theologie des unbefriedigten Ideals empirischer Religion.

3.1.1. Ihr Vorstellungscharakter

Der Glaube und die Vorstellung, die man von ihm hat, sind nicht identisch. Denn er selbst ist etwas Wirkliches und die Vorstellung ist etwas Gedachtes. Dennoch ist das Interesse für ihn immer durch bestimmte Vorstellungen geweckt. Denn „davon, was ein jeder mit Namen wie ‚Gott und die göttlichen Dinge' in seinem Bewußtsein verbindet, wird es abhängen, ob er schon im voraus für eine Wissenschaft Interesse haben wird, die sich mit jenen Dingen zu beschäftigen verspricht oder nicht. Aber auch davon, was für Vorstellungen die Bearbeiter und Pfleger jener Wissenschaft von dem haben, was

---

[151] Brenner nennt auch die Religionsgeschichte eine Quelle der Dogmatik. Vgl. hierzu Reatz, Reformversuche, a.a.O.
[152] Zu Biographie und Bibliographie vgl. St. Lösch, Prof. Dr. Adam Gengler 1799–1866. Die Beziehungen des Bamberger Theologen zu J. J. Döllinger und J. A. Möhler (Würzburg 1963).
[153] Die Reich-Gottes-Theologie ist eine Theologie, in der Ort und Prinzip der Theologie im Begriff der Religion und ihrer Idee individuell, aber auch ekklesial verbunden sind. Gengler reflektiert die geschichtlichen Implikationen dieser Verbundenheit. Denn sie hat sich im Leben der Kirche wie im Leben der Menschen überhaupt erst noch zu verwirklichen. Das Reich Gottes ist sowohl kritische Idee als auch konstruktives Ideal im geschichtlichen Dasein von Kirche und Welt. Die Kritik, die Drey in ThQ 17 (1835) 192–210 an der Enzyklopädie von Gengler äußert, berücksichtigt nicht den operativen Charakter dieser Enzyklopädie. Vgl. dazu auch Gengler selbst: Kritik einer Kritik (Bamberg 1833).
[154] Vgl. A. Gengler, Über das Verhältnis der Theologie zur Philosophie (Landshut 1826).
[155] Ders., Die Ideale der Wissenschaft, oder: Die Encyclopädie der Theologie (Bamberg 1834).

der Gegenstand ihrer Wissenschaft sein muß, wird es abhängen, ob das, was sie für ihre Wissenschaft geben, Interesse erregen kann oder nicht."[156]

Dennoch bilden Glaubensvorstellungen nicht das Fundament des Glaubens. Denn Vorstellungen können Fiktionen sein. Sie stellen dann zwar etwas vor, haben aber keine Geltung. Sie sind entweder das Resultat von Sinnestäuschung oder pure Spekulation. Soll die Vorstellung als Ort der Wahrheit gelten, dann verlangt man Offenbarung der Wirklichkeit von ihr. Sie erfaßt den Gegenstand „wie das Original in der Copie"[157].

Glaubensvorstellungen enthalten Wirklichkeit, sind aber selbst unmittelbar nicht an ihr zu überprüfen; denn der Glaube „ist ein für-wahr-halten dessen, was wir nicht schauen. ... Irgend eine Vorstellung, wie immer im Geiste gesetzt, sei es durch Mitteilung oder durch freie und geniale Produktion, deren Inhalt sich nicht unmittelbar und selbst als wahrhaft seiend offenbart, denn doch für wahr halten und so also die bloße Vorstellung als solche in die Reihe wahrhafter und eigentlicher Erkenntnisse erheben und sie diesen gleichsetzen, heißt glauben. Ein Akt des Willens – nicht des erkennenden Vermögens! Das Leben fordert den Glauben, nicht die Wissenschaft."[158] Es gibt neben dem vollständigen auch das unvollständige Erfassen der Wirklichkeit.

Von einem vollständigen Erfassen redet man, „wenn dieses nach seinem ganzen Wesen (und dies soll hier nichts anderes heißen als sein ganzes vollständiges Sein, alle in ihm realen Momente) in die Vorstellung aufgenommen ist, so, daß von dem Objekte außerhalb der Vorstellungen nichts mehr liegt, sondern es ganz in derselben erschöpft ist und nichts Neues und Fremdes mehr an ihm für die Erkenntnis hervortreten kann. – Eine solche vollständige, das ganze Wesen eines Dinges erschöpfende Erkenntnis nennt man füglich dessen Begriff."[159] Anschauung und Denken sind im Begriff der Wirklichkeit mit der Wirklichkeit selbst identisch.

Da jedoch das menschliche Erkennen unvollständig ist, besitzt es auch keinen umfassenden Begriff der Wirklichkeit von Gegenständen. Wirklichkeit und Begriff der Wirklichkeit sind in ihm nur partiell identisch. Das einzige Mittel, sich von der Wahrheit des Begriffs zu überzeugen, ist deshalb der Nachweis, daß er Wirkliches erfaßt.

Wo dies nicht möglich ist, da gibt es keine gesicherte Erkenntnis. „Es scheint zuweilen ein Ding in der erscheinenden Wirklichkeit dem Inhalte einer Vorstellung ähnlich: so ist die Vorstellung wahrscheinlich. Es scheint zuweilen irgend ein Gegenstand bald dieser, bald einer anderen Vorstellung

---

[156] Ders., Theologie und Philosophie 17.
[157] Ebd. 1.   [158] Ebd. 10.   [159] Ebd. 1/2.

ähnlich, so daß unentschieden bleibt, welche von zwei Vorstellungen (zwei Fällen) die wahre sei: so bleibt die Vorstellung zweifelhaft. Die Annahme einer vollständig erwiesenen Vorstellung als einer wahren heißt Glaube, der ein Wahnglaube, d. i. Irrtum, oder auch ein wahrer Glaube sein kann."[160]

Der Gegenstand selber ist folglich das Kriterium des Begriffs. Dadurch rückt die Gegenstandsbetrachtung in den Mittelpunkt der Erkenntnisfrage. Die Wahrheit der Erscheinung des Gegenstandes ist der Begriff, und die Wahrheit des Begriffs ist die Wirklichkeit des Gegenstandes in der Vorstellung des Begriffs. Wie also der Gegenstand die unvollständige Vorstellung korrigiert, so korrigiert der Begriff die unvollständige Erscheinung.

Bisweilen erscheint „das Ding an sich unter gewissen Verhältnissen nicht vollständig so, wie es an sich ist, oder es erscheint neben und mit dem Dinge an sich etwas anders, welches das Ding an sich nicht ist und vielmehr das Ding an sich teilweise verhüllt, so daß es nur unvollständig durchscheinen kann; das ist der Schein an der Erscheinung, und das, was von einem andern auf das Ding an sich, das wir erkennen wollen, hinüberscheint, für das Ding an sich und seine wahre Erscheinung nehmen, wäre Irrtum."[161]

Die Kritik des Begriffs der Vorstellung setzt sich also in der Kritik der Erscheinung des Gegenstandes fort. Er selber ist der Maßstab für die Wahrheit des Begriffs. „Daß aber irgend etwas an der Erscheinung nur Schein sei, kann selbst wieder nicht anders als dadurch nachgewiesen werden, daß das bloß Scheinende und Unwahre als etwas von dem Ding an sich Verschiedenes nachgewiesen werde, das heißt also immer nur durch die reine Erscheinung des Dings an sich außer und ohne jenem Schein. Daß aber die Wahrheit uns erscheine und daß Erscheinung überhaupt die erscheinende Wahrheit und Wirklichkeit sei, auf eine andere Weise bewiesen haben wollen, als dadurch, daß man auf das erscheinende Ding hinweist, der unmittelbaren Anschauung darstellet und nachweiset, wie es immer und fortwährend als dasselbe erscheint, heißt eine Unmöglichkeit fordern."[162]

Der Gegenstand selber ist folglich ein Prinzip der Wahrheit des Begriffs, wie umgekehrt der Begriff ein Ort der Erscheinung der Wahrheit des Gegenstandes ist. Diese muß jedoch – mittelbar oder unmittelbar – sowohl vom Gegenstand wie vom Begriff des Gegenstandes her begründet werden.

„Wenn aber weder der Grund noch das Begründete erschiene, wenn gar nichts erschiene, so könnte auch nichts erkannt werden. Es könnte wohl etwas gedacht, d. i. vorgestellt werden: ob aber dieses Gedachte auch außer-

---

[160] Ders., Ideale 6/7.
[161] Ebd. 7/8.   [162] Ebd. 8.

halb seiner Vorstellung von ihm wirklich sei, das ließe sich nicht erkennen."[163]

Sie selber genügt als Ort der Erscheinung für die Wahrheit des Gegenstandes nicht. Es muß „das hinzukommen, daß wir uns überzeugen, daß das in der Vorstellung Enthaltene auch außerhalb der Vorstellung und unabhängig von ihr wirklich sei. Überzeugung verschaffen wir uns dadurch, daß wir auf den Gegenstand der Vorstellung hinzeigen können. Wird uns also das Wahre nie und nirgends gegenständlich, d. i. erscheint es uns nicht, so können wir keine Gewißheit haben. Ist aber das, was uns erscheint, d. i. das, was uns gegenständlich ist, nicht das erscheinende Wahre selbst, so erscheint uns das Wahre gar nicht, und wir können also eben deshalb keine gewisse Erkenntnis davon haben."[164]

Es ist Aufgabe des Menschen, seine Vorstellungen an der Wirklichkeit zu korrigieren. Sie ist ein Prinzip der Wahrheit des Begriffs. Die Vernunft „schreitet nicht verächtlich über die Erscheinung hinweg: erklärt sie nicht für bloßen Schein; aber sie führt die Erscheinungen auf das Wesen der Dinge zurück und weist die eigentümliche Stelle nach, die jene in diesem einnehmen, und zeigt eben dadurch, wie die Erscheinungen (die hervorgetreten waren, man weiß nicht wie? - ‚zufällig') in dem Wesen der Dinge begründet und notwendig hervortreten mußten."[165] Aber umgekehrt wird auch die Erscheinung der Wirklichkeit an den Prinzipien der Vorstellung gemessen.

Denn diese besitzt gerade begrifflichen Charakter, insofern „sie über das offenbare Sein, das in seiner Erscheinung ein unvollständiges ist, hinausgeht, um es nach seinem vollständigen Wesen in Ideen zu erfassen"[165a]. Die Glaubensvorstellung ist folglich Prinzip des Glaubens. Sie ist er selbst als eine Aufgabe des Lebens. Seine Fähigkeit, zwischen sich und der Vorstellung von sich, zwischen sich als Erscheinung und als Idee, zwischen dem Gegenstand selbst und dem Interesse am Gegenstand zu unterscheiden, eröffnet ihm den Weg zu sich selbst als einer Wirklichkeit. Sie ist der Ansatzpunkt, er selbst und dennoch subjektiv zu sein.

„Wenn nur allein von jenem Standpunkt aus, wo alles Reale mit dem Idealen zusammenstimmt, die Wahrheit philosophischer Konstruktionen kann nachgewiesen werden: wie wäre es möglich, daß einer auch nur diese Vergleichung anstellt, der sich nicht einmal zur lebendigen Idee Gottes erschwingen könnte? - Und wer Gott sei, erkennt niemand, als wer Gott ähnlich ist. So aber ergibt sich, daß auf dem Gebiete der christlichen Theologie,

---

[163] Ebd. 9.   [164] Ebd. 10.
[165] Ders., Theologie und Philosophie 11.   [165a] Ebd. 13.

so wie nur derjenige im Stande ist, das wahre Sein in ihr philosophisch zu konstruieren, der wahrer Christ ist, so auch nur derjenige die christliche Philosophie nach ihrer Realität zu beurteilen fähig sei, der sich zur Gottähnlichkeit erschwungen, und von dem gleichen Prinzipe der göttlichen Liebe durchdrungen ist."[166]

3.1.2. Ihr pragmatischer Charakter

Der Glaube wird bei Gengler von der Aufgabe her beschrieben, die sich mit ihm stellt. Er ist als Ort des Lebens eine empirische Gegebenheit und umfaßt in dieser Beziehung Vorstellungen der Religion von einem ganz bestimmten Standpunkt aus. Er ist jedoch nicht nur Ort, sondern auch Prinzip des Lebens und in dieser Beziehung eine subjektive Gegebenheit. Daher besteht die Aufgabe, er selbst zu sein im Leben. „Der religiöse Glaube, wie er einer bestimmten Kirche zu Grunde liegt, um von ihr ins Leben eingeführt zu werden, ist wesentlich nichts anders als die Summe von Ideen, in denen eine kirchliche Gesellschaft das wahre Wesen der Dinge, wie sie in und durch Gott sind, erkannt zu haben glaubt."[167] Er ist nur von den Mitgliedern der Kirche festzuhalten und kann – obwohl von einem subjektiven Standpunkt her begründet – objektiver Irrtum sein.

Geht die Theologie vom positiven Glauben aus und beschränkt sie sich auf die richtige Beobachtung innerhalb der ihr angewiesenen Sphäre oder auf logische Gewandtheit in der Entwicklung und Verknüpfung der Begriffe zur Konstruktion eines bestimmten Systems, dann besteht ihr ganzes Geschäft darin, „alles wodurch sich der gemeinsame Glaube ausspricht und dokumentiert, also zunächst die symbolischen Schriften, dann alle kirchlichen Gebräuche und alles, was im Leben durch den zu Grunde liegenden Glauben geordnet ist, zu sammeln, aus diesen Quellen die Vorstellungen zu schöpfen, die in den Glauben aufgenommen sind, dieselben zu entwickeln und systematisch zu ordnen"[168].

Sie steht auf dem schwankenden Boden seiner Erscheinungen; die Wahrheit bleibt relativ. Dringt sie aber in den Glauben ein, versucht sie, das An-sich-Wahre an ihm festzustellen, erfaßt sie im empirisch Wahren das Prinzip des Wahren überhaupt, dann steht sie auf dem festen Boden der Wahrheit selbst. Sie erscheint als absolut.

Die empirische Theologie des christlichen Glaubens ist „bedingt durch ihren positiven Charakter als Theologie der christlichen Kirche. – Wir haben

---

[166] Ebd. 20.   [167] Ebd. 23.   [168] Ebd. 24.

eigentlich nur zwei positive Wissenschaften, die positive Jurisprudenz und die positive Theologie ... – Beide ... kommen nur zu Stande durch Reflexion des Staates und der Kirche über sich selbst, und man könnte in dieser Beziehung sagen, positive Jurisprudenz und Theologie haben zunächst die Bestimmung, jenen (dem Staate und der Kirche) ihr eigenes Wesen zum Bewußtsein zu bringen."[169]

Beide haben eine Vorstellung von sich selbst und der Aufgabe, für die sie existieren. Der Zustand ihrer Lethargie ist niemals so weit fortgeschritten, daß nicht wenigstens instinktartig und unbewußt in ihnen die sie treibende Idee vorhanden wäre. Wollten sich aber Jurisprudenz und Theologie darauf beschränken, „immer nur der wissenschaftliche Reflex zu sein von dem, wofür eine Kirche oder ein Staat in irgend einem Moment ihres Daseins sich selbst erkannt hat, dann entstünde jene Form der positiven Wissenschaft, wo über das Positive gar nicht hinausgegangen, dieses nur so, wie es erscheint, genommen wird"[170].

Dem Positiven, wie es erscheint, steht die Wahrheit gegenüber, die es ist: Sie ist der Spiegel, in dem sich die Kirche betrachten muß, und der Maßstab, an dem sie sich zu orientieren hat.

Denn wie „jeder einzelne Mensch als Individuum in seiner eigenen Idee (in der Idee seiner selbst, d. h., wie er sich erkennt als seiend in und durch Gott) zugleich die Sphäre seiner Pflichten und seiner Rechte erkennt, ja! sogar diese ohne jene gar nicht anzugeben vermag und, wo er es dennoch tut, sie durch nichts als durch seine Willkür begründen kann, so auch auf gleiche Weise bei Staat und Kirche ... so erhellt, daß jede positive Theologie wesentlich in drei Teile auseinandergehen muß: 1. in die Wissenschaft von dem wahren und ewigen Wesen der Kirche, von der sie Theologie ist, 2. in die Wissenschaft von den Pflichten derselben Kirche resp. aller Individuen, durch welche sie konstituiert ist, 3. die Wissenschaft von ihren durch ihre Pflichten gleichmäßig gesetzten unveräußerlichen Rechten."[171]

Die positive Theologie der Kirche ist empirische Theologie. Sie wird folglich an der Idee der Kirche überhaupt gemessen. Es gibt „nur ein großes System, nur ein großes Gebäude des eigentlich theologischen Wissens, der rein wissenschaftlichen Theologie, nämlich der Dogmatik, die wesentlich Philosophie ist!"[172]

Sie hat die Aufgabe, „innerhalb ihrer eigenen Wissenschaft das an sich Wahre des christlichen Glaubens nachzuweisen"[173]: für die Ethik, indem sie „die eigentliche und wesentliche Bedeutung der menschlichen Freiheit

---

[169] Ebd. 48/49.   [170] Ebd. 50.   [171] Ebd. 51/52.   [172] Ebd. 47.   [173] Ebd. 30.

vom christlichen Stanpunkt aus"[174] betrachtet; für das Kirchenrecht, indem es die einzelnen Vorschriften in ihrem gegenseitigen Zusammenhang behandelt und nichts erörtert, „ohne zuvor das wahrhaftige Wesen der Kirche, was sie ist nach ihrer göttlichen Idee, im voraus genau erkannt zu haben"[175]; für die Exegese, denn auch hier gilt es zu untersuchen, „was an-sich Wahres in dem Gesamten ist und wie weit sich dessen Grenzen gegen das Falsche, Unrichtige und Leere der in der Schrift aufgestellten Behauptungen bestimmen lasse"[176]; für die Kirchengeschichte, wo sich die Idee der Kirche zeigt, wie sie ist an und für sich als das innerste Prinzip, das die Materialien mit Leben und Odem durchhaucht[177].

Die Aufgabe dogmatischer Theologie ist folglich die Kritik der empirischen Theologie auf der Grundlage des Prinzips der Theologie, nämlich der Idee von Religion.

3.1.3. Ihr säkularer Charakter

Die Religion ist von ihrem Begriff her objektiv und subjektiv zugleich, objektiv als Idee des Absoluten, subjektiv als Glaube. Zwischen der Theologie als Wissenschaft der Idee und als Wissenschaft des Glaubens kann folglich kein Gegensatz bestehen. Wo er sich dennoch entwickelt, „kann derselbe nimmermehr begriffen werden als ein Gegensatz der Wissenschaft selbst nach ihrer wesentlichen Aufgabe, sondern er kann nur begriffen werden, indem wir die eine Wissenschaft des an sich Wahren nicht als eine vollendete, sondern nur als eine werdende und ihrer Vollgestalt entgegenstehende betrachten, so daß der Gegensatz innerhalb der Wissenschaft selbst ist und nur zwischen den Bestrebungen stattfindet, die eine Wissenschaft zur Vollendung zu bringen"[178].

Er bricht aus dem Widerspruch des Glaubens mit sich selbst hervor. Die Idee, die ihn trägt, ist mit dem Zustand nicht zufrieden, in dem er sich befindet. Sie treibt ihn dazu an, sich selber neu zu orientieren. Die Theologie und Philosophie des Glaubens „haben sich nur eine und dieselbe Aufgabe gegeben, nur ein Ziel sich vorgesteckt, die Enthüllung der ewigen Wahrheit. Beide ringen nur nach einem Preis, jenes ursprüngliche Maß und wahre Wesen der Dinge zu erkennen, das der Gegenstand aller Philosophie ist. – Der Gegensatz ist nur ein Gegensatz und Kampf der Ideen, die sich als die wahren geltend machen wollen, kein Gegensatz, hervorgegangen aus der Verschiedenheit der wesentlichen Aufgabe der Wissenschaft. Und so kann

---

[174] Ebd. 36.   [175] Ebd. 39.   [176] Ebd. 44.   [177] Ebd. 47.   [178] Ebd. 52/53.

denn auch dieser Gegensatz, der nur ein Gegensatz der sich bekämpfenden Ideen ist, als solcher nur vorübergehend sein."[179]

Dennoch hat er vor allem in Europa tiefe Spuren gezogen. Er hat sich auf diesem Kontinent entwickelt. Die europäischen Völker nämlich waren zu Beginn weder fähig, den Geist, der aus dem Altertum zu ihnen herübergekommen war, angemessen zu verstehen, „noch im Stande, mit Selbständigkeit den eigenen Geist auf die Erforschung des an sich Wahren zu richten". Nicht durch lebendigen Umgang mit der Wahrheit selber kamen sie zur Vernunft, „sondern mittelst des Buchstabens und an der Hand der Symbole sollte erst der Geist geweckt und zur Auffindung der ewigen Wahrheiten geleitet werden". Damit verband sich eine folgenschwere geschichtliche Entwicklung. Historische Umstände waren der Grund, „daß es in jener finsteren Zeit geschehen durfte, den barbarischen Völkern die christlichen Institutionen mit Gewalt aufzudringen, da diese, obgleich nur als eine bloße Äußerlichkeit mitgeteilt, denn doch gerade als solche notwendiges Bedürfnis der Zeit waren"[180].

Die Einheit von Glaube und Vernunft im Mittelalter hatte somit äußere Bedingungen. Sie mußte auseinanderbrechen, wo die Vernunft zur Individualität erwachte. Dieser Vorgang, nach rückwärts nicht mehr überholbar, stellt das neuzeitliche Christentum vor die Frage nach der objektiven Wahrheit im subjektiven Glauben. Es ist selber der Ort, an dem sich die Besonderheit individueller Vernunft des Glaubens zur Wahrheit ihrer eigenen Idee entfaltet. Er wird im Begriff seiner jeweiligen Erscheinungen zu einem Prinzip der subjektiven Existenz.

An die christlichen Theologen ergeht daher „die ernste Mahnung, mit aller Begeisterung, deren der Gegenstand wert ist, zu ringen, ihrer Wissenschaft jene Vollendung zu geben, durch die ihre wesentliche Würde allein begründet wird und die in nichts geringerem besteht, als eben darin, an und durch sich selbst die wahre (christliche) Philosophie zu vollenden"[181].

Sie dürfen vor allem nicht die Meinung haben, „als sei sie schon vollendet und als könne ... keine weitere *Aufgabe* gegeben sein, als nur durch rüstige Polemik den Apologeten derselben zu machen, in der Form und auf der Stufe, auf die sie bereits gestellt ist. Nicht, als ob er dagegen das andere Vorurteil ergreifen müßte: als wäre der bestehende Kirchenglaube, der in der Gestalt des Systems den Inhalt der bisherigen Theologie ausmacht, in sich falsch und irrig."[182] Der herrschende Kirchenglaube orientiert sich an den Inhalten des Glaubens, nicht jedoch an der Idee des Glaubens. Diese ist jedoch ein Prinzip

---

[179] Ebd. 59.   [180] Ebd. 57/58.   [181] Ebd. 63.   [182] Ebd.

aller Theologie der Religion des Glaubens „-und daher ist die Beziehung der Theologie auf den herrschenden Kirchenglauben wesentlich nur Kritik"[183].

3.2. Das Prinzip der Subjektivität

Es ist die Aufgabe der Theologie des Glaubens, im Glauben das Prinzip des Glaubens zu erfassen. Sie entwickelt dazu eine doppelte Methode, eine empirische, sofern er eine Gegebenheit des Lebens, und eine spekulative, sofern er Prinzip der Feststellung dieser Gegebenheit im Leben ist. Denn er selber ist eine prinzipielle und unableitbare Gegebenheit im Leben. Man kann ihn daher auch nur durch sich selbst erklären.

Das Hauptwerk Genglers trägt den Titel „Die Ideale der Wissenschaft". Es befaßt sich mit den positiven und spekulativen Aufgaben der Theologie: „Soll die Aufgabe des spekulativen Teils der positiven Kirchenwissenschaft gelöst, soll nachgewiesen werden, welche Stelle die positive Kirche, welche Gegenstand der positiven Theologie ist, im ganzen Zusammenhange der Geschichte einnimmt, so ist die erste Frage, ... ob und inwieweit die positive *Kirche* mit dem *kirchlichen Ideale*, d. i. mit jenem gesellschaftlichen Zustande der Menschen, in welchem die absolut-wahre Religion im Bewußtsein und Leben der Menschen lebendig und wirklich ist, übereinstimme oder nicht." – „Die erste Aufgabe des spekulativen Teils der positiven Theologie: die Kritik des Positiven."[184]

Das Ideal des Glaubens ist der Glaube selbst als ein Prinzip der Kirche. Alles Leben in ihr wird durch ihn bestimmt und geht aus ihm hervor.

3.2.1. Glaubensbewußtsein und Reich-Gottes-Ideal

Es gibt die Tatsache des Bewußtseins und die Tatsache des Willens im Begriff der Religion. Denn Religion ist von ihrem Begriff her eine Idee, zu der man sich entscheiden muß. Sie stellt den Menschen vor die Aufgabe, sein Leben aus ihr heraus zu entwerfen und in ihr zu begründen. „Die erste und vorzüglichste aller Pflichten, welche die Moral als die Pflicht des endlichen Geistes nachweist, ist, sich vor allem seiner selbst und seiner Verhältnisse zu Gott bewußt zu werden, zu erkennen, was er selbst sei, was die ihn umgebende Welt sei und was die Bestimmung seines eigenen Daseins in dieser Welt sei. Diese Forderung der Moral ist im andern Ausdrucke keine andere als, der

---

[183] Ebd.   [184] Ders., Ideale 64.

endliche Geist soll sich die Religion zum Bewußtsein bringen. – Aber nicht bloß zum Bewußtsein soll sich der endliche Geist die Religion bringen, er soll auch danach leben; er soll die Bestimmung, die ihm Gott gegeben, erfüllen, er soll durch seine eigene freie Tat verwirklichen, was Gott durch ihn verwirklichen will."[185] Sobald sich der Mensch auf die Entscheidungen stellt, die er im Geist der Religion getroffen hat, wird sein Leben zum Ort der Erscheinung ihrer Idee. Die Entscheidungen, die er trifft, machen sie zu einer Positivität. Denn als positiv wird etwas bezeichnet, „das gesetzt ist, daher da ist, in die Erscheinung getreten ist, in der Natur, oder in der Geschichte; daher das Faktische. Die Religion ist positiv, sofern die absolut wahre Religion (die Religion an sich), die vorerst nur als Aufgabe für den Menschen gedacht wird, auch wirklich ins Bewußtsein und Leben des Menschen übergegangen, als solche da ist, in die Erscheinung getreten ist."[186]

Das Leben des Menschen ist Ort der Erscheinung des Lebens der Religion. Dieses existiert im Ursprung als reine Idee. Es muß im Leben erst verwirklicht werden. Beide, Leben und Idee, verhalten sich zueinander wie Verwirklichung und Entwurf, Durchführung und Maxime.

„Zuerst ist die (absolute) Idee an sich; sie ist als solche noch nicht da, ist noch jenseits aller Erscheinung. Dies Nichtsein der Idee ist nicht ein absolutes Nichtsein, weil in der Tat die Idee als das Ewige begriffen werden muß, sondern nur das Nicht-da-sein. Sie tritt in die Erscheinung, indem sie sich dem individuellen Geiste einsenkt, offenbart, von diesem vernommen wird. So in ihrem ersten, unmittelbaren Dasein ist sie jedoch nur das unvollkommene Abbild ihrer selbst; wird als die unvollkommene (unentwickelte) Idee durch die entsprechende Tat des Menschen gegenständlich und auch für andere als daseiend erkennbar. Indem aber die Idee immer nur von neuem anderen Individuen sich einsenkt, vollkommener sich offenbart und von diesen vernommen wird, negiert sie ihr erstes Dasein als das Unwahre, welches sofort aufgehoben wird, um in entsprechenden Taten von neuem im vollkommeneren Abbilde gegenständlich zu werden. So ist's die absolute Idee selbst, welche, indem sie sich selbst setzt und immer wieder in ihren unvollkommenen Darstellungen sich aufhebt, um vollkommener zum Dasein zu kommen, im sukzessiven Fortschritte auch als absolute Idee zur Erscheinung kommt."[187]

Der Übergang von der subjektiven zur objektiven Idee, von der Vorstellung des Glaubens zum Leben aus dem Glauben geschieht in den Entschei-

---

[185] Ebd. 34/35.   [186] Ebd. 36.   [187] Ebd. 39/40.

dungen, die man im Geist des Glaubens trifft. Sie sind ein Prinzip der Kirche. Denn wo immer sich der Mensch zur Wahrheit des Glaubens im Leben entschließt, wird die Kirche geboren. Sie ist ein Kind des Glaubens und die Wahrheit der Religion. Ihr Begriff erfaßt verschiedene Momente: „Erstlich ist nämlich die Kirche die Vereinigung vieler durch einen gemeinsamen Glauben. Die *absolut wahre Religion* ist von den Mitgliedern der Kirche auf eine bestimmte Weise erkannt worden; diese bestimmte Religion wird von den Mitgliedern der Kirche für die wahre gehalten, d. i. geglaubt; sie bildet das gemeinsame religiöse Bewußtsein. – ... Indem die Mitglieder der Kirche es nicht bloß bei der Erkenntnis der sittlichen Ideale und bei dem bloßen Wissen um ihre Pflichten bewenden lassen, sondern dieselben auch durch die Tat erfüllen, gewinnt das in den Mitgliedern der Kirche vorhandene religiöse Bewußtsein *Einfluß auf das Leben;* das gesellschaftliche Leben wird den Forderungen des religiösen Bewußtseins entsprechend geordnet, die sittlichen Ideale werden verwirklicht. Jenes ist das theoretische, dieses das praktische Moment im Dasein der Kirche; in jenem ist die Religion als theoretische, in diesem als praktische Religion positiv."[188] Ihre Idee ist eine Idee des Lebens überhaupt. Sie durchdringt seinen theoretischen wie seinen praktischen, seinen individuellen wie seinen kollektiven Bereich. Sie ist „der sittliche Geist, der die in dem religiösen Bewußtsein enthaltenen sittlichen Ideale ergriffen und als seine Aufgabe erkannt hat. Der sittliche Geist aber ist als die bloße Entschiedenheit des Willens, als sittliche Selbstbestimmung, als das reine sittliche Wollen selbst noch innerlich: indem aber das sittliche Wollen in äußeren Taten sich ausspricht, schafft sich der sittliche Geist seinen Leib. So ist das in der Kirche geltende, durch die kirchliche Gesellschaft verwirklichte Recht das äußere Dasein des sittlichen Geistes."[189] Die Theologie der Kirche besitzt daher – entsprechend den Wesensmomenten ihres Gegenstandes – zwei Aufgabenbereiche.

„Das, was die Grundlage der positiven Kirche ist, das geistige Band, welches alle, die zur Kirche gehören, verbindet, ist der gemeinsame Religions-Glaube, das, was die Mitglieder der Kirche als die absolut-wahre Religion anerkennen, d. i. glauben. Diesen gemeinsamen Religions-Glauben, so wie er in der Kirche wirklich ist, zum Gegenstande der Wissenschaft gemacht, gibt den ersten Teil der positiven Kirchenwissenschaft, den man füglich wegen seines Gegenstandes Religions-Wissenschaft, wegen des tatsächlichen Umstandes aber, daß diese bestimmte Religions-Erkenntnis von den Mitgliedern als die wahre anerkannt oder geglaubt wird, Glaubens-Lehre oder Dog-

---

[188] Ebd. 42/43. [189] Ebd. 43/44.

matik nennen muß. Der religiöse Glaube der Kirche ist das Bewußtsein der Mitglieder von der wahren Religion (die theoretische Religion).

Das andere, was die Kirche zu einer Kirche macht, ist, daß dieses Bewußtsein nicht müßig geblieben, daß es das Gefühl ergriffen, die Tatkraft angeregt hat, daß der Glaube ins Leben übergegangen und nach den in dem religiösen Glauben enthaltenen sittlichen Idealen die gesellschaftlichen Verhältnisse umgestaltet hat. Die bestimmte Gestaltung der gesellschaftlichen Verhältnisse nach den in dem religiösen Glauben enthaltenen Idealen ist der Baum, der den gemeinsamen religiösen Glauben zur Wurzel hat, und diese bestimmte Gestaltung der gesellschaftlichen Verhältnisse in der Kirche – das in der Kirche zur Geltung gebrachte Recht – ist der Gegenstand des zweiten Teils der positiven Kirchenwissenschaft, den man füglich Kirchenrechts-Wissenschaft nennen muß."[190]

Die Einheit von Glaube und Macht, von Bekenntnis und rechtlicher Ordnung wird von Gengler nicht im Begriff der Autorität, sondern im Begriff der Aufgabe unterbreitet, die sich der Kirche stellt, nämlich die Umgestaltung der religiösen Verhältnisse entsprechend dem Ideal des Glaubens. Sie ist Gegenstand der sogenannten „idealen Kirchenwissenschaft". In ihr bestimmt man die Kirche als den Ort und das Prinzip einer künftigen Religion. Ihr Ideal ist die Verwirklichung der Idee allen Lebens an den verschiedenen Orten des künftigen Lebens, der Idee vom Reiche Gottes. „Das Ideal der Kirche, so wie es von der Moral als sittliche Aufgabe dargestellt wird, ist das Reich Gottes, das unter die Menschen kommen soll."[191] Es umfaßt die Pflichten der Menschheit insgesamt. Daher kann die ideale Kirchenwissenschaft auch nicht mehr bloß als ein Teil der Moral behandelt werden: „die ideale Kirchenwissenschaft wäre so die Wissenschaft vom Reiche Gottes auf Erden, so wie es noch nicht wirklich, sondern zunächst nur sittliche Aufgabe ist"[192].

Die Reich-Gottes-Idee hört bei Gengler auf, Prinzip der Wirklichkeit von Religion zu sein. Sie wird zu einem Prinzip ihrer Verwirklichung. Mit seiner Hilfe kann man den positiven Religionsglauben, „welcher der eigentümliche Glaube dieser Kirche ist, und das in ihr geltende positive Recht in jenem höheren Zusammenhange des Ganzen der Geschichte resp. als ein bestimmtes Moment in dem geschichtlichen Prozesse der Offenbarung der absolut-wahren Religion, der Einführung derselben in das Bewußtsein und Leben der Menschen... begreifen."[193]

Es ist das Prinzip einer kritischen Geschichtstheologie des Glaubens.

---

[190] Ebd. 52/53. [191] Ebd. 41/42. [192] Ebd. 48. [193] Ebd. 63.

3.2.2. Die Sittlichkeit der Reich-Gottes-Idee

Das Reich Gottes – objektives Ideal einer subjektiven Religion – übersteigt die Fassenskraft des Menschen. Es erschöpft sich weder in einem bestimmten Zustand noch im jeweiligen Bewußtsein der Religion. Es ist vielmehr das Prinzip einer Aufgabe, der sich der Mensch in seinem eigenen Leben zu stellen hat. Denn es ist dem Menschen aufgetragen, in Freiheit jene Ideen zu verwirklichen, die zu seinem Leben notwendig gehören, mit ihm selbst aber noch keineswegs gegeben sind. Um diese Aufgabe zu bewältigen, muß er sich der Geschichte stellen. Denn sie ist der Ort jenes geistigen Prozesses „mittelst dessen im Reich der Freiheit die göttlichen Ideen ihre völlige Realisierung finden"[194].

Der Mensch wird durch die Entscheidungen, die er in ihr trifft, Gott ähnlich „als sittlicher Geist, so daß Gott als Geist offenbar wird durch den Menschengeist, in diesem sein Abbild findet, als solches dann da ist und in die Erscheinung tritt. In diesem Sinne wäre dann das Leben, die wirkliche Sittlichkeit, d. i. das positive Recht in seinem geschichtlichen Fortschritte, in der Tat nichts anderes als der Prozeß, durch welchen der absolute Geist in die Erscheinung tritt, Dasein gewinnt usw."[195]

Die Kirche ist die positive Religion des Christentums. Sie hat die Wahrheit seines Wesens in das Leben und Bewußtsein der Gesellschaft einzuführen. Der Standpunkt ihres Bewußtseins ist ein Maßstab für die gesellschaftlichen Verhältnisse, „bestimmt das rechte Verhalten des Einzelnen gegen den Andern, räumt dem Einzelnen seine bestimmten Rechte (jura) gegen die Übrigen ein, sowie die Religion es fordert. Die rechtliche Organisation der kirchlichen Gesellschaft ist nichts anderes als der sittliche (religiöse) Geist der Gesellschaft in seinem äußeren Dasein."[196] Dieser Standpunkt wird von der Theologie sowohl empirisch als auch kritisch beschrieben. „Die Aufgabe, welche die empirische Religions-Kunde zu lösen hat, ist, anzugeben, wie die Religionserkenntnis beschaffen sei, welche die Mitglieder einer bestimmten positiven Kirche als die wahre erkennen, d. i. glauben, und die sie tatsächlich zum Zwecke ihrer gesellschaftlichen Vereinigung gemacht haben. Es handelt sich dabei nicht darum, die absolut-wahre Religion als solche darzustellen, auch nicht darum, nachzuweisen, ob irgend ein positiver Religions-Glaube der absolut-wahre sei oder nicht, sondern die Frage ist: Was glauben die Mitglieder einer bestimmten positiven Kirche von der Religion? ... Die Schilderung dieses bestimmten Religions-Glaubens einer positiven Kirche als eines

---
[194] Ebd. 32.　[195] Ebd. 38/39.　[196] Ebd. 44.

empirisch wahrnehmbaren Faktum ist die Aufgabe der empirischen Religionskunde oder *des empirischen Teils der Dogmatik* der positiven Kirchenwissenschaft. – Auf gleiche Weise verhält es sich mit der Aufgabe der empirischen Kirchenrechts-Wissenschaft der positiven Kirchenwissenschaft. Die positive Kirche ist als solche ein Verein von Menschen, die nicht bloß eine bestimmte Religionskenntnis für die wahre halten (glauben), sondern die auch infolge dieses gemeinsamen Glaubens und um denselben ins Leben aller einzuführen, sich vereinigt und für diesen Zweck sich gesellschaftlich organisiert haben. Auch diese gesellschaftliche Organisation einer positiven Kirche, infolge welcher die Pflichten und Rechte eines jeden bestimmt sind, ist Faktum, und es ist die Aufgabe der empirischen Kirchenrechts-Wissenschaft, diese gesellschaftliche Organisation der positiven Kirche als unmittelbar-wahrnehmbares Faktum zu schildern."[197]

Die kritische Beschreibung des Standorts der Kirche ist die Aufgabe der Theologie als einer idealen Kirchenwissenschaft. Sie beschreibt die Kirche vom Standort des Prinzips der Kirche.

Durch sie wird offenkundig, „ob und wie weit überhaupt der der positiven Kirche zu Grunde liegende religiöse Glaube mit der absolut wahren Religion, das in der positiven Kirche geltende Recht mit dem absoluten Rechte, überhaupt, ob und inwieweit die positive Kirche mit dem kirchlichen Ideale, d. i. mit jenem gesellschaftlichen Zustande der Menschen, in welchem die absolut-wahre Religion im Bewußtsein und Leben der Menschen lebendig und wirklich ist, übereinstimme oder nicht"[198].

Denn entweder stimmen Ort und Prinzip des Glaubens in der Kirche überein, dann ist sie schon selbst das Ideal des Glaubens, oder sie stimmen nicht miteinander überein, dann ist das Ideal des Glaubens Prinzip der Kritik an ihr selbst als dem Ort seines Erscheinens.

„Indem aber die Übereinstimmung oder Nichtübereinstimmung des positiven Religionsglaubens der Kirche mit der absoluten Religion, des in der Kirche geltenden Rechts mit dem absoluten Rechte, aufgesucht und vermittelt wird, wird die spekulative Theologie Kritik des Positiven."[199]

Sie deckt Widersprüche zwischen der Kirche als objektivem und subjektivem Ort der Wahrheit auf. Denn „daraus, daß irgend einer uns äußerlich gegenübertritt und sagt, das ist das Wahre, folgt in Ewigkeit nicht, daß wir auch von der Wahrheit dessen, was er uns für Wahrheit zeigt, überzeugt seien, weil wir uns schon aus tausendfachen Erfahrungen überzeugt haben, daß hienieden die Wahrheit neben dem Irrtume ist, und weil wir uns alle

---

[197] Ebd. 57/58.   [198] Ebd. 64.   [199] Ebd. 65.

Tage überzeugen können, daß das Äußere (Positive, Objektive usw.), das sich uns gegenüberstellt mit der Prätention, das Absolut-Wahre zu sein, ein Verschiedenes, sich selbst Widersprechendes sei, also durch seinen eigenen Widerspruch sich als unwahr von der einen oder anderen Seite dokumentiert. Dem Positiven also, so wie es uns unmittelbar gegenübersteht, sich unbedingt und ohne alle Vermittlung hingeben sollen, ist eine Forderung, die schon eben deshalb als unpassend erscheinen muß, weil das Positive, das eben uns in der Gegenwart mit der Prätention, das Wahre zu sein, gegenübersteht, in sich selbst den Widerspruch trägt."[200]

Die Kirche ist folglich auch der Ort, an dem er sich ereignet. Sie trägt ihn in ihren eigenen Glaubensentscheidungen aus. Das Zeugnis und sein Widerspruch sind Elemente des Fortschritts auf dem Weg, zu dem sie sich entschlossen hat, nämlich auf dem Weg der Vermittlung objektiver Wahrheit in der subjektiven Welt.

„So scheint das Positive (Objektive) zunächst nur als der Ausdruck, die Offenbarung, das Zeugnis des Subjekts, das das Positive als eine Tat in der Geschichte gesetzt hat; es erscheint als das Zeugnis daran, wie eben dem Subjekt, welches dasselbe setzte, das Wahre erschienen, dieses von jenem erkannt worden ist. In Wahrheit aber ist dieses Schicksal des Positiven, dieser Wechsel desselben, seine Zerstörung und Wiederaufbauung durch die Individuen, die nach einander auf den Schauplatz der Geschichte treten, die die Geschichte machen, nichts anderes als eben der Prozeß selbst, durch welchen die absolute Wahrheit im sukzessiven Fortschritt immer vollständiger sich offenbart. Das Positive in seinem Wandel und in seinem fortschreitenden Wechsel muß sofort als die fortschreitende Dialektik des Menschengeistes erkannt werden, wobei das, was von einem einzelnen Individuum, von einem einzelnen Geschlechte, von einem einzigen Volke als der Ausdruck seiner eigenen Überzeugung, als das Zeugnis von dem, wie ihm das Absolut-Wahre erschien, geschehen ist, nur als einzelnes Moment betrachtet werden muß."[201]

Die Kirche ist ein Ort, an dem sich objektive Wahrheit subjektiv begründet und subjektive Wahrheit objektiv erscheint. Positives und Spekulatives, Amtliches und Geistiges gehen in ihr eine unendliche, aber prinzipielle Verbindung ein. Die Aufgabe des Glaubens, „welche darin besteht, von der absoluten Wahrheit, soweit und so wie sie ihm erschienen und in seinem Gewissen offenbar geworden ist, Zeugnis zu geben"[202], schließt folglich einen Prozeß der Zerstörung und des Wiederaufbaus von Überlieferung im Leben der Kirche ein. Ihr Zeugnis hat absoluten und zugleich situativen

---

[200] Ebd. 69. [201] Ebd. 77. [202] Ebd. 76.

Wert. Es ist Prinzipielles im Zeugnis der Vergänglichkeit, Unendliches im Wandel der Geschichte. Sein Begriff muß ein Geschichtsbegriff der absoluten Wahrheit sein, ein Begriff der Bestimmung des Unendlichen als Unendlichen einer bestimmten Zeit. Die kritische Auseinandersetzung mit den Erscheinungen des kirchlichen Lebens gründet im Wesen dieser Erscheinungen selbst, und der Wandel, dem Erscheinungen notwendig unterworfen sind, findet seine Orientierung an jenem Begriff der Kirche, den Theologie durch kritische Überlegungen ermittelt, dem Begriff der Kirche als Trägerin einer Idee.

So „wird die Kritik des positiven Christentums sowohl Kritik des Religionsglaubens der Christen (kritische Dogmatik mit Einschluß der Moral) ..., als auch Kritik der gesellschaftlichen Einrichtungen der Christen (kritisches Kirchenrecht) sein"[203]. Durch sie erwachen Kirche und Religion aus ihrer Versunkenheit in ihre eigene Erscheinung. Sie verlieren dadurch ihren bloß empirischen Charakter und öffnen sich in der Entscheidung, die sie getroffen, der absoluten Wahrheit selbst. „Diese Potenzierung des Wissens um das Positive als einem noch problematischen zum Wissen um denselben Inhalt, aber nun als eines Absolut-Wahren, hört man häufig mit dem Ausdruck bezeichnen, daß das Glauben zum Wissen erhoben worden sei. In Wahrheit aber ist das Wissen um den Inhalt, der eben sowohl der Inhalt der symbolischen (empirischen) Theologie, als auch der Inhalt des Systems der spekulativen christlichen Theologie ist, jedesmal ein Wissen, nur wird dort derselbe Inhalt als der positive Glaube einer Kirche gewußt, d. i. als ein solcher Inhalt, der von den Mitgliedern einer Kirche als absolute Wahrheit geglaubt wird, während er für uns noch problematisch ist und eben deshalb zum Objekt der Kritik gemacht wird; dagegen wird er im System der spekulativen christlichen Theologie auch von uns nicht mehr bloß als der faktische Glaube eines Anderen, sondern als etwas, das auch von uns als absolute Wahrheit anerkannt wird, gewußt."[204]

Daher ist die Kirche auch der Ort für die Idee des Glaubens. Sie ist der Ort, an dem er sich der eigenen Idee erschließt und sich folglich durch sich selber auch mit sich selber kritisieren kann. Die Kritik an der empirischen Kirche ist von ihrem dogmatischen Wesen her eine Kritik nach den Maßstäben ihrer eigenen Idee; sie mißt sich am Ideal der umfassenden Verbundenheit des Menschen mit Gott, dem Reich Gottes auf der Welt. Sie besitzt prinzipiellen Charakter.

Soll demnach die Theologie ihre Aufgabe lösen und „bis zum vollständigen

---

[203] Ebd. 113. [204] Ebd. 150/151.

Begriff der positiven Kirche, die zum Gegenstande der Wissenschaft gemacht worden ist, es bringen, so muß sie nachweisen, inwieferne durch diese bestimmte positive Kirche das kirchliche Ideal verwirklicht ist oder nicht. Es entsteht demnach zuerst die Frage: Ob überhaupt das kirchliche Ideal durch die positive Kirche, soweit sie Gegenstand der unmittelbaren Wahrnehmung ist, verwirklicht sei oder nicht. So wird die positive Theologie Kritik des Positiven..."[205]

3.2.3. Ihr geschichtlicher Charakter

Es ist die Aufgabe der Theologie, sowohl kritisch als auch positiv zu sein, kritisch, sofern sie den Glauben am Ideal des Glaubens mißt, und positiv, sofern sie von sich selbst als Ort des Glaubens weiß. Kraft ihrer Tätigkeit am Glauben der Kirche löst sie die Geschichte des Glaubens in der Kirche aus.

Diese ist „jener geistige Prozeß, mittelst dessen im Reiche der Freiheit die ewigen göttlichen Ideen realisiert werden, die fortgesetzte Schöpfung Gottes durch und mittelst der freien Selbstbestimmung der endlichen Geister"[206]. Sie macht dieses Verhältnis nicht nur bewußt, sondern auch lebendig, „nämlich insofern, als der Mensch Gott ähnlich wird als sittlicher Geist, so daß Gott als Geist offenbar wird durch den Menschengeist, in diesem sein Abbild findet, als solches dann da ist und in die Erscheinung tritt. In diesem Sinne wäre dann das Leben, die wirkliche Sittlichkeit, d.i. das positive Recht in seinem geschichtlichen Fortschritt, in der Tat nichts anders, als der Prozeß, durch welchen der absolute Geist in die Erscheinung tritt, Dasein gewinnt usw."[207]

Dieser Geist ist das Prinzip der Geschichte. Er umfaßt das empirische Leben ebenso, wie er das Reich der Sittlichkeit durchdringt. Durch ihn verbindet sich die Idee mit der Wirklichkeit, und wird die Wirklichkeit zu einem Träger der Idee. Er macht das einzelne Mitglied der Kirche lebendig und läßt die Kirche selbst vom Glauben des Einzelnen getragen sein. Denn „wo einer nicht aus eigener lebendiger Überzeugung Mitglied einer Kirche ist, da ist er auch kein lebendiges Glied, gehört eigentlich gar nicht zu ihr, ist nur äußerlich mit ihr zusammengehalten, wie die Leiche an das Holz gebunden ist. – Das nun, was die individuelle Überzeugung aller Einzelnen ist, dies Gemeinsame (das gemeinsame Gewissen), bildet die Seele des Organismus, das lebendige Band, das alle zusammenhält. Innerhalb dieser ge-

---

[205] Ebd. 89.   [206] Ebd. 32.   [207] Ebd. 38/39.

meinsamen Überzeugung bewegen sich die individuellen Unterschiede frei fort, und diese freie Bewegung des Besonderen innerhalb des Allgemeinen ist die Bedingung des Lebens der Gesellschaft, d. i. die Bedingung ihrer innern Entwicklung."[208]

Aus der Wechselwirkung von Allgemeinheit und Individualität im Fortgang der Geschichte läßt sich das Verhältnis der christlichen Kirchen zueinander positiv bestimmen. Denn die „einzelnen Kirchen, die nebeneinander in der Geschichte gegeben sind, sind eben dadurch verschiedene Kirchen, daß sie nicht dieselbe religiöse Überzeugung zu ihrer Grundlage haben. Diese den verschiedenen Kirchen zu Grunde liegende Überzeugung in ihrer Wechselwirkung hat eben so wie bei den Individuen die Bestimmung, Bedingung der Fortbewegung des geschichtlichen Prozesses zu sein, durch welchen die absolut-wahre Religion ins Bewußtsein und Leben der Menschen übergeleitet wird."[209] Die einzelnen Kirchen sind folglich ein Ort der Idee von Kirche überhaupt. Die Theologie, durch die sie sich voneinander unterscheiden und in der sie sich voneinander unterscheiden, hat kirchentheoretischen Charakter. Sie ist positive Wissenschaft der jeweiligen Kirche, sofern sie nur die „empirische Kunde von den verschiedenen positiven Religionen und den verschiedenen gesellschaftlichen Einrichtungen der Völker, soferne diese auf Religion Bezug haben oder hatten, sich zu verschaffen sucht"[210].

Sie ist aber darüber hinaus kritische Wissenschaft der Kirche. Denn sie mißt die positive Kirche am jeweiligen Ideal der Kirche. Eine lebendige Vermittlung zwischen beiden kann ihr durch die Kritik selber jedoch nicht gelingen. „Nach dem, was in der bloß kritischen Kirchengeschichte vom Anfang bis zum Ende geleistet wird, ist immer das kirchliche Ideal auf der einen, die einzelnen positiven Kirchen auf der anderen Seite, und es findet sich kein Punkt des Übergehens des kirchlichen Ideals in die positive Kirche oder der positiven Kirche in das kirchliche Ideal. Diese lebendige Vermittlung des Positiven mit der Idee und der Idee mit dem Positiven, die das Wesen der Geschichte ist, weiß die bloß kritische Geschichts-Wissenschaft nicht nachzuweisen."[211]

Sie wird in der pragmatischen Kirchenwissenschaft geleistet. Diese ist die Wissenschaft der Kirche selbst als eines Prinzips des Glaubens. Denn sie muß aus dem Ganzen der Ereignisse jene hervorheben, die Momente des Prozesses der Verwirklichung des Ideals der Kirche sind. „Dieser Prozeß nämlich ist eben jene lebendige Vermittlung der Idee mit dem Positiven und des Positiven mit der Idee, von der oben gesprochen wurde. Derselbe zieht sich durch

---

[208] Ebd. 46.   [209] Ebd. 47.   [210] Ebd. 82.   [211] Ebd. 86.

die ganze Geschichte hindurch, ist eben deswegen ein Ganzes, und dieses Ganze in seiner lebendigen Fortbewegung, das Resultat der Geschichte in seinem Werden darzustellen, das ist eben Aufgabe der pragmatischen Geschichtswissenschaft. Für die allgemeine pragmatische Kirchengeschichts-Wissenschaft bestimmt sich dann die Aufgabe im Besondern so, daß aus dem ganzen empirischen Material der kirchengeschichtlichen Ereignisse... diejenigen, welche wesentliche Momente im Prozesse der sukzessiven Verwirklichung des kirchlichen Ideals sind, aufgesucht und so dargestellt werden, wie oder wieferne sie eben ein solches Moment sind. Die pragmatische Kirchengeschichts-Wissenschaft ist also die Darstellung des wirklich-werdenden Ideals durch die einzelnen Momente dieses bestimmten geschichtlichen Prozesses."[212]

Zwischen der positiven Kirche und dem Ideal der Kirche besteht ein lebendiger Zusammenhang. Er zieht sich durch die ganze Geschichte hindurch und ist dieses Ganze in seiner lebendigen Fortbewegung selbst. Er gehört zu den Prinzipien der Kirche. Denn obwohl die Wahrheiten des Glaubens den Menschen positiv gegeben sind, „so fordern sie doch, sollen sie ihren Zweck erreichen, d.h. soll durch sie die absolut-wahre Religion ins Bewußtsein und Leben der Menschen eingeführt werden, auch Aufnahme von Seite des Menschen zur Erreichung des göttlichen Zweckes. Nur durch beides, durch die Offenbarung Gottes als göttliche Tätigkeit auf der einen Seite und durch das freie Mitwirken, durch die Annahme der göttlichen Offenbarung von Seite des Menschen, kommt die absolut-wahre Religion ins Bewußtsein und Leben des Menschen, kommt sie ins Dasein."[213] Vor allem die Geschichte der Neuzeit ist vom dauernden Bestreben geprägt, das empirische Leben an der Wahrheit des Christentums zu messen. Indem sie es durchdringt, gestaltet sie das menschliche Zusammenleben in der Kirche um. Auch die häretischen Bewegungen sind ein Ort des Glaubens in der Welt. „Insofern die christliche Wahrheit, wie sie aus dem individuellen Standpunkte erfaßt wird, zum Zweck des Lebens gemacht wird, wirkt sie auf die gesellschaftlichen Verhältnisse, auf das bestehende Recht ein und gestaltet diese für ihren Zweck um. So werden die verschiedenen Meinungen über die christliche Wahrheit, die sich vorerst bloß als Meinungen in der Gesellschaft fortbewegten, zur Häresie (Partei). Die Häresie, zur äußeren Freiheit in der Geschichte gelangt, ordnet sofort im Gebiet ihrer Freiheit die gesellschaftlichen Verhältnisse, so daß sie Träger, Mittel zur Realisierung der Wahrheit werden, so wie sie von ihr erkannt ist. So bildet sich der alten Kirche gegen-

---

[212] Ebd. 89.   [213] Ebd. 165/166.

über die neue Kirche. Gegen diese tritt eine andre hervor. Diese verschiedenen, einander entgegengesetzten Kirchen auf dem Gebiete des Christentums sind nichts anderes als der ins Leben übergetretene dialektische Prozeß, um die christliche Wahrheit in ihrer Vollständigkeit zum Bewußtsein zu bringen."[214] Die pragmatische Kirchenwissenschaft ist eine Wissenschaft des Glaubens als eines Prinzips in der Geschichte. Er löst Entwicklungen im Leben der Kirche aus. Der Wert seiner Institutionen liegt in der Kraft der sie prägenden sittlichen Idee.

3.3. Die Kirchenverfassung und ihre Prinzipien

Die Theologie ist ein plurales Phänomen. Denn sie ist spekulativ, empirisch und pragmatisch zugleich; spekulativ, sofern sie Gott, den „Urgrund aller Dinge, so wie er an und für sich ist, zum Gegenstande hat"[215], empirisch, sofern das Leben in seiner Materialität der Ort der Erkenntnis dieses Gegenstandes ist, und pragmatisch, sofern sie selbst in der Erkenntnis, die sie von ihrem Gegenstand entwickelt, ein Prinzip der Gestaltung des Lebens ist. Die christliche Kirche „ist die gesellschaftliche Verbindung der Christ-Gläubigen, die den Zweck hat, die von Christus gelehrte Religion in ihrer Wahrheit zu erhalten und nach ihr das Leben zu ordnen". – Macht man sie „zum Gegenstande des Studiums, so entsteht... die christliche Theologie"[216].

Die verschiedenen Aufsätze, in denen sich Gengler mit ihrem Werdegang befaßt, sind eine pragmatische Theologie der Kirche. Er macht sie zu einem Instrument kritischer und konstruktiver Reflexion auf die Kirche selbst als einem Ort lebendiger Bewegung des Glaubens.

3.3.1. Das katholische Prinzip

Kirche ist Ort der Wahrheit und Prinzip des Lebens zugleich. Die Phasen der wechselseitigen Beziehung dieser Grundgegebenheiten ihres Begriffs sind Phasen ihrer selbst als Institution. Der christliche Glaube prägt das Leben. Er durchdringt ebenso den individuellen wie den institutionellen, den geistigen wie den geistlichen Bereich. Er ist objektiv und subjektiv zugleich, so daß er einerseits „für das menschliche Bewußtsein als eine unfehlbare regula fidei, als eine Grenze zu gelten hat, über welche hinaus das Wahre nicht sein kann, und daß das übernatürlich-geoffenbarte Christentum eben jene regula fidei für alles menschliche Bewußtsein zu sein bestimmt sei. Eine weitere Folge ist, daß eben jene objektive regula fidei über alles subjektive

---

[214] Ebd. 172.   [215] Ebd. 26.   [216] Ebd. 92.

Denken und Meinen erhaben, nicht durch dieses, sondern vielmehr dieses durch jene reflektiert und vervollkommnet werden müsse."[217]

Soll er jedoch Leben und Bewußtsein durchdringen, muß die Kirche selbst ein Ort der Auseinandersetzung um die „begriffsmäßige Entwicklung des Christentums, wie es durch die äußere Tradition der früheren Jahrhunderte auf uns herübergebracht worden ist, die Einführung dieses zum Begriffe erhobenen Christentums in alle öffentliche Institutionen der Völker und die Hineinbildung des europäischen Geistes in dessen objektiven, unendlichen Inhalt"[218] sein.

Sie ist der Ort und das Prinzip der Katholizität des Glaubens. An ihrem Zeugnis wird folglich die Glaubensüberzeugung einzelner Christen und der verschiedenen Glaubensgemeinschaften der Christenheit überhaupt gemessen.

Bislang stimmen alle europäischen Religionsparteien nur in ihren Gegensätzen überein. Aber anzustreben ist ein Zustand, wo „die Wahrheit – in ihrer Objektivität nur eine – auch in den menschlichen Begriff und Erkenntnis übersetzt, als der allein-wahre Begriff allgemein anerkannt und durch diese Katholizität der Erkenntnis auch jene Einheit des Lebens und Handelns wieder erzeugt werden wird, in welcher die germanischen Völker des Mittelalters ruhten und durch die sie Großes wirkten; nur mit dem Unterschiede, daß, wenn irgend wann diese Einheit der Überzeugung, die in früheren Zeiten nur eine unmittelbare, auf guten Glauben begründete war, sodann eine *durch Reflexion vermittelte, sich selbst begreifende* und eben deshalb *unzerstörliche* sein wird"[219].

Die Katholizität des Glaubens ist folglich eine Gegebenheit und eine Aufgabe zugleich. Sie ist eine Gegebenheit, sofern es durch Entscheidungen der Kirche qualifizierte Übereinstimmung des Glaubens in der Kirche gibt. Sie ist zugleich eine Aufgabe, sofern die Übereinstimmung des Glaubens in der Kirche eine positiv gegebene, unmittelbar auf guten Glauben begründete ist. Denn sie muß als katholische in kirchlichen Entscheidungen begründet, durch Reflexion vermittelt und deshalb wie die Kirche selber von sich her unzerstörbar sein. Glaube besitzt durch sie ebenso individuelle Prägung wie objektive Relevanz. Beides zusammen drückt sich in der Entscheidungskompetenz der Kirche aus.

Denn die Vollmacht der Bischöfe ist auf sie als eine Autorität bezogen.

---

[217] Ders., Das Glaubensprinzip der griechischen Kirche, im Vergleich mit dem der römisch-katholischen Kirche und anderen religiösen Denkweisen unserer Zeit (Bamberg 1829) 6.
[218] Ebd. 3.   [219] Ebd. 4.

Sobald der Episkopat in seiner Gesamtheit Übereinstimmung erzielt, „so ist dem Zweifel und Schwanken kein Raum mehr gestattet, und als unfehlbare Wahrheit gilt, was auf solche übereinstimmende Weise vom Episkopat ist verkündet worden"[220].

Er ist nicht Prinzip der Wahrheit selber, wohl aber Prinzip ihrer Allgemeinheit und Objektivität. Diese Allgemeinheit des Glaubens der Kirche ist für die Kirche als eine katholische konstitutiv. Durch sie rechtfertigt sich auch der römische Primat.

Denn „wollte man zur Geltung eines alle Gläubigen verpflichtenden Ausspruches des Gesamt-Episkopats die Zustimmung aller einzelnen Bischöfe bis auf den letzten fordern, wir hätten vom Anfange der christlichen Kirche bis auf den heutigen Tag noch keinen einzigen verbindenden Ausspruch, wir hätten sonach nicht einmal eine katholische Kirche"[221]. Denn wo liegt die Grenze des Widerspruchs einzelner bei Gesamtentscheidungen des Episkopats? Wann ist man berechtigt, „zu sagen, daß der Widerspruch eines Einzelnen im Episkopate null und nichtig sei und daß der hartnäckig fortgesetzte Widerspruch desselben Einzelnen ihn eben als Schismatiker charakterisiere?"[222] Wenn das Prinzip der Gemeinschaftlichkeit des Glaubens Geltung haben und dem Episkopat darin unfehlbare Autorität zukommen soll, so braucht es ein Instrument, „wodurch auch eine Übereinstimmung dieses Episkopats vermittelt und ein Kriterium gegeben werden könne, um im Fall eines Schismas den legitimen Episkopat vom schismatischen zu unterscheiden. – Und dieses Mittel ist kein anderes, als die Aufstellung eines Primus unter den Bischöfen, und zwar nicht eines solchen, der nur primus inter pares ist, sondern der die Prärogative hat, daß jeder Beschluß des Episkopats, sei es in Bezug auf den Glauben oder auf den Cultus oder die Disziplin usw., der nicht seine Zustimmung erhalten hat, eben deswegen kein allgemein-verbindener Beschluß für die Kirche sein kann – obgleich auch andererseits, wenn der Fall ergeben sollte, daß der Primus in irgend einer Sache ganz allein stehen sollte, ihm gegenüber aber der ganze übrige Episkopat, sein individueller Wille als allgemein verbindendes Gesetz betrachtet werden kann, sonach also überhaupt als Regel gelten müßte: Jener Teil des Episkopats ist der legitime, welcher mit dem römischen Bischofe im Einverständnisse ist, dagegen der andere schismatisch."[223]

Die primatiale Verfassung der Kirche gehört folglich zu den Voraussetzungen des Glaubens der Kirche als eines katholischen. Das Leitungsamt des Papstes ist mit ihm selbst gegeben. Statt daß man daher sagt: „jene

---

[220] Ebd. 8.   [221] Ebd. 9.   [222] Ebd.   [223] Ebd. 10.

Ansprüche der römischen Bischöfe auf den obersten Primat von den frühesten Zeiten der uns bekannten Geschichte her seien ‚ungegründete Prätentionen' und sie hätten sich nur durch ein ‚zufälliges' Zusammentreffen der Umstände herausgebildet, sollte man vielmehr anerkennen, daß diese ‚zufälligen' Verhältnisse, wie man sie gedankenlos nennt, von der Hand der Vorsehung, welche alle einzelnen Geschichts-Ereignisse zu einem durch alle Jahrhunderte sich hindurchziehenden objektiven Zusammenhang verbindet, so zusammengestellt worden seien, daß dadurch eine göttliche Idee ihre Realisierung gefunden und daß sonach jene Ansprüche der römischen Bischöfe eben deshalb, weil sie auf eine so beispiellose Weise von der Vorsehung begünstigt worden sind, unmöglich Usurpationen, sondern in jener Idee wohlbegründete Rechte sein müssen. Statt also überhaupt in der geschichtlichen Fortbewegung der christlichen Kirche die vollständige Ausbildung der katholischen Kirche zu erkennen, ... welche zu zerstören vom Interesse der Menschheit geboten wäre, müssen wir vielmehr darin den Fortschritt zur Realisierung der wahren und vollständigen Idee des Katholizismus erkennen: Eine Kirche aber, welche das katholische Prinzip zu ihrer Basis gemacht hat, aber nicht bis zur Anerkennung des Papal-Systems in der oben angegebenen Umgrenzung fortgeschritten ist, können wir nicht anders, als nur auf halbem Weg stehen geblieben betrachten."[224]

Das Prinzip der Katholizität des Glaubens in der Kirche ist die Kirche selber. Die institutionellen Verhältnisse der frühen Zeit haben daher, kirchenorganisatorisch gesehen, vorgeschichtlichen Charakter. Sie genügen weder den Anforderungen noch dem Begriff der Kirche als Ort und Prinzip der Theologie des Glaubens in der modernen Zeit. Die „eigentümliche und nicht erst von der Gemeinde ihm übertragene Autorität war sonach dortmals nur in den Hintergrund gestellt, und das erzeugt für den, der die Geschichts-Erscheinung nicht auf ihren wahren Begriff zurückzuführen bemüht ist, den Schein, als ob die in den Hintergrund gestellte kirchliche Autorität gar nicht vorhanden, sonach also die Verfassung der Urkirche wirklich demokratisch gewesen sei. Dagegen vertilgte der geschichtliche Fortschritt der sich immer weiter ausbildenden Verfassung der katholischen Kirche jenen Schein und stellte das eigentümliche Rechts-Prinzip in der katholischen Kirche auch in der Erscheinung schärfer heraus."[225]

Die Ausbildung des Episkopalrechts in den einzelnen Gemeinden, die allgemeine Anerkennung der obersten Autorität der ökumenischen Synoden, die Einrichtung des Patriarchalsystems und schließlich die Festlegung der

---

[224] Ebd. 12.   [225] Ebd. 14.

päpstlichen Rechte, seitdem die germanische Staatenwelt geschichtlich in Erscheinung trat, all dies ist institutionelle Grundlage jener Allgemeinheit und Universalität, die vom Glauben als einem katholischen ebenso gefordert wie mit ihm gegeben sind.

Ort und Prinzip dieser Allgemeinheit zu sein ist eine Aufgabe, die sich der Kirche stellt. Es genügt für sie daher keineswegs, einfach nur den positiven Glauben festzuhalten. Sollte man nur jenes als verbindlich gelten lassen, was Gültigkeit in der Vergangenheit besaß, dann könnte gerade dort keine Übereinstimmung bestehen, wo sie notwendig ist, nämlich in der aktuellen Herausforderung des Glaubens. Man kann durch Festhalten an der Vergangenheit nicht die Gegenwart bewältigen. Wie aber wird in der Gegenwart jene Allgemeinheit garantiert, die aus dem Meinungsstreit über die Vergangenheit erwächst?

Die Allgemeinheit des Glaubens liegt in der Einheitlichkeit der Entscheidungen des Episkopats: „Die Entscheidungen des Episkopats in dem Streite der Meinungen irgend einer Zeit sind nichts anders als der Ausdruck des Verhältnisses des Bewußtseins des Episkopats zu den Meinungen einer bestimmten Zeit; also etwas ganz konkretes, etwas, was selbst erst durch die Meinungen der Zeit bedingt war, der Ausdruck des in Folge des waltenden Gegensatzes der Zeitmeinungen erst zu dieser Bestimmtheit gebildeten Bewußtseins des Episkopats. So findet das Bewußtsein des Episkopats selbst durch den Streit der Meinungen seine fortschreitende Entwicklung."[226] Es konzipiert in seiner Allgemeinheit die wahren Momente der Entwicklung der christlichen Idee[227].

Um sich ihrer Allgemeinheit zu versichern, genügt es nicht, „die Stufe der Entwicklung des Bewußtseins, auf welcher der Episkopat vor Jahrhunderten stand, zur Regel des Glaubens zu machen; sonst stellt man sich außerhalb des Prozesses der objektiven Entwicklung: Nur also, wer eine angemessene Einstellung zum Träger jenes Bewußtseins hat, das sich in den gegenwärtigen Repräsentanten des Episkopats ausspricht, wird dem großen Baume des Christentums einverleibt, der sich im stetigen Fortschritte durch die Jahrhunderte entfaltet und entwickelt."[228] Diesen Fortschritt zu vermitteln ist ein zentrales Anliegen gegenwärtiger Theologie des Glaubens.

---

[226] Ders., Über die Regel des Vincenz von Lerinum: ThQ 15 (1833) 599.
[227] Die Lehrtätigkeit der Bischöfe erschöpft sich nicht im Festhalten an der Historizität von Überlieferung. Denn Überlieferung kann lehrmäßig überhaupt nur dadurch festgehalten werden, daß man sie als etwas Gegenwärtiges erfaßt. Diese Vergegenwärtigung auf der Ebene von Wissenschaft zu leisten ist die Aufgabe dogmatischer Theologie.
[228] In dem eben genannten Aufsatz 600.

3.3.2. Das katholische Prinzip und die neuzeitliche Entwicklung der katholischen Idee

Die katholische Kirchenverfassung entwickelt sich auf der Grundlage des katholischen Prinzips, nämlich der Glaubenskompetenz kirchlicher Autorität. Die Entscheidungen der Bischöfe legen die Richtung des Glaubens in der Kirche fest. Durch sie besitzt er Allgemeinheit und Universalität. Die Katholizität ist eine Form des Glaubens. Sie ist die Form, die der Glaube in den Entscheidungen der Bischöfe besitzt. Denn die Wahrheit, wie sie die Kirche überliefert, ist „zunächst etwas Objektives, etwas, was vorerst dem Bewußtsein der Menschen, denen es überliefert wird, etwas Äußerliches ist. In der Sprache Hegels würde man etwa sagen müssen: der Katholizismus sei so als Überlieferung zunächst nur die substantielle Wahrheit."[229]

Die Kirche ist aber nicht bloß Ort des objektiven, sondern auch Prinzip der Vermittlung subjektiven Glaubens. Daher muß die Vermittlung von objektivem und subjektivem Glauben in der Kirche selbst geleistet werden. Denn sie ist der Ort und das Prinzip der gegenseitigen Durchdringung verschiedener Glaubensformen überhaupt.

„Die objektive Wahrheit in das Bewußtsein des Menschen zu übersetzen und die Erkenntnis derselben als solcher zu Stande zu bringen, ist die *Aufgabe* eines mehr oder weniger weitläufigen Prozesses, in Folge dessen die objektive Wahrheit im Bewußtsein der Menschen sich entfaltet und dessen Resultat sonach nicht die Vernichtung der substantiellen Wahrheit ist, sondern ihre Verklärung, ihr Durchsichtigwerden für das Bewußtsein."[230]

Die positive Feststellung des kirchlichen Glaubens genügt daher zur Feststellung der Kirchlichkeit des Glaubens nicht. Denn was die Wahrheit sei „oder was der Katholizismus in sich begreife, weiß das Bewußtsein noch nicht: es weiß nur zunächst die Wahrheit als vorhanden; es weiß nur den Katholizismus, dieses bestimmte Dies, als die Wahrheit; es ist damit nur die substantielle Wahrheit aus dem Jenseits ins Diesseits gebracht, und das Bewußtsein umfaßt diese Wahrheit und gibt sich ihr hin, um sofort in die Wahrheit einzugehen."[231] Die Überwindung des Gegensatzes von Substanz und Subjektivität gehört zu jenen eigentümlichen Leistungen des Glaubens, die ihn zum Glauben in der Kirche machen. Denn als kirchlich ist er zu bezeichnen, wo die Substanz des Glaubens das Prinzip der Subjektivität des Glaubens in der Kirche ist. In der Situation der Gegensätzlichkeit von beiden

---

[229] Ders., Über eine angeblich zu hoffende Indifferenzierung des Katholizismus und Protestantismus in einem höheren Dritten: ThQ 14 (1832) 203–253, 229.
[230] Ebd.   [231] Ebd. 231.

schaut man seine einzelnen Bestimmungen „als den Inhalt dessen, was ihm als die Wahrheit äußerlich hingegeben worden ist, eben so äußerlich an. Dieses ist das Wissen, was man sonst gewöhnlich, doch nicht genau, das historische Wissen nennt, besser aber das bloß logische Wissen nennen muß."[232]

Eigentümlich für den kirchlichen Glauben indes ist weder die Unterwerfung unter die Äußerlichkeit irgendeines Gegenstandes, noch die Willkürlichkeit subjektiven Beliebens. Eigentümlich ist vielmehr die Überwindung der Äußerlichkeit des Gegenstandes in den Entscheidungen des eigenen Lebens, die kraft des Begriffs, den man vom Gegenstand besitzt, erfolgen. Dieser Begriff ist selber der Ort und das Prinzip des Glaubens. Er hat nichts zu tun mit pastoraler Anpassung an irgendeine zeitbedingte Mode, sondern besitzt auf der höchsten Stufe der Entwicklung des Bewußtseins objektive und zugleich subjektive Relevanz: „Ich schaue das, was ich auf der ersten Stufe der Entwicklung als das angeschaut habe, von dem man nur sagte, daß es die Wahrheit sei, nun unmittelbar ich selbst als die Wahrheit an. Die Gewißheit, daß jenes die Wahrheit sei, ist nicht mehr bloß eine von außen vermittelte; der Grund, der mich früher zum Glauben bestimmte, daß dies die Wahrheit sei, liegt jetzt nicht mehr außer mir, sondern ich werde durch mich selbst bestimmt, zu glauben, daß dies die Wahrheit sei. Diese letzte Stufe der Entwicklung des Bewußtseins geht durch den Zweifel hindurch, d.h. durch die Vorstellung, daß auch das Gegenteil von dem, was mir als die Wahrheit äußerlich hingegeben worden ist, wahr sein könne, hat aber den Zweifel überwunden, und der Glaube ist eben dadurch zur unerschütterlichen Gewißheit geworden."[233]

Die Entwicklung des Begriffs von sich selber ist eine Aufgabe des Glaubens in der Kirche. Der Katholizismus kann ihr nur dadurch genügen, „daß das menschliche Bewußtsein den Katholizismus ergreife und die Wahrheit, die objektiv im Katholizismus ist, oder den Katholizismus, der die Wahrheit an sich (objektive Wahrheit), zur Wahrheit für sich mache oder als Wahrheit begreife und anerkenne"[234].

Der Glaube an die Kirche als die Trägerin des Ideals der Religion und die objektive Gläubigkeit der Kirche selber widersprechen einander oft, sind jedoch in ihrer Gegensätzlichkeit eine Bedingung des Fortschritts der Katholizität.

In den Momenten „der Krisis, ... wo es oft scheint, als ob die Kirche ihr wahrheitserzeugendes Lebens-Prinzip verloren und vom Geiste Gottes ver-

---

[232] Ebd. 232.   [233] Ebd. 220.   [234] Ebd. 230.

lassen sei, hat freilich der Glaube seine schwerste Prüfung zu bestehen, und es ist wahrlich nicht geistige Beschränktheit, sondern Tiefe des Geistes, in solchen Momenten die Kirche nicht aufzugeben, sondern durch den Schein der Erscheinung hindurchzusehen und das Wirken des Geistes auch in der scheinbaren Verlassenheit der Kirche von ihm nicht zu verkennen"[235].

Das Hervortreten der Subjektivität als ein wesenhaftes Moment in der Entwicklung des Glaubensbewußtseins kann sich ohne Gegensätzlichkeit des Denkens und ohne Streit der Meinungen und des Denkens nicht ereignen. Er gehört zum Selbst der Kirche und muß in ihr ausgetragen werden. Durch die „Objektivierung der verschiedenen religiösen Meinungen, die in der geschichtlichen Fortbewegung des Denkprozesses notwendig hervortreten mußten, wurde der Denkprozeß ‚jedoch' aus der Schule ins Leben versetzt und wurde eine öffentliche Angelegenheit der Kirche. Die verschiedenen protestantischen Parteien und Kirchen, ihre unter sich selbst geführte Polemik und der unter ihnen bestehende Widerstreit haben... die Fortsetzung des Denkprozesses zum Behufe der Auffindung des wahren Begriffes des Christentums zu ihrer wesentlichen Bedeutung."[236]

Die Krise ist daher ein wesenhaftes Moment der Katholizität. Der wahre Begriff des Christentums nämlich enthält „nichts anders als die vollständige Entwicklung seiner substantiellen Wahrheit im Bewußtsein des Menschen, also nichts anders als... ‚den wahren' Begriff des Katholizismus selbst... Er kehrt in die Kirche wieder zurück, von der er herausgetreten war, weil er sie als die wahre negierte; indem er in sie wieder zurücktritt, ist seine Versöhnung mit der Kirche innerlich vollbracht, und der Widerspruch nicht bloß äußerlich gewaltsam unterdrückt und zum Schweigen gebracht. Er kehrt in die Kirche zurück, weil er sich unmittelbar selbst überzeugt, weil er begriffen hat, daß die Wahrheit in der Kirche ist."[237]

Die Kirche ist ein Prinzip der Allgemeinheit des Glaubens und zugleich Ort der Versöhnung mit der Subjektivität. Sie ist selber das höhere Dritte, „worin die Gegensätze ihre Versöhnung finden." Sie ist „eine höhere Entwicklungsstufe des subjektiven Bewußtseins, rücksichtlich, welcher das bloß äußerliche Festhalten am Katholizismus als der substantiellen Wahrheit einerseits und andererseits das bloße Negieren der Wahrheit des Katholizismus aus dem Grunde, weil er der relativen Anschauung nicht als der wahre erscheint, untergeordnete Momente sind. In dieser höher stehenden Entwicklung des subjektiven Bewußtseins ist aber der Katholizismus nicht als

---

[235] Ebd. 213.   [236] Ebd. 247.
[237] Ebd. 249/250.

das an sich Unwahre untergegangen, sondern in Wahrheit nur verklärt worden."[238]

Wie der Staat und die Gesellschaft so ist in der Kirche des konfessionellen Zeitalters die Substanz des Glaubens mit der eigenen Subjektivität entfremdet. Denn wo seine Wahrheit objektiv erscheint, da ist sie nicht subjektiv begriffen, und wo sie begriffen wird, erscheint sie nicht als Begriff der eigenen Substanz. Dieser Gegensatz ist Gegenstand der Kritik am Kirchenglauben. In ihr versöhnt sich die Kirche mit sich selbst als Ort der Erscheinung des Glaubens an die Allgemeinheit ihres Ideals.

Der Versuch, ihr Dogma nach seinem ganzen objektiven Inhalt in das Leben einzuführen, ist der Versuch einer Erweiterung des Lebens zu seinem vollen Begriff. Er ist ein Vorgang im Leben selbst, damit es in einer allgemeinen und die Kirche als Ganzes verpflichtenden Gestalt erscheine.

3.3.3. Die Kirche und der moderne Staat

Die Kirche ist Ort der Erscheinung des Wesens der Religion, aber auch Prinzip des Glaubens an die Allgemeinheit der universalen Erlösung des Menschen durch Gott. Sie ist Prinzip des Glaubens an die ewige Bestimmung des Menschengeschlechts und daher auch Ort seiner Erscheinung in Gesellschaft und Staat. Sie kann kraft ihres eigenen Wesens als Religion bestimmen, was die Aufgabe des Staates ist: Er soll Ort und Prinzip der Rechte des Menschen auf ein Leben gemäß der eigenen Bestimmung sein. Die Religion selber, ihr Recht und ihre Pflichten sind folglich eine wesentliche Angelegenheit der Gesetzgebung im Staat.

„Mag man also wie immer die wesentliche Aufgabe des Staates auffassen: mag man ihm bloß die Aufgabe geben, einem Jeden in seiner Coexistenz mit andern das rechte Maß der äußern Freiheit zu sichern, oder mag man dem Staate bloß die Besorgung der materiellen Interessen des Lebens zuweisen oder mag man den Staat überhaupt unter der Idee einer vollkommenen Organisation aller individuellen menschlichen Kräfte zum Behufe des letzten Zweckes der Menschheit hienieden begreifen, so bleibt immer das gleiche Resultat, daß die auf den gedachten Zweck berechnete Gesetzgebung des Staates in der Religion ihr Prinzip habe und daß nicht als das wahre Recht anerkannt werden könne, was der wahren Religion widerspricht. Was soll es also heißen, wenn man sagt, der Staat habe sich mit der Religion gar nicht zu befassen und die Religion liege außer der Sphäre seiner Gesetzgebung?

---

[238] Ebd. 252/253.

Hieße das nicht, das eigentliche Lebensprinzip des Staates hinwegnehmen? Nicht allein hat der Staat mit der Religion sich zu befassen, sondern er hat sich auch vor allem mit ihr zu befassen. Sie ist das erste, was er ins Auge fassen, das erste, was er sich selbst zu Bewußtsein bringen, das erste, was er vor allem pflegen muß, wenn er seine wahre Bestimmung vollständig erreichen will. Demnach ist es auch ein wesentliches Moment der Staatsgesetzgebung, das äußere Verhalten der Staatsangehörigen in Bezug auf die Religion zu ordnen und die positiven sowohl als negativen Pflichten und Rechte der einzelnen Mitglieder der Staatsgesellschaft in Bezug auf dieses bestimmte Objekt zu ordnen."[239]

Das Zusammenleben der Menschen im Staat kann auf sehr verschiedene Weise geregelt sein, demokratisch, monarchisch, patriarchalisch, diktatorisch. Der Maßstab dieser Regelung ist jedoch kein anderer als die wahre Bestimmung des Menschen selbst. Es ist die oberste Pflicht des Staates, kraft seiner Verfassung jenen Freiheitsraum zu garantieren, in welchem der Mensch zu seiner eigenen Bestimmung finden kann. Sie beinhaltet ein Recht des Menschen, sein Zusammenleben mit andern Menschen selbst zu regeln, da „die Bestimmung des Menschen nur in Gesellschaft mit seines Gleichen vollständig erreicht werden kann; und eben um dieser allen gemeinsamen Pflicht gemeinsam mit den andern zu genügen, ist für alle das gleiche Bedürfnis gegeben, ihrem gesellschaftlichen Zusammenleben eine weitere Organisation zu geben, in Folge welcher durch gemeinsame Gesetze bestimmt werden muß nicht bloß, was der eine dem andern nicht tun darf, um denselben an der Erreichung seiner Bestimmung nicht zu hindern, sondern auch, was er tun müsse, um den andern zur Erreichung seiner Bestimmung zu ermuntern und zu unterstützen"[240].

Sollte dieses Zusammenleben unter dem Gesichtspunkt der äußeren Freiheit, aber nicht von der eigenen Bestimmung des Menschen her geregelt werden, „was hieße das anders, als statt eine Verbindung der Menschen schließen, vielmehr die Menschen isolieren und sie so auseinander stellen, daß eben nur keiner den andern an seiner Bestimmung hindern könne? Der ganze Gewinn wäre, daß das Schädliche der menschlichen Gesellschaft und die Nachteile, die aus derselben hervorgehen könnten, insoferne nämlich der einzelne durch den andern willkürlich unterdrückt zu werden Gefahr laufen müßte, entfernt und aufgehoben würden; aber der eigentlichere Gewinn, der

---

[239] Ders., Einige Aphorismen über das Verhältnis der Kirche zum Staat überhaupt und über die geschichtliche Fortbildung dieses Verhältnisses: ThQ 14 (1832) 445–494, 458/459.
[240] Ebd. 456/457.

aus dem gesellschaftlichen Leben gewonnen werden könnte und sollte, wäre in soweit noch nicht gesichert! Der Gewinn, der aus dem gesellschaftlichen Leben gezogen werden soll, besteht eben darin, daß die Dürftigkeit des isolierten Daseins aufgehoben und durch gemeinsames Zusammenwirken der Einzelnen das gemeinsame Ziel um so sicherer und leichter erreicht werde."[241]

Das materielle Interesse erschöpft das Interesse des Menschen an sich selber nicht. Es kann vor allem das geistige Interesse des Menschen an sich selber nicht befriedigen. Würde Zusammenleben durch das Materielle ausschließlich geregelt sein, so würde es dem Interesse, das der Mensch in seiner umfassenden Weise an sich selber hat, entfremdet sein. Der Staat als das Prinzip der Organisation menschlichen Zusammenlebens überhaupt muß dem Interesse des Menschen an sich überhaupt genügen. Er ist die Totalität aller Kräfte der Gesellschaft, die diesem Interesse dienen. Er ist das Prinzip ihrer Gemeinsamkeit und zugleich der Ort, in dem sie sich entfalten. Er legt die Regeln der Auseinandersetzung des Menschen mit sich selber in der menschlichen Gemeinschaft fest. Sein Zustand bemißt sich an der Geltung, die sie in der menschlichen Gemeinschaft haben.

Denn vollkommen wird ein Staat genannt, wenn in ihm „alle Bedingungen gegeben sind, unter denen allein das wahre Recht verwirklicht und geltend gemacht werden kann. Das wahre Recht ist dann aber eben das, welches durch die wahre Religion erkannt wird und in dieser sein oberstes Prinzip hat. – Ein solcher Staat muß dann wie jede geordnete Gesellschaft als Gesellschaft, als eine aus vielen Individuen bestehende Einheit, organisiert sein, und die grund-wesentliche Organisation einer Gesellschaft besteht eben darin, daß Organe für die Gesetzgebung und die Regierung der Gesellschaft aufgestellt werden, d. i. es muß vor allem bestimmt werden, wem die Gewalt (Berechtigung) zukommen solle, das, was Recht ist, auszusprechen und dessen Vollzug zu sichern... In der Berechtigung zur Staatsgesetzgebung, wenn sie einem oder mehreren oder allen Staatsangehörigen in ihrem ganzen Umfange übertragen und zuerkannt ist, liegt auch das Recht, die religiösen Interessen der Gesellschaft zu ordnen, weil ja der Zweck des Staats die Religion nicht ausschließt, sondern vielmehr das religiöse Interesse das erste und wichtigste von allen übrigen im Staate ist."[242]

Sein Verhältnis zur Kirche wird von diesem Interesse bestimmt. Denn einerseits ist er jene höhere Macht, der alle Glaubensgemeinschaften gleichmäßig unterworfen sind; er schafft den Freiheitsraum, in dem sie sich ent-

---

[241] Ebd. 456.   [242] Ebd. 461/462.

falten. Er legt deren Rechte und Pflichten gegenüber der Allgemeinheit fest. Andererseits muß er auch selbst dem Interesse an seiner ewigen Bestimmung dienen. Er gibt Freiheiten, über die er nicht selbst verfügen kann, deren Vollzug jedoch zum Inhalt seiner eigenen Bestimmung wird. Die Religionsfreiheit, Grundprinzip der modernen Staatsverfassung, ist ein Fortschritt und ein Widerspruch zugleich. Man sagt zwar gewöhnlich, die nordamerikanischen Freistaaten seien Inbegriff des Fortschritts überhaupt, „nach dem Gesagten hat man ‚aber' vielmehr alle Ursache, auf die gedachten Staaten und alle diejenigen, die es ihnen nachgemacht haben, als das vollkommenste Bild einer vollkommenen Staatsverfassung hinzuweisen"[243]. Sie ist der vollkommene Ausdruck unvollkommener Verhältnisse. Denn so angemessen sie einer Bevölkerung ist, die wegen innerer Zersplitterung äußere Freiheit zur einzigen Voraussetzung gesellschaftlichen Zusammenlebens hat, so wenig entspricht diese Gesellschaft den wirklichen Erfordernissen des Zusammenlebens. Denn folgt etwa daraus, daß gesellschaftliche Kooperation dort nur unter genannten Bedingungen möglich ist, „auch das, daß jenes unter diesen Verhältnissen mögliche Zusammenleben in Gesellschaft ein vollkommenes sei, sowie es an und für sich sein sollte, und der Idee der vollkommenen Organisation der menschlichen Gesellschaft entspreche? Gesetzt, diese gesellschaftliche Ordnung – eine Ordnung zwar in Bezug auf die physischen Zwecke des Daseins, in Bezug aber auf die religiösen Interessen ein wahres Chaos –, so wie sie in den nordamerikanischen Freistaaten besteht, sollte zu ihrer wahren Vollkommenheit geführt werden, so müßte eben das wahre Prinzip mitten aus der Unzahl der falschen und sich widersprechenden Glaubensweisen hervorgehoben und zum allein-herrschenden werden. Oder wartet nur, bis das Krämer-Interesse, das vor der Hand noch dort das überwiegende ist, in den Hintergrund tritt und die Religion wieder wahrhaft lebendig wird – und ihr werdet sehen, wie die Saat der Uneinigkeit, die eben durch die Bewilligung der vollkommensten Religionsfreiheit dort gesäet ist, in üppiger Fülle aufgehen wird, und dann wird eben das Bedürfnis eines möglichen gesellschaftlichen Zusammenlebens, dessen Bedingung bis jetzt völlige Religionsfreiheit war, zu der Notwendigkeit führen, die vielen und sich widersprechenden Religionen in einem Glauben zu einigen und diesen zum obersten Prinzip der Gesetzgebung zu erheben."[244]

Das Verhältnis von Staat und Kirche regelt sich nach dem Verhältnis des Staates zum Recht des Menschen auf ein Leben, das in der Freiheit seine eigene Bestimmung hat.

---

[243] Ebd. 459. [244] Ebd. 460.

Die mit der Kirchenspaltung verbundene Spaltung der Gesellschaft war der Grund, daß Religion in der Neuzeit nicht zum umfassenden Prinzip der Staatsauffassung werden konnte. Der Gegensatz der Kirchen untereinander ist Ursprung der Freiheit im Staat und Keim ihrer totalen Zerstörung zugleich.

„Wenn demnach in unseren Staaten diese formelle Organisation der Staatsgewalten nicht stattfindet und die kirchliche Autorität zur weltlichen in einem Verhältnis der Beiordnung oder gar der Unterordnung unter letzter steht, so kann dies alles in Folge der Entwicklung unserer Staaten und in Anbetracht der relativen Bedürfnisse unserer Zeit gut und recht sein; aber diese Stellung zwischen Kirche und Staat ist nicht die absolut-rechte Stellung: das faktische Recht, welches wohl relativ-recht sein kann, ist eben deswegen noch nicht das Recht des vollkommen Staates, und sowie die faktisch-bestehende Religions-Freiheit uns darauf hingewiesen hat, daß unsere Staaten nur auf einer untergeordneten Stufe geschichtlicher Entwicklung stehen, so weist uns eben auch die faktische Stellung zwischen der kirchlichen und weltlichen Staatsgewalt, so wie sie dermalen statt hat, darauf hin, daß die Organisation unserer dermaligen Staaten nicht die vollkommene Organisation sei und sonach gleichfalls nur auf einer untergeordneten Stufe geschichtlicher Entwicklung stehe."[245]

Der Staat ist das „Resultat des Konflikts der sittlichen Kräfte, die in der Gegenwart lebendig sind und die nur im Gewissen ihr höchstes Gesetz haben"[246]. Die Kirche kann als Ort des Glaubens das Prinzip der Versöhnung dieser Kräfte mit sich selber sein.

II. Philosophie und Theologie der Kirche auf dem Boden und im Horizont des Aufbruchs zur Romantik

Die Theologie der Kirche des beginnenden 19. Jahrhunderts und die Theologie der Kirche des 16. Jahrhunderts – sie wird von Kleutgen sehr treffend „Theologie der Vorzeit" genannt, denn sie war die Theologie der Zeit vor seiner Zeit – sind Geschichtstheologie des Glaubens. Denn beide stimmen in der Auffassung überein, daß die Kirche sowohl der Ort als auch das Prinzip der Theologie des Glaubens ist. Sie ist der Ort, weil man den Glauben in ihr finden kann, und das Prinzip, weil der Glaube ein allgemeiner ist und sich durch sie als allgemein bestimmen kann. Denn er besitzt Autorität. Trotz

---

[245] Ebd. 469/470. [246] Ebd. 494.

dieser fundamentalen Übereinstimmung im Grundlagenbereich unterscheiden sich beide Richtungen der Theologie sowohl hinsichtlich der Ortsbestimmung als auch der Bestimmung des Prinzips der Allgemeinheit von Glaube und Theologie. Denn Ort des Glaubens ist in der Theologie des beginnenden 19. Jahrhunderts die Religion und das Prinzip seiner Allgemeinheit ihre Idee. Die Kirche ist Ort des Glaubens als Erzieherin des Menschen im Geiste der Religion, als Trägerin der Idee von Glaube überhaupt, nämlich der Idee vom Reiche Gottes. Sie ist Ort der Erscheinung seines Ideals, nämlich universaler Verbundenheit von Mensch und Gott, der Ort, an dem er sich die Aufgabe stellt, Prinzip der Versöhnung des Menschen mit sich selbst zu sein in Gesellschaft und Staat.

Mit B. P. Zimmer, der 1752 geboren wurde und 1820 starb, während seines ganzen Lebens der engste Freund von M. Sailer war und mit ihm zusammen an den Universitäten Dillingen, Ingolstadt und Landshut weilte, siedelt sich die Theologie des beginnenden 19. Jahrhunderts auf dem Boden der Aufklärung im Raum des Deutschen Idealismus an. Sein Werk umfaßt verschiedene Entwürfe und gibt den Weg des Glaubens von Kant zu Schelling wieder. Es ist eine zusammenfassende Darstellung systematischer Theologie im Zeitalter der Romantik[247].

1. Die Kirche in den Entwürfen zur Theorie einer wahren Religion

Ort und Prinzip der Theologie des beginnenden 19. Jahrhunderts ist die Religion. Sie ist ein Ort, weil sie Glauben enthält, und ein Prinzip, weil sie Grundlage der Wissenschaft des Glaubens ist. Denn sie ist ein Prinzip der Selbstbestimmung des Glaubens, das Prinzip eines Glaubens, der von sich selbst als einer Aufgabe des Lebens weiß. Dieses Prinzip der Selbstbestimmung wird von Zimmer in seiner Schrift über die katholische Theorie der christlichen Religion, die nach Aufbau und Idee die Vorwegnahme seiner späteren Dogmatik ist, als Idee beschrieben. Denn die Religion muß davon wissen, sagt er, „quis sit finis hominis, quod Fundamentum, cui finis innititur, et quae sint Media, eo perveniendi. Juxta hanc ergo Ideam, quam de

---

[247] Zu Biographie und Bibliographie vgl. M. Sailer, Patritius Benedictus Zimmer's kurzgefaßte Biographie und ausführliche Darstellung seiner Wissenschaft (Landshut 1822); J. Widmer, Nachtrag zu Patritius Benedictus Zimmers kurzgefaßter Biographie oder desselben Theologie und Philosophie in gedrängter Kürze (Ury 1823); Ph. Schäfer, Philosophie und Theologie im Übergang zwischen Aufklärung und Romantik dargestellt an Benedikt Patriz Zimmer (Göttingen 1971).

religione formamus, ea et theoreticas, et practicas veritates complectitur, id est veritates, quarum aliae enunciant, quidpiam esse – existere – et propterea aliquid agendum aut sperandum esse; aliae vero, quid agendum sit. Priores theoreticae, posteriores practicae vocantur."[248]

Das Grundprinzip von Glaube und Theologie ist folglich die Religion selbst als ein Entwurf des Lebens. Sie wird von Zimmer als eine Gegebenheit beschrieben, durch die man sich zu einem bestimmten Lebensweg entscheiden kann. Denn sie verkörpert eine Gegebenheit, die sich im Leben erst entwickeln muß. Sie ist Fundament des Lebens und zugleich Mittel zu seinem Vollzug. Ihr eigentümlicher Begriff bestimmt sich bei Zimmer jedoch im Horizont von Überlegungen kantischer Philosophie. Die Schrift „Fides existentis Dei" ist ein Bekenntnis zu den Ergebnissen der Kritik sowohl der reinen wie auch der praktischen Vernunft[249]. Denn in ihr wird behauptet, daß die Religion sich als Gegebenheit des Lebens konstitutieren muß. Ihr Begriff ist nicht schon von sich selber her wie bei den Reich-Gottes-Theologen eine Basis der Theologie. Er ist es vielmehr durch das jeweilige Leben, das er konstituiert[250]. Er beansprucht theoretisch zuviel und leistet praktisch zuwenig, so daß man von ihm her als einer apriorischen Gegebenheit den Glauben nicht beweisen kann. „Verumne est", so fragt Zimmer, „quod Immanuel Kant asserit, tria argumenta speculativae rationis, – physico-theologicum, cosmologicum, et ontologicum – quae hucusque ad commonstrandam Dei existentiam impendebantur, iis erroribus infecta esse, aut, ut modestius loquamur, illis defectibus laborare, ut hominem nequeant in quibuscumque circumstantiis, et cumprimis instituto profundiori examine hac de veritate quam certissimum reddere? Responsio: ita, vera est haec assertio, atque enumerata superius argumenta illis defectibus laborant, ut ad tollenda quaelibet dubia, et solvendas difficultates in quibuscumque circumstantiis minime sufficere possint. Potestne practica ratio", so fragt er weiter, „huic malo speculativae rationis mederi, atque fidem de existentia Dei pro scientia huius veritatis praecipere? Responsio: ita! practica ratio huic malo mederi,

---

[248] B. P. Zimmer, Catholica christianae religionis theoria iuxta eum ordinem, quo theoreticae veritates sibi mutuo cohaerent, summatim exhibita, una cum selectis ex universa theologia positionibus (Dillingen 1792) 1.
[249] Vgl. ders., Fides existentis Dei sive de origine huius fidei, unde ea derivari et possit, et debeat. Criticum examen (Dillingen 1791).
[250] Dieser Begriff hat folglich selber schon dogmatische Bedeutung. Er ist die Grundlage sowohl möglicher als auch tatsächlicher Verwirklichung einer Geschichtstheologie des Glaubens auf dem Boden und im Geist von Religion. Für Zimmer ist sie Ort und Prinzip des Denkens. Hermes verhielt sich diesem Ansatz gegenüber kritisch. Für ihn war die Grundlage der Religion, die er jedoch nicht als ein geschichtliches Prinzip verstehen wollte, der Gottesbeweis.

atque fidem existentis Dei in omnibus pene circumstantiis cuilibet homini praecipere potest."[251]

Wenngleich man die Religion von ihrem Begriff her nicht a priori begründen kann, so kann man sie doch auch nicht a priori bestreiten, und wenngleich sie im Leben als notwendig gefordert zu erkennen ist, so ist sie doch wegen dieser Forderung nicht unbedingt schon gegeben. Der Begriff ersetzt nicht die Tatsache, und die Forderung ersetzt nicht den Begriff. Wenngleich er aber die Tatsache nicht ersetzen kann, so kann er doch gleichwohl den Glauben an sie begründen, und wenngleich die Forderung des Glaubens den Glauben selber nicht ersetzt, so kann sie ihm doch entsprechen. Daher gibt es zwischen Glaube und Religion auch einen begrifflichen und nicht bloß einen faktischen Zusammenhang. Man kann vom Glauben wissen.

„Id enim effectum est studiis et laboribus huius Philosophi et cumprimis illustratione argumentorum speculativae rationis, ut appareat, tantam hisce rationibus virtutem inesse, ut ad commonstrandam Dei possibilitatem sufficiant. Ita vero a speculativa ratione amotis quasi impedimentis Atheorum via praeparata fuit – hoc enim negotium, singulariter, et unice ad eam pertinet – ut existentia huius entis credi possit; modo fides sat firmis rationibus persuadeatur. Aliter, id est, ignorata adhuc aut necdum stabilita possibilitate Dei haec eidem existentia credi non posset. Sic autem sua sponte consequitur, existentiam Dei solum *credi, non sciri* posse... At enim ne sic quidem huius viri voluntas benefaciendi expleta fuit; quippe ne forte nobis huius eversione fundamenti noceret – *erat autem labile fundamentum* – simul praecavit, aut saltem cavere voluit, ne omni remedio persuasionis careremus. Quod igitur una manu abstulit, altera dedit, perraro inter philosophos exemplo, qui plerumque diruunt, non aedificant. Atque ne pro communi singulare, pro domestico alienum daret, sive peregrinum, *rationi rationem* substituit, quod, quamvis primo aspectu posset paradoxum videri, re tamen accuratius perpensa paradoxum non est. Quippe *speculativam rationem a practica* distinguit, quae distinctio inanis non est, nec suo fundamento caret; jure enim discrimen inter utramque rationem statuitur, eo cumprimis sensu, quo geminam hic nobis solet Philosophus accipere. Humana quippe ratio – ut hoc discrimen, quam licet, brevissime exponamus – tum *speculativa* dicitur, si theoreticas veritates, et existentiam rerum hisce veritatibus assertarum propriis argumentis explorare contendit, et ita absque ope practicarum veritatum ad eam scientiam pervenire, quod illae res sint, – existant. – Exemplum praebet haec eadem theoretica veritas est Deus: tria argumenta, quae hucusque ex-

---

[251] Zimmer, Fides 6/7.

aminavimus, sunt propria argumenta: eorum scopus erat veritatem existentis Dei explorare, et ita absque ope cuiusdam practicae veritatis ad eam scientiam pervenire, quod Deus sit. Eadem vero ratio tunc *practica* vocatur, si aut in asserendis practicis veritatibus occupata sit, aut earum ope ad fidem theoreticarum veritatum perducat. Exemplum praebet haec eadem veritas; quippe humana ratio, quamquam propriis argumentis scientiam existentis Dei comparare nequeat, forte tamen poterit ope practicarum veritatum, sive legis moralis, et summi boni hac lege praecepti, ad *fidem* existentis Dei pertingere, sive eo usque ascendere, ut cuilibet prudenter hanc fidem praecipiat. Ita vero cernimus, quod, et quale discrimen inter speculativam, et practicam rationem, atque inter argumenta utriusque rationis statuendum sit. Sicut ante commonstratum fuit, veritatem existentis Dei a speculativa ratione propriis quibusdam argumentis probari non posse; ita similiter Immanuel Kant existimat, fidem existentis Dei quilibet a practica ratione praecipi posse, et debere. Haec fides illud singulare habet, quod aliena auctoritate non nitatur, et proin a reliqua fide discordet, eo excepto, quod veritas – existentia cuiusdam rei affirmetur, etsi propriae, et intrinsecae rationes existentiae non pervideantur, immo propter limites potentiae cognoscendi ne videre quidem possint; id quod utrique fidei commune est."[252]

Der Grund des Glaubens der Religion ist die Religion. Denn sie ist selber der Ort, wo man ihn findet, und das Prinzip, durch das er sich selber bestimmt. Sie ist das Prinzip der Selbstbestimmung des Glaubens an Gott. Sie selber ist der Ort seines Begriffs in der Welt und das Prinzip, aus dem heraus er sich entwickelt. Sie ist selber das Prinzip seiner Ableitung im Leben und der Ort seines Daseins in der Welt. Er besitzt durch sie geschichtliche, nicht metaphysische Notwendigkeit. Sie selber ist als Ort des Lebens der Inhalt seines Begriffs.

Denn zwischen Glaube und Religion besteht ein mit der Religion selbst gegebener Zusammenhang. Die Bestimmung des Glaubens im Akt der Religion ist Offenbarung durch Gott. Sie kann folglich gar nicht selber aus dem Glauben abgeleitet werden. – „An ea de causa, quod practica ratio fidem existentis Dei modo prudenter cuilibet homini praecipere queat, communem persuasionem hominum de existente Deo a Fide per practicam rationem praecepta, *originetus derivare* possumus? Et si eam ab hoc fide repetere non possumus, an a beneficio divinae institutionis derivanda est? Responsio: Ea de causa, quod modo practica ratio huic malo speculativae rationis mederi, atque fidem existentis Dei praecipere possit, primam, et communem persua-

---

[252] Ebd. 23–25.

sionem hominum de existente Deo a practica ratione originetus derivare non possumus, sed eam a beneficio divinae institutionis repetere debemus."[253]

Die Idee der Religion und die Idee des Glaubens sind daher voneinander streng zu unterscheiden. Denn die eine entspringt der Natur des Menschen und gehört zu seiner Vernunft. Die andere hingegen entspringt einer bestimmten Ausrichtung der Natur und gehört in den Bereich der Offenbarung. Die Religion ist Ort des Glaubens, und der Glaube ist ein Prinzip der Entwicklung von Religion. Er vollzieht die Erkenntnis von Gott. „Primus homo, sive auctorem mundi crediderit, et effectorem sui, atque universae naturae, sive una simul crediderit, hunc creatorem esse rem necessariam et infinitam, quam ideam modo cum voce: Deus: conjungere solemus", schreibt Zimmer, „parum interest; fides utriusque a beneficio divinae institutionis proficisci potuit. Quamquam pene incredibile esse videatur, quod primus homo statim a principio ideam entis necessarii, et perfectissimi habuerit. Ut autem huic argumento major perspicuitas accedat, idea Dei discerni debet a fide existentis Dei; sicut origo ideae ab origine a fide existentis Dei! Nobis, quemadmodum ipsa propositio ostendit, unicus, aut saltem praecipuus sermo est de origine fidei, quam dicimus, a beneficio divinae institutionis derivare posse. Itaque libenter assentior iis, aut saltem in iis amplectendi magnam difficultatem non sentio, quae Immanuel Kant pro sua singulari perspicacia de idea Dei, atque humana ratione tamquam proprio fonte huius ideae contendit; assentior, eam a humana ratione formari debere, neque ope sensuum acquiri posse; res enim infinita aspici, et generatim ope sensuum percipi non potest. Ex quo intelligitur, hanc ideam similiter institutione alterius, homini communicari non posse, cum haec communicatio ope sensuum fieri debeat. Aliter de Fide videtur sentiendum esse, sive de persuasione, qua creditur haec eadem res, per ideam Dei in humana mente expressa, existere – esse –; hanc a divina institutione proficisci posse gravi admodum ratione conficitur. Quod enim statuamus primum hominem – adhuc omnis fraudis, et mendacii ignarum – nihil de *auctoritate, id est, de scientia,* et *amore veritatis* in eo dubitasse, qui secum velut amicus cum amico colloquebatur, tunc profecto capi perfacile potest, quomodo amico ita se instituendi potuerit credere, esse Deum, sive eam rem, cuius ideam ratione formatam, et quasi in sua mente expressam habebat. Atque istud eo verius esse videtur, si haec ipsa re eidem collocata, se erga eum quam maxime benevolam, beneficamque ostendisset. Quid enim quaeso! prohibuerit, quo minus amico probatae fidei crederet,

---

[253] Ebd. 40/41.

cuius amicitiam tot beneficiis expertus fuerat, et cuius fraudulentiae nullum argumentum habebat?"[254]

Die Verbindung (= nexus) von Religion als Ort des Glaubens und Glaube als Prinzip der Entwicklung von Religion ist bei Zimmer die Grundlage des Begriffs der Theologie. Seine Theologie wurde daher auch „Nexus-Theologie" genannt[255].

Sie entspringt der Überzeugung, daß man die Wahrheiten der Religion als bestimmende Gegebenheiten im Vollzug der Religion begreifen kann. Diese haben den Status einer Offenbarung durch Gott. „Si practica ratio ad fidem primae veritatis hominem perducit, cur non etiam ad fidem ceterarum? aut quae causa statuendi discriminis? Sic autem omnis opinio divinae revelationis velut erronea, noxia esse debet, cum ea perfacile superstitionem nutriat? Ecce, ratiocinium istorum hominum, cuius ope volunt nova Philosophia in favorem suae amatae opinionis uti. Verum hoc argumentum regulas logicae non observat. Sit enim – cuius tamen contrarium paulo ante ostendimus – sit, inquam, quod prima veritas existentis Dei hominibus ope solius practicae rationis innotuerit, sive, quod practica ratio primos quoque homines ad fidem existentis Dei perduxerit; num idcirco sequitur, eos ipsos, aut eorum posteros ad fidem reliquarum veritatum eiusdem rationis, aut pervenisse, aut pervenire potuisse? quod enim scientiam istarum veritatum nec habuerint, nec habere potuerint, ex eo satis perspicuum est, quod illa ipsa veritas existentis Dei, unde reliquae quasi ex semine evolvi debuissent, non sciri, sed tantum credi possit. Fides autem primae veritatis scientiam ceterarum praestare non potest, quemadmodum ex principiis novae Philosophiae apparet. Praeterea reliquae veritates religionis nequaquam ita hac una veritate continentur, ut sola analysi huius unius veritatis exinde evolvi queant: earum aliquae sunt – meo quidem judicio – propositiones, ut aiunt, syntheticae; istarum proin veritas non notione intellectus, neque idea rationis, sed tantum intuitu *nexus* explorari potest.

Quod si vero res ita se habeat, qua lege ratiocinandi ab origine fidei existentis Dei ad eandem originem fidei concludam, qua ceterae veritates religionis credantur? Atque si hoc est, jure divina institutio velut res inutilis et noxia damnabitur?"[256]

Wahrheiten der Religion haben einen Ort und ein Prinzip. Sie haben einen Ort, sofern man sie als Phänomen der Geschichte konstatieren kann. Sie haben ein Prinzip, sofern sie Entscheidungen der Geschichte umfassen. Fest-

---

[254] Ebd. 48/49.
[255] Vgl. Ph. Schäfer, Philosophie und Theologie, 103 ff.   [256] Zimmer, Fides 56/57.

stellungen, die man trifft, und Entscheidungen, die man fällt, bilden zusammen die Wahrheit der Religion. Sie besitzt praktische Bedeutung und zugleich theoretisches Gewicht. Man kann von ihr wissen und an sie glauben zugleich. Sie ist als die Summe von Entscheidungen Gegenstand des Wissens und als Inbegriff des Wissens Gegenstand von Entscheidungen zugleich.

„Notitia religionis", ‚die Kenntnis der Religion', schreibt Zimmer, „– unde demum, et quocumque modo nata – homini absolute necessaria est; ut vero homini ad consequendam finem sufficiat, ea et satis extenta, et vera sit, oportet, cum in defectu prioris, aut momenta, aut officia aut media, necessaria, aut horum omnium fundamenta ignoret, et in defectu posterioris ad usum mediorum, et studiosam observantiam officiorum non satis excitetur... Haec notitia religionis aut scientia esse potest, id est, perspicua cognitio ex intuitu orta, quo homo videt, vel ubi sensu quodam percipit, quod haec ipsa res sit, cuius in mente notionem, vel ideam habet; aut fides, quo credit eam ipsam rem esse, cuius solum ideam in mente, non autem intuitum vel sensum rei per ideam expressum habet... Notitia practicarum veritatum scientia esse potest; notitia vero theoreticarum veritatum religionis scientia esse non potest; sed fides esse debet: sive practicae veritates sciri, theoreticae tantum credi possunt... Cum autem theoreticae veritates sciri nequeant; hinc speculativa ratio seu sana, seu philosophica, homini earum scientiam praestare non potest... Itaque sola fides has circa veritates locum habet. Circa primas, et fundamentales veritates, quibus reliquae innituntur, uti de Deo existente, animo hominis immortali et libero, modo fidem dare, et conservare potest practica ratio tam sana, quam philosophica; illa in aliquibus circumstantiis, haec in quibuslibet, in quibus homo versari potest. Id quod de ceteris theoreticis veritatibus affirmare non possumus... Hoc modo tam de practicis generatim, quam singulatim de tribus theoreticis veritatibus earumque notitia dicebamus; adhuc multo constantius dicitur de ceteris theoreticis veritatibus religionis, ad quarum fidem homo nunquam ope practicae rationis pervenire, sive quas nunquam fide a practica ratione praecepta credere potuit... Hoc aliud medium, quod auxilium ferre debebat, non nisi institutio, aut, ut communius dicitur, revelatio Dei esse potest. Ea jam idcirco veri simillima evadit, quod humana ratio sit docilis, id est, doceri, et per alienam institutionem in cognitione rerum perfici queat. Huius igitur ope primus homo unice, et ad usum utriusque rationis – speculativae, et practicae – et ita cum ad scientiam practicarum veritatum, tum ad fidem tergeminae theoreticae veritatis pervenire potuit, sicut has, et omnes reliquas theoreticas *ob auctoritatem instituentis Dei credere.*"[257]

---
[257] Ders., Theoria 2–5.

Man kann ohne Entscheidungen des Glaubens von der Religion als Religion nicht wissen und sich, ohne von ihr als Religion zu wissen, für sie nicht entscheiden. Beide, der Glaube und das Wissen, gehören zum Begriff der Religion, der Glaube, durch den man sich entscheiden kann, und das Wissen, durch das man um den Sinn der Entscheidung des Glaubens für sie weiß. Sie befiehlt, an Gott zu glauben, weiß aber auch von Gott als einer Größe, an die man glauben kann. Aus den Begründungen der Pflicht zu diesem Glauben besteht die Wahrheit der konkreten Religion. Sie ist der Ort seiner Verwirklichung und zugleich das Prinzip seines Entwurfs in der Geschichte. Sie entwickelt Konzeptionen der Zuordnung von Mensch und Leben im Dasein der Welt.

„Practica ratio, dum jubet credere, esse Deum, hocipse jubet credere esse eam rem, cujus ideam speculativa ratio formavit, in mente expressam habet, atque cum voce: Deum: conjungere solet, etsi rei per ideam expressae existentiam probare non possit. Speculativa vero ratio ideam Dei in mente expressam habet velut rei necessariae, aeternae, infinitae – perfectissimae – et quod consequitur potentissimae, summe benevolae... Itaque et practica ratio jubet credere, quod sit – existat – res necessaria, aeterna, ... uno verbo; illa ipsa res, cuius ideam speculativa ratio in mente expressam habet. In his omnibus practica ratio habet consentientem sibi doctrinam revelationis, sive doctrinam ab institutione Dei profectam, quae revelatio, consultis documentis historicis, non parum contulit ad ideam speculativae rationis de Deo citius, et verius efformandam, tum ad fidem Dei existentis una cum practica ratione, propagandam, et confirmandam... Speculativa ratio, sub idea Dei simul sibi repraesentare solet Creatorem, et Gubernatorem universi, atque judicem hominum, et rerum omnium si quae sunt, ratione praeditarum; et practica ratio, dum suadet credere, quod Deus sit Creator, et Gubernator universi, atque Judex hominum, et rerum si quae sunt, ratione praeditarum. Sub eadem imagine doctrina christianae religionis Deum repraesentat, et praecipit credere, quod Deus sit Creator, et Gubernator universi, atque Judex hominum, et omnium rerum ratione praeditarum... Ope harum proprietatum, et praedicatorum speculativa ratio in sua idea *nexum* intuetur, quo Deus cum hominibus cohaeret pro omni tempore, velut Creator pro praeterito, ut Gubernator pro praesenti, ut Judex pro futuro tempore: atque hunc nexum quasi necessarium sibi proponit, licet probare non possit, eum vere esse, quia existentiam rei per ideam Dei expressae probare nequit. Practica vero ratio hunc nexum credere suadet; quia suadet existentiam rei per ideam Dei expressae credere, quae res per ideam ut sanctus Legislator, bonus Gubernator, et justus judex proponitur. Doctrina christianae religionis hunc nexum praeclare exponit, atque fidem illius multis ex capitibus graviter commendat. Itaque a fide existentis Dei ad fidem nexus cum homine, quasi plana via perducimur."[258]

Aus der eigentümlichen Verbindung von Glaube und Wissen im Begriff der Religion ergibt sich eine wichtige Folgerung für die Konzeption der Theologie. Sie trifft Feststellungen zum Glauben sowohl vom Glauben selber wie vom Gegenstand des Glaubens her, vom Glauben selber her in der praktischen Dogmatik mit der Aufschrift „Nexus hominis cum Deo" und vom Gegenstand des Glaubens her in der theoretischen Dogmatik mit der Aufschrift „Nexus Dei cum homine". Diese wird von den Zuordnungsverhältnissen der Religion her konzipiert und umfaßt Schöpfungslehre – „Nexus Dei cum homine ut creatoris secundum doctrinam christianae religionis" –, Erlösungslehre – „Nexus Dei cum homine tamquam Gubernatoris" – und Eschatologie – „Nexus Dei cum hominibus tamquam Judicis"[259]. Schöpfung, Erlösung und Eschatologie sind Formen der Zuordnung von Gott und Mensch im Begriff der Religion.

Eine zweite Folgerung betrifft den Begriff der Kirche. Denn sie wird nun zur Mitte der Dogmatik. Denn sie ist der Ort, an dem Gott und Mensch im Zeugnis des Glaubens als dem Prinzip ihrer gegenseitigen Verbundenheit einander zugeordnet sind. Sie gehört nicht nur zu den fundamentalen Grundlagen, sondern auch zu den zentralen Inhalten des Glaubens und ist selber eine Konsequenz der Offenbarung. „Haec externa religio, sicut alibi animadvertebam, – quasi communis – tum ad doctrinam de nexu Dei cum homine, tum ad doctrinam de nexu hominis cum Deo referri potest; huius enim institutio religionis similiter aliqua ex parte declarat, quid, et quando aliquid a Deo sperare possimus. Ad nos solum pertinent ea exponere, quae ad nexum Dei cum hominibus intelligendum spectant. Est autem ille nexus, quem Deus Gubernator cum hominibus habet; regit enim homines per homines, atque eos ope externorum signorum ad finem, id est, consecutionem summi boni dirigit. Unde geminum nexum Dei cum hominibus discernere possumus: 1. nexum Dei cum hominibus per homines; 2. nexum Dei cum

---

[258] Ebd. 24–28.
[259] Der Entwurf zu einer Theorie der christlichen Religion und die Dogmatik als Durchführung des Entwurfs dieser Theorie unterscheiden sich besonders in der Gotteslehre. Denn im Entwurf sind Möglichkeit, Tatsächlichkeit und Notwendigkeit von Religion erörtert – er bildet den Aufriß der sog. allgemeinen Dogmatik – und in der Dogmatik selbst, der sog. speziellen, wird die Offenbarungslehre der christlichen katholischen Religion inhaltlich behandelt: die Lehre von der Trinität. Beide verhalten sich wie der Ort und das Prinzip der Religion des Glaubens zueinander.

hominibus ope externorum signorum, quorum usus divina lege praescriptus est."[260]

Sie ist von den Grundlagen her eine Autorität des Glaubens und von den Inhalten her ein Sakrament des Glaubens. Beides, die Ämterlehre und die Lehre von den Sakramenten, wird in der Erstlingsschrift von Zimmer über dieses Thema[261] in seinem strukturellen Zusammenhang erfaßt.

Denn Kirchengewalt – potestas physica et moralis – und Lehrgewalt – munus docendi et declarandi – dienen dem gleichen Zweck. Sakramentale Vollmacht, die potestas ordinis – von Zimmer physica genannt –, und jurisdiktionelle Vollmacht – auch potestas moralis genannt – sind von der Aufgabe her verbunden, die sich die Kirche kraft ihrer Sendung stellt, nämlich der Aufgabe, Ort und zugleich Prinzip der Wirklichkeit des Glaubens in der Welt zu sein. Ihr Handeln besitzt heilsgeschichtliche Funktion. Es muß von sich selber her der Gegenstand ihrer Lehre sein.

„Verum quia de utraque potestate tam physica, quam morali nobis agendum est, videtur ad omnem evitandam perturbationem ille praeprimis ordo servandus esse, ut 1. de potestate physica, et 2. de potestate morali agatur. Priorem Catholici potestatem ordinis, posteriorem jurisdictionem appellant; unde etiam facile intelligitur, quid hierarchia ordinis, quid jurisdictionis designet. Existimo autem prius de physica potestate tractandum esse, eoquod haec absolute sine morali potestate existere possit, cum vicissim moralis sine illa nec existere, nec concipi valeat."[262] Neben der klassischen Zweiheit katholischer Ämterlehre, der Hierarchia ordinis und Hierarchia jurisdictionis, begegnet in den Frühschriften von Zimmer die Dreiheit der „munera" – das „munus docendi veritates", „administrandi signa sacra" und „declarandi dubiam doctrinam religionis, aut dubias leges positivas Jesu Christi"[263]. Die Lehrgewalt, die beiden Ämtergruppen zugeordnet wird und einerseits zur Jurisdiktion, andererseits aber auch zum sakramentalen Bereich der Kirche gehört, hat als jenes zentrale Stück zu gelten, in dem Auftrag – munus – und Amt der Kirche – potestas – gründen. Das Lehrver-

---

[260] Zimmer, Theoria 43/44.
[261] Vgl. ders., Dissertatio dogmatica de vera completa potestate ecclesiastica illiusque subjecto, prout illa a Christo instituta, et hoc ab eodem determinatum sit (Dillingen 1784). Es ist nicht richtig zu behaupten, diese Schrift bewege sich noch ganz im Rahmen der Tradition von Theologie und Ekklesiologie. Denn in ihr ist über Stattler hinaus, einen Lehrer von Zimmer, die Sakramentenlehre bereits in die Lehre von der Kirche einbezogen. Sie ist damit vielleicht das früheste Dokument für den hierin angezeigten Strukturwandel der Ekklesiologie. Der Wandel im Konzept von Dogmatik als Lehre des Glaubens zur Glaubenslehre der christlichen Religion ist damit auch bereits vollzogen.
[262] Ebd. 24.   [263] Ders., Theoria 45.

ständnis der Theologie des beginnenden 19. Jahrhunderts öffnet dem Amtsverständnis eine Dimension, die ihm von seiner Entstehungsgeschichte her – im System der Autorität – verschlossen war, den Bereich der Aufgaben des Amtes in der bürgerlichen Welt, nämlich Ort und Prinzip der Wahrheit seiner eigenen Religion zu sein.

„Physica potestas", schreibt Zimmer, „referri debet ad *munus* docendi veritates religionis, conficiendi, et administrandi signa sacra et communicandi acceptam potestatem. Finis illius est decor, ordo, et quies in Ecclesia conservanda, atque cavenda quaelibet perturbatio. Moralis potestas refertur ad munus declarandi dubiam doctrinam religionis, aut dubias leges positivas Jesu Christi, quocum connexa est potestas privandi bonis sacrae societatis, simulque complectitur potestatem sociis quasdam utiles regulas praescribendi. Praecipuus finis illius est integritas et vera notitia religionis. Haec potestas sine subjectione unius socii ad alterum cogitari non potest, in quo a physica potestate differt."[264]

2. Die Kirche der allgemeinen Dogmatik

Die Schrift über die „Veritas christianae religionis"[265] ist eine Durchführung der Thesen zur katholischen Theorie der christlichen Religion.

Sie denkt die Kirche von ihrer Aufgabe im 19. Jahrhundert her, der Aufgabe nämlich, der Ort und das Prinzip der christlichen Religion zu sein. Denn diese ist ein Mittel, durch das man „ad ultimum suum finem, id est, ad felicitatem, quam perfectam habet, valeat pervenire, in quocumque demum vera felicitas reponenda sit"[266].

Ihr Ort und Prinzip kann die Kirche daher kraft ihres Dienstes an der Glückseligkeit des Menschen sein. Denn Glückseligkeit ist gegeben, wo Freiheit waltet und man zugleich vom Ziel der Freiheit weiß. Zu beiden leistet aber die Kirche ihren Dienst. Denn sie lehrt die Menschen kraft ihrer Sendung, was Freiheit ist und was er von ihr erhoffen kann: „Religio cognita, et studiose observata hominem facit beatum; illius enim ope cernimus, et quantum habeamus, et quid habere, prudenterque sperare possimus; secura

---

[264] Ebd.
[265] Vgl. ders., Veritas christianae religionis seu Theologiae christianae dogmaticae sectio I et II (Augsburg 1789/1790).
  Diese Schrift steht ganz im Zeichen kantischer Fragestellung. Sie stellt u.a. die Frage nach der Möglichkeit christlicher Religion als Religion.
[266] Ebd. I, 2.

autem possessio praesentium, et certa spes futurorum bonorum non potest non esse cum multa voluptate, pace et tranquillitate animi, praesertim tum, cum perspecta summa Dei benevolentia erga homines, et expensis facultatibus animi humani, intellexerimus nos ad meliora natos esse, atque in hac vita, tamquam aliquo tyrocinio praeparari; ad puriora gaudia, ad majorem amicitiam, et conjunctionem cum Deo, et beatius consortium aliquando cum nobiliori parte hominum habendum. Quasi enim in procoetone versamur in hoc mundo, ut sanctiori usu libertatis purgati a sordibus, et digniores effecti, ad Thronum omnipotentis Dei propius valeamus accedere."[267]

Nicht für jeden Menschen hängt die ewige Glückseligkeit vom Glauben an die Kirche ab, nur für jenen hängt sie von diesem Glauben ab, der sich für die ewige Glückseligkeit in Freiheit entscheiden muß. Aber nicht jeder ist verpflichtet und in der Lage, dies in Freiheit zu tun, sondern nur derjenige, der zur Freiheit berufen ist. Niemand kann aber die Notwendigkeit von Christentum mit der Existenz außerchristlicher Religion bestreiten. Denn Christentum ist die Religion des Menschen überhaupt, wenn und insofern man sich für sie in Freiheit entscheidet. Es hat im Hinblick auf diese Freiheit den Charakter absoluter Notwendigkeit: „Homo eo fine in hoc terrarum orbe a Deo collocatus fuit, ut suis meritis beatus sit, et *proprius auctor* suae beatitudinis, id quod ope divinae, et supernaturalis gratiae, hominis libertatem tum restituentis, tum adjuvantis, fieri christiana religio docet... *Ad beatitudinem propriis meritis* comparandam requiritur *sufficiens notitia religionis,* id est satis ampla et satis certa."[268]

Die Freiheit der Entscheidung im Begriff einer bestimmten Religion ist ein wichtiges Kriterium für die Notwendigkeit des Glaubens an die Religion. Denn er ist unabdingbar, wenn er Kenntnisse vermittelt, ohne die man sich auf dem Gebiet der Religion in Freiheit nicht entscheiden kann. Diese Unabdingbarkeit ist jedoch im christlichen Glauben aus mehreren Gründen gegeben:

„Ostendimus enim

1. Certum esse ex toto apparatu, quem coram cernimus, et ex intimo sensu nostrae libertatis, Deum voluisse, ut homo proprius auctor sit suae beatae sortis tum in hac, tum in altera vita per actiones a se liberrime propositas;

2. Certum esse, quod homo sine sufficienti notitia gravissimarum veritatum, beatam sortem propriis actionibus, et meritis sibi comparare non possit;

---

[267] Ebd. I, 6.   [268] Ebd. I, 82.

3. Certum esse, hanc sufficientem notitiam, criteriis mere naturalibus acquiri non posse;

4. Quod si autem haec certa fuerint,...
tunc recte concludimus, et secundum probatas leges logicae, aliud medium nemini concessum esse debere, cujus ope sufficientem notitiam gravissimarum veritatum acquirere, atque tum liberis actionibus praesentem, qua frui potest, tum propriis meritis futuram beatam sortem sibi comparare valeat...

5. Cum ergo praeter revelationem aliud medium acquirendae sufficientis notitiae reliquum non sit, sequitur, eam in praesenti statu mortalium dari debere, id est, *necessariam* esse."[269]

Die Feststellung der Wahrheit des Glaubens gehört zu den Prinzipien des Glaubens. Zwischen der Feststellung selbst und ihrer Konsequenz im eigenen Leben besteht ein innerer Zusammenhang. Er wird von Zimmer als ein Zusammenhang beschrieben, der die Freiheit begründet. Es ist notwendig, ihn zu erkennen, wenn man in Freiheit sich entscheiden will. Die Notwendigkeit der Offenbarung fußt in der Bestimmung des Menschen, in seinem Leben auch gegenüber der Offenbarung selber frei zu sein.

„Quod quidem primum concernit, falsa est, aut saltem logicis legibus dissona conclusio, qua ex necessitate revelationis, amplissima illius extensio colligitur. Sit enim, revelationem in praesenti conditione mortalium, ad acquirendum liberis actionibus beatam sortem, absolute necessariam esse: numquid et illud certum, atque universe approbatum, quod omnes, et singuli adultorum hominum quam sibi beatitudinem propriis meritis debeant comparare? Nonne potius ex toto apparatu, ex ipsa conditione mortalium, ex ignorantia et ruditate plurimorum illud resplendet consilium Dei, magnam partem adultorum aut ad nullam, aut ad immeritam beatitudinem destinatam fuisse? Qua in re, cum nos omnia lateant, nequaquam Deum aut livoris, et invidiae, aut inscitae accusare, sed sua tantum modo consilia adorare possumus."[270]

Daraus geht hervor, daß man zu einem Leben in Freiheit auf dem Gebiet der Religion ohne Offenbarung nicht gelangen kann. Sie gehört zur Bestimmung des Menschen.

„Ergo confecta res est, notitiam religionis, sive subjectivam religionem homini ad suum finem – ad felicitatem propriis meritis parandam – pernecessariam esse, et eum sine notitia illius ne eo quidem pervenire posse. Ex toto autem apparatu, quem huius rei gratia a supremo numine factum fuisse cer-

---

[269] Ebd. I, 83/84. [270] Ebd. I, 86.

nimus, ex facultatibus animi humani, libertate, atque ex innumeris quodammodo mediis illud refulget divinum consilium, quod maxima pars mortalium saltem magna ex parte sit proprius auctor suae felicitatis, et statuerit innumerabili quoque multitudini immeritam felicitatem conferre. Itaque velle quoque debuit, ut ad eam necessariam notitiam religionis major hominum multitudo perveniat, sine qua nemo proprius auctor suae felicitatis esse potest."[271]

Der Ort und ein Prinzip des Vollzugs dieser Bestimmung ist die Kirche. Denn die Feststellung der Wahrheit des Glaubens, die sie trifft, ist selber eine Wahrheit des Glaubens. Sie zeichnet sich an den verschiedenen Orten, wo man ihr begegnet, in der Schrift, in der Tradition und in den Verlautbarungen des Amtes, durch ihren definitiven Charakter wie durch ihre universale Bedeutung aus. Sie ist individuell und allgemein zugleich. Durch sie stimmt man im Glauben sowohl mit ihr selber als auch mit der ganzen Kirche überein. „Quod ergo de personis intermediorum testium, atque de singulari cura Spiritus S. iis impensa, ne religionem quocumque demum modo aut corrumpant, aut ignorent", schreibt Zimmer von ihrem besonderen Charakter, „diximus, id velim ita intelligatur, ut hoc illustre donum non idcirco singulis attributis fuisse censeatur. Plus enim ex superioribus non consequitur, quam divinam benevolentiam ita religioni Jesu, ejusque cultoribus providisse, ut nulla testimonia Apostolorum nullo tempore intercidere, atque certa eorum notitia semper conservari, et apud praepositos Ecclesiarum Apostolicarum haberi possit, quippe cum Ecclesiae apostolicae ob suum, quo mutuo cohaerent, *nexum* unam permagnam societatem constituant, in uno similiter centro convenientem."[272]

Ihr Charakter als Ort des individuellen und Prinzip sowohl des individuellen als auch des allgemeinen Glaubens machen sie zu einem kirchlichen Phänomen, denn Kirche ist jener Ort, an welchem die Feststellung des Glaubens ein Prinzip des Glaubens ist. Dieser hat in ihr geschichtliche Kraft.

Sie muß daher grundsätzlich einer doppelten Anforderung genügen. Sie muß Kenntnis von der Wahrheit geben und zugleich Ort der Wahrheit sein. „Hoc magisterium omnis erroris expers tum comprimis locum habet, cum nullae adhuc dissensiones animos Christianorum distrahunt. Hinc *docere idem est, ac testimonium ferre de veritatibus* et *legibus christianae religionis*, atque earum notitiam ignorantibus communicare. His autem erumpentibus succedit sacrum judicium pari privilegio condecoratum, quod, licet cum magisterio idem sit, atque ad eundem finem – ad certam notitiam christianae religionis collimet, in illis tamen circumstantiis sese singulari modo quodam

---

[271] Ebd. I, 10/11. [272] Ebd. II, 130.

exserit, ubi dissidia nata, res in sententiis positae, et pax inter Christianos aut iam turbata fuit, aut proximo turbationis periculo exposita est."²⁷³

Das Amt, Feststellungen zu treffen, und das Amt, Entscheidungen zu fällen, sind im Amt der Zeugenschaft begründet. „Porro ex his alterius consequitur, hoc magisterium, et iudicium revera idem esse cum testimonio intermediorum testium, aut potius officium magistri, et judicis, spectato fundamento convenire – concordare – cum officio testis intermedii: nam iidem, qui in sacris societatibus praesident de iisdem rebus, et sub eadem cura Spiritus S. testantur, docent, judicant."²⁷⁴ Das Leben Jesu als Ort und Prinzip der Wahrheit des Christentums gehört in den Feststellungs- und Entscheidungsbereich der Zeugenschaft des Amtes. Denn kraft seiner Zeugenschaft gibt es den Glauben an Jesus weiter. Er ist die Summe der ganzen Religion: „Haec autem religio Jesu, ne quidem minus forte opinemur, omnem religionem saltem internam complectitur, quam humanum genus Dei institutione didicit: quippe omnia dogmata priorum temporum ante se, omnesque veritates tam practicas, quam theoreticas Jesus Christus complexus est, illis positivis legibus exceptis, quae externum Dei cultum pertinebant, quaeve in charactere, regione, et climate populi judaici omnem sui rationem habebant. Porro cum nullam religionem naturalem – sola naturae voce intellectam – agnoscam – saltem opinor nullo probabili argumento ostendi posse, quod quaedam veritates religionis solo vi humanae rationis – absque institutione Dei intellectae fuerint – sicque persuasus sim, omnem notitiam verae religionis a Dei voce, et institutione derivandum esse: sua sponte consequitur, ad religionem Jesu – mea quidem opinione – eam quoque partem religionis pertinere, quam nescio, quo facto permoti naturalem appellare consueverunt."²⁷⁵

Das Leben Jesu enthält Religion und ist ein Prinzip der Religion. Es gibt Kenntnis von ihr und stiftet sie. Es bestätigt sie und verändert sie zugleich. Es hat folglich Tatsachen- und Prinzipiencharakter zugleich:

„Pro majori claritate praesentis argumenti duplex genus veritatum discerno ad religionem pertinentium; primo earum quae fundamentum constituunt, cui possibilitas, et veritas christianae religionis innititur: deinde earum, quae huic fundamento imposito pulcherrimum aedificium revelatae, et christianae religionis efficiunt."²⁷⁶

Den Unterschied von Tatsache und Prinzip im Glauben an Jesus festzuhalten ist eine Aufgabe, die sich dem Lehramt der Kirche stellt. Denn Tatsachen des Glaubens, auf die sich ihr Zeugnis bezieht, haben selbst Prinzipien-

---

[273] Ebd. II, 155.   [274] Ebd. II, 156.   [275] Ebd. II, 238.   [276] Ebd. II, 239.

charakter. Sie sind Tatsachen, aus denen sich die Tatsache des Glaubens ergibt. Sie entwickeln kraft ihres Wesens Konsequenz. Dazu „gehören alle Wahrheiten theoretischer und praktischer Art, die den Menschen irgendwie *vollenden* (perficiunt), daher die positiven Gesetze Jesu Christi mit ihren rituellen Vorschriften, durch deren frommen Gebrauch man ihn würdig verehrt und deren beständig lebendiges Gedächtnis für jene da ist, die Religion in Theorie und Praxis nutzen. ... Sofern dies alles zur Summe der geoffenbarten Religion gehört und die Sorge um diese Religion, sowohl speziell die Pflicht, Entscheidungen zu treffen und schädliche Zweideutigkeit zu verhindern, den Richtern übertragen worden ist, kann in der Tat niemand zweifeln, daß diese Wahrheiten Gegenstand kirchlichen Urteils sind bzw. in den Entscheidungsbereich der Kirche gehören."[277]

Das Leben Jesu ist Glaubens- und Orientierungsprinzip der christlichen Gemeinden. Es schließt sie innerlich und äußerlich zusammen. Sie selber haben im Bekenntnis dazu katholischen und apostolischen Charakter[278].

3. Die Kirche der speziellen theoretischen Dogmatik

Die Kirche ist Ort und Prinzip des Glaubens kraft ihrer Autorität[279], sie ist aber auch Trägerin der Idee des Glaubens als Ort der Religion. Sie muß Kenntnis von ihr geben und zugleich Ort der Kenntnis von ihr sein. Sie ist eine Gemeinschaft von Menschen, die sich unter derselben Autorität zur Wahrheit der gleichen Religion bekennen.

Der Wandel von der Autorität zur Idee des Glaubens als Prinzip der Ekklesiologie wird in Deutschland greifbar zu Beginn des 19. Jahrhunderts. Er wird hier sprachlich registriert und sachlich vollzogen. Bei Zimmer, einem Theologen dieses Übergangs, zeichnet er sich ebenso im Titel wie im Aufbau seiner Schriften ab[280]. Der Traktat De locis theologicis erhält bei ihm den

---

[277] Ebd. II, 241.   [278] Vgl. ebd. II, 253ff.
[279] Es wurde schon bemerkt, daß eine erhebliche Divergenz besteht zwischen dem Begriff der Kirche, wie ihn Cano zu Beginn des Abschnitts „de ecclesiae catholicae auctoritate", a. a. O. 102–104 entwickelt, und jener Autorität katholischer Kirche, die in seinem Werk als Grundlage der gesamten Methodologie fungiert. Der Übergang von einem Begriff zum anderen wird jedoch in dem genannten Abschnitt selbst vollzogen. Denn in den Stellungnahmen des Amtes besitzt und vollzieht die Kirche Autorität. Beides wird im Anschluß an die Aufklärung von anderen geschichtlichen und theoretischen Voraussetzungen her neu behauptet. Die Kirche besitzt und vollzieht eschatologische Autorität.
[280] Der kantischen Fragestellung freilich bleibt Zimmer speziell in der Lehre vom Kult und von den Sakramenten treu.

Titel einer „theologia dogmatica generalis". Er ist der Grundlagentraktat für alle dogmatische Theologie. Die spezielle theoretische und praktische Dogmatik hat die Inhalte des Glaubens auf dieser Grundlage zu entwickeln. Neben der allgemeinen gibt es folglich auch noch eine spezielle Ekklesiologie. Sie wird im dritten Teil der speziellen theoretischen Dogmatik unterbreitet. Die Kirche erweist sich als ein Ort des Vollzugs der christlichen Religion.

3.1. Allgemeine und spezielle Dogmatik

Es gibt eine allgemeine und eine spezielle Theologie des Christentums. Die allgemeine hat Rechenschaft darüber abzulegen, schreibt Zimmer in einer grundsätzlichen Reflexion auf die Methode der Theologie, „warum der Mensch ‚überhaupt' den Glauben an die Offenbarung braucht, ferner wie der Beweis und die Form dieser Offenbarung möglichst vollkommen zu bestimmen ist, deren Glaube der Mensch, auch der gebildetste, benötigt; schließlich hat sie die Beschaffenheit der christlichen Religion darin so darzulegen, daß sie anders als aus ihrem Ursprung in Gott gar nicht denkbar ist und deshalb jene Offenbarung selber ist, deren Glaube der Mensch bedarf"[281].

Die spezielle muß die Konsequenz des Glaubens aus der Tatsache des Glaubens sichern. Sie hat „das ganze Argument der christlichen Offenbarung in vollständiger Analyse aufzulösen und die einzelnen Lehren so zu entwikkeln, daß nichts, was noch entwickelt werden könnte, übrig bleibt"[282]. Sie entwickelt die Tatsache des Glaubens aus dem Glauben selbst als Religion und wird folglich in doppelter Weise konzipiert, nämlich als theoretischer und praktischer Begriff der Religion: „moralis doctrina religionis a christiana revelatione tradita enuntiat 1. nexum Dei cum hominibus 2. nexum hominum cum Deo; sive enuntiat, quid Deus pro nobis sit, et quid homines tum agere debeant, tum a Deo sperare possint, quia hunc cum Deo nexum habent; hinc prior quoque pars huius moralis doctrinae, theoretica, posterior vero practica dicitur."[283]

Die spezielle theoretische Theologie ist jener Ort der Theologie, an welchem der theoretische Begriff des Christentums entfaltet wird; „daher zerfällt auch der zweite Teil der speziellen theoretischen Theologie", schreibt

---

[281] Zimmer, Theologiae christianae specialis et theoreticae Pars I (Landshut 1802) Vorwort XII.
[282] Ebd. XIII.   [283] Ebd. XV/XVI.

Zimmer, „gleichfalls in drei Unterteile, von denen der erste von Gott als dem moralischen Schöpfer oder über den Zusammenhang Gottes als eines moralischen Schöpfers mit den Menschen, von denen der zweite über Gott als den moralischen Lenker und von denen der dritte Teil von Gott als dem moralischen Richter handelt."[284]

Die Theorie des Christentums ist eine Konsequenz aus dem Begriff des Christentums als einer Theorie der Religion. Seine ganze Überzeugungskraft geht aus der Tatsache hervor, daß man aus der Feststellung des Glaubens an die Religion auf die Religion des Glaubens schließen kann.

„Ergo iure sic *ratiocinamur*", folgert Zimmer, „secundum doctrinam christianae revelationis Deus est Pater humani generis: atqui conceptus Patris translatus in Deum necessario complectitur tres conceptus, nimirum moralis creatoris, moralis gubernatoris, et moralis judicis: ergo secundum doctrinam christianae revelationis Deus est pro nobis moralis creator, moralis gubernator, et moralis judex."[285]

Der Glaube an die Religion ist eine Tatsache der Religion. Zwischen ihr selbst und dem Bekenntnis zu ihr besteht ein innerer Zusammenhang. Es verpflichtet daher im Gewissen. Daher schreibt Zimmer: „Secundum doctrinam christianae revelationis Deus est creator mundi, et hominis, et est moralis utriusque creator, quia utrumque, et mundum et hominem, et finis quidem moralis causa creavit: atqui id ipsum necessaria cuiuslibet conscientia de Deo enuntiat: ergo."[286] Denn es kann dem Menschen nicht gleichgültig sein, schreibt Zimmer, „ob er mit Hilfe der christlichen Offenbarung kennt, daß Gott in Verbindung und in welcher Verbindung Gott mit dem Menschen steht, und ‚zwar' sowohl allgemein (generatim), ob er den Glauben an die christliche Offenbarung hat oder nicht, was den Grundsätzen der theologia generalis widerspricht, als auch was speziell (speciatim) dort gezeigt wurde, wo sich uns die Bedürfnisstruktur dieses Glaubens als eine Hilfe erwies, die dem Menschen unter gegenwärtigen Bedingungen zur Ausübung praktischer Religion notwendig ist. Also ist es für den Menschen von höchstem Interesse, daß Gott in Verbindung und in welcher Verbindung Gott mit dem Menschen sei (daß Gott in einem bestimmten Verhältnis und in welchem Verhältnis er mit dem Menschen zufolge der christlichen Offenbarung stehe)."[287]

Zwischen Glaube und Religion besteht im Glauben, der sich zur Religion bekennt, und in der Religion, an die man glauben muß, eine heilsgeschichtliche Identität. Sie wird auch von Zimmer geschichtstheologisch konzipiert. „Denn was ist ... die christliche Sittenlehre nach dem allgemeinen Sprachge-

---

[284] Ebd. XXI/XXII.   [285] Ebd. Pars II, 12.   [286] Ebd. II, 13.   [287] Ebd. 180.

brauch anderes, als eine Lehre, die aus dem Argument der christlichen Offenbarung überliefert und erklärt, was und wann der Mensch etwas tun oder unterlassen soll, weil er durch das moralische Gesetz als eines göttlichen und durch Christus als göttlich erkannten, befohlen oder verboten sei, und folglich eine Lehre ist, die aussagt, was der Mensch deshalb tun soll, weil er mit Gott durch Christus in Verbindung steht."[288]

Dogmatik ist der Ort, an welchem sich der Glaube selbst als eine Konsequenz der Religion begreift und die Religion als ein Prinzip des Glaubens.

3.2. Spezielle theoretische Dogmatik der Kirche

Allgemeine und spezielle dogmatische Theologie unterscheidet sich wie Feststellung der Tatsache des Glaubens und Ableitung seiner Konsequenz. Zu ihrer Grundsatzposition gehört die These, daß Feststellungen des Glaubens der Kirche Glauben der Kirche sind. Denn sie besitzt Autorität. Sie ist der Träger seiner Idee. Zu ihren speziellen Problemen gehört die Frage des Vollzugs der Autorität.

Ist die Kirche Ort der Wirklichkeit des Glaubens? Ist sie Ort der Erscheinung seiner Idee?

An der Antwort darauf scheiden sich die einzelnen Konzeptionen spezieller Ekklesiologie. Der Gedanke der Unfehlbarkeit ist hierbei für die lateinischen Konzeptionen fundamental. Für die deutschen zu Beginn des 19. Jahrhunderts ist es der Gedanke des Vollzugs einer Idee. Eine Ortsverschiebung hat sich ereignet.

3.2.1. Ihr Zweck

Kirche gibt es, weil es Arbeit für die Kirche gibt. Sie unterrichtet die Menschen in der Lehre Jesu und kann daher Ort des Unterrichts in der Lehre Jesu für die Menschen sein. Sie stiftet sich selbst durch ihre Tätigkeit im Namen Jesu. Dadurch nämlich, schreibt Zimmer, daß Jesus „Gefährten sammelte, sie unter sich durch ein Band zusammenführte, in der Lehre seiner Religion unterrichtete und sie Gott wahrhaft zu verehren lehrte, hat er auch eine Kirche gegründet"[289].

Indem Apostel seine Lehre weitertrugen, andere Menschen dazu gewannen und sie die Religion Jesu zu halten lehrten, gründeten sie neue Kirchen. Zwischen ihnen „gab es ein Band, das sie miteinander verknüpfte, so

---

[288] Ebd. 181.   [289] Ebd. Pars III, 25.

daß sie nur eine große religiöse Gemeinschaft bildeten, wie unter vielem... der Briefwechsel und das gemeinsame Handeln bei allen schwierigen Fragen beweist. Diese Gemeinsamkeit aber wurde so sehr als von den Aposteln herkommend betrachtet, daß sie demnach ihren ersten Anfang im Gebot und Willen Jesu Christi hatte."[290]

Daher war man auch der Überzeugung, daß man sich von ihr nicht trennen konnte, ohne daß man „dem Glauben und der Religion Jesu entfremdet würde"[291]; denn zwischen seinem und ihrem Auftrag besteht im Auftrag selber ein Zusammenhang. „Der christlichen Lehre entsprechend hat Jesus Christus", schreibt Zimmer, „der Kirche als letztes Ziel kein anderes gesetzt, als jenes, das schon Ziel seiner eigenen Ankunft, seiner eigenen Offenbarung und seines Todes war. Es war aber deren Ziel, die wahre Religion in das Herz der Menschen einzupflanzen und damit die Moralität oder die Tugend und das dauernde Streben nach Tugend unter ihnen zu vermehren."[292]

Beide haben das gleiche Ziel, nämlich Ort der Wahrheit in der Welt zu sein. Die Vermittlung der Lehre Jesu (= das Prinzip des Unterrichts) im Namen Jesu (= die Ortsbestimmung des Unterrichts) ist ein Mittel, durch das man dieses Ziel mit Sicherheit erreicht. Die Verpflichtung der Gemeinden, ihre Mitglieder durch Wort und Tat in seiner Religion zu stärken, und das Recht des einzelnen auf Unterricht in dieser Lehre bestimmen das Leben in der Kirche. Sie ist eine Gemeinschaft von Menschen, die sich zur christlichen Religion verpflichtet haben und sie weitergeben. Von der inneren Struktur und dem äußeren Aufbau her entspricht ihre Verfassung derjenigen einer öffentlichen Schule, wo es „einige gibt, die lehren, andere, die belehrt werden, und wo zugleich das Verfahren und die Ordnung der Nachfolge im öffentlichen Lehramt durch ein dauerndes Gesetz festgelegt sind"[293].

Der eigentümliche Ort und das fundamentale Prinzip dieser Verfassung ist jedoch das Leben Jesu. Es prägt das Zusammenleben der Gemeinden in der Kirche ebenso wie seine Organisation. Es hat gewissermaßen amtlichen Charakter. Die Erinnerung an die Worte und Taten Jesu geht im Namen Jesu weiter. Sie wird als das Prinzip des Lebens im Kult der Kirche auch öffentlich gefeiert. Daher kommt es, daß „nur einige im Namen aller den äußeren Gottesdienst verwalten und zugleich durch ein dauernd zu geltendes Gesetz die Ordnung der Nachfolge im öffentlichen Amt der Verwaltung des Kultes" bestimmen können[294].

Frieden in der Kirche und die Vergebung, die in den Gemeinden zu er-

---

[290] Ebd. 27.   [291] Ebd.   [292] Ebd. 28.   [293] Ebd. 39.   [294] Ebd. 45/46.

bringen ist, haben ebenfalls amtlichen Charakter. Das Amt muß, wie Zimmer sagt, als „politia publica" die Beziehung der Christen untereinander ordnen und im Namen Jesu ihre Schuld vergeben: „Jesus Christus Ecclesiam suam instituit tamquam publicam politiam ad impedienda, et tollenda peccata tam publica, quam occulta, atque idcirco eam illi internam constitutionem dedit, ut in ea sint aliqui, qui ceteris praesint, eos dirigant, atque etiam comminuatione, et inflictione poenarum latas leges exequantur; alii vero, qui subsint, dirigantur, et latis legibus obediant."[295]

Welches ist also das Grundgesetz der Kirche, und welche rechtliche Bestimmung enthält es für Aufbau und Struktur des Zusammenlebens in der Kirche? Unter einem solchen Grundgesetz versteht man gewöhnlich „jenes Gesetz oder besser die Summe der Gesetze, durch die Pflichten und Rechte der Glieder unter sich und gegen sich aus der Natur der Zwischenziele und vor allem des letzten Zieles dieser Gemeinschaft gegeben sind. Deshalb resultiert die Verfassung der Kirche aus jenem Gesetz oder vielmehr aus jener Summe von Gesetzen, durch die Pflichten und Rechte ihrer Glieder unter sich und gegeneinander aus der Natur des letzten Ziels und der vorläufigen Ziele eben dieser Kirche festzulegen sind."[296]

Aufbau und Struktur des Zusammenlebens in der Kirche bestimmen sich nach der Aufgabe, die sich der Kirche stellt, der Weitergabe der Lehre Jesu in der Kraft des Namens Jesu. Sie ist konstitutionell und hat folglich amtlichen Charakter. Zu ihr gehören das Lehr-, das Priester- und das Hirtenamt der Kirche.

3.2.2. Ihre Idee

Die spezielle Ekklesiologie wird bei Zimmer von zwei Gegebenheiten aus entwickelt, nämlich von der Idee und vom Ziel der Kirche her. Auf der Ebene des Ziels ist sie ein Mittel der Religion, auf der Ebene der Idee ist sie der Ort ihres Erscheinens. Beide Gegebenheiten prägen sie. Denn sie verfolgt einerseits das Ziel, die Wahrheit zu vermitteln, und sie dient andererseits dem Zweck, der Ort des Erscheinens der Wahrheit zu sein. Ihre Tätigkeit hat folglich einen christologischen und einen theologischen Aspekt, einen christologischen von der Weitergabe her, und einen theologischen von der Bestimmung der Weitergabe her als einer Offenbarung durch Gott. „Die Kirche nach ihrer Idee betrachtet ‚nämlich' ist objektiver, d.h. sichtbarer Ausdruck der absoluten Offenbarung Gottes bzw. der absoluten Form

---

[295] Ebd. 57.   [296] Ebd. 35.

Gottes, sofern diese absolute Einheit der jeweils relativen, d. h. naturalen und idealen, und deshalb auch absolute Einheit ihrer jeweils relativen Form, nämlich der objektiven und subjektiven, ist."[297] Sie ist ein Ort der Offenbarung des Christentums. Die Diskrepanz von Ziel und Zweck, von innerer Ausrichtung und äußerer Gegebenheit ist in ihr selbst als einer solchen Offenbarung überwunden: „denn jene Idee schließt die Verschiedenheit von Ziel und Mittel aus"[298].

Sie gibt das Christentum weiter im Namen des Christentums. Die Feststellungen des Glaubens, die sie trifft, gehören selbst zum Glauben. Die Verkündigung des Heils, der sie dient, ist schon selber Heil, und die Offenbarung des Lebens, die sie weitergibt, schon selber Leben. Zimmer schreibt daher: „Ecclesia est objectiva, sive sensibilis repraesentatio ... reconciliationis hominis cum Deo ... visibilis repraesentatio ... unionis Dei cum homine ... sive visibilis repraesentatio unitatis, seu harmoniae, quae est inter necessitatem et libertatem, et per quam utraque solummodo constituit, seu conficit."[299]

Man kann folglich ihre Tätigkeit von der Idee ihrer Tätigkeit her beschreiben. Denn in dieser Tätigkeit verbinden sich Notwendigkeit der Erkenntnis und Freiheit der Entscheidung zur Wirklichkeit des tatsächlichen Lebens. Deshalb muß man genau unterscheiden zwischen dem, was faktische Norm in der katholischen Kirche ist, „und dem, was entsprechend dieser Norm aus dem vollständigen Kriterium der christlichen Offenbarung geschöpft in ihr wirklich geschehen konnte und auch zu geschehen hatte. Daher kann das in der Kirche Festgelegte nicht unbesehen schon als das von der Kirche Festgelegte angesprochen werden. Damit nämlich letzteres gelten kann, muß eine von den Katholiken anerkannte Lehre als Lehre der Kirche anerkannt sein und als solche angeordnet werden, so daß sie als von der Kirche erlassen gelten kann."[300]

Das Leben der christlichen Gemeinde ist getragen vom Anspruch seiner Idee. Auch seine Amtlichkeit erfährt durch sie eine genauere Bestimmung. Denn amtliche Tätigkeit entfaltet sich auf dreifache Weise, als Dienst an der Bildung des Menschen im Geist der Religion, als Ausübung öffentlicher Gewalt im Auftrag des Gründers der Religion und schließlich als öffentliche Erinnerung des Todes Jesu in der gottesdienstlichen Feier der Religion. Sie ist ein Prinzip der Verbundenheit von Gott und Mensch, das eben diese Verbundenheit auch selbst begründet, durch Zeugnis von ihr in der Lehre, durch Ausrichtung auf sie in der Feier des Opfers Jesu und durch Entscheidungen, kraft derer sie verbindlich wird im Leben. Zimmer will sowohl das Amt als

---

[297] Ebd. 19.   [298] Ebd. 21.   [299] Ebd. 95.   [300] Ebd.

auch die Gemeinde von der Idee ihres Auftrags her begreifen, des Auftrags nämlich, kraft ihres Handelns Prinzip umfassender Verbundenheit von Gott und Mensch zu sein: „Per suum vero centrum unitatis," schreibt er, „id est, per summum Pontificem, atque per Primos sive Praepositos Ecclesiarum particularium – Episcopos et per populum cuiuslibet Ecclesiae, quae tria in Ecclesia Jesu Christi sub quolibet illius aspectu recurrunt, haec eadem Ecclesia est objectiva repraesentatio Dei in Personis, seu formis trini; per centrum quidem repraesentatio Dei in absoluta forma; per praepositos et populum repraesentatio Dei in duabus formis relativis."[301]

3.2.3. Ihre Funktion

Das Handeln der Kirche enthält zwei Momente, die man voneinander unterscheiden muß, nämlich das Ziel dieses Handelns und die Mittel, durch die man es erreicht. Das Ziel ist die Weitergabe der Religion, die Mittel sind Anweisungen der Religion selber, die sich auf die Weitergabe beziehen.

Sie wird an „jenem doppelten Prinzip der Liebe gegen Gott und den Nächsten"[302] gemessen, das von sich selber her die oberste Maxime aller Weitergabe des Glaubens der Kirche ist. Die wahre Ausrichtung auf Gott nämlich „besteht allein in praktischer Religion oder in dauerndem Streben, das moralische Gesetz als göttliches Gebot zu achten...

Alles andere ist nur bedingt, d. h. unter der Bedingung gut, daß es als Mittel zur Religion und Moralität etwas beiträgt oder beitragen kann. Daher kann auch die innere Gottesverehrung nur dann wahr und Gott gefällig sein, wenn sie in solchen Akten besteht, die irgend wie von absoluter Bedeutung sind, oder in jenen, die aus der Religion und der Liebe zur Moralität hervorgehen und als Mittel zu ihnen führen oder sie vermehren und stärken."[303]

Praktische Religion ist folglich relativ und absolut zugleich: „Das Bestreben, alle göttlichen Gebote zu erfüllen, bezieht sich nicht nur auf das moralische Gesetz, sofern es göttlich ist und als göttliches erkannt wird, sondern auch auf positive Anordnungen, die von Gott kommen und als göttliche von den Menschen zu erkennen sind;... obwohl das Bestreben, die Gebote Gottes zu halten, und die Beobachtung dieser Gebote selbst den moralischen Wert von woanders her bezieht, nämlich von da her, daß sie mit der Beobachtung der moralischen Gesetze als Gebote Gottes in einem bestimmten Zusammenhang steht. Dieser Zusammenhang aber besteht darin, daß jene positiven Gesetze die *Mittel* vorschreiben, deren Gebrauch die Moralität, d. h. die Beobachtung der göttlichen Gebote, unterstützt."[304]

---

[301] Ebd. 81.   [302] Ebd. 121.   [303] Ebd. 117.   [304] Ebd. 120.

Sie ist relativ, insofern sie zu sich selber in Beziehung steht, und absolut, insofern sie diese Beziehung in sich selber ist. Die Art der Beziehung des Mittels der Weitergabe zur Weitergabe selbst entscheidet folglich über Relativität und Absolutheit dieses Mittels. Es wird bei Zimmer auf der sakramentalen Ebene kirchlicher Tätigkeit als die Repräsentation des Absoluten gedacht.

„Der äußere Kult oder besser die äußere für die Verehrung Gottes bestimmte Handlung", schreibt er, „ist dann in sich religiös, wenn sie der objektive Ausdruck der Verbindung zwischen Gott und den Menschen ist oder des Leidens und des Todes des Gottmenschen und der Versöhnung des Menschen mit Gott; denn so muß die Handlung gleichsam göttliches Werk sein, das in der Tat Gott nicht mißfallen kann und außerdem in sich wahrhaft religiös ist, weil es den Menschen mit Gott verbindet oder besser in ihn zurückbindet."[305]

Kirchlichem Handeln erwachsen daraus folgende Prinzipien:

1. Der äußere Gottesdienst ist Ort und Mittel der Weitergabe des Christentums, er repräsentiert das Absolute.

2. Gleiches gilt jedoch von allen Handlungen, die Ort und Mittel einer solchen Weitergabe sind.

3. Ein Kult, der einer solchen Weitergabe widerspricht, ist zu verwerfen[306].

4. Der christliche Gottesdienst ist Ort und Prinzip der Versöhnung des Menschen mit Gott. Er drückt ihre Verbundenheit auf der Grundlage des Handelns Gottes als des Lenkers und Richters der Menschen aus[307].

5. Kirche und Sakramente sind im Begriff der kultischen Tätigkeit einander zugeordnet. Zimmer schreibt: „Sacramentum in genere est cerimonia sacra, sive quidam sacer ritus, aliquem cum religione nexum habens ex libera instituentis voluntate... Sic v. g. signum sensibile, et objectiva repraesentatio, gratiae invisibilis ad nostram sanctificationem, et reditus hominis ad Deum, eius intima, et stabilis cum Deo coniunctio, quae sine Deo fieri non potest, unum, idemque significant."[308]

6. Die Eucharistie ist der Ort einer Idee. Sie drückt Gleichheit, Freiheit und Vollendung aus[309]. Sie ist eine notwendige Veranstaltung der „moralischen Regierung Gottes" und gehört zu den unabdingbaren Formen kirchlichen Handelns in der Welt[310].

---

[305] Ebd. 122.   [306] Ebd. 125.   [307] Ebd. 132.   [308] Ebd. 158.   [309] Ebd. 218.
[310] Die Eucharistiekonzeption Zimmers hat vor allem die Aufmerksamkeit von K. Werner gefunden. Sie ist von mir an dieser Stelle nicht weiter zu behandeln.

4. Die Kirche in den Entwürfen zur Religionsphilosophie

In den Arbeiten zur Religionsphilosophie führte Zimmer das Thema Religion und Kirche weiter. Er versucht, die Ekklesiologie auf der Grundlage eines universalgeschichtlichen Begriffs der Religion zu konzipieren. Die „Philosophische Religionslehre", die „Philosophische Untersuchung über den allgemeinen Verfall des menschlichen Geschlechtes" und die „Untersuchung über den Begriff und die Gesetze der Geschichte"[311] sind Teile eines zwar unvollendeten, jedoch umfassenden Programms einer christlichen Philosophie. Der Plan enthält in Anlage und Durchführung Elemente einer Neubestimmung des Begriffs der Theologie und seines Verhältnisses zum Begriff der Kirche.

4.1. Reale und ideale Theologie

Theologie der Religion wird in den Arbeiten, die Zimmer am Ende seines Lebens unterbreitet, zur Philosophie der Geschichte. Denn sie zeichnet sich gegenüber der Philosophie durch ihr besonderes Verhältnis zur Geschichte aus. Sie selbst ist deren umfassender Begriff. Sie bedenkt den Gang der Geschichte in der Perspektive ihres Begriffs von Gott. Das Christentum unterbreitet eine Lehre, „welche das absolute und ursprüngliche Verhältnis Gottes zum Universum und insbesondere zum Menschen durch die Darstellung des göttlichen Wesens und seiner notwendig dreifachen Form offenbaret. Diese Lehren sind nun aber mit der Lehre von Gott als der Urquelle und dem Schöpfer alles dessen, was ist, geschlossen... Es tritt daher von nun an Christentum nach seiner zweiten Seite auf, das ist, als Offenbarung Gottes, daß und wie er das Menschengeschlecht erlösen und zu sich zurückführen will. Daß aber diese Offenbarung, d. h. diese Lehre von der Erlösung, auch nur möglich sei, so muß die Lehre vom Falle der ersten Menschen und der daraus entstandenen Erbsünde des menschlichen Geschlechtes derselben vorausgehen."[312]

Theologie läßt sich daher definieren als jene „Einheit der Philosophie und der Geschichte, ‚die' sich zugleich in beiden Formen zu gestalten vermag, in einer jeden ein volles Leben lebt und sich sogar in einem jeden Teile derselben – in einer jeden einzelnen Lehre – ganz reflektiert"[313].

Geschichte und Begriff der Geschichte sind in der Theologie des Christen-

---

[311] Vgl. Zimmer, Philosophische Religionslehre I (Landshut 1805); ders., Philosophische Untersuchung über den allgemeinen Verfall des menschlichen Geschlechts I/II (Landshut 1809); ders., Untersuchung über den Begriff und die Gesetze der Geschichte (München 1817).
[312] Ders., Ph. U. I, 2–3.   [313] Ebd. 8.

tums einander zugeordnet. Denn es erfaßt die Geschichte des Menschen in der Perspektive seines Umgangs mit Gott. Das Verhältnis von Geschichte und Begriff wird aber auch in der Theologie selber unterschiedlich konzipiert. Denn es gibt verschiedene Stufen des Begriffs.

Auf der untersten Stufe ist er intensiv, nämlich als Wahrnehmung gesehen, d.h. als jene Art des Begreifens, in der „das Objekt, Gott nämlich, als etwas durch den inneren Sinn Aufgegriffenes mit der Gottesvorstellung des menschlichen Intellekts unmittelbar verbunden und infolge dieser Verbindung oder Konkretheit nur das Objektive, nicht aber das Subjektive, d.h. die Form oder der Begriff von Gott, in Betracht gezogen wird"[314]. Sie zeichnet sich durch ihre Anschaulichkeit und durch eine für alle Menschen verständliche Sprache aus.

Auf der nächsten Stufe ist er differenziert gegeben. Es zeichnet sich die Verschiedenartigkeit der einzelnen Objekte ab. „Wann immer wir nämlich im Akt des Denkens selbst... den Begriff des Objekts vom Objekt selber unterscheiden und ihn unter vielen Rücksichten und gemäß seiner jeweils einzelnen Bestimmung sehen, dann sprechen wir vom Denken und seiner Logik."[315] Das theoretische und das praktische Moment des Lebens treten auseinander und gehen eine wechselvolle Beziehung miteinander ein. Es entstehen die einzelnen Positionen der Dogmatik. Auf der höchsten Stufe, der Stufe absoluter Reflexion, kommt der Begriff zur Einheit mit sich selbst in der Geschichte durch eine Tat. Er wird auf dieser Stufe „transzendental genannt, weil er alles Positive transzendiert und ein Prinzip setzt, das aller weiteren Prinzipien entbehrt und aus dem folglich alles, was gegeben ist oder zumindest als Gegebenheit erscheint, abzuleiten und zu erklären ist;... von daher wird verständlich, warum man sagt, daß jemand, der philosophisch denkt, gegen die Gesetze, d.h. gegen die Logik und ihre Gesetze denken muß... Was auf den anderen Ebenen des Denkens... als eine Substanz erschien, begegnet jetzt im Akt oder im Tätigkeitsvollzug; es wird durch Denken erst gesetzt, und so wird das Gedachte im Denken philosophisch umgewandelt, weshalb nun eine neue Auffassung des Gedachten, eine andere und von früherer Auffassung verschiedene Auffassung nun entstehen muß."[316]

Die Feststellungen der Theologie sind auf ihrer höchsten Stufe eine Tat. Sie führen einfach die Erkenntnis weiter, daß man sich zur Geschichte entscheiden muß, wenn man sie begreifen will. Theologie der Geschichte ist

---

[314] Ders., Theologiae specialis I, XVI.
[315] Ebd. I, XXXIV.   [316] Ebd. I, XXXVI–XXXIX.

eine Theologie, die sich zu bestimmten Entscheidungen der Geschichte bekennt. Sie greift sie auf und führt sie in der eigenen Stellungnahme weiter. Historische Wahrnehmungen und analytische Unterscheidungen bereiten sie vor, reichen aber für die Bestimmung der eigenen Tat nicht aus.

Daher schreibt Zimmer: „Eine bloß geschichtliche Theologie ist wie ein Leib ohne Seele, und sowenig der Leib ohne Seele ein Mensch ist, so wenig ist die bloß geschichtliche Theologie, obwohl mit diesem Namen bezeichnet, in Wahrheit Theologie. Freilich vermag es diese, sich im Leibe der Geschichte darzustellen, den Geist der Philosophie mehr nach dem Inneren zurückzudrängen und so denselben vor dem gemeinen Auge zu verbergen. Aber davon ausgeschlossen kann er nie werden, weil der Leib der Geschichte nie ohne den allbelebenden Geist der Philosophie zum Leben verklärt, d.h. zur Wissenschaft und dadurch zur Theologie erhoben werden kann."[317]

Die Tat der Geschichte als Tat des Lebens im Begriff der Geschichte zu bestimmen ist eine Aufgabe der Theologie. „Die reale Einheit beider stehet als die gemeinschaftliche Wurzel im Hintergrunde, und die Vernunft erblickt durch eine absolute Reflexion auf sich selbst, daß und wie sie sich zur Zweiheit der Formen gestaltet, um sich so als wahres Wissen anderen zu offenbaren."[318]

Die Theologie nämlich, schreibt Zimmer, ist „als wahres Wissen und als wahre Wissenschaft, nach seiner absoluten Form betrachtet, die reale Einheit der Philosophie und der Geschichte der göttlichen Offenbarungen und... ‚Anstalten der Erlösung des Menschen' von der Sünde und den Folgen der Sünde oder, was nach mir und meiner Ansicht eins ist, die reale Einheit der innerlichen und äußerlichen, sowohl unbedingt als bedingt notwendigen Offenbarungen Gottes oder vielmehr der dadurch dem Menschen gewordenen Erkenntnisse, so daß sie folglich, ohne diese reale Einheit zu sein, nie Theologie sein könne."[319]

Die Tat und das Verständnis der Tat, die Wirklichkeit der Geschichte und der Begriff der Geschichte klaffen im Leben selber jedoch auseinander. Dieser Umstand kennzeichnet die Situation des Menschengeschlechts. Zimmer möchte in seiner philosophischen Untersuchung über den Verfall des Menschengeschlechts den Nachweis erbringen, „daß die Philosophie dasselbe allgemeine Elend des Menschengeschlechtes, obwohl unter einer anderen Ansicht, anerkenne und so bestimmt, obwohl mit anderen Worten, ausspreche, welches und wie es das Christentum lehrt"[320]. Die Geschichte

---

[317] Ders., Ph. U. I, 8–9.   [318] Ders., Über den Begriff der Geschichte, 409.
[319] Ebd.   [320] Ders., Ph. U. I, 15/16.

menschlichen Erkennens zeigt, wie der Mensch sehr oft als wirklich betrachtet, was an sich nichtig ist, und als nichtig, was er wirklich nicht bestreiten kann. Der Gegensatz von Idee und Erfahrung bestimmt die Wirklichkeit seines geschichtlichen Lebens. Zwei Welten durchdringen sich in ihr, die Welt des Geistes und die Welt des Raumes und der Zeit.

Dem Geiste nach, schreibt Zimmer, ist der Mensch als absolute Wirklichkeit gesetzt, er „schauet Gott in sich und sich in Gott und lebet ein ewiges Leben ohne alle Störung und Veränderung, weil er nur in der wirklichen Relation zu anderen Besonderheiten, die von Gott gesetzt ist, und eben darum ohne schädliche Einwirkung und Einfluß derselben auf ihn ist. Er bildet für sich eine eigene Welt als Monas; so wie jedes Besondere eine eigene Welt für sich, eine Monas ist."[321]

In der Wirklichkeit eines geschichtlichen Lebens jedoch findet er sich ausgeliefert der gegenständlichen Welt und ihrer divergierenden Kraft; „er ist nach dieser Ansicht in lauter Relationen mit anderen befangen, erkennet weder Gott in sich noch sich in Gott und ist eben darum von aller Wahrheit entfremdet; er lebt ein zeitliches, vergängliches und einem ständigen Wechsel preisgegebenes Leben; unruhig, unstet und mit jedem Augenblick veränderlich"[322].

Was er daher in Wahrheit ist, muß er in Wirklichkeit erst noch werden. Die gegenseitige Durchdringung von Geist und Körper geschieht als Menschwerdung des Menschen. Sie ist ein sich allmählich entwickelnder Prozeß, Raum, Zeit, Idee, Geschichte, Mensch und Gott entfalten sich darin zu einer Geschichte, deren leitende Idee die Freiheit des Menschen in der Erlösung ist.

4.2. Unterschiede und Verbindungen zwischen Staat und Kirche

Verfall und Erneuerung sind zentrale Themen romantischer Theologie. Sie mißt die Geschichte, die ihr widerfährt, am Begriff, den sie von der Geschichte hat. Verfall des Lebens ist für sie identisch mit dem Verlust seines Begriffs, und Erneuerung mit der Wiedergeburt des Lebens im Geist seines eigenen Begriffs. Daher kommt auch der Theologie besondere Bedeutung zu. Denn sie eröffnet für Staat und Kirche, den Organen der Weltgeschichte, Horizonte des Begriffs. „Der Staat, seiner Idee nach betrachtet", schreibt Zimmer, „ist das Setzen und Gesetztsein der absoluten Verhältnisse Gottes zu den Menschen und dem Universum überhaupt so wie aller Menschen und des Universums zu Gott und dieser zwei zueinander."[323]

---

[321] Ebd. 125.   [322] Ebd. 127.   [323] Ebd. 168/169.

Raum und Zeit jedoch machen das ursprüngliche Ideal der Setzung und des Gesetztseins unwirksam. „So wie der Abfall das absolute Verhältnis in der angegebenen Bedeutung aufhob, so brachten die neuen Relationen einen anderen Menschen sowohl dem Leibe als dem Geiste nach hervor."[324]

Das Absolute des Staates ist der Staat selbst als Inbegriff aller Beziehungen des Menschen zu Gott. Diese Beziehungen haben jedoch in der Geschichte Veränderungen erfahren. Sein Absolutes kann infolge der Schuld des Menschen nicht mehr in Erscheinung treten. Soll der „ewige Staat Gottes auch nur an einer Stelle des Menschen eintreten und offenbar werden können, so müssen jene Relationen, durch die Sünde entstanden, oder vielmehr ihre Produkte an dieser einen Seite aufgehoben und die der anderen Seite so gemildert und geschwächt werden, daß sie und ihre Produkte dem Aufheben oder der Umschaffung der Produkte der ersten Seite nicht mehr im Wege stehen"[325].

Es bedarf einer Veränderung der Verhältnisse des menschlichen Zusammenlebens überhaupt. „Diese neue Schöpfung des geistigen Organismus durch die Vernunft, die nichts anderes als die Beseelung desselben durch die Vernunft ist, setzt aber doch das Sein dieses geistigen Organismus voraus; denn was gar nicht ist, kann nicht umgeschaffen werden."[326]

Es ist die Aufgabe des Staates, der Ort (und das Prinzip) dieser Veränderung zu sein; denn „die Wiederherstellung des ewigen Verhältnisses ist die Wiederherstellung des Staates, nach seiner ewigen Idee betrachtet."[327]

Sie betrifft sowohl die Materie der zwischenmenschlichen Beziehungen als auch den Geist. „Der Staat, um wahrhaft Staat zu sein", schreibt Zimmer, „muß beides als wirklich an sich darstellen; d. h., er ist beides selbst notwendig, nämlich das Aufheben und Aufgehobensein der Hindernisse beider Organismen und das Setzen und Gesetztsein aller notwendigen und vorteilhaften Bedingungen, unter deren Voraussetzung diese Organismen entstehen, entwickelt und erhalten werden können."[328]

Das Prinzip des Geistes zwischenmenschlicher Beziehungen ist jedoch die Religion. Diese nämlich ist nichts anderes als „das Erkennen der ewigen Verhältnisse Gottes zum Menschen und des Menschen zu Gott und zugleich der zeitlichen Relationen, in welche der Mensch durch die Sünde geraten, ferner das gewisse Erkennen, wie Gott jenes Verhältnis durch die Sünde abgebrochen, wieder hergestellt habe und noch immer herstelle"[329].

Daher ist die Religion notwendig für den Staat. Sie ist die Grundlage seiner

---

[324] Ebd. 169. [325] Ebd. 170. [326] Ebd. 171.
[327] Ebd. 172. [328] Ebd. 174. [329] Ebd. 183.

Erneuerung im Geist. Die „Staatsreligion ist eben darum auch notwendig, die Religion aller Individuen zum Staate gehörig, und es kann niemand als Mitglied derselben ohne Religion im Staate existieren, so wenig, als der Staat ohne dieselbe sein kann; denn jedes Mitglied ist ein Organ des gesamten Staatsorganismus und muß als solches wieder an sich den ganzen Organismus reflektieren (das Prinzip der notwendigen Intoleranz des Staates)"[330].

Die Erneuerung, die sich aus dem Geist der Religion ergibt, erfaßt den Staat. Sie prägt ihm die Freiheit als Form des menschlichen Zusammenlebens auf. „Das Wie der Erlösung des gefallenen Menschen ‚nämlich' ... gehört nicht mehr zur Religion des Staates (Prinzip des Protestantismus) in der allgemeinsten Bedeutung."[331] Es kann sich nur in Freiheit durchsetzen und verwirklichen.

Kirche und Staat unterscheiden sich in der Form, in der sie die Beziehung der Menschen zueinander prägen. Es gibt ein Prinzip der notwendigen Identität und ein Prinzip der notwendigen Unterscheidung zwischen beiden. Denn der Staat ist das Absolute selbst, da er „in und an sich das Menschgewordensein und zugleich vermittelst der Erziehung die perpetuierliche Menschwerdung darstellt. Da nun aber die wahre Menschwerdung bloß allein durch die Religion bewirkt wird, ... so ist es offenbar, daß der Staat, um Staat zu sein, die Religion in sich aufgenommen haben müsse"[332].

Die Kirche hingegen ist der Ort des Geistes der Erneuerung des Lebens. Sie versöhnt die Menschen untereinander, mit sich selbst und mit Gott; „denn jetzt," schreibt Zimmer, „nach dem Fall des Menschen, gehört es notwendig zum Wesen der Kirche, daß sie die Darstellung der Versöhnung Gottes mit den Menschen sei, was nur allein durch ein Opfer und die Sündenvergebung geschehen kann. Da nun aber diese Darstellung, selbst der Religion gemäß, durch den Staat unmöglich ist, weil er das Wie der Erlösung ignoriert, so kann der Staat nie zur Kirche nach der wahren Bedeutung dieses Wortes werden."[333]

Der Ort der Identität und des Unterschieds von Staat und Kirche ist der Mensch. Denn sein Verhältnis zu sich selbst und zu den andern Menschen ist einerseits von den materiellen Verhältnissen getragen, in denen er lebt, und andererseits vom Geist geleitet, der sie beherrscht. Durch die Tätigkeit der Kirche wird die Idee seines Lebens „deutlicher, vollständiger und mit einigen erläuternden Zusätzen vermehrt.., wodurch die ewigen Verhältnisse nur um so deutlicher erkannt werden"[334]. Der Begriff des Lebens, den sie

---

[330] Ebd. 185.   [331] Ebd. 186/187.   [332] Ebd. 140.
[333] Ebd. 195.   [334] Ebd. 197.

unterbreitet, läßt Staat und Kirche voneinander unterschieden sein, bringt sie jedoch in keinen Gegensatz. Man darf sie nicht in eine falsche Abhängigkeit voneinander bringen, in die dann „sowohl die Punkte selbst als das Wesen der Kirche und des Staates gestellt sind und die deswegen als ein Anderes und Verschiedenes erscheinen muß von demjenigen, was sie wahrhaft und an und für sich sind"[335].

Der Maßstab, an dem sich Staat und Kirche in bestimmten Situationen orientieren sollen, ist der Begriff des Staates und der Kirche. Aus ihm leiten sich rechtliche Folgerungen ab.

Man soll Kirchengut nicht mit dem Hinweis auf ein besonderes Recht der Kirche auf dieses Gut – auf ihr besonderes Hoheitsrecht –, sagt Zimmer, verteidigen wollen. Denn ein solcher Anspruch gehört nicht zu ihrem Begriff, da „die theokratische Universalmonarchie nicht die von Christus gestiftete Kirche ist und der theokratische Universalmonarch als solcher nicht das Zentrum dieser Kirche ist; so können die nach der Geschichte entstandenen Kollisionen über das Kirchengut keine Kollisionen zwischen der Kirche und dem Staate gewesen sein. Mit dem Aufhören der theokratischen Universalmonarchie mußten somit auch alle Kollisionen zu Ende gehen."[336]

Das Kirchengut steht der Kirche durch ihre Funktion im Leben des Menschen zu. Es ist als „Kommunalgut" anzusehen, muß aber vom Staat aus dem ihm selber eigenen Interesse am Wohl seiner Bürger heraus auch rechtlich zugesichert werden. „Die Wahrheit ist somit diese: das Kirchengut stehet eben so unter der obersten Staatsgewalt, wie jedes andere Gut, innerhalb dem Staate existierend, unter dem selben steht. Es stehet aber auch eben so wenig unter der Willkür desselben, so wenig jedes andere darunter stehet (Prinzip aller besonderen Rechte des Staates in Beziehung auf das Kirchengut)."[337]

Umgekehrt gibt es auf staatlicher Seite kein Recht, die kirchlichen Ämter zu besetzen. „Der Staat, nach seinem Wesen betrachtet, wie wir denselben weiter oben charakterisierten, und somit nach der Ansicht, daß er weder bramanisch, noch jüdisch, noch christlich etc. sei, daß er von dem Wie der Erlösung keine Kenntnis habe, noch nehme, kann eben darum von der Kirche, an welche sich seine Bürger halten, keine Notiz nehmen als höchstens insoweit, ob sie nicht etwa in ihrer Religionslehre einige dem Staate schädliche oder auch nur gefährliche Lehren enthalte."[338]

Es gibt in der Vergangenheit den Konflikt von Staat und Kirche. Er war durch geschichtliche Umstände bedingt und wuchs nicht aus ihrem Wesen. „Aber das mag wohl bestritten werden", schreibt Zimmer, „daß die Erfah-

---

[335] Ebd. 199.   [336] Ebd. 202.   [337] Ebd.   [338] Ebd. 216.

rung dasjenige lehret, was nach der Ansicht eines beschränkten Kopfes als Erfahrung dieses bestimmten ausgesprochen wird."[339] Der vergangene Konflikt darf nicht der Maßstab für eine künftige Entwicklung sein.

Gleiches gilt für die Auseinandersetzung um das Eherecht zwischen Kirche und Staat. Denn die Ehe ist Vertrag und Sakrament zugleich, ohne daß jeder bürgerliche Ehevertrag schon in sich deshalb ein Sakrament zu nennen wäre. „Die Ehe als bürgerlicher Vertrag", schreibt Zimmer, „gehört schon ihrem Begriffe nach dem Staate an; und ist er auch schon seit geraumer Zeit nur, wie man sagt, im Angesichte der Kirche geschlossen worden, so ist er darum nicht minder ein bürgerlicher Vertrag. Denn diejenigen, welche hier im Namen der Kirche und als Verwalter des Sakramentes handelten, handelten zugleich im Namen des Staates und als Bürger und Zeugen des bürgerlichen Vertrags, weil der Staat, was von seiner Seite hier geschehen sollte, durch eben dieselben geschehen ließ, welche in dem Namen der Kirche das Kirchliche besorgten."[340]

Es bestehen daher auch unterschiedliche Vorstellungen über die Festigkeit der Ehe als eines bürgerlichen Vertrags und eines kirchlichen Sakraments. Denn bürgerliche Verträge sind immer lösbar. Wenn also die Kirche unmittelbaren Anspruch auf Befugnisse im bürgerlichen Leben hat, dann gibt es auch in dieser Frage keinen objektiven Grund für den Konflikt mit der staatlichen Behörde; „denn die Kirche streitet die Auflösbarkeit der Ehen als bloß bürgerlicher Verträge nicht an; und der Staat kann eine Unauflösbarkeit der Ehen als Sakramente nicht in Anspruch nehmen, da er sogar das Christentum und um so mehr die Ehe als Sakrament ignoriert"[341].

Es gibt in bestimmten Situationen einen falschen, wenngleich unvermeidlichen Gegensatz von Staat und Kirche. Er ist falsch, weil „Kirche und Staat, ihrem Wesen nach betrachtet, sich nicht berühren und deswegen unter dieser Ansicht nie in Kollision geraten können."

Er ist unvermeidlich, weil „das, wodurch sie sich also berühren oder zu berühren scheinen, ein ihnen Zufälliges sei und, sofern bestimmt davon gesprochen werden solle, man sagen müsse, zwei Andere, die weder Kirche noch Staat dem Wesen nach sind, berühren sich und kommen in Kollision."

Daraus ist zu schließen, daß „diejenigen, welche die angegebenen Punkte für wahre Kollisionspunkte der Kirche und des Staates ansehen, noch nicht zur Erkenntnis dessen, was beide ihrem Wesen nach sind, ja daß Kirche und

---

[339] Ebd. 215.
[340] Ebd. 204.
[341] Ebd. 207.

Staat selbst, so lange sie sich wie feindselige Wesen betrachten, die in gewissen Punkten aneinander geraten können, noch nicht zum vollen Bewußtsein ihrer selbst gekommen seien."[342]

4.3. Die Theologie der Kirche – eine Philosophie der Geschichte

Der tatsächliche Zustand des Lebens und der Begriff des Lebens weichen voneinander ab. Daher ist es die Aufgabe jedes einzelnen Lebewesens, der Ort seines Begriffs zu sein. In der Schrift „über den Begriff und die Gesetze der Geschichte" macht Zimmer den Versuch, Geschichte als Ort der Freiheit zu beschreiben. Schon aus der einfachen Betrachtung dessen, sagt er, „was die Geschichte sein muß, ist es ersichtlich, daß sie durchaus eins sei mit jenem Begriff derselben, wodurch sie begriffen wird als Darstellung des wirklichen und endlichen Lebens der Dinge – hier unter den Dingen auch die Menschen verstanden; denn die großen und wichtigen Begebenheiten, deren Erzählung unter der Ansicht ihres Zusammenhanges, nach dem ersten Begriffe, die Geschichte ist, sind ja nichts anderes als Äußerungen, und zwar gerade die mächtigsten Äußerungen und Offenbarungen des wirklichen und endlichen Lebens der Dinge"[343].

Denn zwischen dem Lebewesen und seinem Begriff, zwischen dem tatsächlichen Leben und der Idee des Lebens, zwischen dem geschichtlichen Fortschritt selbst und dem Gesetz, nach dem er sich entwickelt, besteht eine strukturelle Identität. Was ist Gesetzmäßigkeit des Lebens und der Geschichte anderes, schreibt Zimmer, „als die Entwicklung des Begriffes und das Aufzeigen des zur Geschichte Notwendigen durch diese Entwicklung, wodurch das im Begriffe wie Eines enthaltene in seine Teile zerlegt und, so in seine Teile zerlegt, nach und nach der Betrachtung anderer vorgeführt und hingegeben wird"[344].

Ort und Prinzip der Offenbarung von wirklichen Begebenheiten sind folglich wirksame Gegebenheiten. Man weiß von ihnen und kann über sie berichten. Wenn die Geschichte einer solchen Offenbarung „zu einer Geschichte in der strengen Bedeutung des Wortes werden" soll, „muß eine fortlaufende Reihe teils von Begebenheiten der Natur, teils von freien Handlungen der Menschen, teils von Gottes Taten sein"[345], auf deren Sinn man verweisen und deren Bedeutung man erfassen kann.

---

[342] Ebd. 221.   [343] Ebd. 2–3.
[344] Ders., Über den Begriff der Geschichte 19.
[345] Ebd. 26.

Die Form, in der man eine Tatsache berichtet, ist selbst eine Tatsache, die man berichtet. Sie steht in der Geschichte und bildet mit der Geschichte, auf die man sich bezieht, einen geschichtlichen Zusammenhang. Da eine gültige Wiedergabe von Tatsachen folglich, sagt Zimmer, „nicht nur die ideale Wiederholung dem Inhalte, sondern auch der Form nach ist, so muß sie eben am Zusammenhange des Geschehenen das Göttliche und Ewige für den... Menschen hervorblicken lassen, wie dieses am Zusammenhange in der Erfahrung und Wirklichkeit desselben hervorblickte"[346].

Die Form eines Berichts ist der Gesichtspunkt, unter dem jemand den Bericht erfaßt. Sie ist das Prinzip der Wiedergabe. Durch sie begreift man den wirklichen Zusammenhang: „1. Die Form der Erzählung muß eine solche Darstellung des Geschehenen – der Begebenheiten der Natur, der Handlungen der Menschen und der Taten Gottes – sein, daß sie gegenseitig, wie Ursache und Wirkungen und folglich von einander abhängig oder, wie man sonst sagt, im Kausalverband begriffen erscheinen. 2. Die Form der Erzählung muß eine solche Darstellung der Begebenheiten der Natur und der Handlungen der Menschen sein, wie beide im Kausalverband begriffen sind, daß zugleich für denjenigen, in dem Gottesgefühl und mit diesem die Gefühle des sittlichen Guten und des Rechtes sind, an denselben Gottes Leitung – Vorsehung – hervorblicke und so Gott daran als Erlöser offenbar werde."[347]

Die Wiedergabe geschichtlicher Begebenheiten muß unter dem Gesichtspunkt ihres jeweiligen Begriffs erfolgen. Sie darf sich nicht mit ihrer verstandesmäßigen Erörterung begnügen. Denn der Verstand begreift nur, „was in der Wahrnehmung oder sinnlichen Anschauung vorkommt. Darin kommt aber nicht vor, ob dasjenige, was als Ursache eines anderen erscheint, ein notwendig- oder freiwirkendes sei, sondern nur, daß es Ursache ohne Beisatz sei, weil in der Wahrnehmung eigentlich nur dieses Verhältnis des einen zum anderen, nicht aber, was sie noch sonst sind, vorkommt."[348] Für den Begriff der Geschichte jedoch ist die Freiheit des Menschen konstitutiv. Sie ist der Ort, an dem sich die Geschichte ereignet. Der Gesichtspunkt, unter dem Gegebenheiten der Geschichte als geschichtlich zu bezeichnen sind, ist die Freiheit selber als das eine solche Begebenheit konstituierende Moment. Der äußere Tatbestand wird infolge seiner Bedeutung für den menschlichen Entschluß zu einem geschichtlichen Ereignis, und dieser Entschluß gewinnt in seinem Widerstand gegen die Notwendigkeit der äußeren Welt an geschichtlicher Bedeutung.

---

[346] Ebd. 31.   [347] Ebd. 30.   [348] Ebd. 34.

„Notwendigkeit kann nur an der Freiheit und umgekehrt erkannt werden, darum weil sie relative Gegensätze sind; und so wie eines nur mit und an dem anderen gedacht werden kann, kann auch eines nur mit dem anderen bestehen. Wenn also eine Welt der Notwendigkeit ist, muß auch eine Welt der Freiheit sein."[349]

Verstand und Erfahrung reichen über die äußere Vorstellung von Tatsachen nicht hinaus. Durch sie erfaßt man die empirischen, jedoch nicht die geschichtlichen Zusammenhänge des Lebens. Um sie zu erfassen, bedarf es der Reflexion auf jenen gemeinsamen Grund der Erkenntniskräfte, dessen Wurzel die Subjektivität des Menschen ist: „Das Ich – Subjekt – erkennend, denkend – gestaltet sich also, auch in diesem Falle zweifach, nämlich zu einem sich selbst und zu einem ein anderes Erkennenden ... und erkennt dadurch die Differenz des Selbstbewußtseins eines anderen, so wie es sich durch die Reflexion auf sich selbst als die Einheit dieser zwei erkennt."[350]

Die Ereignisse in der Geschichte sind Teil am Bezugsgefüge des Begriffszusammenhangs der personalen Welt. Darauf nun beziehe sich, schreibt Zimmer, „das letzte Gesetz, welches die Form der Form der Geschichte bestimmt ... Die Form, diese Form sind nun die Worte und Sätze, womit die Darstellung des Geschehenen gegeben wird. Diese Worte und Sätze heißen die Sprache, und die Sprache ist also dasjenige, worin der Geschichtsschreiber den Zusammenhang des Geschehenen als der Ursachen und Wirkungen gleichsam verkörpert."[351]

Die Geschichtsschreiber wissen um die Gesetzmäßigkeiten geschichtlicher Entwicklungen. Für sie fallen „somit Philosophie und Geschichte am Ende in eins zusammen, weil, was jene unter dem vorausgesetzten Sündenzustande der Menschen als notwendig angesprochen hatte, diese als wirklich eingetreten durch und an ihrem Inhalte oder Materiale nachweiset. Dieses Zusammenstellen und das daraus notwendig erfolgende Einswerden beider verschafft wahres Wissen und ist darum Wissenschaft, und die Erkenntnis der Einheit des Notwendigen und Wirklichen in Gott, aus Gott und durch Gott ist wahres Wissen und ist allein wahres Wissen, und diese Wissenschaft und dieses Wissen ist Theologie oder dasjenige, was ich Theologie und zwar vorzüglich christliche Theologie nenne."[352]

Diese erfaßt Geschichte unter dem Gesichtspunkt ihres Begriffs und hört folglich auf, die Summe bloßer Feststellungen von Geschichte zu sein, „eben weil sie die zwei notwendigen Elemente derselben oder auch die zwei not-

---

[349] Ebd. 36. [350] Ebd. 55.
[351] Ebd. 62. [352] Ebd. 401.

wendigen Seiten und Formen sind, unter welchen sie als ideale Zweiheit sichtbarlich wird und erscheint"[353].

Sie ist eine Disziplin, die, „wie schon der Name laut verkündiget, von Gott ausgehen, d. h. mit Gott und Gottes Wesen und seiner notwendig dreifachen Form anfangen und dann zur Schöpfung der dreifachen Welt und somit zur Gründung des Reiches Gottes oder Staates, der diese drei Welten zugleich begreift, übergehen müsse. Die Theologie als wahres Wissen und als wahre Wissenschaft kann darum nicht vom Reiche Gottes ausgehen, weil dieses Reich wissenschaftlich nur in Gott und aus Gott erkannt werden kann und somit die Erkenntnis und das Wissen des einen und dreifachen Gottes der Erkenntnis und dem Wissen seines Reiches vorausgehen muß."[354]

Sie unterbreitet Tatsachen, die nicht bloß Begebenheiten in der Geschichte, sondern auch Begebenheiten der Geschichte sind, so daß Absolutes durch sie Geschichte und Geschichte in ihr zum Absoluten wird. „Diese zwei Seiten", schreibt Zimmer, „sind aber nur zwei verschiedene Gestalten oder Formen, worin die eine wahre Wissenschaft der göttlichen Offenbarung oder die eine Theologie erscheint."[355]

Die verschiedenen Teile der Theologie, die „theologia generalis" und die „theologia specialis", stehen darin selber in einem geschichtlichen Verhältnis zueinander. Die Einheit beider in der Geschichte „widersteht... und widerspricht der Einteilung in die General- und Spezial-Theologie, weil nach der Teilung jede aufhört, für sich Theologie zu sein, und keine allein wahres Wissen und wahre Wissenschaft sein kann"[356].

In ihr durchdringen sich Notwendigkeit und Freiheit unter dem Gesichtspunkt der absoluten Form. Diese Form ist „jene," schreibt Zimmer, „die man gewöhnlich System oder auch Organismus nennt. Sie ist die ganz eigene Gestalt, worin das Wesen oder das Material in der Theologie erscheint. Vermöge dieser Gestaltung hat darin jeder Teil, jede einzelne Lehre ihre bestimmte Stelle, die von ihr eingenommen sein muß und von keiner anderen eingenommen werden kann, so wie derselbe Fall bei dem menschlichen Leibe ist: jedem Teil wird darin seine Stelle angewiesen..."[357]

Die geschichtstheoretische Grundlage des Begriffs der Theologie ist jenes formale Element der Zuordnung von innerer Entscheidung und äußerem Ereignis, das mit dem Phänomen Geschichte erst überhaupt in Erscheinung tritt. Es wird in der Religionsphilosophie Zimmers universalgeschichtlich konzipiert. Damit ist nach seiner Überzeugung auch „alles geleistet, was...

---

[353] Ebd. [354] Ebd. 402. [355] Ebd. 407.
[356] Ebd. 406/407. [357] Ebd. 410/411.

zur Einleitung in die allgemeine Menschengeschichte, insofern diese Erlösungsgeschichte" bleibt, notwendig ist; „denn derjenige, der eine solche schreiben oder vortragen, lesen oder hören will, muß schon im voraus wissenschaftlich erkannt haben, was und wie vielfach und an welche Gesetze die Geschichte gebunden sei, um in Wahrheit Geschichte zu sein..."[358]

Die konkrete Durchführung dieses Programms auf der Grundlage der Loci theologici ergibt das Programm der dogmatischen Theologie.

---

[358] Ebd. 459.

Dritter Hauptteil

Die Ekklesiologie nach dem Zweiten Vatikanum: ihr Ort und seine Prinzipien

In der Ansprache zur Eröffnung des Zweiten Vatikanischen Konzils sagt Johannes XXIII., das Konzil wolle die feste und unveränderbare kirchliche Lehre so darlegen, wie unsere Zeit es fordert. Sein Anliegen sei ein pastorales. Es müsse nicht lang und breit wiederholen, was die Väter überliefert hätten – hierfür brauche man kein ökumenisches Konzil –, sondern es hätte die Aufgabe des Lehramtes wahrzunehmen, die vor allem eine pastorale sei.

„Neque opus nostrum, quasi ad finem primarium", sagt Papst Johannes, „eo spectat, ut de quibusdam capitibus praecipuis doctrinae ecclesiasticae discepetur, atque fusius repetantur ea, quae Patres ac theologi veteres et recensiores tradiderunt... Etenim ad huius modi tantum disputationes habendas non opus erat, ut concilium oecumenicum indiceretur... oportet, ut haec doctrina certa et immutabilis, cui fidele obsequium est preaestandum, ea ratione pervestigetur et exponatur, *quam tempora postulant nostra*... scilicet eae induendae erunt rationes res exponendi, quae cum magisterio cuius indoles praesertim pastoralis est, magis congruant."[1]

Theologie zu treiben, wie die Zeit es fordert, ist programmatisches Anliegen der Aufklärungstradition in der Theologie. Die Pastoral als Aufgabe des Lehramtes wurde von ihr überhaupt entdeckt. Der Wunsch nach Erneuerung von Kirche und Theologie wurde allenthalben in ihr geäußert. Man war gegen den Aristotelismus der Scholastik eingestellt; denn er wurde für die Pastoral als Hindernis empfunden. Man sprach vom biblischen Ideal der Kirche Gottes, von einer Erziehung des Menschengeschlechts im Geist der Religion, von den neuen Aufgaben der Theologie. Man wurde sich der bürgerlichen Welt und ihrer Philosophie als einer Herausforderung des Glaubens erstmals überhaupt bewußt.

---

[1] AAS 54 (1962) 791–793.

Indem sich das Zweite Vatikanum zu einer Theologie entschließt, wie unsere Zeit es fordert, macht es die Aufklärungstradition der katholischen Theologie zu einem Zeugen für seine Dokumente. Zwischen dieser Tradition und seinen Dokumenten sind auch tatsächlich dogmatische Zusammenhänge gegeben, speziell in der Ekklesiologie. Diese Zusammenhänge sind gegeben, obwohl keiner von den Vätern um sie wußte und man deshalb keine zitatenmäßigen Beweise hat. Denn vom pastoralen Pathos – „wie die Zeit es fordert" – angefangen bis hin zu seiner Lehre von den Aufgaben des Amtes (munera), der Kollegialität[2], der „communio" zwischen den Gemeinden, der Liturgie und ihrer ekklesialen Funktion, der personalen Verantwortung des Christen in der Welt und der möglichen Pluralität von Theologien und Philosophien in der Kirche, der Lehre von der Kirche und den Sakramenten, all dies und vieles andere wird auf dem Zweiten Vatikanum als Lehre vorgetragen. Man kann es aber auch in der katholischen Aufklärung expressis verbis finden. Selbst die ausufernden Folgeerscheinungen des Zweiten Vatikanum mit ihrer Verunsicherung sind an die Dialektik der Aufklärung gebunden[3], eine Dialektik, der man sich nicht entziehen kann, deren geschichtliches Wesen aber den Beteiligten meist verborgen bleibt, die Dialektik nämlich von geschichtlichem Ort und theoretischem Ausgangspunkt der Theologie.

Man kann die von mir aufgefundenen Zusammenhänge nicht bestreiten. Was jedoch bedeuten sie? Diese zentrale Frage ist nun zu erörtern. Hat das Zweite Vatikanum einen Schlußstrich unter sie gezogen, so daß es nicht mehr dogmatische, sondern bloß noch systematische Theologie im allgemeinen geben kann? Welche Stellenwerte haben die Entscheidungen des Konzils im Ganzen der dogmatischen Tradition? Sind sie das Ende aller Definitionen oder wollen sie selber das Prinzip einer künftigen Entwicklung sein? Was ist ihr Ort? Worin sind sie Prinzip? Vor welche Aufgaben stellen sie die nachkonziliare Theologie?

I. Geschichte und Theologie: die Frage des Orts

Die Frage nach dem Praxisbezug dogmatischer Theologie stellt sich in den Kommentaren zur Lehre des Zweiten Vatikanums als Frage ihrer Qualifikationen. Gegenüber der minimalistischen Auffassung, nach der sie keinen

---

[2] Vgl. auch J. Beumer, Die kollegiale Gewalt der Bischöfe für die Gesamtkirche nach der Theologie des 18. Jahrhunderts: Gregorianum 45 (1964) 280–305.
[3] Vgl. M. Horkheimer / Th. W. Adorno, Dialektik der Aufklärung (Frankfurt a.M. 1969).

dogmatischen, sondern bloß einen pastoralen Wert besäße, und der maximalistischen Auffassung, nach der sie Anspruch auf höchste Verbindlichkeit geltend machen kann, hat sich jene Auffassung durchgesetzt, nach der Praxis und Theorie dieser Lehre in harmonischer Verbindung zueinander stehen[4].

Nach meiner Auffassung ist jedoch in allen drei Bewertungen die Prinzipienfrage nicht gestellt; in der ersten Bewertung nicht, weil sie dem Zweiten Vatikanum seinen dogmatischen Charakter überhaupt bestreitet und es daher Entscheidungen von grundsätzlicher Tragweite gar nicht treffen konnte, in der zweiten Bewertung nicht, weil sie dem Zweiten Vatikanum dogmatischen Charakter zwar bescheinigt, ihn jedoch im Sinne von Entscheidungen des Ersten Vatikanum definiert – sie nimmt den Unterschied der Aufgabenstellung dieser beiden Konzilien nicht wahr. Aber auch in der dritten, mehr oder weniger offiziellen Bewertung wurde die Prinzipienfrage nicht gestellt. Denn sie bescheinigt zwar dem Ansatz des Konzils dogmatischen Charakter und unterstreicht auch sein spezifisches Gewicht, sie registriert aber das Ausmaß des dogmatischen Wandels nicht, den er notwendig bewirkt. Denn eine Verschiebung des Orts und des Prinzips der Theologie hat sich ereignet, des Orts, sofern man die Tradition der Aufklärung in der Theologie faktisch rehabilitiert, und des Prinzips, insofern man sich auf den Ort, dessen Bedeutung für die Theologie man rühmend anerkennt, nun selber stellt: Denn die Pastoral ist ein Prinzip der dogmatischen Theologie des Zweiten Vatikanum. Nichts wurde auf ihm beschlossen, das man nicht damit begründet oder das man als Widerspruch dazu empfunden hätte. Aber Fragen drängten sich natürlich auf. Ist die Pastoral denn überhaupt ein Prinzip? Ist sie ein moralisches oder ein dogmatisches Prinzip? In welchem Verhältnis steht es zu den klassischen Prinzipien dogmatischer Theologie, und was folgt aus all dem für die Frage der Qualifikation einschlägiger Dokumente?

Das Qualifikationsproblem der Dokumente des Zweiten Vatikanischen Konzils ist ein Problem, das man für die Theologie nach dem Zweiten Vatikanum in seiner Tragweite noch gar nicht umschrieben hat. Mit dem Praxisprinzip kommt die Frage der Legitimation kirchlichen Daseins in den Blick,

---

[4] Vgl. die Ansprache von Paul VI.: AAS 58 (1966) 57 und den Kommentar von J. Ratzinger: LThK Erg.-Bd I (Freiburg i. Br. 1966) 348–359. Es heißt da wörtlich, die pastorale Idee der Kirchenkonstitution „fundiert in der Lehre, und ihr lehrmäßiges Reden ist von der Sorge für die Menschen und die Realisierbarkeit des Christlichen in der heutigen Welt geprägt. In der Vereinigung von Wahrheit und Liebe, von ‚Lehre' und Hirtensorge liegt die pastorale Idee des Konzils, das damit gerade hinter die Zertrennung in Pragmatismus und Doktrinalismus zurückgreifen wollte auf die biblische Einheit beider, die letztlich in Christus gründet, der Hirte und Logos in einem ist. Als Logos ist er Hirte, als Hirte Logos" (ebd 350). Es ist notwendig, diesen Umstand festzustellen und auch methodisch zu entfalten. Letzteres hat in der Theologie des 19. Jahrhunderts jedoch seine originäre Tradition.

denn wie man auch konziliare Verlautbarungen bewertet, ob maximal, minimal oder von ihren immanenten Gegebenheiten her, die Pastoral ist für sie ein Prinzip, durch das man ganz neue Positionen der Theologie dogmatisch bezieht. Das Konzil trägt eine Lehre vor und verabschiedet expressis verbis dogmatische Konstitutionen, weshalb der Minimalismus auch nicht zu halten ist. Es trägt die Lehre jedoch nicht als Glaubenslehre, sondern als Lehre für das Leben in der Kirche vor, was gegen den Maximalismus in seiner Bewertung spricht. Sie ist eine Aufgabe, die das Leben erst noch bewältigen muß. Der Glaube ist ein Phänomen, das erst noch zu seiner Reife kommen muß, was gegen eine immanente Bewertung der vatikanischen Dokumente spricht. Sein Kommen ist selbst ein Thema dogmatischer Theologie.

Diese nimmt Abschied von einer Tradition, die nur auf den Glauben und seine Autorität, aber nicht auf das Leben bezogen war. Die Herstellung dieses Bezugs bleibt für die Kirche jedoch ein dogmatisches Problem. Denn sie ist sowohl der Ort, an dem er sich ereignet, als auch das Prinzip, durch das er der Ausgangspunkt neuer Bezüge wird. Er entfaltet in ihr schöpferische Kraft und will folglich Anerkennung genießen.

Zu Beginn des 19. Jahrhunderts greift die Theologie in Deutschland die Aufklärungsprobleme auf. Denn sie befaßt sich mit der Stellung des Christentums als einer Idee des Lebens zum Leben selbst. Diese Stellung erweist sich in der Aufklärung als das fundamentale Problem sowohl der Kirche wie auch der Theologie. Johannes XXIII. muß es wohl angesprochen haben, wenn sich mit seinem Aufruf zum Aggiornamento ein bestimmter Sinn verbinden soll, denn für die Gegenwart, auf die er sich bezieht, ist es das zentrale theologische Problem. Und wie kann man sich denn ihr vermitteln, wenn man ihr nicht auch die Idee von sich vermittelt? Was ist aber die Idee von Kirche? Was ist vor allem die Idee, die die Kirche von sich selber hat als einer gegenwärtigen? In welchem Verhältnis steht die Idee von Kirche zur Kirche selbst? Wie verhalten sich der Begriff, den sie von sich selber hat, zu ihr selbst als einer geschichtlichen Erscheinung? Kann sie sich an sich selber heute orientieren oder ist sie an eine fremde Autorität verwiesen? Niemand kann bestreiten, daß kirchliches Handeln heute gerade von sich selber her großen Zweifeln unterliegt. Denn worin gründet seine Legitimität? Wodurch ist es der Aufgabe, die sich ihm stellt, von ihm selber her gewachsen? Kann es denn sich selbst als die heilgeschichtliche Notwendigkeit der Gegenwart beweisen?

Um der Aufgabe zu entsprechen, die sich die Kirche selber im Zweiten Vatikanum stellt, nämlich der Aufgabe, die Kirche der Gegenwart zu sein, muß die Kirche diejenige Tradition ihrer selbst entdecken, die eine Grundlegung des Begriffs der Kirche in der Idee von Kirche leistet. Denn ohne die Entdeckung dieser Tradition kann sie sich als gegenwärtige nicht selber finden. Ohne diese Tradition erfaßt sie weder die Möglichkeiten, die sie in sich selber hat, noch die Gefahren, die ihr durch sie selber drohen, noch die Forderungen, die sie unabdingbar an sich selber stellt. Denn um dies alles zu erfassen, muß sie sich selbst Aufgabe sein. Wie kann sie jedoch dieses werden, wenn sie sich nicht als diese begreift? Tut sie es, dann betritt sie hingegen unvermeidlich die Bahnen jener Tradition, von der hier die Rede ist, nämlich der Aufklärung in der katholischen Theologie. Und sie hat es ja getan. Sie hat diese Bahnen betreten. Denn sie hat sich auf dem Zweiten Vatikanum endgültig dazu entschieden, gegenwärtig zu sein.

Was bedeutet aber nun diese Entscheidung für die Kirche selbst? Welche Möglichkeiten hat sie sich durch sie gegeben? Welchen Gefahren setzt sie sich dadurch aus? Welcher Forderung hat sie sich in ihr gestellt? Kann sie tatsächlich ein Sakrament des Heils für alle Menschen sein?

Die Kirche ist auf dem Zweiten Vatikanum in Auseinandersetzung mit sich selbst getreten. Dadurch hat sie sich die Chance gegeben, den Ort zu finden, auf den sie sich stellen muß, um in der Gegenwart sie selbst zu sein. Sie kann sich selber nun aus einer Position betrachten, die nicht die ihre ist, die aber die ihre wird, sobald sie sie übernimmt, um sich von ihr her für den Glauben zu entscheiden. Der Weg, den sie mit dieser Kursbestimmung eingeschlagen hat, fordert sie in das offene Meer des Lebens – denn alles Leben kann der Ort einer wahren Gottesverehrung sein –, stellt sie aber vor die Notwendigkeit, ihrer Aufgabe an verschiedenen Orten zu entsprechen, der Aufgabe nämlich, durch Wort und Tat der Ausgangspunkt und das Prinzip der wahren Gottesverehrung an den verschiedenen Orten des Lebens zu sein. Dadurch droht ihr aber auch Gefahr. Denn sie vollzieht die Wandlungen des Lebens mit und setzt sich ihnen aus, ist aber wegen des Risikos dabei versucht, ihren Weg als taktische Maßnahme und nicht als dogmatischen Vorgang zu begreifen. Dabei stößt man wieder auf die Frage, was denn an diesem Vorgang überhaupt dogmatisch sei. Es ist notwendig, daß man in der Kirche Klarheit über sie bekommt. Denn ohne Antwort auf die gestellte Frage kann man heute kein entschiedener Vertreter kirchlicher Angelegenheiten sein.

Man wird ihr weder durch minimalistische Unterbietungen noch durch maximalistische Übertreibungen noch durch immanente Interpretationen gerecht. Denn das Zweite Vatikanum will ja dogmatisch vollzogen sein. Die genannten Versuche gehen aber von einem ungeschichtlichen Begriff katholischer Dogmatik aus.

Es gilt jedoch zu fragen, wie die Kirche des Zweiten Vatikanum Ort und Prinzip der Kirche nach dem Zweiten Vatikanum ist. Welchen dogmatischen Wert haben denn seine Dokumente? Sind sie denn ein Dokument dogmatischer Theologie?

Um also den Wandel, dem Papst Johannes zum Durchbruch auf höchster Ebene verhalf, selber zu begreifen, ist eine Ortsbestimmung dogmatischen Denkens überhaupt erforderlich. Wo kommt es her? Was kann es leisten? Wo führt es hin?

Dabei hat sich folgendes gezeigt:

1. Die Geschichte der dogmatischen Theologie beginnt mit der Schrift von Melchior Cano „De locis theologicis". Diese Schrift enthält eine Methodologie der Theologie des Glaubens. Denn sie nennt Orte, wo man ihn finden, und verweist auf Prinzipien, durch die man sich für ihn entscheiden kann.

Die Kirche ist kraft ihres Glaubens Ort und kraft ihrer Entscheidungen für den Glauben Prinzip der Theologie. Sie besitzt Autorität.

2. Dogmatische Theologie hat positiven und prinzipiellen Charakter zugleich. Sie ist historisch *und* spekulativ. Sie ist die Kunst, den Glauben dort zu finden, wo man sich für ihn entscheiden kann – eine Geschichtstheologie eigener Glaubensentscheidung im Horizont der Welt.

3. Ort, Prinzip, Vollmacht und Autorität sind Grundkategorien dogmatischer Theologie. Die Kirche ist kraft ihres Daseins Ort, kraft ihrer Zeugenschaft Prinzip und kraft ihrer Vollmacht, Feststellungen zu treffen und Entscheidungen zu fällen, eine Autorität der Theologie. Sie ist der Ort, an dem sich der Glaube machtvoll durch ihre Zeugenschaft entfaltet und allgemeine Autorität besitzt. Sie ist das Prinzip universeller Ausdehnung des Glaubens in der Welt.

4. Schlußfolgerungen, die sie zieht, haben Entscheidungscharakter und sind in dieser Eigenschaft von prinzipieller Bedeutung für die Theologie. Denn sie machen das Wesen der Dogmatik aus.

5. Es gibt im System ihrer Qualifikationen eine Hierarchie der Wahrheit von Entscheidungen. Sie wird ähnlich wie die Hierarchie des Irrtums an der Bedeutung gemessen, die sie formal und faktisch in der Kirche hat.

6. Die Irrtumslosigkeit ist eine Eigenschaft von Glaubensentscheidungen. Denn sie erfolgen in der Kraft des Glaubens und sind das Prinzip, durch das der Glaube sich als Glaube vollzieht. Sie besitzen die ihm selber immanente Wahrheitsqualität. Die Kirche darf nicht bloß in der Wahrheit bleiben, sie muß auch Ort der Wahrheit sein. Daher kann auch der Papst als Träger höchster Entscheidungsbefugnis kraft seiner Befugnis eine unfehlbare Autorität für Glaubensentscheidungen sein.

7. Das Prinzip der Glaubensentscheidungen ist der Glaube selbst als Autorität. Sie wird in der dogmatischen Tradition von den Entscheidungsbefugnissen her gedacht, hat aber für die Menschen in der Kirche auch individuelles Gewicht. Denn sie alle können für sich selber Autorität im Glauben sein.

8. Die Loci theologici sind der erste fundamentaltheologische Traktat. Sie leisten eine Grundlegung der Dogmatik. Die Fundamentaltheologie will von ihrem geschichtlichen Wesen her folglich der Nachweis für die Grundlagen der Dogmatik sein.

Das Zweite Vatikanum hat die Aufgaben umschrieben, die die Kirche nach dem Zweiten Vatikanum hat. Sie wird danach zwar Ort des Glaubens bleiben, aber zugleich Autorität im Leben sein. Sie begründet sich durch Wahrnehmung von Aufgaben, die ihr der Glaube als Idee des Lebens stellt. Diese Tätigkeit ist Ort und Prinzip, wodurch man zu ihm finden und sich für ihn entscheiden kann. Die Entscheidungen des Konzils, durch die sich die Kirche selbst als eine Aufgabe der Welt begreift, haben folglich dogmatischen Charakter.

Die Frage lautet, wie vor dem Hintergrund der Loci-Theologie und ihrer universalen Perspektive jener Fortschritt in die Dogmatik einzubringen ist, den sie bedeuten. Wie also wird die Möglichkeit einer Theologie des Glaubens nach dem Zweiten Vatikanischen Konzil gedacht?

II. Geschichtstheologie und Kirche: die Frage des Prinzips

Die Aufgabe, die sich die Kirche auf dem Zweiten Vatikanum stellt, nämlich sich selbst auf der Grundlage des Prinzips der Pastoral zu denken, zwingt zur Bestandsaufnahme. Denn indem sie ihrem Handeln ganz neue Perspektiven gibt, stellt sich die Frage nach ihren Perspektiven früher. Wo muß die Kirche sich einem Wandel unterziehen, damit sie diese neuen Perspektiven auch wirklich hat? Ist die Pastoral denn überhaupt ein Prinzip der Ekklesiologie?

Die Bestandsaufnahme zum Thema Grundlagen vergangener Kirchlichkeit hat folgendes ergeben:

Die Kirche der Neuzeit denkt sich als Autorität. Sie besitzt Kompetenz in Sachen Theologie. Die Grundlegung ihrer selbst als eines Organs der Heilsgeschichte hat M. Cano in seinem Buch „Über die Orte der Theologie" richtungweisend geleistet. Er ist der grundlegende Theoretiker der neuzeitlichen Ekklesiologie. Denn in seiner Theorie von Kirche ist die Kirche ein

Ort geschichtlicher Feststellung des Glaubens. Dieser ist die unbestrittene Basis der Theologie. Er besaß während des Mittelalters eine selbstverständliche Autorität, konnte angesichts der historischen Wandlungen im 16. Jahrhundert nur im Sinne von Macht Autorität besitzen. Denn Autorität ist in der Geschichtstheologie des Neoaristotelismus, dem Cano geistesgeschichtlich zugehört, die Autorität einer Macht. Indem Cano den Gedanken der „auctoritas" zum Gedanken der „potestas" in Beziehung setzt, entsteht zwischen „ministerium" und „magisterium", Jurisdiktion und Lehrbefugnis, erstmals in der Geschichte ein kirchentheologischer Zusammenhang. Die Kirche wird hier zum Ort der Autorität des Glaubens. Zeugnisse des Glaubens erhalten durch ihr Zeugnis geschichts-epochalen Wert. Sie ist ein Phänomen der Geschichte, das kraft seiner eigentümlichen auctoritas Richtlinienkompetenz im Fortgang der Geschichte hat. Sie ist vor der Geschichte – im Alten Bund –, in der Geschichte – durch Christus – und nach der Geschichte – unter den Heiligen im Himmel – Organ der Universalität des Heils. Die Theologie muß folglich auf ihrem Boden stehen, um individuell verantwortlich und zugleich geschichtlich universal zu sein.

Man darf Cano mit Fug und Recht als den Schöpfer der Ekklesiologie bezeichnen. Denn er denkt die Logik der Ekklesia. Aus den Feststellungen, die sie trifft, den Konsequenzen, die sie zieht, und den Entscheidungen, zu denen sie sich bekennt, ergibt sich mit Folgerichtigkeit die Existenz (oder Nichtexistenz) ihrer Autorität. Diese verlangt von ihren Trägern Eigenschaften, die zwar nicht immer und überall gegeben, aber unbedingt notwendig sind, damit die Kirche in der Neuzeit gegenwärtig sei, nämlich Feststellungskompetenz, Mut zu Konsequenzen, Durchsetzungsvermögen bei Entscheidungen. Es gibt den Vorgang des Entstehens von Autorität. Cano hat ihn als erster aufgegriffen und für die Kirche durchsichtig gemacht. Er ist der Schöpfer derjenigen Ekklesiologie, in der sich die Kirche als Autorität begreift. Sein Werk besitzt folglich epochales Gewicht.

Die Ausgestaltung, die es in den späteren Jahrhunderten erfährt, ist kirchliches Programm. Dieses erwächst dem vielfältigen, mannigfach verschlungenen und immer für neue Schlußfolgerungen offenen System der „Loci theologici".

Daher zeigt sich die katholische Kirche der Neuzeit mit jenen Eigentümlichkeiten ausgestattet, die für das Geschichtsverständnis neoaristotelischen Zuschnitts charakteristisch sind. Dazu gehört:

1. Sie selbst ist Autorität. Das Verhältnis der verschiedenen Autoritäten zueinander – ihr Pluralismus – wird hierarchisch gedacht, bleibt ansonsten aber ungeklärt.

2. Die Primats- und Jurisdiktionsidee gehört zu ihren Fundamenten. Ihr Vollzug wird jedoch rechtlich, nicht heilsgeschichtlich gedacht.

3. Die Unfehlbarkeit ist ein Schlüsselbegriff. Seine Relativität und sein eigentümlicher Ort in der Geschichte werden von ihr nur tatsächlich, durch weitere kirchliche Entscheidungen, nicht systematisch, auf der Ebene von Reflexion erfaßt. Das in ihm enthaltene und für ihn zentrale Moment der Geschichtlichkeit wird folglich nicht ans Licht gehoben.

4. Die Einheit von Lehr- und Jurisdiktionsprimat ist für sie charakteristisch. Der Aufbau von Autorität und ihr Zusammenhang mit Jurisdiktion werden von ihr jedoch nicht durchleuchtet. Daher bleibt auch der Unterschied von Autorität und Gewalt in ihr künftig ungedacht. Dadurch wächst auf der einen „Seite" die Gefahr der Mystifizierung kirchlicher Entscheidungsprozesse, auf der andern der Eindruck, daß Entscheidungen willkürlich sind, der biblischen Wahrheit nicht entsprechen, Schlußfolgerungen aus der Wahrheit nicht zur Wahrheit selbst – als einer, die geschichtlich in Erscheinung treten muß – gehören. Daher gibt es auf dem Boden dieser ekklesialen Methodologie nur eine sehr bedingte Möglichkeit der kritischen Vermittlung.

5. Die Einheit der Kirche ist Einheit im Amt der Kirche. Dieses besitzt Macht und Autorität. Es kann Fortschritte bei der Herstellung von Einheit erzielen. Die Entwicklung solchen Fortschritts, der konzeptionelle Entwurf seiner prozessualen Verwirklichung wird von ihm jedoch nicht bedacht.

6. Es gibt ekklesiale Entwicklungen. Man hat sie logisch als Schlußfolgerung und geschichtlich im Begriff der Autorität nur sehr unzureichend gedacht, hat jedoch zu einem angemessenen Verständnis ihrer selbst als einem ekklesialen Ereignis nicht gefunden. Eine Folge davon ist der unübersehbare Mangel an Reflexion auf das Wesen dogmatischer Theologie auf dem Boden katholischer Theologie. Man hat ihr geschichtliches Wesen daher bis heute noch nicht erfaßt.

7. Ein Schlüssel zum Verständnis der klassischen, bei Cano grundgelegten Ekklesiologie ist die Tatsache, daß man die Vernunft als einen Ort, jedoch nicht als eine Autorität beschreibt. Denn es kann die konkrete Vernunft des einzelnen Menschen wirkliche Autorität besitzen, ihre ekklesiale Bedeutung wird aber nicht erfaßt. Sie besitzt folglich auch keine die Kirche selbst begründende Funktion und entwickelt sich daher außerhalb von ihr.

Theologie im Horizont der Aufklärung arbeitet indes geschichtstheologisch mit einem ganz anderen Prinzip. Sie bleibt zwar im Rahmen der Tradition der Loci theologici von Cano, was deren Geschichtsträchtigkeit eindrucksvoll unterstreicht, andererseits ereignet sich in ihr dadurch eine umfassende Veränderung, daß man Geschichte nicht mehr im Begriff der Autorität und ihrer jurisdiktionellen Kompetenz, sondern Autorität und Jurisdiktion im Horizont des Begriffs der Religion und ihrer Ideen denkt. Dahinter steht natürlich jene Kraft, die in ganz Europa das geschichtliche Erbe des von der Aristokratie beherrschten Ständestaates angetreten hat, die bürgerliche Gesellschaft mit ihrem Selbstbewußtsein und ihrer Philosophie.

Dogmatisches Denken zeigt indes jetzt gedankliche Weite und geschichtliche Tiefe zugleich. Es entwickelt im Wandel der Aufklärung die Fähigkeit, den Wandel der Aufklärung selber zu vollziehen. Ja der Ausdruck „Dogmatik" im Unterschied zum Ausdruck „dogmatische Theologie" wird eigentlich erst jetzt geboren.

Für diese ergibt sich daraus ebenso eine wesentliche Veränderung wie für die Ekklesiologie, die nun ganz neu zum Tragen kommt. Aus dem Traktat „De locis theologicis" wird jetzt ein Traktat mit dem Namen „Enzyklopädie und Methodologie" der theologischen Wissenschaften. Die Frage nach seinem Prinzip wird nun zur Frage nach dem Prinzip derjenigen Religion, die sich in ihm entfaltet, nämlich der Idee des Christentums.

Daraus wachsen der Kirche und ihrer Theologie tiefgreifende Veränderungen zu. Denn mit der Idee des Christentums besitzt man ein Prinzip, durch das man die Kirche als Trägerin der Idee des Christentums begreifen kann. Alle Feststellungen, die sie trifft, alle Konsequenzen, die sie zieht, und alle Entscheidungen, zu denen sie sich bekennt, sind an der Ausrüstung zu messen, die sie dem Leben gibt und die sie selbst im Leben hat. Zwischen Kirche und Mensch besteht ein prinzipieller und nicht bloß ein faktischer Zusammenhang. Denn sie selber ist die Trägerin einer Idee des Menschen, nämlich der Idee seiner universalen Verbundenheit mit Gott, und der Mensch kann sich für sie als den Ort, an dem er die Idee seines Lebens findet, prinzipiell entscheiden.

Neben einer Kirchenzugehörigkeit aus Tradition gibt es folglich eine Kirchenzugehörigkeit aus Prinzip. Man kann in sie hineingeboren sein und sich zu ihr gleichzeitig in Freiheit bekennen.

Die Ekklesiologie jedoch erfährt dabei eine Veränderung in ihren Fundamenten. Dies betrifft:

1. das Amt. Denn seine Autorität wird von der Macht getragen, aber auch an der Form gemessen, in der sie sich vollzieht. Neben die traditionelle Zweiheit von potestas ordinis und iurisdictionis, der man die Lehrbefugnis sehr oft zugeordnet hatte, tritt die Dreiheit von Hirten-, Priester- und Lehraufgabe. Ein Maßstab für kirchliches Handeln ist folglich das Ziel, dem es dient,

nämlich die Verwirklichung der Idee durch Unterrichtung, Leitung und Heilung des Menschen.

2. die Sakramente. Denn sie sind wirksame Zeichen der Idee des Christentums. Sie bezeichnen seine Wirkung und wirken, indem sie es bezeichnen. Sie besitzen folglich ekklesiale Funktion.

3. die einzelnen Gemeinden selbst. Denn sie sind Ort der Kirche und Träger ihrer Idee. Kraft ihres Christentums miteinander verbunden, erfüllen sie dessen universale Mission, die Erziehung des Menschen.

4. die Lehre. Denn sie ist wahre Überlieferung und zugleich Prinzip des kirchlichen Handelns in der Welt. Sie begründet seine Ziele.

5. das Verhältnis von Kirche und Staat. Es wird von den Aufgaben der Kirche in der Gesellschaft und nicht von ihren Privilegien in der Geschichte her bestimmt. Denn sie selber ist eine Anstalt zur Erziehung des Menschen im Geist der Religion.

6. die Grundlagen der Theologie. Die Vernunft der Religion ist für die Theologie der Religion sowohl Ort als auch Prinzip. Sie besitzt eine den Glauben selbst mitkonstituierende Funktion. Er gewinnt durch sie im Leben an Autorität.

Die Ekklesiologie zu Beginn des 19. Jahrhunderts in Deutschland, die die Ekklesiologie des Zweiten Vatikanischen Konzils vorweggenommen, an prinzipieller Geschlossenheit jedoch übertroffen hat, besitzt in der Kirche bislang selber keine Autorität. Es gibt in ihr auch keine wirkliche Auseinandersetzung mit der scholastischen Tradition. In ihr wurde auch kaum der Umstand reflektiert, daß in der großen Kirche eine ganz andere Theologie die Geister beherrschte und eine Konfrontation der Richtungen im 19. Jahrhundert daher unvermeidlich war.

Sie wurde am Schluß des Jahrhunderts auf dem I. Vatikanum ausgetragen und hat mit der Niederlage der deutschen katholischen Ekklesiologie geendet. Die Frage ist jedoch, ob das II. Vatikanum ohne die Rezeption ihrer unbestreitbaren Leistungen theologisch überdauern kann. Denn offensichtlich gehört die pastorale Tätigkeit in den Bereich der Prinzipien und nicht des taktischen Kalküls. Sie kann ohne Wandel im Denken die Kirche nicht erneuern.

III. Vom Sinn dogmatischen Denkens in Kirche und Theologie: Ergebnisse und Widerlegungen

Aus Entscheidungen, deren Konsequenzen man übernimmt, über die man aber Feststellungen treffen kann, besteht Autorität. Sie zu sein ist Aufgabe der Kirche, sie zu finden Aufgabe der Theologie. Die Kirche und die Theologie sind im Begriff der Autorität folglich eine einzige Gegebenheit. Was die Theologie erst findet, muß die Kirche sein; was die Kirche ist, muß die Theologie erst finden. Orte zu suchen, an denen die Kirche ist und die Theologie sich befindet, ist eine Aufgabe, die sich beiden unaufhörlich stellt. Sie wurde auf dem Zweiten Vatikanum wahrgenommen und als Aufgabe der pastoralen Erneuerung in den Mittelpunkt kirchlichen Lebens überhaupt gestellt. Inwiefern können aber Kirche und Theologie Ort und Prinzip ihrer eigenen pastoralen Erneuerung überhaupt sein?

Ort und Prinzip neuzeitlicher Theologie ist die Kirche als Autorität. Denn sie trifft geschichtliche Entscheidungen und ist ein Träger von geschichtlicher Macht. Sie bietet Sicherheit im Umsturz der Verhältnisse. Durch sie kann sich Wissenschaft organisieren. Denn sie ist souverän. Die Idee der Souveränität wird in der Neuzeit geboren und beherrscht ebenso die dramatische Literatur wie die politische Philosophie dieser Zeit. Auch die Kirche als Trägerin von Macht und Geschichte beansprucht daher Souveränität.

Sie gibt der Theologie als Wissenschaft durch ihre Entscheidungen geschichtlichen Halt. Denn sie kann ihrerseits Schlußfolgerungen ziehen, die die Theologie betreffen. Die Theologie der Kirche (= Ekklesiologie) zieht Folgerungen aus den Stellungnahmen der Kirche sowohl für die Kirche selbst wie für die Theologie. Der Neoaristotelismus, dem sie sich verdankt, ist ein ganz neuer Typ von Wissenschaft, nämlich Theologie als positive Wissenschaft. Dem historischen Aristoteles wäre es niemals in den Sinn gekommen, in der Topik die Grundlage von Theologie zu sehen, und selbst Thomas beruft sich auf die Quellen im Sinn ihrer metaphysischen, nicht im Sinn ihrer eigentümlich positiven Qualität.

Als Ergebnis dieser Arbeit muß die Einsicht gelten, daß katholische Kirchlichkeit in wesentlichen Zügen ein Produkt des 16. Jahrhunderts ist. Denn erst jetzt wird Kirche zu einem Fundament von Theologie. Die Reformation als hervorstechendes Ereignis dieses Jahrhunderts prägt zwar den Gang der neueren Geschichte, sie hat den Katholizismus als etwas Autoritatives im Sinne von Gegenreformation erscheinen lassen. Es ist jedoch eine geschichtliche Tatsache, die nicht geleugnet werden kann, daß in den lateinischen Ländern die katholische Reform parallel und nicht im Gegensatz zur Reformation entstanden ist. Beide sind ja für sich ein genuines Ereignis. Beide führen auch mittelalterliche Traditionen weiter, deren Gemeinsamkeit aber zerbrach. Weder die Kirche noch die Theologie, noch der Staat konnte sie im 16. Jahrhundert retten. Denn sie war aus der Vergangenheit des Mittelalters nicht einfach zu übernehmen, sondern in der Neuzeit als gegenwärtig zu konstituieren. Man hatte sie auf ihrem Boden als eine Gegebenheit überhaupt erst zu erreichen. Sie mußte sich herausbilden als eine Gegebenheit der modernen Welt. Die katholische Reform, deren Eigenständigkeit J. Lortz besonders auf frömmigkeitsgeschichtlichem Gebiet erstmals zur Kenntnis bringen konnte, erschöpft sich nicht in Frömmigkeitsgeschichte. Sie ist vielmehr die die katholische Kirche der Neuzeit konstituierende Kraft, und Cano, der berühmte Theologe des Tridentinischen Konzils, war ihr Theoretiker und Prophet. Der Entwicklungsschub, den seine Schriften signalisieren, ist nicht so bekannt wie der reformatorische, nicht aber weniger bedeutend. Denn er macht die Kirche der Neuzeit zur gegenwärtigen. Dabei treten Katholizismus und Protestantismus vom Ort, von den Prinzipien und von den Konsequenzen her in ein gegensätzliches Verhältnis zueinander. Da ihr Gegensatz ein sich in der Neuzeit konstituierender und folglich dogmatischer Gegensatz ist, kann man ihn überwinden. Denn zwischen Glaube, sofern er sich in der Gegenwart aufgegeben und sofern er sich darin gegenwärtig ist, muß man dogmatisch unterscheiden. Er selber ist als gegenwärtiger ein sich in der Geschichte – gegensätzlich oder gemeinschaftlich – konstituierendes Phänomen.

Im 16. Jahrhundert entstand ein kirchlicher Gegensatz. Jedoch bereits die Aufklärung hat gezeigt, welche Wandlungsmöglichkeiten und Entwicklungschancen katholische Dogmatik von sich selber her besitzt.

Daraus folgt ein weiteres Ergebnis dieser Arbeit. Das Zweite Vatikanum übernimmt wichtige Positionen der Theologie des beginnenden 19. Jahrhunderts und macht sie damit legitim. Die Parallelität von Positionen in der Ekklesiologie liegt auf der Hand. Sie erstreckt sich auf das Amtsverständnis, auf die Sakramentenlehre, auf die Stellung des Einzelnen in der Kirche, auf das Verhältnis von Kirche und Staat. Die Volk-Gottes-Lehre des Konzils mit seiner horizontalen Konzeption der Beziehung von Geistbewegung und Amtlichkeit – denn alle sind unbeschadet hierarchischer Unterschiede das eine Volk – geht sogar noch weit über das 19. Jahrhundert hinaus.

Eines freilich hat seine Theologie wiederum dem Zweiten Vatikanischen Konzil voraus. Sie überwindet den Gegensatz von Dogma und Leben nicht pragmatisch, sondern prinzipiell. Die Pastoral, ein Grundprinzip aller Theologie des Zweiten Vatikanum, wird in ihr als ein dogmatisches Prinzip erkannt. Es ist ein Prinzip der Konstitution von Kirchlichkeit auf dem Boden der heutigen Welt.

Die Dogmatik überwindet zu Beginn des 19. Jahrhunderts die Vorstellung einer harmonischen Verbundenheit von Kirche und Leben in der Welt. Denn in ihr konstituiert sich die Kirche selbst als neues Leben. Daher ist die Frage nach dem, was bleibt, und dem, was man verändern kann, eine Frage, mit der man nach dem Zweiten Vatikanum dauernd operiert, eine bereits im Ansatz falsch gestellte Frage. Man soll nicht fragen: was darf in der Kirche bleiben? – sondern: was muß in der Kirche sein? Denn auf dem Zweiten Vatikanum hat sich die Kirche jenseits der Unterscheidung von ewigem Dogma und zeitlichem Leben als das Ewige des Gegenwärtigen konstituiert. Sie muß es in der Gegenwart sein.

Kirche und Theologie dürfen nicht dem Zauber des Zweiten Vatikanischen Konzils verfallen. Denn sie müssen es verwirklichen. Aus der Aufgabe, vor der sie stehen, erwächst ihnen die Notwendigkeit einer Bestimmung des Orts, des Prinzips und der Konsequenzen des Konzils. Der Ort, an den es Kirche und Theologie der Gegenwart stellt, ist die Not des Menschen in der Gegenwart, das Prinzip, mit der sie dieser Not begegnen sollen, ist die Idee der Pastoral und die Konsequenz, die sie zu ziehen haben, ist die Erneuerung der Kirche selbst und ihrer Theologie. Diese ist folglich ein dogmatisches Problem.

Dieser Umstand erzwingt eine Besinnung auf Herkunft und Wesen dogmatischer Theologie. Meine Arbeit wollte dazu eine Bestandsaufnahme sein. Aus ihr hat sich ergeben:

1. Cano, der in einschlägigen Artikeln über Dogmatik[5] kaum irgendwie Erwähnung findet, hat in seinem Buch „De locis theologicis" den fundamentalen Traktat zu ihr geschrieben.

2. Der Gegensatz von „auctoritas" und „ratio" des Mittelalters ist für sie nicht so charakteristisch, wie man oft behauptet[6]. Denn er wird geschichtstheologisch in ihr überwunden.

3. Neuorientierung in der Dogmatik des Zweiten Vatikanum bedeutet Neuorientierung im Verhältnis zu seiner Geschichte. Es gibt Grund, in Zusammenhang mit ihm das Phänomen „Aufklärung" in der Kirche neu zu überdenken.

---

[5] Vgl. E. Dublanchy, a. a. O. 1542. Die Synthese der Theologie im Sinne des hl. Thomas, schreibt er, sei der Inbegriff dogmatischer Theologie und folglich auch Kriterium dessen „ce qui appartient à la dogmatique actuelle". Unter den Autoren, die er über viele Spalten hinweg zitiert, finden sich fast alle Theologen der Vergangenheit, einer jedoch nicht: denn Melchior Cano fehlt.

[6] Vgl. auch W. Kasper, Die Methoden der Dogmatik (München 1967).

Zu den Abkürzungen

Sie orientieren sich am Abkürzungsverzeichnis des Lexikons für Theologie und Kirche (LThK), hrsg. v. J. Höfer und K. Rahner, I (Freiburg i. Br. 1957).

Einzelne Werke sind zitiert nach den Anfangswörtern ihrer Titel. Dieser ist jeweils dem Literaturverzeichnis zu entnehmen und wurde außerdem bei erstmaliger Zitation in vollem Wortlaut angeführt.

Die Schrift „De locis theologicis" erscheint durchgehend unter der Abkürzung „L. th." mit Angabe von Buch, Kapitel und Seitenzahl nach der Ausgabe von Serry.

Literaturverzeichnis

I. Quellen

1. Schriften von Melchior Cano

Melchioris Cani opera, hrsg. von H. Serry (Padua 1962).
Cano, M., Kommentar zur Prima Pars der Summa theologica des hl. Thomas: Hs. 58 der Universitätsbibliothek in Salamanca.
–, Kommentar zur Prima Pars der Summa theologica des hl. Thomas: Hs. Codex Ottobonianus latinus Nr. 286 der Biblioteca Apostolica Vaticana in Rom.
–, Kommentar zur Secunda Pars der Summa theologica des hl. Thomas: Codex Ottobonianus latinus Nr. 46/47 der Biblioteca Apostolica Vaticana in Rom.
– (Hrsg.), Tratado de la Victoria de si mismo (Valladolid 1550).
Kleinere Schriften von Cano sind veröffentlicht im Appendix von F. Caballero, Vida del illmo Melchor Cano (Madrid 1871) u. a.:
–, Iudicium de secta Jesuitarum (p. 401 ff.)
–, Adversus Statutum Ecclesiae Toletanae (p. 403 f.)
–, Consulta de Melchor Cano á Felipe II, sobre sus derechos á la corona de Portugal y medios de conserbarla (p. 404–405)
–, Censura dada por F. Melchor Cano y Fr. Domingo de Cuevas á la obra titulada comenterios sobre el Catechismo Cristiano y sobre otros esanitos de Fr. Barthomomé Carranza Arzobispo de Toledo (ebd. 536–615)
Texte aus den Handschriften von Cano sind veröffentlicht bei C. Pozo, Fuentes para la historia de Método teológico en la escuela de Salamanca (Granada 1962).

2. Schriften der dogmatischen Tradition

Annatus, P., Apparatus ad positivam theologiam methodicus (Bamberg 1755).
Berti, L., De theologicis disciplinis, 8 Bde (Rom 1739–1745).
Frassen, C., Scotus Academicus seu universa doctoris subtilis theologica dogmata (Paris 1672).
Gazzaniga, M., Praelectiones theologicae, 4 Bde. (Wien 1763–1766).
–, Theologiae dogmaticae in systema redactae P. I/II (Wien 1781–1782).
Gerbert, M., Apparatus ad eruditionem theologicam (Freiburg i. Br. 1754).
–, Principia theologiae dogmaticae (St. Blasien 1753).
–, Principia theologiae exegeticae (St. Blasien 1751).
–, Principia theologiae symbolicae (St. Blasien 1758).
–, Principia theologiae mysticae (St. Blasien 1758).

–, Principia theologiae moralis (St. Blasien 1758).
–, Principia theologiae canonicae (St. Blasien 1758).
–, Principia theologiae sacramentalis (St. Blasien 1759).
–, Compendium theologiae dogmaticae, scholasticae et moralis (Augsburg 1768).
Gotti, V. L., Theologia scholastico-dogmatica iuxta mentem divi Thomae Aquinatis (Venedig 1763).
Gregor de Valencia, Commentariorum theologicorum tomi quattuor, in quibus omnes materiae, quae continentur in Summa Divi Thomae Aquinatis explicantur (Ingolstadt 1591, 1592, 1595, 1597).
–, Disputatio theologica de theologiae necessitate et ratione (Ingolstadt 1589).
Habert, L., Theologia dogmatica et moralis, 7 Bde. (Paris 1732 – Lyon 1749).
Monschein, J., Theologia dogmatico-speculativa, 6 Bde. (Augsburg 1763–1766).
Panger, M., Theologia scholastica, moralis, polemica iuxta mentem doctoris subtilis Johannis Duns Scoti (Augsburg 1732).
Petavius, D., Dogmata theologica, hrsg. von A. Zaccaria (Venedig 1757).
Stattler, B., Demonstratio catholica sive Ecclesiae catholicae sub ratione societatis legalis inaequalis a Jesu Christo Deo homine institutae genuinum systema secundum iuris naturae socialis principia (Pappenheim 1775).
–, Demonstratio evangelica sive religionis a Jesu Christo revelatae accurata methodo demonstrata adversus Theistas et omnes antiqui et nostri aevi Philosophos anti-christianos, quin et contra Judaeos et Mahumetanos (Augsburg 1770).
–, De locis theologicis (Eichstätt 1781).
Thomassin, I., Dogmata theologica I–VII (Paris 1680, 1684, 1689).
Tournely, H., Praelectiones theologicae (Paris 1725–1729).
Wiest, St., Specimen encyclopaediae ac methodologiae (Ingolstadt 1788).
–, Demonstratio religionis catholicae (Ingolstadt 1790).

3. Schriften dogmatischer Theologie zu Beginn des 19. Jahrhunderts

Brenner, F., Versuch einer historisch-philosophischen Darstellung der Offenbarung als Einleitung in die Theologie (Bamberg – Würzburg 1810).
–, Freie Darstellung der Theologie in der Idee des Himmelreiches, 3 Bde (Bamberg – Würzburg 1815–1819).
–, Geschichtliche Darstellung der Verrichtung und Ausspendung der Sakramente, von Christus bis auf unsere Zeit, mit beständiger Rücksicht auf Deutschland und besonders auf Franken, 3 Bde (Bamberg 1818–1824).
–, Katholische Dogmatik, 3 Bde (Frankfurt a. M. 1826–1829, Rottenburg ²1831).
–, Über das Dogma. Zugleich Beantwortung der Frage: Wer wird selig? (Landshut 1832).
–, Nachtrag zur Schrift: Über das Dogma. Zugleich Beantwortung der Frage: Wer wird selig? Deren Beanstandung und Rechtfertigung betreffend (Landshut 1833).
–, Bemerkungen zu des Herrn Professors Dr. Troll Recension der Schrift: „Über das Dogma": Benkerts Allgemeiner Religions- und Kirchenfreund 6 (Würzburg 1833) 705–713.
–, Offener Brief an Herrn Professor Dr. Troll zu Aschaffenburg, als weiterer Nachtrag zu seiner Schrift: Über das Dogma (Landshut 1833).
–, System der katholischen spekulativen Theologie, 4 Bde (Regensburg 1837–1838).
–, Hs. in der Staatsbibliothek Bamberg:
Dogmatik: Nachschrift der Vorlesung (1828 und 1830) von J. Stein.

Das vollständige Verzeichnis der Schriften von Brenner findet sich bei F. Dreßler in S. v. Pölnitz (Hrsg.), Lebensläufe aus Franken 6 (Würzburg 1960) 50–53.

Dobmayer, M., Schema praelectionum ex philosophia Spirituum et elementis matheseos (Augsburg 1784).

–, Conspectus theologiae dogmaticae (Amberg 1789).
–, Systema theologiae catholicae, hrsg. von P. Senestrey, 7 Bde. (Sulzbach 1807–1819).
–, Institutiones theologiae in compendium redactae, hrsg. von E. Salomon, 2 Bde. (Sulzbach 1823).
Galura, B., Neueste Theologie des Christentumes, wie selbes von Ewigkeit im Sinne Gottes war, und in der Zeit aus dem Munde des Sohnes Gottes gekommen ist, 6 Bde. (Augsburg 1800–1804).
Gengler, A., Über das Verhältnis der Theologie zur Philosophie (Landshut 1826).
–, Das Glaubensprinzip der griechischen Kirche, im Vergleiche mit dem der römisch-katholischen Kirche und andern religiösen Denkweisen unserer Zeit (Bamberg 1829).
–, Von den Rechten des Staates und der Kirche in Bezug auf die Bildung des Klerus (Bamberg 1830).
–, Die Verhandlung der bayer. Deputiertenkammer über die gegen die katholischen Geistlichen vorgebrachte Beschwerde, die Weigerung der Einsegnung gemischter Ehen betreffend (Bamberg 1831).
–, Über eine angeblich zu hoffende Indifferenzierung des Katholizismus und Protestantismus in einem höheren Dritten: ThQ 14 (1832) 203–253.
–, Einige Aphorismen über das Verhältnis der Kirche zum Staat überhaupt und über die geschichtliche Fortbildung dieses Verhältnisses: ThQ 14 (1832) 445–494.
–, Auch ein Wort über die jüngste Schrift des Herrn Dr. Friedr. Brenner: „Über das Dogma. Zugleich eine Beantwortung der Frage: ‚Wer wird selig?'" mit Berücksichtigung seiner Gegner (Bamberg 1833).
–, Über die Regel des Vincenz von Lerinum: ThQ 15 (1833) 579–600.
–, Die Ideale der Wissenschaft, oder: die Encyclopädie der Theologie (Bamberg 1834) Rez. von J. S. Drey: ThQ 17 (1835) 192–210.
–, Kritik einer Kritik (Bamberg 1835).
–, Über die Verdammung des Nestorius, zugleich von einigen neueren Theorien über den Begriff des Gottmenschen: ThQ 17 (1835) 214–258.
–, De ecclesia invisibili eademque visibili dogma Catholicorum Acatholicorumque (Bamberg 1837).
–, Hs. in der Staatsbibliothek Bamberg:
Encyclopädie und Methodologie der theologischen Wissenschaften: Nachschrift der Vorlesung von P. Dinkel.
–, Encyklopädie der Theologie (1829/1830): Nachschrift der Vorlesung von Heßdorfer.
–, Encyklopädie und Methodologie (1831): Nachschrift der Vorlesung von A. Hoffmann; (1831/32): Nachschrift der Vorlesung von J. Reges.
–, Kirchenrecht: Nachschrift der Vorlesung (1833/34); (1832): von Heßdorfer; (1832/33): von J. Reges.
–, Empirische Religions- und Kirchengeschichte (1832): Nachschrift der Vorlesung von J. Reges.
Oberthür, F., Dogmaticae et polemicae Pars una Theologiae revelatae (Würzburg 1776).
–, Encyclopaedia et methodologia theologica (Salzburg 1786).
–, Idea biblica ecclesiae Dei, 5 Bde. (Würzburg 1790, Rudolstadt 1806, Sulzbach 1821).
–, Biblische Anthropologie, 4 Bde. (Münster 1806–1810, ²1826).
–, Methodologie der theologischen Wissenschaften überhaupt und der Dogmatik insbesondere (Augsburg 1828).
–, Theologische Encyklopädie, oder der theologischen Wissenschaften Umfang und Zusammenhang (Augsburg 1828).
Zimmer, P. B., Dissertatio dogmatica de vera completa potestate ecclesiastica, illiusque subiecto, prout illa a Christo instituta et hoc ab eodem determinatum sit (Dillingen 1784).
–, Theologiae christianae theoreticae systema, eo nexu atque ordine delineatum, quo omnium optime tradi explanarique videtur (Dillingen 1787).

–, Veritas christianae religionis seu Theologiae christianae dogmaticae sectio I (Augsburg 1789).
–, Veritas catholicae religionis seu Theologiae christianae dogmaticae sectio II (Augsburg 1790).
–, Fides existentis Dei sive de origine huius fidei, unde ea derivari possit et debeat, criticum examen (Dillingen 1791).
–, Catholica christianae religionis theoria summatim exhibita (Dillingen 1791/1792).
–, Theologiae christianae specialis et theoreticae Pars I. De Deo in se, sive quid sit Deus? (Landshut 1802).
–, Pars II. De Deo pro nobis, sive quid Deus pro homine sit, complectens sectionem primam de Deo creatore et partem sectionis secundae de Deo gubernatore (Landshut 1803).
–, Pars III. De Deo pro nobis, sive quid Deus pro homine sit, complectens reliquam partem sectionis secundae de Deo gubernatore (Landshut 1804).
–, Pars IV. De Deo pro nobis, sive quid Deus pro homine sit, complectens sectionem tertiam de Deo iudice (Landshut 1806).
–, Philosophische Religionslehre I. Teil. Lehre von der Idee des Absoluten (Landshut 1805).
–, Philosophische Untersuchung über den allgemeinen Verfall des menschlichen Geschlechtes. 2 Teile (Landshut 1809).
–, Untersuchung über den Begriff und die Gesetze der Geschichte über die vorgeblichen Mythen im ersten Buch Mosis, und über Offenbarung und Heidentum als Einleitung in die Geschichte des menschlichen Geschlechtes, insofern sie Geschichte der Völker der alten Welt ist (München 1817).
–, Hs. Bd. 1: Theoretische Theologie von Herrn Professor Zimmer Excellenz auf der Hohen Schule zu Dillingen öffentlicher Lehrer der Dogmatik (Abk.: M I).
–, Hs. Bd. 2: Theologia theoretica a Professore Zimmer in Universitate Dillingana tradita 1792 (Abk.: M II).
–, Hs. Bd. 3: Zimmers Theologia dogm. 3. Th. 1793 (Abk.: M III); in demselben Band: Nexus Dei gubernatoris cum hominibus per Spiritum sanctum (Abk.: M IV).

II. Literatur

Adam, A., Lehrbuch der Dogmengeschichte I (Gütersloh 1965).
Alberigo, G., Lo sviluppo della dottrina sui poteri nella chiesa universale (Rom 1964).
Antweiler, A., Der Begriff der Wissenschaft bei Aristoteles (Bonn 1936).
–, Über die Beziehungen zwischen historischer und systematischer Theologie: Theologie und Glaube 29 (1937) 489–497.
Aquilina, I., De progressu dogmatis secundum Melchioris Cani doctrinam (Neapel 1963).
Aristoteles, Topik, hrsg. von P. Gohlke (Paderborn 1952).
–, Metaphysik, hrsg. von F. Schwarz (Stuttgart 1970).
Bacht, H., Ekklesiologie: LThK 3 (Freiburg i. Br. 1959) 781–784.
Barroso, F. C., La virtud de la esperanza en Melchor Cano (Rom 1969).
Baruzzi, A., Autorität: Handbuch philosophischer Grundbegriffe, hrsg. von H. Krings u. a. 1 (München 1973) 171–179.
Bellarmin, R., Disputationes de controversiis christianae fidei (Ingolstadt 1586–1593).
Beltrán de Heredia, Melchor Cano en la Universidad de Salamanca: CTom 48 (1933) 178 bis 208.
–, El convento Salamantino de San Estéban en Trento: ebd. 75 (1948) 5–54.
–, Los manuscritos de los teólogos de la escuela Salamantina: CienTom 42 (1930) 327–349.
Benjamin, W., Ursprung des deutschen Trauerspiels (Frankfurt a. M. 1969).
–, Der Begriff der Kunstkritik in der deutschen Romantik, hrsg. von H. Schweppenhäuser (Frankfurt a. M. 1973).
Benkerts Allgemeiner Religions- und Kirchenfreund (Würzburg 1828 ff.).

Beumer, J., Konklusionstheologie?: ZKTh 63 (1939) 360–365.
–, Rez. von E. Marcotte, La nature de la théologie d'après Melchior Cano (Ottawa 1949): Scholastik 26 (1951) 278–279.
–, Positive und spekulative Theologie, kritische Bemerkungen an Hand der Loci theologici des Melchior Cano: Scholastik 29 (1954) 53–72.
–, Theologie als Glaubensverständnis (Würzburg 1953).
–, Eine anscheinend vergessene Frühschrift Galuras: De traditione, altero revelationis fonte. Zur Traditionsauffassung des 18. Jahrhunderts: Scholastik 38 (1963) 239–245.
–, Zwischen Aufklärung und Restauration. Die theologische Prinzipienlehre des Marianus Dobmayer: Scholastik 39 (1964) 374–390.
–, Die kollegiale Gewalt der Bischöfe für die Gesamtkirche nach der Theologie des 18. Jahrhunderts: Gregorianum 45 (1964) 280–305.
–, Die theologische Methode (Freiburg i. Br. 1972).
Biemer, G., Bernard Galura (1764–1856): Katholische Theologen Deutschlands im 19. Jahrhundert, hrsg. von H. Fries u. G. Schwaiger I (München 1975) 227–252.
Bien, G., Das Theorie-Praxis-Problem bei Platon und Aristoteles: PhJ 76 (1968/69) 264–314.
Blumenberg, H., Die Legitimität der Neuzeit (Frankfurt a. M. 1967).
Brüggemann, W., Spanisches Theater und deutsche Romantik (Münster 1964).
Burdach, K., Reformation, Renaissance, Humanismus. Zwei Abhandlungen über die moderne Bildung und Sprachkunst (Berlin 1918).
Caballero, F., Vida del illmo Melchor Cano (Madrid 1871).
Casper, B., Hemmerle, K., Hünermann, P., Theologie als Wissenschaft (Freiburg i. Br. 1970).
Cassirer, E., Das Erkenntnisproblem in der Philosophie und Wissenschaft der neueren Zeit, 3 Bde. (Berlin 1906–1920).
–, Die Philosophie der Aufklärung (Tübingen 1932).
Congar, Y., Théologie: DThC 15/1 (Paris 1946) 341–502.
– Die Lehre von der Kirche, 2 Bde. (Freiburg i. Br. 1971).
Deissler, A., Fürstabt Martin Gerbert von St. Blasien und die theologische Methode (Eine Studie zur deutschen Theologiegeschichte des 18. Jh.) (München 1940).
Diekamp, F., Melchior Cano et la conclusion théologique: Xenia Thom 3 (Rom 1925) 423–440.
Dogmatische Konstitution über die Kirche: LThK Erg.-Bd. I (Freiburg i. Br. 1966) 137–359.
Dreitzel, H., Protestantischer Aristotelismus (Wiesbaden 1970).
Dublanchy, E., Dogmatique: DThC 4/2 (Paris 1924) 1522–1574.
Durst, B., Zur theologischen Methode: ThRv 26 (1927) 297–313; 361–372.
Ebeling, G., Theologie: RGG 6 (^{3}1962) 754–769; 782–819.
Ehrle, F., Die Vatikanischen Handschriften der Salamanticenser Theologen des 16. Jahrhunderts (von Vitoria bis Bañez): Katholik 64 (1884) 495–522, 632–654; 65 (1885) 85–107, 161–182.
–, Los manuscritos vaticanos de los teólogos salamantinos del siglo XVI: Estudios Eclesiásticos 2 (1929) 145–172, 289–331, 433–455; 3 (1930) 145–187.
Elorduy, E., Dos problemas morales en Cano y Suárez. En el IV centenario de la muerte de Melchor Cano († 30. 9. 1560): Estudios Eclesiásticos 36 (1961) 21–33.
Eschweiler, K., Die zwei Wege der neueren Theologie (Augsburg 1926).
Feiereis, K., Die Umprägung der natürlichen Theologie in Religionsphilosophie (Leipzig 1965).
Feiner, J., Vischer, L. (Hrsg.), Neues Glaubensbuch (Freiburg i. Br. 1973).
Felderer, J., Der Kirchenbegriff in den Flugschriften des josephinischen Jahrzehnts: ZKTh 75 (1953) 257–330.
Förch, G., Theologie als Darstellung der Geschichte in der Idee. Zum Theologiebegriff Friedrich Brenners (1784–1848) (Diss. Innsbruck 1974).
Friedrich, H., Henrich, D., Materialien zu Hegels Phänomenologie des Geistes (Frankfurt a. M. 1973).
Fuchs, J., Magisterium, Ministerium, Regimen (Diss. Bonn 1941) (in deutschen Bibliotheken nach der Fernleihe nicht mehr greifbar).

Fueyo, J., Die Idee der „auctoritas": Genesis und Entwicklung, in: Epirrhosis, Festgabe C. Schmitt, hrsg. v. H. Barion u. a. 1 (Berlin 1968) 213–236.
Gadamer, H. G., Wahrheit und Methode (Tübingen ²1965).
Gagnebet, R., La nature de la théologie spéculative: Revue thomiste (1938) 214–240.
Gardeil, A., La notion de lieu théologique: RSPhTh 2 (1908) 51–73; 246–276; 484–505.
–, Le donné révélé et la théologie (Paris 1910).
–, Lieux théologiques: DThC 9/1 (Paris 1926) 712–747.
Gautier, J., Prodromus ad theologiam dogmatico-scholasticam (Köln 1756).
Gla, D., Systematisch geordnetes Repertorium der katholisch theologischen Literatur, welche in Deutschland, Oesterreich und der Schweiz seit 1700 bis zur Gegenwart erschienen ist (Paderborn 1895/1904).
Grabmann, M., Die Geschichte der katholischen Theologie seit dem Ausgang der Väterzeit (Freiburg i. Br. 1933).
–, Die Geschichte der scholastischen Methode, 2 Bde. (Freiburg i. Br. 1909–1911).
–, Der Wissenschaftsbegriff des hl. Thomas von Aquin: Vereinsschrift der Görres-Gesellschaft (1934).
Graßl, H., Aufbruch zur Romantik (München 1968).
Gutiérrez, C., Españoles en Trento (Valladolid 1951).
Haaß, R., Die geistige Haltung der katholischen Universitäten Deutschlands im 18. Jahrhundert (Freiburg i. Br. 1952).
Haimerl, F. X., Probleme der kirchlichen Aufklärung als Gegenwartsanliegen: MThZ 12 (1961) 39–51.
Hasenfuß, J., Das Kirchenbild von der Theologia Wirceburgensis bis H. Schell: Ortskirche – Weltkirche, hrsg. von H. Fleckenstein (Würzburg 1973) 213–229.
Hasenhüttl, G. (Hrsg.), Staub der Jahrhunderte oder wie kann man Dogmen glaubhaft verkündigen? (Mainz 1971).
Hegel, G. W. F., Philosophie der Geschichte, hrsg. von F. Brunstäd (Stuttgart 1961).
Hemlein, J., Galuras Beitrag zur Erneuerung der Kerygmatik (Freiburg i. Br. 1952).
Henrich, D., Hegel im Kontext (Frankfurt a. M. 1971).
Heuser, A., Die Erlösungslehre in der katholischen deutschen Dogmatik von B. P. Zimmer bis M. Schmaus (Essen 1963).
Hirsch, E., Geschichte der neuern evangelischen Theologie im Zusammenhang mit den allgemeinen Bewegungen des europäischen Denkens, 5 Bde. (Gütersloh 1952).
–, Die Reich-Gottes-Begriffe des neueren europäischen Denkens (Göttingen 1921).
Hocedez, K., Histoire de la Théologie du XIXe siècle (Paris 1948).
Hofmann, M., Theologie, Dogma und Dogmenentwicklung im theologischen Werk Denis Petaus (Bern 1976).
Hourcade, H., De Melchior Cano au R. P. Gardeil: Bulletin de littérature ecclésiastique (1910) 239–244.
Horkheimer, M., Kritische Theorie, 2 Bde. (Frankfurt a. M. 1968/1969).
–, Zur Kritik der instrumentellen Vernunft (Frankfurt a. M. 1967).
–, Anfänge der bürgerlichen Geschichtsphilosophie (Hamburg 1971).
Horkheimer, M., Adorno, Th. W., Dialektik der Aufklärung (Frankfurt a. M. 1969).
Huber, G., Benedikt Stattler und sein Anti-Kant. Ein Beitrag zur Geschichte der kantischen Philosophie und zur hundertjährigen Gedächtnisfeier des Todestages Kants (Diss. München 1904).
Hugon, E., De la division de la théologie en speculative, positive, historique: Revue thomiste 18 (1910) 652–656.
Humbert, A., Les origines de la théologie moderne (Paris 1911).
Jacquin, P., Melchior Cano et la théologie moderne: RSPhTh 14 (1920) 121–141.
Jedin, H., Kirche des Glaubens, Kirche der Geschichte, 2 Bde. (Freiburg i. Br. 1966).
Karrer, L., Die historisch-positive Methode des Dionysius Petavius (München 1970).

Kasper, W., Die Lehre von der Tradition in der Römischen Schule (Freiburg i. Br. 1962).
–, Die Methoden der Dogmatik (München 1967).
Kimmig, K., Die Begründung der Religion bei Stattler (Diss. Freiburg i. Br. 1948).
Klinger, E., Tübinger Schule: SM IV (Freiburg i. Br. 1969) 1031–1037.
–, Gnade – Natur – Geschichte: Theologie und Philosophie 45 (1970) 551–554.
–, Vom Wandel der Theologie im Wandel des Begriffs der Theologie zu Beginn des 19. Jahrhunderts in Franken: Würzburger Diözesangeschichtsblätter 37/38 (1975) 71–76.
Kösters, L., Theologie als Wissenschaft: Scholastik (1939) 234–240.
Kolping, A., Fundamentaltheologie I (Münster 1967).
Kosellek, R., Kritik und Krise – Ein Beitrag zur Pathogenese der bürgerlichen Welt (Freiburg i. Br. 1969).
Küng, H., Unfehlbar? (Zürich 1970).
–, Fehlbar? (Zürich 1973).
Kuhn, Th. S., Die Struktur wissenschaftlicher Revolutionen (Frankfurt a. M. 1967).
Lang, A., Die loci theologici des Melchior Cano und die Methode des dogmatischen Beweises (München 1925).
–, Die Gliederung und die Reichweite des Glaubens nach Thomas von Aquin und den Thomisten. Ein Beitrag zur Klärung der scholastischen Begriffe: fides, haeresis und conclusio theologica: Divus Thomas 20 (1942) 207–236, 335–346; 21 (1943) 79–97.
–, Die conclusio theologica in der Problemstellung der Spätscholastik: Divus Thomas 22 (1944) 257–290.
Lesch, K. J., Die Ablösung der Jesuitentheologie durch die Aufklärungstheologie in Würzburg und Bamberg (Diss. Würzburg 1977).
Levassem, J. M., Le lieu théologique Histoire (Trois-Rivière 1960).
Lösch, St., Prof. Dr. Adam Gengler 1799–1866 (Würzburg 1963).
Loforèt, N. J., Dissertatio historico-dogmatica de methodo theologiae sive de auctoritate Ecclesiae catholicae tamquam regula fidei christianae (Löwen 1849).
Lubik, A., De conclusionibus theologicis ad mentem Melchioris Cani: Antonianum 36 (1961) 29–68, 173–198.
Mandonnet, P., Cano: DThC 2/2 (Paris 1932) 1537–1540.
Marcotte, E., La nature de la théologie d'après Melchior Cano (Ottawa 1949).
Marín-Sola, F., Melchior Cano et la conclusion théologique: Revue thomiste 3 (1920) 1–13, 101–115.
Marquard, O., Zur Geschichte des philosophischen Begriffs „Anthropologie" seit dem Ende des 18. Jahrhunderts: Colloquium philosphicum (1965).
Mansion, A., Mansion, S., Verbeke, G., Aristote et les problèmes de méthode (Paris 1961).
Merkle, S., Die kirchliche Aufklärung in Deutschland (Berlin 1910).
–, Die katholische Beurteilung des Aufklärungszeitalters (Berlin 1909).
–, Das Menschenbild im Zeitalter aufgeklärten Denkens: Das Bild vom Menschen, hrsg. von Th. Steinbüchel und Th. Müncker (Düsseldorf 1934) 92–105.
–, Ausgewählte Reden und Aufsätze, hrsg. von Th. Freudenberger (Würzburg 1965).
Metz, J. B., Moltmann, J., Oelmüller, W., Kirche im Prozeß der Aufklärung (München 1970).
Metz, J. B., Kirchliche Autorität und menschliche Freiheitsgeschichte, in: Gottesreich und Menschenreich, hrsg. von A. Hertz u. a. (Regensburg 1971) 97–128.
Müller-Goldkuhle, P., Die Eschatologie in der Dogmatik des 19. Jahrhunderts (Essen 1966).
Nolte, J., Dogma in Geschichte (Freiburg i. Br. 1971).
Oeing-Hanhoff, L., Descartes und der Fortschritt der Metaphysik (Habil. Münster 1961).
–, Dialektik: Historisches Wörterbuch der Philosophie 2 (Darmstadt 1972) 164–184.
Oelmüller, W., Die unbefriedigte Aufklärung (Frankfurt a. M. 1969).
Ortega y Gasset, J., Der Prinzipienbegriff bei Leibniz und die Entwicklung der Deduktionstheorie (München 1966).

Owen, L. (Hrsg.), Aristotle on Dialectic. The Topics (Oxford 1968).
Pannenberg, W., Wissenschaftstheorie und Theologie (Frankfurt a.M. 1973).
Paul VI., Ansprache zur letzten öffentlichen Sitzung des Konzils vom 7. 12. 1965: AAS 58 (1966) 51–59.
Pesch, Chr., Die Aufgaben der katholischen Dogmatik im 20. Jahrhundert: ZKTh 25 (1901) 269–285.
Pfeilschifter, G., Fürstabt Martin Gerbert von St. Blasien: Vereinsschrift der Görres-Gesellschaft (Köln 1912) 38–72.
Philipp, W., Das Werden der Aufklärung in theologiegeschichtlicher Sicht (Göttingen 1957).
Pöggeler, O., Dialektik und Topik: Hermeneutik und Dialektik, hrsg. von R. Bubner u.a. 2 (Tübingen 1970) 273–310.
Pölnitz, S. v. (Hrsg.), Lebensläufe aus Franken, Bd. 6 (Würzburg 1960).
Popan, F., La critica Historica segun Melchor Cano (Madrid 1957).
Poschmann, B., Der Wissenschaftscharakter der katholischen Theologie (Breslau 1932).
Pottmeyer, H. J., Unfehlbarkeit und Souveränität (Mainz 1975).
Pozo, C., La teoría del progreso dogmático en los teólogos de la escuela de Salamanca (Madrid 1959).
–, Fuentes para la historia de Método teológico en la Escuela de Salamanca (Granada 1962).
Rahner, H., Fürstabt Martin Gerbert und die Jesuiten: ZKTh 57 (1933) 438–442.
Rahner, K., Über den Versuch eines Aufrisses einer Dogmatik: Schriften zur Theologie I (Einsiedeln ²1956) 9–48.
–, Bemerkungen zur Gotteslehre in der katholischen Dogmatik: Schriften zur Theologie VIII (Einsiedeln 1967) 165–186.
–, Überlegungen zur Methode der Theologie: Schriften zur Theologie IX (Einsiedeln 1970) 79–126.
–, Dogmatik: LThK 3 (Freiburg i.Br. 1959) 446–454.
–, Theologie: SM 4 (Freiburg i.Br. 1969) 860–874.
–, Theologische Erkenntnis- und Methodenlehre: ebd. 885–892.
–, Transzendentaltheologie: ebd. 986–992.
–, Zum Problem der Unfehlbarkeit (Freiburg i.Br. 1971).
Ratzinger, J., Kommentar zu den „Bekanntmachungen": LThK Erg.-Bd. I (Freiburg i.Br. 1966) 348–359.
Reatz, A., Marianus Dobmayer und sein theologisches System: ThQ 98 (1916) 76–112.
–, Reformversuche in der katholischen Dogmatik Deutschlands zu Beginn des 19. Jahrhunderts (Mainz 1917).
Riedel, M., Rehabilitierung der praktischen Philosophie (Freiburg i.Br. 1972).
–, System und Geschichte (Frankfurt a.M. 1973).
Rief, J., Reich Gottes und Gesellschaft (Paderborn 1965).
Ritschl, O., System und systematische Methode in der Geschichte des wissenschaftlichen Sprachgebrauchs und der philosophischen Methodologie (Bonn 1906).
–, Literaturhistorische Bemerkungen über die Nomenklatur der theologischen Disziplinen im 17. Jahrhundert, in: Studien zur systematischen Theologie, hrsg. von F. Traub (Tübingen 1918) 76–86.
–, Das Wort dogmaticus in der Geschichte des Sprachgebrauchs bis zum Aufkommen des Ausdrucks theologia dogmatica, in: Festgabe für J. Kaftan (Tübingen 1920) 260–272.
Ritter, J., Metaphysik und Politik (Frankfurt a.M. 1969).
Rodríguez, V., Fe y Teología según Melchor Cano: CTom 87 (1960) 529–567.
Rothacker, E., Die dogmatische Denkform in den Geisteswissenschaften und das Problem des Historismus (Mainz 1954).
Sägmüller, J. B., Unwissenschaftlichkeit und Unglaube in der kirchlichen Aufklärung (1750–1850) (Essen 1910).
–, Wissenschaft und Glaube in der katholischen Aufklärung (1750–1850) (Essen 1910).

Sailer, J. M., Patritius Benedictus Zimmer's kurzgefaßte Biographie und ausführliche Darstellung seiner Wissenschaft (Landshut 1822).
Sanz y Sanz, J., Melchor Cano. Cuestiones fundamentales de crítica histórica sobre su vida y sus escritos (Monachil – Madrid 1959).
Sauter, G. (Hrsg.), Theologie als Wissenschaft (München 1971).
Schäfer, Ph., Philosophie und Theologie im Übergang zwischen Aufklärung und Romantik dargestellt an Benedikt Patriz Zimmer (Göttingen 1971).
Scheffler, J., Ecclesiologia (Breslau 1677, Kempten ²1735).
Schultes, R. M., Introductio in historiam dogmatum (Paris 1923).
Schupp, F., Reflexion zwischen Aufklärung und Romantik: ZKTh 95 (1973) 325–335.
Stegmüller, F., De natura theologiae (Münster 1935).
–, Zur Literaturgeschichte der Salmantizenser Schule: Theol. Revue 29 (1930) 55–59.
–, Die Spanischen Handschriften der Salamantiner Theologie: ebd. 30 (1931) 361–365.
Stöhr, J., Die theologische Wissenschaftslehre des Juan de Perlin S. J. (1569–1638) (Münster 1967).
Stolz, H., Positive und spekulative Theologie: Divus Thomas 12 (1934) 327–343.
Stölzle, R., Franz Oberthür, Katholischer Theolog, Pädagog, Kulturhistoriker und Philanthrop: Lebensläufe aus Franken, hrsg. von A. Chroust 1 (München 1919) 336–358.
Tellechea, J. I., Melchor Cano y Bartolomé Carranza dos dominicanos frente a frente: Hispania Sacra 15 (1962) 5–89.
–, El Arzobispo Carranza y su tiempo, 2 Bde. (Madrid 1968).
Theiner, J., Die Entwicklung der Moraltheologie zur eigenständigen Disziplin (Regensburg 1970).
Thionville, E., De la théorie des Lieux communs dans les Topiques d'Aristote et des principales modifications, qu'elle a subies jusqu' à nos jours (Paris 1855).
Tiedemann, R., Studien zur Philosophie Walter Benjamins (Frankfurt a. M. 1973).
Todd, J., Probleme der Autorität (Düsseldorf 1967).
Touron, A., Histoire des hommes illustres de l'ordre de Saint Dominique II (Paris 1947).
Tshibangu, Ph., Melchior Cano et la théologie positive: ETL 40 (1964) 300–339.
Turmel, J., Histoire de la théologie positive du concile de Trente au concile de Vatican (Paris 1906).
Valloslada, R. G., Un teólogo olvidado: Juan Mair: Estudios eclesiásticos 15 (1936) 97 ff., 109 ff.
Veit, W., Rabe, H., Röttgers, K., Autorität: Historisches Wörterbuch der Philosophie, hrsg. von J. Ritter 1 (Darmstadt 1971) 724–733.
Vigener, F., Bischofsamt und Papstgewalt (Göttingen ²1964).
Volk, O. (Hrsg.), Professor Franz Oberthür (Neustadt 1966).
Welte, B., Auf der Spur des Ewigen (Freiburg i. Br. 1965).
Werner, K., Geschichte der katholischen Theologie seit dem Trienter Concil bis zur Gegenwart (München ²1889).
Widmer, J., Nachtrag zu Patritius Benedictus Zimmers kurzgefaßter Biographie oder desselben Theologie und Philosophie in gedrängter Kürze (Ury 1823).
Wiesenthal, L., Zur Wissenschaftstheorie Walter Benjamins (Frankfurt 1973).
Wolff, H., Die Weltanschauung der deutschen Aufklärung in geschichtlicher Entwicklung (München ²1963).
Wyser, P., Theologie als Wissenschaft (Salzburg 1938).
Zapelena, T., Problema theologicum: Gregorianum 24 (1943) 23–47; 287–326; 25 (1944) 38–73; 247–282.